·教育家成长丛书·

洪宗礼
与母语教育

HONGZONGLI YU MUYU JIAOYU

中国教育报刊社·人民教育家研究院 组编
洪宗礼 著

北京师范大学出版集团
BEIJING NORMAL UNIVERSITY PUBLISHING GROUP
北京师范大学出版社

图书在版编目（CIP）数据

洪宗礼与母语教育/洪宗礼著；中国教育报刊社人民教育家研究院组编.—北京：北京师范大学出版社，2016.8
（教育家成长丛书）
ISBN 978-7-303-20551-6

Ⅰ.①洪… Ⅱ.①洪… ②中… Ⅲ.①小学语文课－教学研究 Ⅳ.①G623.202

中国版本图书馆 CIP 数据核字（2016）第 104395 号

营 销 中 心 电 话　010-58802181　58802123
北师大出版社高等教育教材网　http://gaojiao.bnup.com
电　子　信　箱　gaojiao@bnupg.com

出版发行：北京师范大学出版社　www.bnup.com
　　　　　北京市海淀区新街口外大街 19 号
　　　　　邮政编码：100875
印　　刷：大厂回族自治县正兴印务有限公司
经　　销：全国新华书店
开　　本：787 mm×1092 mm　1/16
印　　张：27.5
字　　数：495 千字
版　　次：2016 年 8 月第 1 版
印　　次：2016 年 8 月第 1 次印刷
定　　价：58.00 元

策划编辑：倪　花　　　责任编辑：王　强　王　亮
美术编辑：焦　丽　　　装帧设计：焦　丽
责任校对：陈　民　　　责任印制：陈　涛

版权所有　侵权必究
反盗版、侵权举报电话：010—58800697
北京读者服务部电话：010—58808104
外埠邮购电话：010—58808083
本书如有印装质量问题，请与印制管理部联系调换。
印制管理部电话：010—58808284

教育家成长丛书

编委会

总 顾 问：柳 斌　顾明远
顾 　 　问：叶 澜　田慧生　林崇德　陈玉琨
编委会主任：杨春茂
编 　 　委：（按姓氏笔画为序）
　　　　　　于 漪　方展画　田慧生　成尚荣
　　　　　　任 勇　刘可钦　孙双金　杨九俊
　　　　　　杨春茂　李吉林　吴正宪　张志勇
　　　　　　张新洲　陈雨亭　郑国民　徐启建
　　　　　　唐江澎　龚春燕　韩立福　程红兵
　　　　　　赖配根　鲍东明　窦桂梅　魏书生
主　　　编：张新洲
副 主 　编：徐启建　赖配根

总 序

教育是国家发展的基石，教师是基石的奠基者。古人云："国将兴，必贵师重傅。"兴国必先强教，强教必先重师。党中央、国务院高度重视教师队伍建设。2013年教师节，习近平总书记在给全国广大教师的慰问信中指出："百年大计，教育为本。教师是立教之本、兴教之源，承担着让每个孩子健康成长、办好人民满意教育的重任。"2014年，在第30个教师节前夕，习总书记到北京师范大学视察并发表重要讲话，指出："一个人遇到好老师是人生的幸运，一个学校拥有好老师是学校的光荣，一个民族源源不断涌现出一批又一批好老师则是民族的希望。"《国家中长期教育改革和发展规划纲要（2010—2020年）》也明确提出，"有好的教师，才有好的教育"，要"努力造就一支师德高尚、业务精湛、结构合理、充满活力的高素质专业化教师队伍"。"倡导教育家办学"，要创造有利条件，鼓励教师和校长在实践中大胆探索，创新教育思想、教育模式和教育方法，形成教学特色和办学风格，造就一批教育家。"两个一百年"奋斗目标的实现、中华民族伟大复兴中国梦的实现，归根到底靠人才、靠教育，而支撑起教育光荣梦想的，是千百万的教师。

时代呼唤好老师。有一流的教师，才有一流的教育；有一流的教育，才有一流的国家。出名师、育英才、成伟业，是时代赋予我们教育战线的神圣使命。"大学者，非有大楼之谓也，有大师之谓也。"好学校、好教育的最重要标准，就是要有好老师。一所学校、一个地区乃至一个国家，如果教师有理想、有爱心、有学识、有高超的教育艺术，那么硬件设施即使有些简陋，家长、学生也会心向往之。教师是中国梦的奠基者。教师的重要使命，就是为每个孩子播种梦想、点燃梦想，并帮助他们实现梦想。每一间平凡的教室，每一节朴实的课堂，都不仅是知识的传递，更是人类文明精神的接续、人生梦想的起航。正是有亿万个孩子梦想的放飞、绽放，中国梦才更加光彩夺目。如果说中国梦最坚实的土壤是在学校，那么教师就是最伟大的"筑梦师"，他们用默默无闻、孜孜不倦的智慧劳动，让每一颗年轻的心灵都与中国梦激情相拥。

倡导教育家办学，造就一批好老师，首先要尊重、珍惜我们的本土智慧、本土创造。教育家不是凭空产生的，而是扎根于自己的民族文化土壤，同时吸收一切人类文明成果，从而创造出独特而生动的教育实践、教育智慧和教育文明。五千年源远流长的中华文明，不但形成了有我们民族特色的教育理论话语体系，而且涌现出了千千万万优秀的教育家，有被推崇为"大成至圣先师""万世师表"的孔子，有"匹夫而为百世师，一言而为天下法"的韩愈，有"捧着一颗心来，不带半根草去"的人民教育家陶行知，等等。改革开放30多年来，随着教育改革的不断深入，教育战线涌现出了一大批杰出教师。他们痴情教育事业，坚守理想信念和教育良知，在三尺讲台上默默耕耘、刻苦钻研，同时以敢为天下先的精神大胆创新，不断进取、不断超越，形成了各具特色的教育思想和教学风格。正是他们的成功探索和实践，创造了具有中国风格的教育经验，丰富了具有中国特色的教育理论宝库。原由教育部师范教育司组织编写，现由中国教育报刊社人民教育家研究院具体组织编写的《教育家成长丛书》，就是要向这些可贵的本土创造性的教育经验致敬。

当前，教育领域综合改革正在深入推进，考试招生制度改革的大幕已经拉开，立德树人、培育和践行社会主义核心价值观成为大中小学教育的头等任务。可以预见，中国教育将发生深刻的变革，将从"中国制造"向"中国创造"转变。"没有革命的理论，就没有革命的运动。"没有适合中国土壤、具有中国智慧的教育理论，就不可能为未来的中国教育改革提供有效的指导。我们的教育要向"中国创造"飞跃，必然要首先创造属于我们自己的教育理论，而不是"言必称希腊"或者老是贩卖欧美的教育理论。170多年前，美国思想家、诗人爱默生发表了著名演说《美国学者》，号召美国知识界："我们依赖旁人的日子，我们师从他国的长期学徒期时代即将结束。在我们周围，有成百上千万的青年正在走向生活，他们不能老是依赖外国学识的残余来获得营养。"由此，美国迈入精神立国阶段。

如今，我们也面临与爱默生同样的情形。随着我国GDP已从世界第二向第一迈进，我们的经济崛起已成为事实，但在道德文明、文化精神等方面，我们还需急起直追。没有文明的崛起，经济崛起就难以持续。当务之急，是我们需要化解内心深处的文化自卑情结、摆脱对他国文明的精神依附，自觉养成强烈的"中国意识"、独立的中国文化品格，并由此去俯视世界，去改造本土实践，去创造属于我们自己的精神养料——这在教育界显得尤为紧迫。《教育家成长丛书》，就旨在把我们本土教育实践中蕴含的中国智慧提炼出来，从而形成具有时代意义的中国特色的教育话语体系，再以此去观照、引领、改造中国的教育实践，为伟大的教育改革提供经验、理论支持，也为未来的教育家提供丰富、可资借鉴的精神养料。

让我们为中国教育的伟大未来一起努力吧！

2015年3月9日

前 言

见证着中国基础教育半个世纪的春华秋实，代表着中国基础教育教学成果最高成就的"首届基础教育国家级教学成果奖"中，闪耀着李吉林、窦桂梅、吴正宪、张思明、洪宗礼、唐江澎、邱学华、于永正、孙双金、薄俊生、龚春燕等一大批优秀教师的名字，而上述这些中小学教师的杰出代表恰恰都是《人民教育》"名师人生"栏目中最受读者喜爱的名师，都是《教育家成长丛书》的作者。

《教育家成长丛书》（以下简称《丛书》），是在第 20 个教师节前夕，"为了研究、总结、宣传和推广我国众多优秀中小学教师的先进教育思想和鲜活的宝贵的教育教学经验，培养造就一大批德才兼备的优秀教师和杰出的教育家，促进教师队伍整体素质的提高，根据教育部党组安排，由师范教育司组织编写"的一套凝聚着一大批教育家成长智慧的大型教育丛书。

《丛书》自 2006 年问世以来，不但得到国务院和教育部领导同志的高度重视，而且先后印刷多次尚不能满足广大读者的需求。这其中的奥秘何在？

当你翻开《丛书》，每一部著作都讲述着一位教育家成长的故事。这些著作主要从"成长历程""思想概述""课堂实录"和"社会反响"等方面全景式反映其教育思想、教育智慧、专业精神和专业人格的形成过程和教学实践过程，这是教育家成长的基本素质所在。

当你沿着教育家成长的足迹走近他们的时候，你会融进这些带有"草根色彩",扎根中华教育实践大地,充满田野芳香的真实感人的教育故事中。

当你从《丛书》中,从这些当年和自己一样的普通教师,成长为今天受人尊敬的教育家的成长过程中受到启迪,当你触摸着自己的爱心,把学生的成长和祖国的未来紧紧连在一起的时候,你会真切地感受到教育家离我们并不遥远。

当你用整个身心蘸着自己的生活积累去品味《丛书》中的每一部著作的"成长历程"时,在其浓缩着一位位名师在不断学习、不断超越自我、不断超越学科教学的求索足迹中,你会读懂"教育是事业,其意义在于奉献"的丰富内涵。

当你研读《丛书》中的每一部著作的"思想概述",和每一位名师展开心灵对话的时候,都会深深地感受到,一个教师对教育独立的理解与执著的追求有多么重要。从一位普通的教师成长为受人尊敬的教育家的过程中,你会读懂"教育是科学,其价值在于求真"的深刻含义。透过《丛书》,你会看到一代代教师用爱与智慧塑造民族未来的教育理想。

随着我们从"知识核心时代"走向"核心素养时代",教师教育教学活动的视野已拓展到人的生存与发展的方方面面。作为一名教师,要结合自己的教学实践去感悟"教育理念是指导教育行为的思想观念和精神追求",应该把爱化为自己的教育行为,让爱充盈课堂、触摸到一个个灵动的生命,让爱产生智慧,让爱与智慧在学生心中留下岁月抹不去的美好回忆,让教育者和受教育者都感受到教育的幸福,这是《丛书》给我们的启示,也是每位教师应有的胸怀和视野。

时代呼唤教育家。为了进一步把我们本土教育实践中蕴含的中国智慧提炼出来,从而形成具有时代意义的中国特色的教育话语体系,以此去观照、引领、创新中国的教育实践并在更大范围加以推广,《教育家成长丛书》将由中国教育报刊社人民教育家研究院继续组织编写,希望能够在更广大教师的心田中播种教育家成长的智慧,从而出更多的名师、育更多的英才、成就中华民族复兴的伟业,这是时代赋予广大教育工作者的神圣使命。如果广大教师能在每位教育家成长、探索教育智慧的过程中受到启迪,形成自己的教育智慧,则实现了我们编辑这套丛书的初衷。

《教育家成长丛书》
编委会
2015年3月

目 录
CONTENTS
洪宗礼与母语教育

[做一个虔诚的教育者]
——漫漫人生路上的深深脚印

一、跨过长江这道"心坎" ································ 4
二、稚师——初为人师的尴尬 ··························· 6
三、教坛，是神圣的 ······································· 9
四、成熟的教师要在教学改革中修炼 ················ 12
五、蓝图在悄悄地编织 ··································· 16
六、最困难的时候往往是最有希望的时候 ········· 21
七、天天在"享受"痛苦，又天天在享受快乐 ····· 25
八、"小花盆里栽大树"的学问 ························ 28
九、"小马拉大车"凭的是什么 ························ 30
十、无为才有为，无我才有我 ························· 32
十一、获奖感言：永远站在起点上 ··················· 36

[只有一个目的：塑人]
——我心中的语文教育

一、回答语文是什么——我的语文教育观 ········· 41
二、在有限中追求无限——我的语文教育理想 ··· 67

[教学有思路　遵路识斯真]
——课堂风采

一、变"教课本"为"用课本教" ………………………… 143
二、用爱心和智慧打造塑人的课堂——语文课堂教学的十种境界
　　……………………………………………………………… 146
三、课堂教学实录选评 ………………………………… 154
四、双引教学案例选评 ………………………………… 235
五、教学艺术镜头速写 ………………………………… 292

[语　丝]
——语文教育随想

一、成功要旨 …………………………………………… 311
二、学术智慧 …………………………………………… 311
三、气魄胸襟 …………………………………………… 312
四、意志毅力 …………………………………………… 313
五、教材建设 …………………………………………… 314
六、更新理念 …………………………………………… 316
七、教书育人 …………………………………………… 317
八、发展思维 …………………………………………… 319
九、挚爱母语 …………………………………………… 320
十、讲台练功 …………………………………………… 321
十一、敬业谨业 ………………………………………… 322
十二、人格魅力 ………………………………………… 322
十三、思想修养 ………………………………………… 323
十四、主编之道 ………………………………………… 324

十五、团结协作	325
十六、改革意识	326
十七、学品学风	326
十八、学术平等	327
十九、生活情趣	328
二十、生命观念	328

[聆听窗外声]
——社会反响

做学问就要甘坐冷板凳	许嘉璐	333
潜心打造精品的一个范例	柳　斌	336
洪老师执教从业、辛勤耕耘近五十年的特殊意义	王　湛	338
洪宗礼的教改成果对语文教育折射出的深刻思考	朱慕菊	342
改革语文教学体系的有益尝试	叶至善	344
开拓母语教材建设的创新之路	顾明远	347
母语教材研究的奠基之作	袁振国	349
是范例也是突破	钟启泉	352
近乎兼善者人才难得	冯钟芸	354
功著于语文教育界的佼佼者	朱绍禹	356
析其果、探其因、溯其源	刘国正　顾黄初	357
洪氏语文教育品格	成尚荣	360
站在学术前沿和道德高地上	韩雪屏	371
行成于思——"洪宗礼现象"的教育学阐释	王荣生	374
这就是洪宗礼	王栋生	379
"洪宗礼现象"的社会意义	宋子江	383
追随那前行的身影	林达信	386
洪老师让我体悟了志性的真谛	蒋念祖	389

专家、学者谈洪宗礼 ················· 任范洪 392
演绎教师专业发展的黄金法则 ············ 钟启泉 402

附 录

一、专著 ······························ 407
二、论文 ······························ 408
三、教材及配套用书 ····················· 420

做一个虔诚的教育者
——漫漫人生路上的深深脚印

20世纪90年代中叶,我的一本58万字的语文教育论集出版。新成果问世,兴奋之余,向友人赠书,以分享快乐,也给老朋友、著名语文学者、南京师范大学校长谈凤梁教授寄去一本,不久即收到他回复我的一封信。寄书当时,他不幸身患绝症,正在住院,信是他病情恶化之时在病榻上写的,而我却浑然不知。原信的内容是:

洪校长:

大作《洪宗礼语文教学论集》奉悉,请释念。

您是忠诚普教事业的典型,"行行出状元"的范例,您所作出的贡献,值得我们钦佩,您在语文教学论方面的造诣值得我们学习。这是一个语文教授、高师校长在初读了您的部分作品以后的由衷之言。

中学语文教学是十分重要的,但"重要"并不等于"重视",也未必让人安心,不重视多半是客观的,不安心只属于个人。由于不重视不安心,所以很多人并不把中学教学论作为学问,也不愿意真正去做其实是大学问的这种学问。您是难能可贵的一位。

您无视"不重视",用"安心"争取重视,在安心的基础上做出了大学问,从而给不安心者、当教书匠者、小看教学论者以启迪,并为他们树立了光辉的榜样,因此,我十分敬佩您。

盼望在可能的情况下,光临敝校讲学。　　严寒季节,诚盼节劳。

　　即颂

　　教安

谈凤梁　敬启
1995.12.9

斯人已逝,但谈校长的信语重心长,耐人寻味。他在信中深刻阐述了从事中学语文教学和研究的意义,热切期望广大教师踏实工作,敬爱本职,激励教师真正去做研究教学论的"其实是大学问"的学问。这封20多年前的信我一直珍藏着,并视为已故谈校长留给我和中青年教师的一笔宝贵财富。

回首自己50多个春秋在语文教学与研究道路上留下的深深足迹,真是感慨万千、思绪无尽。我常慨叹:要做一个虔诚的教育者,能终生从事教学与研究,是多么重要、多么艰难,又是何等有意义、有价值啊!

一、跨过长江这道"心坎"

一道扬子江把江苏划为苏南、苏北,从苏南跨江到苏北求学、谋生,对有的人来说,真可谓从天堂走到人间,不少人是咏诵着"挥泪过长江"的诗句过长江的。而我则不然,我是用另一种眼光来看待环境。我在中学是全面发展的优秀生,而且当了6年的班长。但我家庭成分不好,社会关系又复杂,毕业前报考大学时班主任说,"内部"有规定:家庭成分不好的学生只能报师范、农林、煤矿方面的大学,否则"不能录取"。但我没有沮丧、没有悲情、没有怨言。我一直仰慕教师这个职业,执着一念地报考了师范院校。后来我以高分被当时所谓的"低档"高校苏北师专(次年改为扬州师范学院,现今为扬州大学)录取。当时我丝毫未有"失落感",家人也为我高兴。老师、同学都安慰我:"像你这样的家庭出身,考上大学,很不错了。"其实谁也不用安慰,因为我相信:"山不在高,有仙则名;水不在深,有龙则灵。"成事在天,谋事在人,

1960年正值风华正茂之时,洪宗礼从鱼米之乡的苏南来到苏北,走上终生从师之路,50年不归。

越是艰苦的环境越能磨炼人的意志。我有我的人生信条:"好男儿,志在四方。"我坚信,只要自己努力奋斗,即使在贫瘠的土地上也会有收获,即使是"可教育好的子女"也会有属于自己似火的青春年华。于是我跨过了长江这道一般人难以逾越的"心坎",带着欣欣然的喜色,来到我心中的"伊甸园"、我人生的第一站——扬州。

我的母校苏北师专当时在高校中层次是较低的。然而它创办于1952年,在师范界颇有名气,尤其是文科。一些国内著名的学者,因为"历史问题"从名牌大学"贬"到这里,上海学界名噪一时的著名文学评论家洪式良,东吴大学的著名汉学家王善业,其后的词学大师任半塘等都先后在苏北师专、扬州师院任教。在这里,我

如饥似渴地学习了各门专业课程，读了大量名著，背诵数百篇诗词散文，还钻研了教育学、逻辑学、心理学。我在课堂上常常质疑，问得年轻教师难以招架。我担任过学生会文艺部长、副主席等职，自编自导话剧、歌剧，创作、朗诵诗词。

大学两年的光阴，给我留下太多的记忆。在这里，相知相交的，有神情矍铄的忠厚长者，也有风流倜傥的睿智后生；有开启心智的党委书记，也有授业解惑的专业教师；教室里聆听，操场上晨练，舞台上亮相，校园里到处留下我的身影。这一段学习经历，是我与祖国语文结缘的发端，是用母语文化陶冶自己心灵的良机，也是我投身语文教育事业的生命之火的起燃点。

大学毕业同学合影，洪宗礼在读时担任中文系学生会副主席。

"千里之行，始于足下。"我终于跨越了长江"心坎"，迈出了人生第一步。

著名作家刘心武曾撰文热情颂扬过"起点之美"。他说："终点之美，属于优胜者；起点之美，属于每一个人。而自觉地进入起点并调动起自己的美来，也便是人生中的一种优胜。"

每个人都有人生起点，每个起点会有高有低、有劣有优，关键在正视起点、珍爱起点、用好起点，所以从鱼米之乡到贫瘠的土地上，从高才生成为师范专科生，我也能有积极的人生态度、乐观而平静的心理状态，稳稳地站在事业的起跑点上。

二、稚师

——初为人师的尴尬

1960年,我肩负行囊告别我深爱的母校,来到江苏省泰州中学任教。

泰州,古称海陵,素有汉唐古郡、淮海名区之称。泰州虽是座小城,却有悠久的历史和璀璨的文化,自古以来名贤辈出。《水浒传》的作者之一、文学家施耐庵,评话宗师柳敬亭,哲学家、泰州学派创始人王艮,"扬州八怪"代表郑板桥,被誉为东方黑格尔的文学理论家刘熙载,近代京剧大师梅兰芳,都是泰州文化名人中的杰出代表。早在南宋宝庆二年(1226),大学士胡瑗就在这里创办了"安定书院",并提倡"经义""治事""分斋"的教学制度,用现在的话说便是理论和实践两类。这位大学者深知教育的意义,他说:"致天下之治者在人才,成天下之才者在教化,教化之所本者在学校。"多少个世纪的变迁,古朴典雅的书院旧址成了江苏省泰州中学的历史象征,高大如蓬的银杏树成长得越发郁郁葱葱……

"众里寻他千百度。蓦然回首,那人却在灯火阑珊处。"多少个不眠之夜学习、思考、研究……

正值风华正茂的我怀揣着"一定要当个好教师"的誓言,踌躇满志地来到泰州中学这所历史悠久的老校,雄心勃勃地准备施展自己的才华。然而我还没来得及品尝初为人师的新鲜,便很快尝到了当一个语文教师的苦涩,遭遇了许多想象不到的尴尬。

读大学时,许多同学夸我具备"四个一"(即一张铁嘴,一口普通话,一笔好字,一手好文章)的"登堂"讲课的本钱,我也自以为凭读大学门门五分的优秀成绩和做学生会、班级干部的能力,足以胜任中学语文教师工作。然而,实践是最好的老师。教学实践中,我碰了不少壁。

备课可以说是第一道关隘。我满以为凭自己的功底,有一册课本、一本《教参》,再加几部工具书,还不足以应付裕如?因此,我总是超前备课,工工整整地写成教案,洋洋得意地把教案送给同组老教师审看,满怀自信等着老教师的赞语。可是老教师在夸我"挺认真"之后,打趣地说:"小洪,你改编《教参》挺有技巧啊!"一句话说得我心里很不是滋味,我的教案确实只是"改头换面"的《教参》!待到我在备课组作中心发言时,老教师们从教学内容的理解、教学重点的确定、教学程序的安排、教学对象的分析、教学方法的设计及练习的处理等方面,提出了一连串难题跟我讨论。这使我茅塞顿开,清醒了许多。我认识到语文教材其实就是一部无比丰富的微型"百科全书",语文教学正是深不可测的浩瀚的汪洋大海,语文教师应当是知识财富的拥有者。他的知识宝库里,该有琳琅满目的珠宝,他的理论大厦中,该堆积足够的本钱。没有广博的知识,没有扎实的基本功,是难以胜任语文教学的。

初为人师"教然后知困",下决心提高自身素养,在靠床头墙上贴了十六字箴言,几十年以此自勉。

上课,是教师功底的"亮相",是对教师教学思想、教学水平的最灵验的"检测器"。开始上课,我总想让学生按自己预设的教学思路来学习、思考。然而,课堂教学序而有变,它不以教师的"长官"意志为转移,学生常常"节外生枝",质疑问难。记得在一堂作文课上,一位同学从他父亲收藏的《康熙字典》中找了两个生僻字来考我。我一时读不出来,只好吞吞吐吐地表示:"课后查了字典再告诉你们。"话音未落,学生发出一阵哄笑,还隐约听到有人窃窃私语:"嘻!老师还有不识的字呢!"我顿时感到脸上火辣辣的,其窘态难以言状。我只好宣布"围绕老师教的思考"。我在课堂上所谓的"教",也主要是"传达"《教参》。我讲得津津有味,学生则昏昏欲睡。一次,我发现一个学生课本下压着一本书,收上来一看,原来是一本教学参考书,与我备课用的《教参》是同一版本。课后,这位学生对我说:"您讲的我全都知道,因为《教参》上都有;而我不懂的,您啥也没有讲。所以……"

批改作业不知从何下手,最使人烦心的是改作文。当时是每周一作一评(间周一大作一小作），把作文改得满纸红，却吃力不讨好。有位同学写作水平一般，却一次写满一本交来，错别字、病句又多，可谓"荆棘丛生"，一篇作文改到深夜也改不完。一怒之下，手中蘸水笔的尖锐笔尖猛戳到作文本上，画出一个洞。望着被墨水濡湿的殷红一片，我才渐渐冷静下来。次日，我把学生请到办公室，带着内愧而又埋怨的语气说："弄污作文本该向你检讨，可你把作文写得这样长，错字病句又那么多，能体会老师的苦衷吗？"那同学沉默不语，泪水渐渐出眶，口中嗫嚅道："我原想将来当个作家。"学生的轻轻一语，使我的心头一震：透过学生的作业可以看出这位同学的学习心态。学生有很高的写作热情，自己却发火抱怨，足见我在大学里学的教育学、心理学还停留在书本上，不能学以致用。此后，我对这位同学热情鼓励，引导他把几百字的短文写好，再逐步学写长文。后来，这位学生毕业参军入伍，不久便当上了通讯员，过了几年，成了一位将军的秘书。经多年奋斗，他成了一位军级干部。试想，倘若我不转变教学思想和教学方法，岂不平白无故地扼杀了一位高级人才？

最使我棘手的是教学效果怎么也赶不上老教师。尽管我挑灯夜战，俯首耕耘，却"收成"寥寥，特别是学习成绩原来整齐的班，一到我手里就两极分化。因而我只有发愁，希望奇迹发生，盼望有一天也能"多收三五斗"。

多次碰壁的经历使我深深体会到"学然后知不足，教然后知困"的内涵。

从教近半个世纪经历的许多事逐步淡忘了，而起步之初这几件事还像烙印一样深深留在我的记忆里，尽管它只是几次失败的记录。人们往往习惯于嘲笑幼稚，赞美成功，并为成熟、成功而陶醉自豪，这些当然是可以理解的。可我觉得，我们还应当珍爱幼稚和失败，因为幼稚将走向成熟，失败中孕育着成功。我在语文教学中表现出的幼稚和经历的几次失败，经过"吾日三省吾身"的反思，从中长了不少"智"，获得了很多的教益。从这个意义上说，没有稚师未必有名师，因为幼稚是成熟的先导，所以稚师往往会成就名师。"教然后知困"，正是教中遇到的困惑使我猛醒，催我把大学毕业走上工作岗位作为零的开始，按照苏霍姆林斯基关于"只有不断地进修提高的老师才是真正的老师"的箴言，下决心锐意进取，刻苦自励，把自我提高作为终身任务。我在卧室的壁上贴了"情操高、教风实、教艺精、知识博、基本功硬"的十六字奋斗目标，从此勉励自己在成师之路上不断求索。为实现这一目标，我把治标与治本结合起来，不断加深、拓宽知识基础。治标，就是结合日常教学需要，边教边学，学以致用；治本，就是从提高自我语文修养的长远需要出发，系统、深入地学习各种专业课程，广泛汲取各种知识营养，为从根本上提高教学质量备足"一桶水"。我先后几次教完中学全程，结合教学实际掌握了比较完整的知识结构。我把边教边学名之为"滚雪球"，不断积累教学经验。我还运用辐射法，即以教本为发射点，像蜜蜂采蜜一样，在知识和资料的花丛中，博采精华，消化吸收。那些年，我做的摘录笔记本有几十本，读书卡片有几千张。为了掌握准确的普通话读音，我还背过字典。在学习语文专业知识的同时，我阅读了大量政治、哲学、史地等方面的著作，并从几十种期刊中汲取新的知识和信息，努力使自己成为"杂家"。

洪宗礼读初中连续3年当班长，并担任学生会文艺部长。

在江苏省丹阳中学就读高中期间，洪宗礼连续3年担任班长。

在不断进修提高中，我逐渐"富裕"起来。我提高了独立备课能力和驾驭课堂的能力，熟悉了教学规律，逐步掌握了教学的主动权。我的教学工作受到学生和家长的欢迎，得到社会的赞誉。从"登堂"进而"入室"，为师路上，我迈出了艰难而欣慰的第一步。

三、教坛，是神圣的

一位哲人说过：永远屹立在教坛上的教师才是真正的教师。教坛，它伴教师一生。正是在这个教坛上，教师们塑造了一代代学子，也塑造了自身。教坛，是神圣的。如果要为一个优秀教师塑像，选择的最佳镜头，应是站立在教坛上。

为了改革语文教育，洪宗礼整日沉浸在思考之中，半个世纪来，多次放弃从政、进高校任教机会，坚持在中学任教。殚精竭虑，乐此不疲，始终站在神圣的讲坛上。

教师的知识、学养、功底如何，只要到教坛上一检验，便可以"亮相"了。20世纪60年代中期我曾上过一堂公开课，教的是冰心的《小橘灯》。为了这堂公开课，我反复钻研教材，从课的内容到教学语言，都作了仔细推敲。课前多次独自练习试讲，对细微处再做调整。一开课就像步入舞台的主演，很快进入角色。讲课时全力以赴，滔滔不绝；朗读时有声有色，声情并茂；板书时井然有序，有条不紊。课文背如流水，教程驾轻就熟。一切都"自我感觉良好"。可评课时，行家们却说："课上得精彩则精彩矣，教者成了梅兰芳，可就是忘了学生，丢了语文。"这一堂"费力吃苦果"的公开课，使我回味良久，得益颇多。我反躬自省：一个称职的教师，不仅要有坚实的专业知识基础，更要懂得教育教学规律；不仅要掌握一定的教育心理学的理论，更要悉心研究和掌握教育对象的特点，能够灵活而有效地实施教学。也就是说，真正的好老师，必须既具备专业知识素质，又具备实际教学能力。这种能力，不是在书斋里养成的，只能在课堂教学实践中锻炼。积多年教学实践的经验，我感到：50平方米的课堂应是教师自我提高的练功房；三尺讲台是教师最好的练功台；教育对象——学生，则是最能促进教师提高的好助手。一个要求提高自己的教师，应该自觉地在教学实践第一线上磨炼，坚持不懈、乐此不疲。

"费力吃苦果"，使我懂得了讲台练功的价值，提高了讲台练功的兴趣。我在讲台上天天"练口"——锤炼准确生动的教学语言；"练手"——练就一手流畅而美观的板书；"练情"——培养热爱每一个学生的感情；"练心"——提高自己的思想素质和课堂应变能力；"练艺"——提高教学艺术；"练文"——提高对文章的理解、分析能力，练习下水作文，进而提高行文表达能力。我的实践证明，讲台练功是对教师的知识、能力、智慧多种素质的综合训练，是比任何大学都高明的"自我教育的学校"。在讲台上，我掌握着两本教材，一是课本，二是学生。学生在课堂里既是我的教育对象，也是我进修的"活"教材。我根据学生的知识基础，确定教学的量和度；根据学生的认知规律，安排和设计教学程序；根据学生的个性和心理特点，精心挑选教学方法……我借助这部"活"教材，加深了对教育心理学理论的理解，更学到了书本上没有的语文教学论和教育心理学知识，并用之于教学。

在《小橘灯》公开课失败后若干年，我驾驭课堂的能力日进有功。面对课堂上出现的各种意料之外的矛盾，我大都能发挥教育机智，运用教坛练功的经验加以化解。20世纪80年代，我挥洒自如地开了一堂写作公开课，听课者有来自全省的800多名教师。我引导学生集中"反刍"几篇课文中有关写人物的知识，自主概括出写作三要领，目力、心力、笔力，即通过观察、思考、语言表达抓住人物的特征，用精当、简练、生动的笔法，当堂速写一个人物，即为本班的一位同学"画像"。由于同学们既是写作者，又可能是被写的对象，所以写作热情十分高涨。课进行到习作交流阶段，渐入高潮。这时突然有两位同学争论得动起手来。全场愕然。原来是一位同学的习作描写了同桌"缺颗门牙"的这一细节，这可惹怒了被写者，因而两人竟推推搡搡，几乎要扭打起来。风波骤起，我也震惊了，40多名学生和800多位听课者，八九百双眼睛都看着我：洪老师，你怎么办？处理这个窘境，无非几种方法：一是拉架，这是最笨也是最简单的方法；第二种方法是教师就争论的问题作分析，把是非分清；第三种方法是"相机诱导"，引导学生自己解决问题。我意识到，这时教者最需要的是冷静和教育机智。于是我先轻声表扬两位同学"争得有理"，然后把话题一转："请大家回忆一下刚学的《一面》这篇课文中是怎样写鲁迅的手指头的。"立即有反应快的学生插嘴："十根手指像竹枝似的。""对",我接着说:"这一细节美不美,作者为什么这样写?"同学们茅塞顿开,就你一言我一语地议论开了:鲁迅先生生活在恶劣的环境中,加之大病初愈,特别瘦,"竹枝似的手指"看起来并不美,但这一细节刻画出一位坚韧顽强的战斗者的形象,给人美感。讨论至此,同学们思窦大开,把"缺颗门牙"和"竹枝似的手指"联系起来思考,矛盾就迎刃而解了。同学们有的说,"缺颗门牙"正是表现了一个少年的稚气美;有的说,抓住这一特征写,让人物更具独特的神采,更显得可爱……此时的课堂像水烧开了的锅。写者和被写者也都欣然接受了大家的意见,笑了起来,气也平了下去,他俩当众紧紧"握手",课堂内响起了热烈的掌声。我常常回味这堂课,以为课之所以上得比较成功,正是长期讲坛练功的结果。然而我又进一步反思,这堂课虽说勉强完成了教学任务,却只是"险胜"!自己的教学艺术还远远未达到真正成熟的境地,教育机智还远远不足以应对千变万化的课堂教学。由此让我想到,在神圣的讲坛上的锤炼和摔打不可一蹴而就,也不是权宜之计,要练数十年,乃至一辈子。一个教师如果离开讲坛,就如同安泰离开大地,将一事无成。在此后的发展中,我一直站在神圣的教坛上,面对孩子们一张张稚气的笑脸,不断锤炼教学艺术,即使当了20多年校长,也从不离开讲坛。

四、成熟的教师要在教学改革中修炼

进修积累,教坛练功,我初步摸索了一些提高教学质量的门径,终于也能"多收了三五斗"。我真是喜不自胜,不说可以"名成功遂",至少已经成为一个比较称职的语文教师。然而,10年"文革",一场浩劫,不仅使语文课本变成了语录本,摧毁了语文大厦,更打破了我成为一名优秀语文教师的美梦。但是,这样的环境变异,并没有动摇我的语文教育理想。正是这10年,我在"逍遥"中阅读了古今中外大量名著,即使在瘘管手术期间,仍坚持完成了哲学和辩证逻辑等方面的理论进修。我坚信,恶劣环境可以挫败弱者,但如果做个"强人",也可以凭自己的努力在不利环境中求生存,获得自我发展。所以说,"文革"没能改变我对母语的挚爱,也没有动摇我决心终生探索语文教学的志向，更没有破灭我的语文教育理想。

"文革"结束后，我很快投入到"抢救"语文的千军万马之列，用火山爆发般的热情去夺回"文革"给语文教学造成的损失。其时，我40岁，因超负荷地在各年级上课，喊裂了声带，原来在中学、大学曾是"著名的男高音"，拥有"漂亮的音色"，此时喉咙却像破了的砂锅。

1978年，我以"亦教"笔名发表了万字论文《试论语文的工具性》，在扬州语文界引起了强烈的反响。此后我不断发表教学经验论文，在重建被"文革"破坏殆尽的语文教学方面，贡献了自己的一份力量。正当我陶醉在成功的欣喜中时，在"文革"中曾遭批斗的于一平老校长，在党的"三中全会"的政策中复职。这位20世纪30年代毕业于上海正风文学院，又在解放区担任过教员的学者型校长，就是闻名遐迩的"南史北于"的苏北"于一平"（"南史"，指苏南常州中学的老校长、老教育家史绍熙）。于校长决定让我担任语文教研组长，任职的次日便把我找到办公室，语重心长地说："一个只能埋头教书的教师，充其量只是个教书匠。只有既教书，又看路，投身教学改革，才能成为好教师，才可以成为教育家。"老校长的一番话，在我的为师路上树立了一个新的路标，指明了一条通向更高的奋斗目标的金光大道。是啊，埋头教书，可以获得更多教学成果，可以送一批批学子进大学，可以享受"得英才而教之"的甜美，可以做一个安分"称职"的教师。然而，抬头看路，投身教学改革，则需要更好地去探"语文"教学之路，求语文教学之"真"，解语文教学之"谜"。我分析了当时语文教学的状况，教师普遍教书情绪高涨，许多人像我一样满足于拼嗓子、拼时间、搬大山（指作业）、改作文，学生学习负担过重。吕叔湘、叶圣陶等著名教育家在报刊撰文，大声疾呼"救救孩子"，呼吁大力改革语文教学，提高语文课堂教学效率，向教学规律要质量。这对我触动很大。我深切地感到，做个好教师仅仅抱着书本上好课是远远不够的，必须到教学改革的风浪中摔打，要以探索高效语文教学之路为己任，改变语文教学"少慢差费"的状况。于是我从此踏上了漫长而艰难的语文教学改革之路。

我在语文教学中进行了多项改革，探索提高语文教学效率的新路，我同时选择初、高中各一个年级搞试验。担任行政工作后，仍然在实验班执教，种"实验田"。改革，激发了我的探索精神和创造意识，使我逐步向"成熟型"教师转化。在改革试验中，我研究了中外教育家的大量著作，收集了中外关于语文教学方面的资料，做到"既东张西望，又脚踏实地"。我立足自己的教改实践，学习借鉴他人的教改经验，对语文教学的目的、任务、性质、原则、教法等进行了一些研究，写成一部23万字的文集《中学语文教学之路》（与程良方合作），还先后出版了多部专著。我编写了初、高中写作教材《三阶十六步》《作文百课》，编写了供全省许多重点中学思维训练教学使用的专用教材《写作与辩证思维》。

  教改实践磨炼了我的思想，也磨出了不少行之有效的经验，我从三个方面探索了提高语文教学效率的途径。第一个方面是研究不同文化基础、不同心理素质的学生学习母语的规律，实施因材施教。20世纪80年代后期，我教高中一个班语文。一次，在课堂上我发现一位学生坐在位子上抖动不停，我从他的神情、姿态看出他烦躁不安。这位同学智商极高，学习成绩优异，而且有良好的学习习惯，读书、作业从来一丝不苟，而且每晚坚持九点半前入睡。即使在他父亲得了癌症卧床时，他仍一面安慰父亲"坚强些，坚强些"，一面继续学习，起居一切照旧。我判断他的不安，主要是因为我教的内容他早已掌握，尽管听不下去，但仍克制自己，不影响课堂教学。因此我宣布以后上我的语文课，他可以自学，超前学，甚至可以读名著。他获得了更多的空间，学习更为主动，成绩更加优异，高考时获得了江苏省理科第一名的佳绩。另一名文科班同学，只对写小说有兴趣，史、地成绩都不及格，我们称为"瘸腿"。我告诉这位同学，作文课可不做我的命题作文，干脆写小说，但也附加两条规定，第一条规定是平时写小说，除了写生活，还要尽量写些历史、人文方面的题材；第二条规定是保证学习其他科目的基本时间和精力。他同意了。为了寻找历史题材，他必须去学习历史常识，逐步对历史学习产生了兴趣，后来不仅历史成绩赶上来，而且还在杂志上发表了《黑骏马》等许多小说，最终被苏州大学看中，免试保送进了苏州大学。我坚持正确对待差生，提出"大匠无弃材"，从最后一名抓起。对于一些语文成绩差的同学，首先是提高他们的信心。一位女生写作文始终只有几行，可谓"兔尾巴"作文。我用先放后收的方法，先让她想什么写什么，想到

1986年出版第一部专著

多少写多少，但尽量多写，从几百字后来写到了一两千字。之后，我便要求她围绕一个中心再逐步收缩，一年后这位同学的作文每篇写到一千多字，后来考取了南京大学。

21世纪初洪宗礼在香港大学、南京大学联合举办的港地教师培训会上为百名香港教师作学术报告。图为香港教师代表向洪宗礼赠旗。

第二方面是把夯实基础与灵活应用结合起来，教学求实求活。我对学生进行多种语文基础训练，这种训练不是孤立的文字游戏，而是把知识置于语境之中，或印发大量佳作精品让学生泛读，通过讨论自己归纳出知识；或设置一个生活情境或话语情境，让学生在这些特定语境中应用所学的语文知识。作文命题力戒僵化，留足空间，让学生有话可说，有事可陈，有理可论。为此，我专门写了一篇论文在上海《语文学习》上发表，题为"让作文教学活起来"。

第三方面是倡导启发诱导式语文教学，摒弃灌输的教学方法，激活学生学习的动因。我结合试验，总结了诱导式教学方法"引读十法"，设计了23种课型，陆续发表在杂志上。

为了更好地研究和改革语文教学，我参加了江苏省中语会的组建，多年担任江苏省和全国中语会理事。1983年我参加在苏州召开的第一次叶圣陶语文教育思想研讨会，认真钻研前辈深邃的教育思想，撰写了《重在引读》一文，阐述引导的艺术，大会从两百多篇论文中选出十多篇论文集结成册，该文为骨干论文之一。

在教学改革中，我不断修炼教育思想、教学艺术，因而我的思想素质、能力素质、文化素质等，也得到了前所未有的提高。这使我深深感到：教师要在教学改革中修炼，教学改革是我们教师自由奋飞的天空。

这个时期，我不懈地进行教学改革，不断自我超越，在教育工作中取得了一些成绩，1984年，江苏省人民政府授予我特级教师称号，1988年又被评为有突出贡献的中青年专家。《语文教学通讯》等几家杂志先后将我列为封面人物，介绍我的教学改革经验，同时发表《教改难，路在哪儿》等专访，在语文界产生了积极的影响。我从自己的经历中体会到，改革之路可以有许多条，但都离不开甘愿吃苦的精神、百折不挠的毅力和锲而不舍的韧性。在教学和自我提高过程中，我坚持用"律""挤""拼"来要求自己：以明确而切实的目标"律己"；将会前、饭后、课余的时间"挤"出来读书；用"拼搏"的劲头搞教改。我深知，许多人的成功是以牺牲青春和幸福为代价的。虽然，我至今还说不上能在课堂里"随心所欲不逾矩"，但回视自己为师路上的一个个脚印，心里多少有几分慰藉。

当时，我在为师路上，并没有什么惊人的飞升，而且自知离"做一个好教师"的目标还有很长的路。然而，回首前一段奋斗的历程，我深深地体会到"在教学实践中，教师不仅天天在塑造着学生，而且时时都在塑造着自己"。我坚信，每个愿意为教育事业献身的教师，只要有矢志不移的决心，有不畏艰难的精神，又能找到一把"自我提高"的钥匙，并真正"把积极探索语文教学规律作为他终生的任务"，"做一个好的成熟的教师"的目标并不是那么遥远的。

五、蓝图在悄悄地编织

我钟爱母语，把投身祖国语文教育事业视为责无旁贷的伟大使命和崇高目标。我深知母语教育发展之艰难，矢志不渝地探索语文教改的规律。

寒来暑往，在语文教改之路上我已拼搏了七八个春秋，结合教学，我对语文的地位、目标、功能，语文教学的原则、思路、方法，乃至语文的备课、板书、作文评改等微观领域都做了研究，但仍然没有找到一条提高语文教学效率的"捷径"，没有触及语文教学的底里。路在哪里？

一次偶然机会去扬州大学，拜访全国著名的语文教育史家顾黄初教授。我的又一部专著即将出版，请他写序。我告诉顾先生我对未来的思考："下一步我有两条路可走，一是继续深化语文教学方法研究；二是编实验教材。"还流露了我和我的同事对当前统编通用教材的低效、刻板的不满意。顾先生似乎未经思考，就脱口而出："编教材！"这句话让我眼前陡然一亮。于是我和顾先生在他家里开起了"讨论会"。我多角度研究了语文教法的改革，几乎触及了各个领域，为什么深不下去？为什么费力吃苦果，教学效率不佳？为什么学生怕学语文，课堂读书如嚼蜡？问题是有的教材内容陈旧，作为教学之本的教材呈现形式不适合教学。我们讨论一个多小时后达成共识：用教材来制约教法，用先进的教材理念改变落后的教学思想。编教材，这确是一着好"棋"！

洪宗礼在江苏省委为庆祝国庆50周年而拍摄的专题片中介绍教材编写历程。

教材作为科学文化的载体，是社会文明的象征，是国家意志的体现。一个时代需要一个时代的教材。迈向21世纪的中华民族，需要与改革开放相适应的教材，这确实是时代的呼唤！编教材，固然是一个非常大胆的设想。然而，编教材谈何容易！撇开传统的教育观念和方法不说，仅就教育体制的现状而言，在一个什么都讲究统一的教育领地，以个人的名义主编一套试验教材可能吗？新中国成立30多年来从来都是教育部的专业机构组织最著名的高层专家学者统一编写，我只是一名普通的中学教师，即使小有名气，在全国教育界高手如云的形势下，能行吗？

如果说，我没有足够的思想准备，那是假的，凭着我多年的社会阅历和对教育行情的熟悉，我确实预料到这将是一条充满荆棘、举步维艰的路。但对于一个追求人生最大价值的改革者来说，困难恰恰是使石墨在压力下变成金刚石的炼狱。我的顾虑终于被强烈的责任感和自信心所代替。我与泰州中学的同人，以及省内外的部分老师合作组成了教材编写组，开始了长达25年的编写教材的"长征"。

1983年，同人们不知是被我的执着所感染，还是本来就蕴藉了那么一股精神，他们不约而同地会集到我身边，刘毓、田如衡、任范洪、程良方、蔡肇基、柳印生、陈霖、王铁源、戈致中、杨延峰、潘煦源、林润昌……我们组成了一个战斗方阵。

确定指导思想是编写教材的关键。纵观全国，不少省都在搞试验课本，有官方的，也有民间的，各家都使出浑身解数，力图开辟出语文教材的新天地。在传统的投影里和新时代的八面来风中，我把视线投向那"灯火阑珊处"。以三个面向为指针，以落实素质教育为宗旨，面向大多数。重在能力培养，重在思维训练，重在读写听说综合应用，重在整体把握教材主旨；利教便学，把学生从沉重的身心负载下解脱出来。

本着这些基本理念，我确立了"一本书、一串珠、一条线"的"单元合成，整体训练"的体系。"一本书"，即读、写、知分编内容的整体有机结合；"一串珠"，即"一串珠"单元，每个珠式单元又由读写知各个小珠组成，大珠小珠，相互顾盼；"一条线"，即以读写听说能力训练为主的多股交织的集合线。就这样，蓝图在悄悄编织了。

为了提高教材实验的说服力，我用油印本执教一个班。一轮教完，不是小有成效，而是大见成效，原来进校时这个班与其他班水平相齐，初三毕业时学生不仅学业成绩遥遥领先，而且读写听说能力、思维能力明显提高，这个实验班学生每个人都可以到附近的实验小学高年级做演讲。我执教的"你看他（她）像谁"作文试教课，得到来自全省各地教师的好评，这堂课制成录像在全省范围内播放。同学们的当堂作文汇成《一树果》作文集，省普教局长袁金华撰序，刘国正先生题写集名，大部分文章后来在各种报刊发表，其中五篇在《语文报》专栏上发表。几年追踪调查，这个班学生进入高中、大学后大部分都成为优秀生。首轮实验成功了！这一成果像火柴头，点燃了我一生从事语文教材改革的熊熊大火。

"桃李不言，下自成蹊。"此后全省各地老师纷纷到泰州中学来访。钱任初等一行20多位省城骨干教师前来交流经验；苏州教研室沈志直专程来泰州要求参与实验；常州教科所朱川彬带领新闸中学的教师来联系实验；江阴南菁中学邹石溪校长主动安排了几个试教班；海安、淮阴、江都、扬州、兴化等县市纷纷加入实验行列。著名语文教育家、全国中语会理事长刘国正撰写两篇论文，赞扬我们的教材是"大有希望的教材"，并称这套教材奏出的美妙乐曲最和谐悦耳；说主编是厨师，油盐酱醋搭配得当，巧在合成。叶圣陶长子、语文教育家叶至善则说："我父亲生前就想编这样一套读写合成的教材，他如果还在人世的话，看了这套教材一定会很高兴。"泰州这座历史悠久、文化深厚的小城陡然令人瞩目、增色生辉。

编写组就是作战部、指挥所。

1985年，教材实验列为扬州市教科项目，1986年列为江苏省教科所的科研项目，1987年，教材实验升级为江苏省教研室、江苏省普教局的实验项目。一个班、三个班、十个班，一个县市、十个县市……实验规模不断扩大。省里派出语文专家朱芒芒专职抓教材实验工作。实验开始时用的是凭准印证印的内部出版本，为扩大实验，我谋求正式出版，普教局袁金华局长亲自出具"担保责任书"，教材方在1988年秋正式由江苏教育出版社出版。此时实验区虽仍严格按规定控制在200个之内，但省内外已星罗棋布，在上海、黑龙江、贵州、广西等全国15个省市分设了样本班。教材改革实验正是这样一步一个脚印地发展，大厦也正是这样一层一层地盖上去的。

1986年，国家开始制定"一纲多本"的政策，这是我们教材起飞的天赐良机，它使我们教材进入"柳暗花明又一村"的境界。根据这项政策编写教材，既是国内现实的需要，也是社会发展和母语课程教材建设的必然趋势。1989年1月，我有幸参加了原国家教委在唐山召开的第一次语文教材改革座谈会。会上学习了何东昌的报告，报告中说："如果没有好的教材，正确的教育思想、内容得不到体现，也影响教育方法的改革。同时，教材一定程度上还影响和决定着对师资的要求。好的教材在一定程度上还有助于克服目前师资水平低所带来的教学质量不高的问题。"[①] 虽然这是仅十几人的小会，我收获甚丰，既沐浴了中央着手课程改革的春风，掌握了教改信息，又结识了当时中语界最高层次的专家学者。

1990年5月，内部准印出版的教材第三轮试验结束时，原国家教委基教司副司长、教材办主任游铭钧闻讯专程来泰州考察我主编的教材，参观教材改革成果展览，详细翻阅上百份实验报告，一连3天，召开实验班教师、学生、学校和市县教研部门领导及编者座谈会，对我们编写组所取得的成绩及改革精神给予高度赞扬，肯定"单元合成，整体训练"的初中语文实验教材是一套比较成熟的教材。他回到北京不久，国家教委便行文，决定把我主编的教材在国家教委立项，同时拨发了5000元实验经费。这5000元，胜过50万元，因为它代表国家教委的认定和支持。从教材开编起，我们从未向上要过一分钱，所有研讨会费用，都是在哪里开会就由哪里的主办人承担。且不说油印本要编者自掏腰包，铅印本发行一万册（200个样本班）也只向学生收取成本费，3年未取一分稿费。这5000元是久旱得逢的甘霖，是荣誉、是激励。所以我当时说了一句动情的话：一个国家行政干部，特别是高层的领导，他可以一手遮天，扼杀一个刚萌芽的新生事物的柔弱生命；他也可以用他的一双手托起一个太阳。游铭钧、袁金华、郑万钟，以及后来的周德藩、杨九俊、陆志平等省市教育行政部门领导和叶至善、冯钟芸、刘国正、顾黄初等专家，还有江苏教育出版社的赵所生、张胜勇等，他们中不乏能一手托起太阳的人。退一步讲，如果不立项，我主编的教材就没有资格申报国家审查，就赶不上"一纲多本"教材正式在全国推开的"头班车"，也就不会发展到今天这样的规模，有今天这样的气象。

---

① 何东昌：《在全国中小学教材审定委员会成立大会上的讲话》，转引自《由编审合一改为编审分开》，载《中国教育报》，1986-10-04。

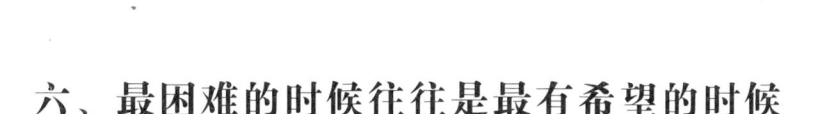

六、最困难的时候往往是最有希望的时候

即使我们有了各方的支持，有"天时、地利、人和"的得天独厚的条件，但教材改革并非睡在摇篮里的孩子，天天都那么温馨。回顾走过的20多年，我最切肤的感受是传统的教材体制使得新教材推广难于上青天。

1993年，我们的教材经国家审查通过，进入了《光明日报》刊载的国家教委发布的新教材用书目录。"九年制义务教育初中语文教材，洪宗礼主编"十几个大字赫然出现在《光明日报》上。次日早晨，中央人民广播电台新闻联播节目播放了新华社著名记者古平写的《特级教师洪宗礼主编的初中语文教材推荐全国试用》的报道。当时我的心几乎要跳出来。俯首思之，这不仅是我的成果，更是破天荒地实现了从"一套教材管天下"到"一纲多本"的零的突破。

1990年5月，时任国家教委基教司副司长、全国教材办主任游铭钧到泰州中学进行为期3天的考察。回京后决定在国家教委立项。图为洪宗礼向游司长介绍教材实验效果。

不久，江苏省教委在泰州中学举办了 64 个县市教研人员、教师代表参加的"洪氏教材"培训会。周德藩副主任发表长篇讲话，最精彩的一句是"凡是国家审查通过的教材都是国家教材，统统是'国军'"。这是新中国成立以来省厅级教育部门领导人对传统"一纲一本"制度的宣战。长期以来，偌大的中国大陆，有十几亿人口、30 多个省市，经济文化水平参差不齐，只用一套教材；而国际上几乎所有的国家实行的都是一纲多本、多纲多本，如美、英、法、德等发达国家，有条件的出版部门、高校、科研单位及专家、个人都可以编教材，进入市场竞争，就连我国的香港地区也有七八套教材供选用。

然而，我们教材改革也不是一路都乘的顺风船，传统习惯势力的顽强抗争，使"一纲多本"近乎摇摇欲坠。《光明日报》曾在头版刊登教材大战的报道，披露有关出版单位用尽一切手段，包括不正当手段，来争取用户；加上某些出版社的传统优势，致使 1992 年以后通过的 13 套教材在这场大战中，经过七八年竞争，大多落马。尽管"万花纷谢一时稀"，但 1993 年起的改革已突破"一纲一本"的封锁线，不再是"一统天下"。在此期间，我们的教材实验区不仅没有减少，而且由开始的 64 个县市增加到 75 个县市，没有一个县市停用。可谓"我自岿然不动"！

2000 年，我又根据教育部颁布的《九年义务教育全日制初级中学语文教学大纲（试用修订）》，主编了经国家审定通过的第二套推荐全国试用的义务教育初中语文教科书。2001 年，我主编的苏教版国家义务教育课程标准初中语文实验教科书经教育部中小学教材审定委员会审查，作为一类教材审查通过。这套教材以人的发展为本这一理念为指导，以学生语文学习方式的转变为目标，对教材的目标系统、范文系统、导读系统、注释系统、操作系统等进行了更大的改革。审定委员会的专家们认为：教材从指导思想、体系结构到编制形式、装帧插图都基本体现了课程改革的要求，符合国家《义务教育语文课程标准》（实验稿）提出的新理念和新的目标要求。实验教材 2001 年秋起逐步进入了全国 26 个省市自治区的 600 多个县市实验区，北京市海淀区也选用了我主编的这套教材。经过一个学期的实验，引起了海内外专家、广大师生和社会各界的广泛关注。许多一线中学语文老师称之为"孩子喜欢、老师高兴""相见恨晚"的好教材；《人民日报》《中国教育报》、中央电视台"东方时空"栏目均作了大幅的报道，许多刊物陆续发表评介该教材的专文，《人民日报》在题为《孩子们的课本"变脸"了》的专题报道中，以较大的篇幅突出了社会各界对苏教版教科书的中肯评价，誉之为孩子们喜欢的"理想课本"。

传统习惯势力猛于虎！有些地县市教育行政领导明确宣布"不准用民间编写的教材"。他们认为民间编写的教材不是"国军"，而是"地方军"，认为教委直属专业出版社有几十年编写经验，而且专家林立，他们编写的教材是国家级的教材。其实所谓专业出版社也常常以组织、编审教材为主，不少编者也是聘请的中学语文教师，江苏就有好几位，后来其中一些人也参加了我们教材编写组，成为我们编写组的骨干。然而在某些拥有根深蒂固的传统观念的人的眼里，"民间"编写的教材是没有地位的。

刘国正在20世纪90年代后期撰写两篇论文，总结洪宗礼教材"巧在合成"的特点，称赞洪宗礼教材为"大有希望的教材"。

在传统习惯势力面前，我们怎么办？我抓了两条，一是提升队伍层次和素质；二是抓教材质量。我们聘请了多位曾有过中学教学经历的高校教授、学科专家和教育心理学专家，如南京大学、华东师范大学、南京师范大学和扬州大学的教授、学者等，也包括已从专业出版社退休的专家，以充实我们的队伍。尤其是国标教材启动后，我们吸纳了一批省内外高校、著名中学的中青年精英加盟，使我们编写队伍的层次明显提升，编写水平有了显著提高。"抓质量"，这是我找到的护身自卫最有力的武器。我深深地认识到：教材关乎一代代学子的面貌，关乎中华民族的伟大复兴，它是塑人的事业。教材编写一定要追求卓越、铸造精品、争创一流，教材出错就是对下一代的犯罪，因此我视教材为生命，我要求每个编者必须做到"三严""三精"（严肃、严格、严谨，精编、精研、精改）。我们广泛听取师生和专家的意见；开展有奖征集活动，鼓励大家对教材提意见，奖励批评者；组建由各地专家、一线教师、教研人员、退休老教师组成的校订队伍，从内容、文字、标点等方面反复、全面校订；实行编者质量责任制，提倡文责自负，同时召开"编、教、研、评"讨论会，合作"诊断"，从教材的理念、内容、设计、文字等方面发现问题，并及时修订，十几年来从未间断。教材正是在研讨与修改中有所完善，有所发展。我要求编委一班人注意树立良好的学风，具有宽广的学术胸襟，能容纳各种学术观点、各种见解，哪怕是错的，也可以从某个角度积极吸取其对教材建设有益的方面。我倡导在学术问题上对不同见解尤其要多几分温情。我从自己做起，在学术讨论中坚持平等协商，协调和谐，不强加于人，即使自己是正确的，也一定以"持之有故，言之成理"的态度说服对方，僵持时便作"冷处理"。一位老师向省教研室反映对我们的教材有意见，我立即发邀请函请这位老师来编写组面谈，包吃包住包旅费。结果，他主动走访全乡各校，收集了一百多条意见。我们在编辑室平等地、话家常般地谈了一整天。他很感动，回乡后写了篇《主编洪宗礼印象记》。从此，他更积极主动地在本乡邻乡宣传我们的教材。

  为了广泛听取意见，我提出了"三、三、三"调查方案，即向全国的3000名学生、300位教师、30位专家进行问卷调查，征集了数十条建议，写了两万字的调研报告，并据反馈意见对教材作了全面修订，使之提高、完善。同时，我在北京等地培训会上向所有的实验地区的领导、教师作了保证质量的承诺，出"安民告示"。据国家有关项目组调研，苏教版初中语文教材不但理念先进，内容优化，而且语言文字表述也是比较规范的。有了质量，就有了信誉。这是我们教材使用根基稳定的主要原因。所以有关专家撰文时不无感慨地说："洪宗礼的教材是凭质量凭实力进入首都北京的。""洪宗礼的教材在中国成活20年，能涵盖26个省市自治区，每年为800万学生选用，甚至在首都北京连续投票选用达六七年之久。主要原因之一是在教材质量上始终不断追求卓越，努力争创一流，精心铸造精品，进而成为品牌。"

  2001年苏教版义务教育课程标准初中语文实验教科书在海内外引起强烈的反响，我完成了人生的又一次自我跨越。这个跨越证明：任何改革都是在曲折中前进的，课程教材改革也不会例外。我深切体会到，一个坚定的改革者，一位成熟的教材编者，应当坚信：最困难的时候，也许正是最有希望的时候，在严峻的形势面前始终都要冷静面对，鼓起勇气，把改革进行到底。

七、天天在"享受"痛苦，又天天在享受快乐

  "教材是一座座大厦，理论研究则是大厦的坚实墙基。"这是我从几十年语文教学和课程教材改革中获得的最重要最深切的感受。教学与教材编写无不需要科学的理论支撑。没有理论基础或理论基础不扎实的教材是立不住、立不稳、立不久的。我坚持科研立教治编，长期坚持边教边编边研，有编有研，编研结合，数十年从未间断。

  从20世纪80年代后期开始，我们召开了数十次各种形式的研讨会，在研讨中提高教者和编者水平，也提升了教学与教材质量。进行学术研究，我倡导良好的研究氛围：要少一点自尊心，多一点研究心；要用心思，不用心计；不仅要研究"是什么"，更应想想"为什么"。

  开始阶段，我们的研究是低浅层次的。随着课程教材改革的发展和深化，特别是20世纪90年代后期，语文界展开了大讨论，涉及许多重大理论问题，如继承与创新、语言与文化、民族性与国际性、工具与人文、科学性与实用性、基础与发展等。与此同时，在经济全球化、信息化背景下，国际上许多国家纷纷启动基础教育课程改革，各种流派思潮直接影响我国母语教育。这一切都说明，母语教育关乎民族的生存发展，关乎人类文化的传承，关乎汉语文教育的国际地位的提高，也关乎世界7000种语言未来的生存发展。在这样的背景下，作为一个深爱着语文教育的改革者，我责无旁贷地肩负起母语课程教材研究的重任。我先后主持了全国教育科学规划"九五""十五"两项国家级重点课题的研究。承担这一课题比我攀登第一高峰——编教材，要大得多，是更难跨越的新高峰。

  且不说理论研究之高深莫测，也不论它需要多高的学识与智慧，要花费多大的

2000年出版五卷本《中外母语教材比较研究》，2004年出版58万余字的《当代外国语文课程教材评介》，2007年出版十卷本《母语教材研究》。三期出版母语教材研究专著16本840多万字。

精力和多少财力，仅就收集资料而言，完成这个课题便是一项十分浩繁的"工程"。要收集全球五大洲、40多个国家和地区涉及八大语系、28个语种的当代母语教材、大纲及各种研究资料，谈何容易！要追踪寻觅我国自清末至今100多年的语文教育之类文献资料（仅教材就有九百余套）又多么艰难！面临重重困难，我毫不气馁，义无反顾，暗下决心：既然上了船，只能扬帆乘风破浪前进。

事业心驱使我进入痴迷着魔的忘我境界。为了收集中外教材资料，我日夜操心，天天张罗。稿费可以少拿、不拿，书非买不可，资料非觅不可。为了搞到国外教材，我找了外教和旅外学者，找驻外大使馆的人员，找校友亲属。寻觅百年中国语文文献，找了京、沪、宁、苏各大图书馆，包括民间图书收藏家，网上征集少说也有千余家。我随中国优秀教师代表团出国访问，参加大陆地区优秀教师代表团去我国台湾、香港地区考察，总要背回十几斤乃至几十斤重的大纲、教材。我连子女、孙辈单位，乃至一些所谓转折亲，以及学校老师、家长都发动起来，千军万马找研究资料。一次在台湾考察，为了一本小学大纲辗转四个城市，等了40多个小时。在奥地利恳求一家饭店老板将其子女读的书售给我，回国后，这位老板竟寄来二十余本奥地利中小学语文课本。从丹麦买回一本课本用了800元，在新西兰买一本大纲花了1000元。为了研究中国百年教材，我不顾年近古稀，亲自去苏州叶圣陶家乡向一位书商买书，找到中国最早的语文课本（1904年版原版，即第一版，这本书人教社最早收藏的是1905年的第二版）。后来我竟和这位书商结为好朋友，他主动向我提供了上百本书的复印件和几百本教材的目录。

请全国最高学府的教授们翻译，他们大都热情接受任务。但有些冷门语种的翻译，往往要付出几倍的费用，甚至需要在电话中与对方多次磨嘴皮。请国外二十几位专家撰写论文，由于地区差异，生活指数差异，稿酬标准要高几倍。有一篇1.3万字的稿子，付了1.3万元稿费。我咬着牙，用"以教材养教材、以教材收入养课题，以自己的稿费发课题的稿费"的方法解决这一棘手问题。我认为，为了课题，为了事业，就要受得了、容得下。我开玩笑说：就当个"现代武训"吧！认了。我家里电冰箱上放着的一尊如来佛塑像，是20世纪80年代末我在成都开会时买回的，我买回此像的意思是：佛家是讲世俗之"忍"的，我们就是要学会"容忍"，像弥勒佛肚里容得大海，要容得一切。即使是"是可忍孰不可忍"的事也得忍下，只有这样，才能成就大事业，才能出现大气象！

我和我的同人"十二年磨一剑"。先后与中外两百余位专家学者精诚合作，终于在2000年完成了五卷本《中外母语教材比较研究》；2004年完成了58万字的《当代外国语文课程教材评介》；2007年完成了十卷本《母语教材研究》。先后三期共840余万字。2008年2月，在北京召开的十卷本《母语教材研究》出版座谈会上，全国人大常委会原副委员长许嘉璐、教育部原副部长柳斌、国家新闻出版广电总局原副局长邬书林及顾明远、袁振国、钟启泉等诸多专家，都对课题作出高度评价，称这项研究"范围之广、内容之深、规模之大、参与人数之多、模式之新、成果之卓著都是前所未有的"，"它将作为里程碑载入中国语文教育的史册"。赞扬声中，我为全课题组成员的合作精神而感动，为研究成果获得领导、专家高度评价而振奋，更为自己能为祖国的母语教材建设贡献了一份力量而骄傲。事后有记者问我："你在课题结束时有什么感受？"我说："只有两句话，就是在课题研究的4380多天里，我天天都在"享受"痛苦，也天天都在享受快乐。"

八、"小花盆里栽大树"的学问

"几十年来，你能在小花盆里栽了大树，有什么奥妙？"许多朋友总是这样带着惊异的目光问我。

其实"小花盆里栽大树"，我自己有时也有疑问。这个说法，看似不科学，其实是有现实基础的。这个基础有两方面。一是内因，这是主观的；二是外因，那是客观的。从内因而言，我从希望当个称职的教师，到争取做一名优秀教师，再到编教材、搞科研，希望自己成为研究型教师，一步步走来，奋力拼搏进取，不懈追求。外因主要是党的十一届三中全会提出的"四化"政策，1986年确定的"一纲多本"的方针，这些对于我的教学与教材的腾飞，起到了决定性的作用。我们的教材起步时是"丑小鸭"油印本，1986年铅印实验本，省内有了16个实验样本班使用；1992年首次通过国家审查，1993年使用面达64个县市，到课改前达75个县市；世纪之交的国家课程改革，把我们的教材推向全国。多年来，科研似乎是高校、科研院所的"专利"，但改革开放后，国家新的科研政策，又使我们的母语教材研究项目取得重大突破。这是"小花盆里栽大树"的"天时"条件。如果没有国家的政策支持，我就不可能主持完成两项国家重点课题，更不可能主持母语教材的国际研讨会。所以我说，国家的科研政策是我的事业发展的雨露阳光，没有这样的雨露阳光，小花盆里是栽不出大树来的。

小花盆里之所以能栽大树，离不开我和我的合作群体的知识、智慧和经验的积累。教材改革是一个发展的过程，又是一个积累知识、经验、智慧的过程。成功虽要有天赋，更要注意在实践中学习，运用知识、智慧和经验来解决改革的各种复杂问题。我曾总结了一句话：学习与思考是一对孪生兄弟。正是在学习、实践与思考中，我有了一定的学识积累、文化积累、思想积累、经验积累、智慧积累，特别是智慧的积累。这些实践中的积累才是真正的"天赋"。有人说："洪氏的成果靠的主要是人格魅力和协调能力。"这种看法只说对一半。因为人格的力量固然重要，但主要还是要靠我和我的团队在学习与实践中积累的学识和智慧。上大学时，我领的是一个班，工作后带的是一个教研组，当校长后带的是一所学校，搞课改带的是一批中青年学者和骨干教师，搞课题研究领的是中外两百余位知名专家队伍。这支专家队伍中不少人是全国大中学校著作等身的学科带头人，他们为我们"写客串文章"，甚至授权我们修改他们的作品，没有深厚学识与学术智慧能够驾驭这样的局面吗？

2001年秋，在北京市海淀区实验区召开的全国实验区工作会议上，洪宗礼作辅导报告。

学习是奠基，是积累智慧、运用智慧构建自身学术思想的起点。我数十年如一日地博览从清末至今一百多年的语文教材。21世纪初，我又系统学习了各国母语课程教材理论，尤其是在中外母语教材研究中，接触了众多中外学者、名师，把审阅、编辑他们的稿件的过程作为学习、总结、思考、积累的过程。不断学习、积累使我丰富起来，它成为我的灵性与悟性的主要源泉。但学习、积累仅仅是起点，要飞得高远，还必须能够运用智慧解决实际问题，力求做到：先学，先知，先行，先创。这是更高层次的学习，也是学习的目的。我们选译、评介国外教材，注意引进最优秀的课文，如五卷本《中外母语教材比较研究》中选译了日本教材中的《事物的正确答案不止一个》，该文被选为2000年全国高考命题作文素材，全国64家媒体报道。有学者说："这篇课文的引进，打破了'事物只有一个答案'的传统思维，将影响我国一代、几代人的思维方式。"我看到北欧发达国家语文课本的前言写得活泼鲜明，就亲自执笔为我的教材写了"主题词""致同学"，以此代替板着面孔的传统教材的"说明"，充分体现师生平等对话的原则，这样的编者语亲切、自然、活泼，又不乏庄重。总之，"小花盆里栽大树"，既要有敢为天下先、与时俱进的创新思想，又要有脚踏实地的求实精神。

九、"小马拉大车"凭的是什么

常有人问我："你自称一匹小马。你拉着一辆坐满专家学者的大车，在改革的征途上飞奔，凭的是什么？"我的回答是：靠的是魄力、学术智慧、奉献精神和人格魅力。小马虽小，却志不可夺，有敢为天下先的勇气，这就是魄力。小马拉大车，如果仅仅凭勇气，那也拉不动、拉不了大车。只能当"卒子"，不能当帅的小马也不是好马，不是良马，更不是骏马，拉大车的小马必须有当帅的气魄和过河卒子能"克"车的能力。小马当帅，要把握学术研究的方向，要有高度的学术智慧，要有驾驭全局的能力。如果没有学术功底，嗓门再大，桌子拍得再响，也只能把人吓跑。扬州大学一位教授说："课题主持人，是一面旗帜，是一个指挥、一位设计师。一将无能便会全军覆没。"一匹小马，一个小卒，如果没有这样的素养，是怎么也拉不动满载两百多位教授、学者的大车的。

要组织学术群体合作进行母语教材研究，必须用大气魄大手笔来开创新局面，要有大家风度，善于以柔克刚，用热情去化解坚冰。以立诚为本的精神，谦虚、诚恳、宽容待人。在原则问题上我坚持真理，毫不让步，以大局为重，不考虑个人得失，但具体处理人际关系、解决矛盾时，总是胸中有一盆火，有耐心、有韧性。我自视不是首长、"头领""老板"，不是善于处理各种关系的社会活动家，也不是擅长做思想工作的党委书记。但中国有句古话"邪不压正"，我的"正"一是淡泊名利，从不以谋利为目的，对自己该得的报酬可得，也可不得、少得，不该得的一分不取；二是尊重权威，保护弱者，倡导学术平等，服从真理；三是既自以为是，又自以为非，知错必改，哪怕一个字；四是团结为重，伤人必负荆。这些也许是凝聚力的重要来源，是成"大事"的主要因素。

在教材编写和课题研究中常会遇到许多矛盾和难题，都需要主持者去化解。国标本九年级教材，把单篇课文整合起来，编写"综合学习与探究"，编者要提取单元四篇文章中的共性因素，或列出相左、相异、相关、相反的个性要素，编出求同存异的整合题，把方法、习惯、知识、能力、情感态度价值观在读写听说训练中糅成一体。这是一个很大的难题。我组织中语界精英，如王栋生、黄厚江、唐江澎、曹勇军、秦兆基等，与南京大学、华东师范大学、扬州大学的知名教授合作编写，联合攻关。经过十多次修改，终于达到既定要求，得到广大实验教师的认可，公认是苏教版教材最大的亮点。据调查，师生的喜爱度达95%以上。

构想决策如砍柴，操作改进似绣花，这就是我破难题的"双招"。由此我体会到，有难才会去求突破，努力去攻克难关就可能有创新。如果编教材、搞科研轻而易举，就很难有收获。当然，破难题不是轻而易举的，必须把创新精神与科学态度结合起来。问题要一个一个解决，难关要一个一个攻破，力戒浮躁，力避浅薄，力求稳妥。

小马拉大车需要高度的凝聚力。这种凝聚力来自一个"诚"字。

有人称我的教材组和课题组是一个庞大的"集团"。如果不是从企业角度称呼的话，"集团"倒是一个"美誉"。就课题组而言，这个集团是个庞大的两百多人的队伍，他们来自上百个单位，包括高校、科研单位、国家教材管理部门、出版单位和基层中小学，成员中大多是高层学者、教授，文化层次、专业水平高，个性又各异，你能把他们团结在一起，拉上我们的"车"，最主要的因素是什么？我的回答只有两个字：立诚。立诚可以维系人心，立诚可以化解矛盾，立诚可以感天动地，立诚可以有扭转乾坤之伟力。

就教材组而言，我们这个"集团"的核心圈是几位有特长的常务编委，是设计室的设计师，也是作战指挥部的决策群体，或称"王侯将相"，他们是教材组的"脑袋"，许多金点子出自这一核心的精干的五六人。第二层是省内外高教界、中语界教材编写的"精英"，他们有渊博的学识、扎实的编写基本功，有丰富的经验，有较高的声望。其学科构成合理，有学科专家、教育心理学家、教学专家、教材编写专家，各有专长，他们是教材编写和课程研究的高手。第三层是为教材把关的学科专家、课程专家，他们是提供咨询者，也是把关者。最外一层即第四层，则是一线教师、学生、教研人员中关注教材建设的热心人，他们经常吸收实验基地上的反馈意见，不少人成为特约校订员，往往能对教材提出许多独到的见解。这四圈结成了编写、研究的人才网络。没有这个网络，教材、科研要取得今天这样的成果，有这样的气象，是难以想象、不可思议的。这个网络中的不少人都比我有所长，知识、能力、智慧，至少某一方面在我之上。我并没有依赖行政支持，没有依靠学术权势，也没有以利益来驱动。要把这些人都凝聚在一起，靠的就是一个"诚"字。立诚，是感情支柱，是友谊纽带，是吸引众心的磁石，是支撑事业的基石。像这样和谐协调的民间自发的教材编写和科学研究的独特组织，在长期受计划经济影响的国度里，其生存发展是很艰难的，而正是因为艰难方显成功之可贵，方说明"立诚"的感天动地。

为什么别人对主持重大课题望而生畏我们能不畏？为什么有些教材、课题被挫败而我自岿然不动？为什么我能够统领这样一支强大劲旅？正是"立诚"使"四圈"群体结合得具有"种子"破骨的力量，使我们在教材编写和课题研究中闯过一个个艰难险阻，攻克一座座堡垒，取得一项项突破性的成果。

十、无为才有为，无我才有我

人，生在世上都要做事。但人生有限，事业无限。一个有进取心、事业心的人都谋求在有限中去发展无限，而要取得最大效益，必须要充分利用"有限"。大多数人的生命周期是七八十岁，多则百岁，还要去掉睡眠休息和十几年读书（大中小学、研究生）的时间，到60岁退休，真正做事的时间仅十余年。这里必有个取舍问题，要树立"有失才有得""无为才有为"的观念。我40岁时曾有成为市委宣传部部长、地级市教育局局长等从政机会，我对考察人员说："当教师，我是师傅，当了校长，成了徒弟，我这个人生性就是好为人师。"所以婉拒了。1989年，扬州大学党委要调我去当教研室负责人，并许诺先转副教授，3年后即送评正教授。我说："橘生淮南则为橘，生于淮北则为枳。"我适合在中学工作，到大学也许长处成了短处。也婉拒了。我为什么这样做？一是我的专业近乎成熟，七八年写了200多篇论文，教学艺术也修炼到一定程度，我不会放弃我钟爱的语文专业，尤其不会放弃已铺开的实验；二是我的个性、兴趣、行政能力都不适合去机关当官；三是坚信行行出状元，我心甘情愿在语文教育的沃土上自我发展。有了上述三点，才有一个"安"字，而这个"安"字是十分"了得"的。为了集中精力进行母语教材研究，我十几年拒绝一切约稿，放弃许多高端讲座，甚至从不参加宴请，到不近人情的地步。

为了改革语文教育，洪宗礼整日沉浸于思考之中，半个世纪放弃从政、进高校任教机会，坚持在一所中学任教。乐此不疲，殚精竭虑。

我还放弃了我的兴趣爱好。青少年时代我是文艺骨干，写过诗歌、剧本，主演过多部戏剧，多次获过奖。我还有其他许多特长。我执著地坚持"有失才有得"的观念，为了母语教育，我都忍痛割舍了。因为我深知，有得必有失，不失去一些就得不到应得，鱼和熊掌是不可兼得的，"得"往往以"失"为代价。

我常说的一句话是"无我才有我"。我自知，要达到"无我境界"是不容易的；但我总是努力去做，进行长期的修炼。在我的日历里似乎无假日，每天工作到深夜十二时已积习难改，几十年农历正月初一也不知休息。步入古稀之年，也无一日不如此。半夜里一个电话可以打到英国（因时差英国是白天）。在唐山参加全国教材改革座谈会期间，参观地震展览馆，我走着走着突然大叫："就是这一张！"同行的顾黄初先生开玩笑说："老洪，你发什么神经，一定是发现与你教材有关的什么宝贝了！"的确，我们教材中一篇课文《十五天：最后的五个男子汉》，是写地震中埋在地下的五个矿工互助互救的事迹的。我发现了五人被救出后的合影，我那种喜悦不亚于哥伦布发现了"新大陆"。出国出境考察，我背回的是国外的一二十斤重的教材。当时我已年过六旬，同行的同志说："你60岁，又回到了自己人生的起点，从哪来这么大的牛劲。"教材开编时无稿费，后来有了稿费多用于发展教材，搞课题研究。这就是我发明的所谓"以教材养课题""用稿费发稿费"的方法。我跟编委说，稿酬分配宁可亏主编不亏编委，宁负自己不负他人。对已故编者，尽管他们仙逝，仍要给他们的家属发稿酬。有的书是我独著的，稿费我也坚持归公。我们把积累的300万元捐给学校作优秀生和贫困生的奖学金、助学金，筹建中外母语教材研究中心大楼。我们还用税后收入的230余万元作为母语教材研究的课题费。

　　几度面临死亡威胁，我没有放弃信念，放弃教学、教材编写与课题研究。20世纪80年代，我随江苏省教育讲学团赴广西为该省骨干教师培训，半夜里胆结石发作，疼得在床上滚，次日仍坚持半天治疗，半天讲课，持续半个多月。1989年，我去高邮印刷厂校对实验教材，整整三天三夜未眠，回校后又继续讲课，接受电台"校长访谈"，结果得了急性一过性脑缺血（医称"小中风"），昏死16个小时。医生说"24小时不醒就去了"，幸亏我命大，次晨醒了，病房又成了办公室。这时医嘱："今后你不能再做具体工作了，只能当动动嘴的校长。"我想，世界上怎么会有只动嘴的校长，不干就下台。组织上还要我当校长，我只得从命。我照样研究，照样编教材，照样搞科研，而且事业越搞越大。在与疾病搏斗中我悟出了一个道理："医生的话只能听一半。"我常常请医生收回对我的"判决书"，因为我有我的养生之道。2005年，我从武汉参加教育部基教司召开的教材主编会返回后，胆结石症发作，手术不顺利，引发消化道出血，输血达9000余毫升，是我全身血量的一倍。如果按正常输血规定，每个供血者一次只能输200毫升血，那么应有45人为我输血。在这次手术中，我的胆、十二指肠、胃（大部）被切去，还并发了极危险难愈的"肠外瘘"，手术长达十几个小时，住院108天。出院时医嘱休息一年，不得外出。事隔两个月，即2005年11月，在北京召开有20多个省市实验区教师参加的我主编教材的实验教学研讨会，出版社与我协商，要我到主席台亮一下相。我觉得应该顾全大局，毅然决定去京。虽只在主席台上坐了两小时，但有位专家说："这两个小时所表现的精神可以影响几代语文教师，是不可以用时间来估量的。"我一直说，即使在生理上也许称不上"长寿者"，但我追求的是事业上的"长寿者"，因为人总还是要有点精神的嘛！

教育部约稿。病中口授，让女儿床边打论文。

我的主要也是最高的成就，是在60岁到70岁之间的这几年取得的。有朋友多次劝我休息，回家含饴弄孙，我也曾10多次写退休报告，但组织挽留。我之所以留下，不是恋岗位，一方面是组织挽留，工作的确需要；另一方面我考虑到，60岁以前已有40多年读语文、教语文、编语文教材的长期积累，工作上又摆脱了一切行政事务，有精力和时间，更由于当时国内外课程改革正在兴起，我觉得60岁我又面临一个新机遇，因而我必须把未竟的事业坚持到底。我给自己"鼓气"，提出几个不老："意志不老，心态不老，思维不老，事业不老。"于是，60岁以后，我又回到了零的起点。

我常常想：人在事业、生命遇到挫折的时候，要用微弱的星星之火去点燃旺盛的生命之火，使之延续，要在微小的希望中去争取光明的前途。这样，人的有限生命就可以发挥出无限的创造力。只有"无我"，"我"的价值才是永存的。所以我说：我是事业上的长寿者。

十一、获奖感言：永远站在起点上

几十年来，我先后荣膺全国教育系统劳动模范、江苏省特级教师、江苏省名教师、江苏省突出贡献专家、泰州市优秀党员等称号；获江苏省哲学社会科学优秀成果一等奖、国家最高图书奖、全国教育科学优秀成果一等奖、首届江苏省基础教育优秀教学成果特等奖、全国中语会成立30年终身成就奖等；1994年在全国普教界首批享受国务院特殊津贴，2007年江苏省教育厅授予江苏省中小学荣誉教授，2009年当选"新中国成立60年课堂教学的开拓者""新中国成立60年江苏教育最有影响的人物"和《人民教育》60年来报道的最有影响力人物。2010、2011年、科学教育出版社先后出版了《这就是教育家》（评论集）和《从教师到教育家——洪宗礼评传》，全面系统地报道和评论了我的业绩。2011年获全国教育科研一等奖，时任国务委员刘延东同志在人民大会堂给我颁奖；2012年受到时任国家主席胡锦涛同志的亲切接见，赞扬我把一生都献给了教育事业；2013年高等教育出版社出版了百万字的大型专著《洪氏语文》，中国教育学会荣誉会长顾明远为该书题词："中国语文教育改革的一面旗帜"；2014年获首届国家级基础教育教学成果一等奖，受到习近平主席、李克强总理等党和国家领导人的接见并合影。面对一个个荣誉，我始终践行归零思想，我把自己的一生比作一个圆，圆上的每个点，既是终点又是新起点，我会永远走在起点上。并在每个终点上进行反思、积累感悟。我一生的体悟可概括为四个字：学、思、行、爱。三句话是：把职业当事业干，一定能成就大事业；把工作当学问做，一定有大学问；把细活当精品磨，一定会出大精品。

第一，学。学是立业的基础。一是向书本学习，包括知识、专业、理论。有人说我是一本读不完的书。我说我从来没有读完人生的书。二是向实践学习，在不断探索中学习新经验、有新的创新。有人说我是不甘寂寞的人。是的，我始终有追求感、使命感。大学毕业是新的学习起点。1978年发表万字论文《试论语文是基础工具》，1984年起先后被评为江苏省首批中学语文特级教师、首批省有突出贡献专家、全国基础教育界首批享受国务院特殊津贴，出版了第一本著作，三次出文集，但从未止步，不断寻找新的改革目标。1983年起决心编教材，以教材改革来制约和推动教学改革，从油印本开始，至今已有 26 个省市自治区使用，累计印行 1.4 亿多册。《中国教育报》说我是"拼命三郎"，《江苏教育报》发表评论，说我从教师走向了教育家。60 岁时（1997 年）又开始搞中外母语比较研究，遍及 45 个国家、26 个语种。一个起点高出一个起点，不断践行归零。

第二，思，就是做思想者，有研究心，不断提升、思想、智慧和理念，教学与研究都不搞本本主义，要善于独立思考，有自己的见解，有独特的学术思想。著名语文教育家顾黄初称我们中外母语比较研究课题是 20 世纪语文设课 100 年来语文教育研究上的一项最高成果，原因是不抄书；所有成果都是在实践中独立思考而提炼出来的。在教学研究中我从不盲从，说自己的话，走自己的路，圆自己的梦，有自己的思考。举个例子，对"讲"与"不讲"、教与学的关系，争论已久，至今仍悬着。有说先学后教；也有说先教后学；有说教是主体，也有说学是主体。我的思考有两点：教与学是一块硬币的两面，是对立的统一，师生都是教学的生命体，从学的方面则学生为主体，从教的方面则是教师为主体；教学先后不是主要矛盾，重在相机诱导，"机"最重要。所以，我提出教师主导不是主宰，学生主动不是盲动。教则要求善于引导学生"学会、会学"，就是要讲究"讲"的艺术，讲得精炼、精要、精当、精彩，特别要善于引导学生自己学。我总结了 15 个"善"字，观察 6 种眼神，所以说，"讲"也是一种艺术，不仅不能舍弃，还要加强修炼；学应当学得主动、学得活，能够"自求得之"（叶老语）。所以在张家港华东片高端研讨会上我大喊"语文教学要死去活来"（发表于《语文学习》2003 年）。

教学研究我掌握折两用中方法论，避免两极思维。辩证法是改革者最锐利的武器，不走极端。大讨论中，工具性与人文性，几十年争论不休，其实两者是附于"一张皮"的，应该是统一的，从语言与思维的角度，是工具性与思想性统一。但是，如果要分析主要矛盾，语文则是基础工具学科，语文是本体、本位、本务。当然语文作为边缘性的基础工具学科，内容涉及方方面面，也有人文性、文化性、文学性，甚至科学性、社会性。大讨论时，我提出："并瑕弃璧不足取，锄艾恐伤兰也不必。"我这种观点就是折两用中。黄金有价，学术无价。而没有思想，离开研究，就没有真正的学术。

第三，行，就是践行。行，就是做工作、做学问，教学实践和改革道路上是铺满鲜花的，又是荆棘丛生的。有志改革者要勇敢地向困难说"不"，要坚持韧性，锲而不舍。对改革者来说，每个挫折都是次机遇，每次反思都会迸发出灿烂的火花，"最困难的时候就是最有希望的时候"，要斗疾病、舍名利、拒诱惑。

特别重要的是坚守讲坛。教师的做功就落在讲坛上。我和我的团队都不脱离讲坛。坚持"三边"（边教学、边总结、边研究）。我当校长、研究教材、编写教科书、教学"四肩挑"。60岁前一直在上课，高、初中各年级课都上，始终脚站在一线上。我说过教坛，不仅是教书之坛，而且是"圣坛"（神圣的，圣人讲学的地方），是"神坛"（会出现奇迹的场所）。总之，做比说更难。

第四，爱，就是珍惜"师爱"，包括爱学生、爱专业、爱教育。爱是核心，是成师的根本，是教师专业发展的至高境界（师爱无疆，超越母爱）。要爱得无比深挚，有宗教般的虔诚的信仰。

要有这样的"师爱"，就要达到"无我才有我""无为才有为"的境界。我的同人和朋友中，教育素质比我好的有的升迁了。当然，他们也是事业的需要，适合当官的自然去当官。但有的人一入仕途，课题中断了、教改中断了、教育事业也中断了。我对培养人民教育家的对象说，你们要想好，你适合做的是什么梦。我对一位当了校助理的老师说，你是升校长好，还是坚守语文专业好，想好了一路走下去，不要后悔。他说，矢志不移当教师。现在成了全国最优秀、最著名的教师之一。

从四字经的基础上悟出三句话，就是：把职业当事业干，一定能成就大事业；把工作当学问做，一定有大学问；把细活当精品磨，一定会出大精品。

只有一个目的：塑人
——我心中的语文教育

人们对教师有许多赞誉：人类灵魂的工程师，照亮别人牺牲自我的蜡烛，培育莘莘学子的园丁，等等。在我的眼里，教师是个匠人，是大匠，一生只有一个目标：塑人。由此推及，语文教师所从事的母语教育，正是塑人的事业，目的也只有一个：塑人。语文学科则"是一门使人终生受益的学科，是塑造人的人格、性格、思想灵魂的综合性很强的学科"①。因而，语文教师从来不应当只是抱着书"照本宣科"，而是天天在"用"语文教科书塑人。

一、回答语文是什么
——我的语文教育观

语文是什么？有人说，语文是承载、弘扬文化的工具；也有人说，语文就是人文；有人说，语文是一部微型百科全书；也有人说，语文是折射自然、社会、人生的多棱镜。还有人说，语文就是语文。

语文的确是一个复杂的多面体，"横看成岭侧成峰，远近高低各不同"。人们站在不同的立足点、从不同的侧面看语文，都可以得出不同的结论。只有从全方位、多角度对语文作客观地深入解剖，也许才能认清它的"庐山真面目"。

（一）认识母语、亲近母语

1. 母语无价

关于母语的含义，各类权威文献对它的解释、表述不尽相同。一般认为，母语指一个人最初学会的本民族的通用语。这个定义的核心要素是"本民族"。每个民族都会有自己的母语。经济全球化、信息化社会的迅速发展，国际交流的增多，各国的历史、政治、文化等生态文明有了发展变化。一种民族语言，往往为许多国家所使用，如许多国家都用英语为本国交际语；使用西班牙语的也有十多个国家，两亿多人口。对于诸多国家共用一种语言的现象，我称之为"多国一语"。虽然多国同用

---

① 于漪：《基础教育，本中之本》，见《于漪文集》，第1卷，济南，山东教育出版社，2001。

一种语言，但由于语言的同化与异化作用，有些国家自然地渗透了"本土语"，或对外来语进行改造而逐步形成自己的语言体系，如美国英语就是从英国英语中"独立"出来的，美国人把美国英语作为自己的"母语"。所以同一个源头上某个民族的母语，又成了许多国家的母语。"本民族语"这个概念在这类国家就显得模糊而狭窄。另一方面，世界上有不少国家（尤其是移民国家、多民族国家或原来的殖民国家）鲜有自己的民族语，或自己的民族语衰退，而被其他强势民族的语言（即外来语）取代。其中一些国家采用多种他民族的语言，作为官方语或多数国民使用的大众语。这种"一国多语"的现象在东西方国家不乏其例，如欧洲的瑞士、奥地利等国并用德语、法语、意大利语为官方或大众交际语；亚洲的新加坡、马来西亚并用华语、英语、马来语为官方语或大众语。在欧盟的《欧洲新语言标准》中甚至要求欧盟国家同时使用两种官方语言。

研究中国百年前语文建课时的教科书。

民族语与外来语的渗透，大众语与官方语的交叉，古代语与现代语的关联，导致了"多国一语""一国多语"的世界语言多元、复杂的格局形成。这个变化发展，使人们对母语作为"一个人最初学习的民族语"的含义产生了新的困惑，也让我们认识到世界母语发展形势的严峻。世界尚存的7000多种语言，是全球化时代多元文化的根底，所以联合国展开了调研，正采取措施让7000多种语言，世界各民族文化的根，继续存在下去。为了保护人类的多元文化，人们必须尊重、保护和包容世界民族语言的多样化。

歌德说过，越是民族的，就越是世界的。母语是民族的，也是属于全人类的。在语言交流全球化、信息化的当今，国际交流尽管出现"多语制"，同时许多民族语被强势语言所取代，但世界上大多数的优秀民族语，仍充满勃勃生机和活力。汉语是中华民族的共同语。汉语是世界上使用人数最多的语言，也是屹立于世界多样化语言之中使用历史最悠久且最优美丰富的语言之一。汉语进入计算机，在国际交流中，已成为世界主流语言之一，并且在联合国六种工作语中也有至关重要的一席之地。因而，只要是炎黄子孙，不管他在天南海北，只要他的良知未泯，都会为祖国的母语和母语文化感到骄傲、感到自豪。

母语的性质功能凸显了母语教育的地位、价值。我国是世界文明古国之一，有五千年的文明史，有文字记载的历史则有三四千年，传统语文教育延续约两三千年，现代语文教育也有百年之久，确实是源远流长的语文教育的泱泱大国。无数志士仁人的不懈奋斗，终使我国母语教育有了长足的进步，哺育着一代代学子成长。

我国的汉语文教育，具有其他语言文字不可替代的地位，有着无可比拟的优越性；积累、感悟、涵泳，是汉语学习的特点。尽管汉语和传统的汉语文教学存在某些弱点，相信它是可以在改革中得到改造和创新的。作为中华民族的共同语，汉语在社会主义现代化建设，在教学、科研、文化、生产等各领域的学习和交流方面的价值功能越来越不可忽视。正是因为汉语在传承、弘扬中华文化方面，在社会交际、信息传递方面，具有不可替代的功能和十分重要的价值，我国历次制订的课程计划、教学大纲都始终确认语文课在中小学各学科中的"龙头"地位和"基础的基础"的作用，始终把语文列为核心课程，把学习、理解和应用祖国的语言文字作为语文教育的主要目标。所以我说，"母语无价"。

几十年母语教育的实践使我坚信一个真理：一个不爱母语的教师，必定教不好母语；一个不懂得母语价值的教育者，永远难以建造母语教育的摩天大厦。

自幼时读书塾始，母语便为我奠基，铸我理想，伴我成长，成就我的事业，与我结下不解之缘。可以说，我的母语情结是我语文教改之路上不懈追求的不竭动力，是我终生愿为母语教育奉献的精神支柱。

2. 语言也是文化

著名课程学专家钟启泉教授曾说："语言同人类的客体认识和关系认识（情感、

意志、态度等）密切相关""语言同人类认识的一切作用密不可分。"① 钟启泉精辟地概括了语言与人类生活的关系。人们从事工作和学习，进行人际交流，储存、传递信息及参与一切社会活动无不需要借助语言，语言无疑是人类生存发展不可或缺的交际工具。

语言承载文化、传播文化、弘扬文化，语言可以表达人文文化、历史文化、科技文化等一切文化，因此它又是传承人类文化的工具。语言本身也是一种文化，即使是在识字教学中的辨字形、字义、字音，亦为传承先民的造字文化；有了造字文化，人类文明才有了升华。可以说语言是人类文明的象征。因此，以大文化观而言，语言是诸多文化中的一枝独秀；以语文观而言，其本身则蕴涵深厚的文化，是创造艺术的文化。

在语文教育中，语言和文化是密不可分的共同体，语文课程文化只有借助语言才能表达出来；学习者也只有在语言研习的过程中才能培育、感受、涵泳语言文化之美，获得文化熏陶。

研究语言就是研究文化。母语教育、母语课程教材建设的根本目的，正是为了更好地弘扬祖国的文化、人类的文化。所有母语课程教材改革者都必须直面母语课程教材的文化价值，务必致力于加强民族优秀文化的理解和吸收、创造和发展。当然，认同语言的文化价值，并不意味着否定、淡化语言文字作为载体、工具的基本功能和个性特质。母语教育和课程教材改革，就是要站在历史发展的高度，以更广阔的视野塑造母语课程教材文化。

有位哲人说过，母语是一个民族文化积累的地质层。我们绝不能只把它看做一个民族的语言文字，仅仅是一个个单纯的符号系统。母语承载的是人类文化，反映的是一个民族认识客观世界的思维方式，蕴涵的是民族精神的深厚积淀。母语是维系民族精神和民族感情的心理纽带，是民族生命的组成部分，是民族多元文化的根基，是民族文化的基因（DNA）。

对于语言和文化密不可分的关系，中外哲人先贤多有精辟论述。我国语言学家罗常培曾说过："语言文字是一个民族文化的结晶，这个民族过去的文化，靠它来流

---

① 洪宗礼、柳士镇、倪文锦主编：《母语教材研究·序》，南京，江苏教育出版社，2007。

传，未来的文化也仗着它来推进。"① 所以学习语言就是学习文化，就是进入一个文化系统，语言就是一定的文化的载体。语言文化特征，决定了语言的特征。德国语言学家雅各·格林也曾指出："当民族历史上作为一种语言、居住地域、经济生活、心理状态上稳定的共同体出现时，语言就深深打上了民族的烙印，成为民族文化最典型的表征。一个民族的文化心理结构深藏在民族语言之中，因而语言的结构具有民族文化的通约性。"②

语言是表达艺术和创造艺术魅力的基础或手段之一。在社会发展中只有借助语言才能进行科学研究，享受科研成果。没有语言这个载体，就没有文化，没有艺术，没有科学，甚至一切社会交流都会无法进行。

由此，我们要走进语文，第一步就必须充分体悟语言的文化价值、创造价值，把学习语言看成是学习文化，把语文教学、语文课程教材建设的根本目的，定位于更好地学习、继承和弘扬祖国的文化、人类的文化。所有语文教育工作者、所有母语课程教材建设者都必须直面母语课程教材的文化魅力和创造价值，务必致力于加强民族优秀文化的理解和吸收、创造和发展。

诚然，建设母语，就要认识母语，热爱母语文化；呵护母语文化，就要发展母语文化，提升母语的地位和文化价值，扩大它的影响。我一生挚爱母语，亲近母语，探究母语，弘扬母语，钟情于母语教育。我曾说：人一生一般只能做一两件大事。我孜孜矻矻数十年所做的一件大事，就是要在母语教学和母语课程教材建设中弘扬母语文化，用母语文化哺育一代代学子。

3. 语言与思想（人文）附于"一张皮"

每个人对"语文"的理解不一而足，有语言文字、语言思维、语言文学、语言文化、语言人文、语言文章等。

其实，文字、思维、文学、文化、人文、文章意义上都是交叉、互融的，只是强调的侧重点不同。从本质意义上讲它们并不矛盾，彼此之间可容性很大，似乎没

---

[1] 罗常培：《中国人与中国文化》，转引自倪文锦、韩艳梅：《母语教科书的文化构成》，见《母语教材研究》第九卷，南京，江苏教育出版社，2007。

[2] ［法］克洛德·莱维-斯特劳斯著，谢维扬、俞宣孟译：《结构人类学》，上海，上海译文出版社，1995。

有必要在这些概念上纠缠。依我之见，思想可以包括人文思想、科学思想、哲学思想；文学和文章也都是表达思想情感的。即使人文性也是不能完全代替思想性的；至少不应兼容属于自然科学方面的科学思想、科学精神、科学思维、科学方法和科学知识。所以我这里谈语文的特点，取用工具性与思想性（或人文性）的统一这个观点。

语文的传统、经典定义，一般作"语言文字"（即口头语为语，书面语为文），有人则把语文概括为12个字"字词句篇、语修逻文、读写听说"，这是目标单一的工具说。随着百年语文教育的发展演变，语文的目标多元化，内容复杂化，体系烦琐化，使语文负载过多。20世纪90年代后期至21世纪初，我国语文界对语文的地位、目标、功能等进行了多角度、多侧面、全方位的审视、研讨、论证，相对而言，对语文课程教材的定位，有了进一步比较全面、客观、科学的认识。

用现代观念考察语文，从交际层面看，它是表达与交流的工具；从体现国家意志和渗透思想道德观念看，它是国家民族生存发展的基础；从传承、弘扬文化看，它是积淀、传播文化的载体；从发展人的情感看，它是文学教育、审美教育的重要组成部分（或一个主要分支）。由于语言本身也是一种文化，因而，它又具有很高的人文价值，这也是语文具有民族凝聚力的根本原因。以上这些都仅仅是从语文的功能来考量的。倘若从语文课程教材内容构成来分析，它又包含语文知识技能，对文学作品、文化科技著作、各类应用文章的阅读，以及各种语文活动设计等。其反映的内容涉及人与自然、人与社会、人与文化、人与自身的许多方面。

我们在中外母语教材比较中对语文的多元目标、多重功能和复杂内容作了辩证的、客观的、实事求是的研究，分析了语文和语文课程教材的主要矛盾和本质特征，作出如下判断：语文作为形式学科，它具有工具性（语言是核心）；作为内容学科，它具有思想性或人文性（思想是灵魂）；作为综合性基础学科，它是语言与思想的统一体，也就是兼具形式训练和实质训练的"集成块"。由于语言承载人类文化，其本身也是一种文化，因此必须重视语文学科拥有的文化价值。如此定位，可以突出母语和母语课程教材在国家民族生存发展中的重要作用，凸显其在基础教育课程教材建设中其他学科无法代替的特殊地位。在经济全球化、交流现代化、信息化的当代世界，无论哪个国家哪个民族，都必须把母语教育、母语课程教材的发展与创新，放在基础教育改革的显著地位。重视母语教学与课程教材建设，提高作为国民素质的一个重要组成部分的语文素养，不管怎么强调也不过分，如日本一位哲人所说："放弃母语，就是通向亡国（毁灭文明）的捷径。"我曾研究了40多个国家和地区当代语文学科的周课时和各学段的总课时的安排，从中了解到，除德国近几年因欧盟要求学两种官方语而相对减少了母语教学时数外，语文学科的课时都是最多的。美国等国家历来把母语教学放在各学科之首，语文周课时大多在8课时以上。因而，当前国内某些地区、某些学校"轻母语、重外语"的思想和做法，都是不足取的。国家教育行政部门应采取果断措施，改变这一现状，在适应改革开放需要、加强外语教学的同时，确保母语教学的"首要"地位。

　　语言与思想的统一，是马克思主义语言学的基本原理。马克思说："语言是思想的直接现实。"[①] 一方面，语文是学习的工具、交流的工具、思维的工具和文化传承的工具。这样的工具完全不同于生产工具（包括现代的信息工具）；另一方面，如果把语文看成是纯工具，显然也是错误的。因为语言是表达思想的工具，语言文字是"表"，思想内容是"里"。两者始终存在于一个不可分割的统一体之中。语文作为工具是没有阶级性的，语文教学的任务也不是专门进行思想教育的，但是学生在语文课上学习和掌握语文工具，不是孤立地读字典、词典，啃语法、修辞、逻辑知识（即使是读字典、词典和语法修辞教材中的字词知识，也不可能完全离开意念而存在），读的是一篇篇课文，写的是一篇篇作文，这些课文和作文不是单纯的语言文字的机械堆砌，不是用不相关的字句任意凑成的，而是语言和思想、形式和内容的统一体，它总是要包含不同的思想感情，学生在通过阅读范文和练习作文来学习和掌握语文工具的同时，必然受到思想文化的陶冶。从这个意义上讲，语文课的思想性很强。历代统治阶级无不通过语文教学宣扬自己的思想，就连只是单字的堆积，并无任何思想内容的《百家姓》，宋朝人编时要用"赵"字开头，因为北宋皇帝姓"赵"；其次是"钱"，因为吴越王钱镠的后代，曾把吴越国的土地主动送给北宋政府，受到北宋政府的优待，成为当时仅次于赵家的贵族。到了明朝，统治者不容许这种现象继续下去，就改用"朱"字开头的"千家姓"。可见语文教材的思想倾向性是十分明显的。

---

　　① 《德意志意识形态》，见《马克思恩格斯全集》，第3卷，525页，北京，人民出版社，1960。

语文作为一门课程、一门学科，其目标就不仅是单一地掌握语言文字工具。语文教学包含多元目标、复杂的内容，主要借助一篇篇课文来渗透深邃的思想，包括人文思想、哲学思想、政治思想、科学精神和科学思想、自然生态观念等实质性的内容，也就是说，语文学科必然同时具有工具性和思想性。思想必须也只有借助语言文字才能表达，语言文字离开了思想也便成了空壳，因而语文课既具有工具性又具有思想性是应有之义，而工具性与思想性的统一则如一枚硬币的两面，工具性与思想性是对立的统一，它们始终附在"一张皮"上。

一提到思想性，或许有人会想到在"左"的路线下把语文课上成政治课的教训，其实语言从工具这一意义上讲是没有政治倾向的。人与动物的区别在于有思想，有思维活动，而这思想未必都是单指"政治思想"。语言主要是表情达意的手段，而它所表达的内容可以包括哲学、人生价值观、人文思想、科学精神、文学审美观等，这些都是语文工具所承载的实质内容。我认为，语文工具掌握在谁的手里便为谁所用，因为它主要是沟通思想的工具，只要不把思想狭隘地理解成政治思想，说语文是工具性与思想性的统一，并无错误或歧义。用思想性还是用文学性、人文性、文化性，何者为优？我以为，从准确运用概念、范畴看，还是思想性为佳，因为前者可以涵盖后者，后者则不然。

（二）拓开语文教学新境界

1. 语文多棱镜："五说"语文教育观

众所周知，语文学科目标多元，内容复杂，头绪纷繁，似乎弄不清它的真谛。其实语文是一个科学组合的有机的综合体，它恰似一个多棱镜。我们应当运用系统思想和矛盾的法则，揭示语文教学内容诸多方面要素的辩证统一关系。弄清这个多棱镜的"庐山真面目"，要多角度、全方位地从宏观和微观的结合上进行不同层面、不同维度地深入细致的整体研究，用心寻找语文教学诸种结构元素之间的联系及其最佳结合点，不断探求其规律性，并构建其学科体系；要客观而辩证地分析各种矛盾关系，力求抓住它的主要矛盾，从而变烦琐为简约，变肢解为综合，使语文教学的各个方面、各种因素结合成一个和谐协调的有机整体，具有最合理的密度和最恰当的容量，能够发挥系统的整体功能和综合的教学效应。

我在语文教学实践中经过长期探索思考，总结了"五说"语文教育观，试图剖析语文学科这个复杂的多棱镜，揭示语文教学的内在规律，从而科学而客观地认识语文学科的特质，谋求语文教学的科学化、最优化与高效率。

（1）工具说

学科的性质，决定着教育的目的、任务、方法和效率。确认语文的基础工具性质，是语文教学的基点，也是语文教学改革的根本点和出发点。只有确立了这一基点，才能客观地认识语文教学的性质、功能、目标和任务。语言文字是思想文化的载体；而作为语文教学依据的语文教材，是以一篇篇范文为主体的，语文训练又是以范文为凭借的。这些范文不是一系列毫无联系的文字符号，而是通过语言文字表达出来的极为丰富的思想文化。因此，学生在语文课上就不仅仅是学习语言文字本身，而是同时接受思想教育、精神陶冶，提高文学素养，丰富社会和自然方面的知识。这就是所谓文与道的统一，语文训练与思想教育的统一，工具性与思想性（或人文性）的统一。然而，不管语文教学的内容如何纷繁复杂，作为语言文字，它毕竟是基本工具，教师必须认识语文教学的核心价值，努力帮助学生提高理解和运用祖国语言文字的能力，逐步养成良好的运用语文的习惯，掌握终生受用的语文工具，为将来从事工作和继续学习奠定良好的基础。与此同时，在语文教学中，教师还必须在传授语文知识和进行语文训练的过程中因文解道，因文悟道，自觉地进行思想道德教育、人文教育、自然与社会方面的知识教育，从而提高学生的思想道德素质和人文素养，丰富学生的社会自然常识。但是思想教育、文学教育、知识教育，只能在语文训练的过程中进行，不能把语文课上成政治课，也不能把语文课上成文学课、社会自然常识课。语文教师要始终把语文基础知识教学和语文基本能力训练作为语文教学的基本任务，把语言教育作为语文教育的基础和核心。思想教育、文学教育、知识传播、思维发展都必须寓于语文教育之中，都只能在语文实践的过程中顺理成章地进行。

语文这个工具，它与一般生产工具不同之处，在于它不能生产物质产品，它是学习、工作、思维和交际的工具，又是承载和弘扬文化的载体。由于所有工具只有在使用中才能掌握，这就决定了语文学科有很强的实践性和应用性，学生学习和掌握语文工具必须通过自己的"历练"。只有经过不同语境的反复的技能训练，语言运用才能达到熟练、牢固乃至巧妙的程度，才能转化成语言习惯，成为语言直觉。因此，语文教学不应当只满足于语言的认知、语言的理解、语言的积累，还必须重视语言的运用，也就是要强化语文训练，且以训练为中介，促进知识向能力、素养转化，实现知与行的统一。

(2) 导学说

教学过程主要是由教师和学生两个功能体的双向交流活动来完成的。从本质上说，教学的过程就是实现教师主导性和学生主动性统一的过程。教学，教学，就是教学生学；不仅要教学生学会，而且要教学生会学，即不但要学会知识，具有运用知识的能力，而且要掌握学习的门径、方法，养成熟练地运用语文的习惯。一般说，就学习而言，学生是主体。如果把语文教学看成整体，教与学则都是主体。在教与学这对矛盾中，"教"是主导的方面，因为教师引领着教学的方向，承担着启发、引导和培养学生能力、发展学生智力、诱发学习动力和"传道""授业""解惑""交法"等多重责任。因此，降低教师的主导作用，无助于学生发现完成学习任务的最有效的途径。就语文学习过程而言，学生的"学"，是从不知到知，从少知到多知，从浅知到深知，从认知到理解、运用的种种转化的根据；"教"，则是转化的外因。从这个意义上讲，学生应当是学习语文的主人，是语文学习活动的主体。教师对学生活动过程过于生硬的控制，会使学生丧失主动性和独立性，在学习中呈消极状态。语文教学的着眼点，提高语文教学质量和效率的关键，是要努力使教与学双边在语文教学过程中达到和谐、辩证、完美的统一。教师的"导"，要服务于学生的"学"；学生的"学"，需得益于教师的"导"。即要使教师的主导不致成为"主宰"，使学生的主动不致成为"盲动"。具体说，就是要变单向灌输为双向交流，变填鸭式的教法为诱导式的教法，通过教师的定向、启发、点拨、引导、暗示，不断启动学生的学习动因，开发学生的学习潜能，提高学生学习的效率，把教师的主动性落实到调动学生学习的主动性、积极性和有效性上，真正达到"导"学生"学"的目的。

导学的目标是实现从教到不需要教的理想境界，而实现这一目标，应当重视"导"的作用。为了将来"不需要教"，现在必须明确"导"的方向，讲究"导"的质量，提高"导"的艺术，注重"导"的效果，真正地、扎扎实实地"教好"。教师要通过艺术地"导"，使学生在学习中，逐步摆脱对教师的依赖，不仅在学习上能够自主，而且在个性上、意志上、人格上都能成为独立自主的人，从而在学习、能力、智力上都能得到同步发展。从上述意义上讲，导学说最集中地反映了语文教学过程的本质，揭示了教学过程发展的原动力，体现了语文教学的高境界，它应当是语文教学的总原则。

(3) 学思同步说

语言是思维的物质外壳。"语言是直接与思维联系的,它把人的思维活动的结果,认识活动的成果用词及由词组成的句子记载下来,巩固起来,这样就使人类社会中思想交流成为可能的了"[①]。可以说,语言表达一刻也离不开思维;思维的过程也离不开语言。语言与思维的密切不可分割性,语言与思维的统一性,决定了语言与思维始终是同步发展的。由于现代教育所要培养的是思维活跃、有巨大发展潜力的聪明人,在语文教学中同步进行语言与思维训练,在发展学生语言能力的同时,提高学生的思维能力,正是适应未来一代发展的需要。

在语文教学中,学生的听说读写能力的发展,无不有赖于想。想,还涉及人们的立场、观点和方法。听说读写与想始终是同步进行的,人们无论想什么都得运用语言,从简单的念头到复杂的思想活动,都得依靠语言。总之,想,是听说读写的总开关、总枢纽。从教学实践中可以发现语言思维发展的轨迹:一方面,学生听说读写能力高的思维能力也较强。语言与思维的发展是相适应的。以写作为例,学生文章写得生动、形象,往往是形象思维能力比较强;学生作文时说理分析透彻、深刻,往往是逻辑思维能力比较强;学生作文富有见地,耳目一新,往往初步具备了创造性思维能力。反之,学生作文离题万里,大多因为思维缺乏方向性;作文杂乱无章,一般由于思维混乱;作文词不达意,文理不通,除了缺乏语言训练之外,往往是思维缺乏准确性。另一方面,又可以从语文教学中发现,学生的语言与思维的发展有时又不完全适应,如也有思维敏捷、灵活的学生,语言表达能力较差。语言与思维在某些条件下的这种既适应又不适应的现象说明:不能认为语言发展了,思维就自然发展了;思维发展了,语言也自然发展了,甚至以为两者可以相互取代。语言与思维互相联系、相互依存、互相促进,是辩证的统一,却是不能"合二为一"的。

(4) 渗透说

语文作为多因素的综合体,在它的内部各因素之间存在着互相依存,互相制约的关系。听说读写之间,语言形式与思想内容之间,智力因素与非智力因素之间,

---

[①] 《马克思主义和语言学问题》,见《斯大林选集》下卷,515页,北京,人民出版社,1979。

都密切相关、互相渗透。各因素的组合、渗透而形成的合力应大于各分解因素之和。语文内部的这种渗透性，决定着语文教学质量的规定性和效度。语文教学的一个重要任务，就是要最大限度地协调各因素之间的关系，努力实现优化的整合，使知识结构与能力训练、知识教育与语文教育、智力发展与习惯培养等多元结合，互相渗透，充分发挥其整体综合教学效应。

　　语文作为边缘性工具学科，它与外部的社会生活以及相邻的学科有着广泛而密切的联系。所谓语文的外延等于生活的外延，是说语文与社会生活这个大语文环境息息相关。它涉及政治、哲学、文学、艺术、自然等各个领域、各个方面。语文源于生活，社会生活的方方面面又无不需要运用语文工具。因此语文教学固然应以课堂为主要场所，但语文教学又必须置于社会生活的宏观范围之内。要通过多种形式的课外语文活动，巩固、加深、扩大课内所学的语文知识，把课内学习适当延伸到课外，从而既提高学生语文能力和素养，又拓宽学生视野。作为语文课本的主体的课文，其内容涉及政治、历史、地理、物理、化学、生物、音乐、体育、美术等各门学科，而各门学科知识又必须运用科学、准确的语言文字来表述。因而，语文教学以课堂为轴心，与其他学科的沟通、联系、渗透是显而易见的，符合语文教育的特点和规律。而语文课中进行各科通用的学法指导则是从更高层次上体现了语文的工具性。从语文是学习和工作的基础工具这个意义上讲，语文教学的价值不只体现在提高学生语文能力上，更体现在学生德智体美素质的全面提高上。因此，语文教学必须注意语文学科与其他学科的沟通、渗透。当然，注意语文与其他学科的联系、渗透，并非取消或削弱语文和其他学科自身的任务，而是要力求相互为用，相互促进、相辅相成，更好地实现本学科的主要教学目标，促进学生的全面发展。

　　(5) 端点说（发端说）

　　中学教育是基础教育，基础教育的最终和根本目的是培养思想道德素质和科学文化素质较高的一代新人。中学阶段各科教育的任务，主要是为培养全面发展的人才这个长远目标而奠定扎实的基础，创设良好的开端。语文学科说到底是塑人的学科，其根本目的是造就人、培养人，语文教学的根本目标应当与人格培养的价值取向相一致，必须着眼于未来一代的发展，服务于人的综合素质的提高。按照为人的发展奠定基础和形成良好的起点、发端的要求，中学语文教学必须按教学计划、大纲的要求，把握恰当的度和量；教学内容和训练也必须适合青少年的认知规律、年龄特征、知识基础和思维状况，不应降低或超越课程标准或大纲的基本要求，更不可脱离中学生的实际需要和可能。当然，这个基础和发端是扎扎实实的，它的能量和效率是较高的，对学生未来的发展是至关重要的，对各类学生（包括智商低的学生）的个性发展都是必不可少的。因而，各科教学都要找准自己的坐标点，与其他学科"君臣佐使，配合得当"，从而形成各学科共同的基础和发端，以利于更好地全面贯彻教育方针，培养全面发展的人才，并达到减轻学生负担与提高教学质量的辩证统一。

语文学科是中学教育的重要基础课程和核心课程之一，是"基础的基础"。从纵向看，语文学习是个长过程，可以说贯穿人的一生；从横向看，语文是学习各门功课的工具，"发射"到方方面面，遍及各个领域。因此语文学习更应当成为学生未来发展和在校学习其他课程的基础和发端。在这个端点上，学生不仅要学习语文基础知识，训练语文技能，培养语文习惯，而且要掌握学习语文的方法。为了达到这一目标，语文教学必须压缩体积、加大容量、提高密度、简化头绪、轻装上阵，在有限的教学时间内帮助学生获取终生受用的语文能力，养成运用语文的良好习惯。因此，在语文教学中，不能仅仅守住"一堂课""一本书"，而要使每一课、每一单元、每一册课本的学习，都成为学生未来发展的一个发端，成为学生广泛学习的一个扩展点；要充分考虑语文教学体系的合理性，知识和能力结构的完整性，能力培养的全面性，以及教学的容量和密度的合理性。评价语文教学的效果，不仅要看学生是否学完了一套中学语文课本，或者教师传授了多少语文知识，安排了多少语文训练，变换了多少教学方法，而且要看学生在中学语文学习这个端点上，为未来的发展和其他学科的学习奠定了怎样的基础，在未来从事工作、继续学习中，运用语文工具具有多大的潜能。

"五说"语文教育观试图在对语文教学中的诸多矛盾关系做辩证分析的基础上，谋求建立科学的、符合汉语特点的语文教学结构体系和理论体系。它的着眼点是学生的发展，目标是追求语文教学的高效率和综合效应。

"五说"语文教育观立足于语文教学的整体，归纳了语文教学应该而且可以达到的多种效应。工具说，突出语文教学的个性，谋求文与道的统一，旨在取得"双基效应"；导学说，阐述教与学的关系，体现了教学过程中的认知规律，旨在取得"双边效应"；学思同步说，探求传授语文知识与发展智力的关系，注重智力发展，旨在

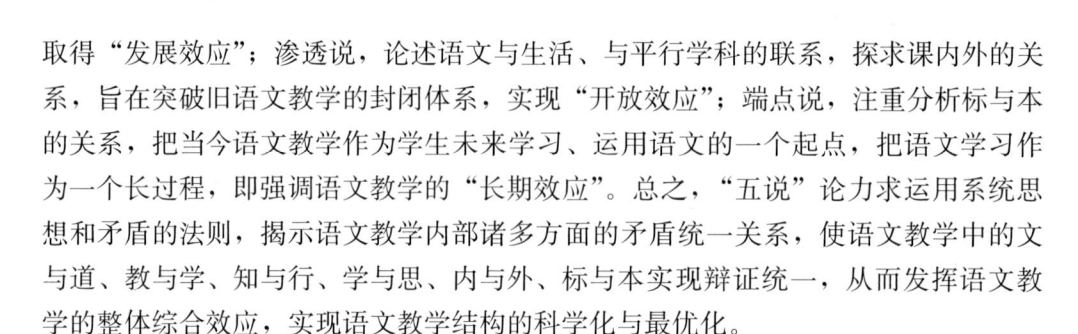

取得"发展效应";渗透说,论述语文与生活、与平行学科的联系,探求课内外的关系,旨在突破旧语文教学的封闭体系,实现"开放效应";端点说,注重分析标与本的关系,把当今语文教学作为学生未来学习、运用语文的一个起点,把语文学习作为一个长过程,即强调语文教学的"长期效应"。总之,"五说"论力求运用系统思想和矛盾的法则,揭示语文教学内部诸多方面的矛盾统一关系,使语文教学中的文与道、教与学、知与行、学与思、内与外、标与本实现辩证统一,从而发挥语文教学的整体综合效应,实现语文教学结构的科学化与最优化。

2. 模糊的科学,科学的模糊

语文教育有明确的目标、功能、要求、原则。语文内部各要素之间呈网状结构,具有显性或隐性的联系。在国家课程标准与教学大纲指导下,课文依据各学校各年级学生的需要严格筛选,有序编排。教材需要有合理的度和量,各种文体应有恰当的比例,一切设计都应考虑适合学生的"学"与教师的"导"。语文与其外部的方方面面浑然天成,有难以分割的联系,因而语文教育无疑是科学。然而,只要打开教科书,便会知道它是一个内涵科学组合的整体,所以有人提出了"大而化之"教学法。所谓大而化之,就是在实际教学中既要作必要的、科学的基础训练,更要整体把握、整体感知,追求语文教学的整体效应,没有必要把内涵上已经有机地"化"入教材的各要素,再肢解成"点点块块"的碎片,因为字词句都离不开文章表达的思想感情。这就是语文教育的"模糊性"。但这种"模糊",并不是提倡教学"杂乱无章",而是要求教者把握语文内在的科学联系,遵循语文教学自身的规律。这里的"科学"是指模糊的科学,不要求什么丝丝入扣,不去刻意追求所谓严密的系统性。使模糊的科学与科学的模糊真正统一起来,正是语文教育的追求,也是语文教育走进艺术殿堂的必由之路。

正因为语文教学具有科学性与模糊性统一的特点,它的追求不是"砖瓦碎片",而是整体综合效应。语文教学作为一个复杂的多维结构体,作为一项系统工程,它的系统结构体内部存在着密切联系、相互制约的许多因素,而且它与其外部又有多方面的联系。从教学目标来说,它是多元的:既有传授知识、发展智力、提高能力和培养习惯的目标;也有思想教育、文化传承和精神陶冶的目标。从教学活动的过程来说,它是动态的、双边的:既有纵向的时间延伸,又有横向的空间拓展;既有教的方面的活动,又有学的方面的活动。从教学活动的内容来说,它包含诸多方面:

语言形式方面，有字、词、句、篇；语言运用规律方面，有语、修、逻、文；语言行为方面，有听、说、读、写。而语文的边缘工具性质，又决定了它与毗邻学科以及社会生活有着广泛的联系。从上述意义看，语文显然是有内在科学规律的，它是一个科学的整体。因为语文教育的根本目的是造就人、培养人，所以语文教学应当与人格培养的价值取向相一致，必须注重人的综合素质的提高，从整体上着眼并服务于未来一代的发展。对于语文教学这样一个纷繁复杂的多面体，我们要运用系统思想，进行深入细致、不同层面、不同维度的整体研究，用心寻找语文教学诸种结构元素之间的联系及其最佳结合点，不断探求其规律性，并构建其学科体系。要使语文教学的各种因素、各个方面结合成一个和谐协调的有机整体，就不能把语文看成若干"零料""碎片"。否则便忽视了语文教学模糊性的另一面。受应试教育的负面影响，有些人有时候把语文学科这个充满活力的有机整体，肢解成各种"标准化"训练题的零件，其实是无情地扼杀了母语的生命，忽视了语文学科科学性与模糊性统一的基本特点。肢解语文看似"科学"，实质是伪科学，甚至是反科学的，是不利于人的发展的。

3. 语文教学是创造的艺术

　　语文教学是科学，也是艺术，但它不是建筑、雕刻，而是育人的艺术，是塑造人的心灵的艺术，所以，它是创造的艺术。语文教学的对象是人。教师要千方百计运用高超的语文教学艺术，把学生学习语文的积极性调动起来，引导他们走进"积极思考的王国"。

　　历来教师进行语文教学有两种情况：一种是照本宣科，把书教死；另一种是善于引导学生自己使用教科书，把教科书用活。因此，我深切地感到，修炼教学引导的艺术，是教师成功地使用好教科书的关键。

　　一个班级几十名学生，思维能力参差，个性特点各异，心理状态不一。然而，他们的内心深处都蕴藏着充足的思维能。

　　教师是学生心理奥秘的探索者和发现者，又是学生思维能的辛勤开发者。

　　在语文教学中调动学生思维的积极性，是深层次的智力开发。它的价值不亚于开发一座座金矿。

　　每一位成熟的具有创造艺术的语文教师，都应当考虑充分融会课本内容，把握学习目标，运用教学艺术，在读写听说训练中，最大限度地调动学生思维的积极性，把学生引进"积极思考的王国"。

一般来说，在课堂上，只会有不善于启发引导的教师，不会有不愿思考或不能思考的学生。

乐思方有思泉涌。

乐思，犹如童话中的魔杖，触及之处，智慧之花灿然开放。

具有较高教育机智的教师总是善于启动学生的思维机器，精心设计每一堂课，巧妙安排每一个教学环节，从而使学生始终有新鲜感、新奇感、追求感。

可设悬置疑，层层激思；可故拟相反答案，预设思维岔道；可投石击水，引起争论；可把学生带入特定情境，触景生思；也可别出心裁，策划智力游戏，引逗思维的乐趣。

总而言之，要使学生感到，积极思维的确是一种需要，一种趣味，一种享受。

课堂上50双眼睛就是一个个教学信息窗口。学生的眼神意态，就是无声的教学反馈：有的透出自信，有的含着怯懦；有的表露强烈的表达欲，不吐不快；有的显得胸有成竹，不屑一谈；有的锁眉沉思，有的茫然淡漠；有的表示心领神会，有的则百思不解……

教师"引"的艺术是否达到最佳点，能不能使思维反应慢的学生进入积极思维的状态，这是一块试金石。

每个班级总有少数学生的思维能呈潜藏状态，这些学生的心里同样蕴藏着思维能，他们心灵深处都有一片有待开垦的"处女地"。

教师启发调动学生思维时，往往在他们身上"卡壳"。因此，要善于用睿智的目光，去发现他们一丝一毫的表达欲望，爱护他们一闪一烁的思考，点亮他们一星一点的思维火花，即使一时"启而不发""调而不动"，也要耐心地等待。"等他60秒"，是艺术，是对学生思维积极性、自尊心的保护。在60次"滴答"中，学生思维的火花最终会燃烧成绚丽的彩霞。

思维的浅表性和直线性，是一些学生的明显弱点。教师宜设法引导他们主动探求：或生疑兴波，从无疑处生疑；或由此及彼，启迪联想；或藏答于问，曲问通幽，向深处开掘。

画留空白，课留"思地"。

高明的画家会在画面上留下耐人寻味的空白，出色的乐师常把听众引入"无声胜有声"的境界，有经验的教师往往给学生留下充分思考的余地。

满堂灌，满堂议，满堂问，追求的只是课堂上的表面热闹。教师要深谙动静相宜的妙处。

教师要有"等"的耐心，"留"的决心，还要有修炼艺术化的教学语言之恒心。课堂上，教师的语言，可以成为萌发学生思维的春风，也可以成为凋零学生思维的秋霜。机智的一语点拨，可以让学生的思维如久壅顿开的泉水汩汩流淌；一句轻声的责备，也可以熄灭学生思维的火苗。教师课堂上每讲一句话，乃至每用一个词，都要"出言谨慎"，反复推敲，不仅要加大含金量，准确、深刻，要有哲理情趣，而且要语含温馨，亲切、自然，如话家常。

在语文教学的课堂上，教师天天都在训练学生的语言和思维，也天天在修炼着自我。教师把学生引进了"积极思考的王国"，也使自身进入美不胜收的"教学艺术的王国"。只有这样，教科书的使用才能"活"起来。

50平方米的教室，空间是有限的；45分钟一堂课，时间是有限的。教师应当在有限的时间和空间里，运用自己活用教科书的教学艺术，去发展学生无限的思考力。

一个好的教师，只有采用适合的教法，才能取得理想的教学效果。教法的关键是个"活"字，要研究活教、教活课本的艺术。

(三) 走进新教材

1. 透视公民素质的镜子

我认为，语文教材不是单纯的学习素材，课文也不仅仅是例子。教材一般具有三大功能：一是信息源功能，就是要给学生选择和传递有价值的真实的信息和语文知识；二是结构化功能，在提供的信息和知识的背后所体现的基本思路的结构化；三是指导性功能，好的教材，它本身一定隐含了对学生学习方式和学习方法的指导作用，要帮助学生学会学习。而且教育，特别是基础教育阶段的语文教科书是体现国家意志的，反映意识形态和文化形态的，它涉及政治学、社会学甚至国际关系、外交关系。因此从一定意义上讲，语文教科书是透视一个国家公民素质的一面镜子。

教材历来是教学之本。要提高教学效益，要全面提高学生语文素养，就必须抓住教材建设这个根本，运用教科书来制约和引导教学。而教材改革最关键的在于：编者和教者对课本的价值功能要有正确的认识。首要的就是转变"教师中心""教课本"的观点，树立"教科书既是教本也是学本""既是教材又是学材"，以及"用课本教""用课本学"的观念。传统语文教科书往往重视学习的结果，或者仅仅把课本看成是学生获取知识、技能的范例，甚至把教材定位于学习语言知识和语法规律的"公式"。它追求的主要是知识价值。实际上语文学习更重要的是学习过程；是在学习过程中形成的价值观念、情感态度、思维能力、探索精神和学习方式；是在综合性学习活动中逐步掌握语文规律。它们是语文学习追求的更高目标。有鉴于此，我们不能把语文教材仅仅看成是"语文教学之本"。确切地说，教材是"帮助学生自主学习之本""引导学生学会学习之本""促进学生创造性学习之本"。教材不是供学生欣赏的知识花盆，也不是展示范文、注释、插图、练习等的展览厅，它是引领学生进行探究学习、独立思考的"路标"，是促进学生自主发展、自我构建的"催化剂"。面向21世纪语文新教材体系的构建，归根结底应当弄清楚"学生如何自主发展"这个问题。知识、技能，无疑应该切实掌握，而且要严格遵守语文学习规范：书要仔仔细细读，字要认认真真写，一丝不苟，一字不忽。然而，知识、技能只有在学习运用语文的实践过程中，才能扎实、灵活、牢固地掌握。

　　当然，倡导学生自主学习，并非忽视和削弱教师的作用，相反，要更重视提高教师的责任感，更注意发挥教师的诱导作用，力求达到教与学的高度统一和最佳结合，力戒变主导为主宰，变主动为盲动。教学相长是我国传统教育的先进理念之一，也是对教与学相互关系的最辩证、最确切、最具体的概括。

　　方尺之课本体积不大，容量有限。然而，它是教学之本，是学生用以获得知识技能、磨砺思想、陶冶情操，并得以终身学习、终生发展之重要凭借。而这个凭借不"仅仅是例子"，它更以特有的魅力影响学生的未来，影响他们一生的发展。编者应致力于运用当代先进的编写理念，精心编制教科书。要正确处理课本与配套教辅用书，课本与课外的广泛阅读（包括经典文学名著、优秀科普作品的阅读），课本与学校生活、社会生活，课本与语文实践活动之间的关系，使课本成为学生终生学习的起点、扩展点。这样，课本就如小小的火柴头，一旦点着，就可以燃起燎原的熊熊大火。

　　尽管课本有教本、学本、读本多种功能，但无论哪种功能，既需要学生的主动学习，更需要教师的积极引导。如果学生不能主动地"学"，教师不善于积极地"导"，无论什么"本"，其效果必然微乎其微。好的课本只有通过优秀教师的教，才能更好地提高学生全面的语文素养。我心中理想的语文教学，是求得课本、教师、学生三者完美、和谐的统一。我追求的语文教育目标是从有限的"教学工程"中获取最大的综合语文教学效率。

从一定意义上说，教师和学生，不仅仅是教材的使用者，也是不可或缺的教材编者。人们历来只是认为"用"语文教科书教学生学，是语文教师的本职，其实只要是成熟的语文教师，往往都能引导学生自己去学会用教科书学，把教本转化为读本、学本。而更高层次的学者型教师，他们还能在用教科书"教"和教学生学会用教科书"学"的过程中，和学生一起用慧眼去鉴别教科书的编写水平，判断教科书内容和体系的适切性，评价教科书的优劣长短，甚至指陈教科书中的瑕疵，并提出种种修改教材的意见和建议。他们的建议有的是一个字一个标点的推敲，有的是有独到见地的论文。在这个过程中既培养了学生独立思考的能力，也提高了教师的教学业务水平。

在教材编写过程中，成千上万的教师眼睛盯着课本，他们天天都在评价、修改教材。这些教师在尽了教书育人的职责的同时，又尽了提高、完善教材的职责。新教材好不好，最有发言权的还是教师和学生。尽管你把教材的优势、特点说得天花乱坠，课堂教学终究是试金石。教材是否符合时代发展方向，体系是否适合学生心理发展规律，设计能不能激发学生的兴趣，只要到课堂上一检验，就泾渭分明了。因此，可以这样说，每位教师和每个学生都是教材的编者，都是为教材建设做贡献的"无名英雄"，都是教材改革的积极参与者和专家。教材建设作为一项塑造人的系统工程，特别需要广大教师在实验、研讨、评价、修订过程中具有参与意识。因此，他们永远都应当是教材建设的积极参与者，而不是局外人。

2. 手中有笔，目中有人

教材理念是教科书的灵魂。一套好的教材一定是在科学的先进的理念指导下才能编成的。

新中国成立以后，基础教育领域的"学科本位""教师为主"等教育理念一直占主导地位，这些传统的教育理念阻碍了基础教育课程发展与改革。人们必须更新观念，探索新思路，基础教育课程只有改革才能大踏步地前进。

我在主编"单元合成，整体训练"语文教材和国家课程标准语文教材的过程中，与时俱进；在继承百年语文教材编写的优秀传统的基础上，勇于否定不合时代要求的旧有经验，不断超越自己。经过长时间的痛苦思索，确立了新教材编写的人本理念。根据语文学科特点落实课标的三维度目标，我探索新的教材呈现方式和编辑设计，同时吸取世界母语教材的编写经验，逐步形成了我们编写教材的基本理念。

我们教材的理念集中到一点，就是教材编写着眼于"立人"，即以人的发展为本。因此我们编者有共同目标：一切为了学生，为了学生的一切。在编写教材过程中始终做到手中有笔，目中有人。我们数十年如一日，不仅仅是用手在编教材，而且是用心和血在建造一座座教材大厦。

3. 登临精品的殿堂

我国中学语文教材编写从清末民国初算起，有百年的历史，仅新中国成立以来人民教育出版社就编写了几种体系的多套教材。我深切感到，在深化语文教学改革阶段，编写具有中国特色的新型中学语文教材，探索建立合乎科学要求的更新一代的中学语文教材体系，关键在于从多方面更新编辑指导思想。

6卷本《洪宗礼文集》于2008年秋问世，凡200余万字。它是洪宗礼一生心血的结晶。

新的教材必须有鲜明的时代性，充分体现面向现代化、面向世界、面向未来的要求。教材应当有"超前意识"，要尽可能考虑到 10 年、20 年，乃至 50 年、100 年内社会发展对语文知识、语文能力的需求；应当立足治本，着眼"基本""基础"，让学生获得"以一当十"的规律性语文知识和举一反三的语文能力，从而使语文教材有利于形成学生终生使用语文和向未来发展的起点；要根据世界现代化进程，不断更新语文教材内容，改革语文教材编排体系，特别要使语文教材充分体现边缘工具性，强化与现代科技信息的联系，密切语文与其他社会科学、自然科学的关系。

新教材应当充分反映国内外语文教学研究的最新教学思想和最新教学成果。语文教材当然不可以"集大成"，搞"拼盘"，但要尽可能多地根据学生掌握语文知识获得语文能力的需要。有分析地借鉴吸收我国传统语文教学和语文教材编写的宝贵经验，并充分反映、融会我国改革开放以来国内外语文教学和语文教材改革的新鲜经验。大语文的教学思想、单元整体教学思想、"教是为了不需要教"的教学思想等，都可以成为教材编写的指导思想和原则；培养自学能力和自学习惯等经验也可以引入教材的编写之中。

新教材应当力图形成科学性与实用性统一、系列性与模糊性统一的编排体系。我国传统语文教材的编排大致可以分为"综合型"和"分科型"（也称"合编型"和"分编型"）两种模式。人们几乎公认：分科型教材眉目清楚、系列分明，但要想取得整体的综合的效应比较困难；综合型教材，整体性强，一人执教便于统筹兼顾，但要形成知识学习和能力训练的科学系列，又颇不容易。编写新教材的实践，应当力求集两型教材之长，避二者之短，研究和设计出更新一代、更趋于完善的新的符合我国中学语文教学实际的教材编排体系，这种新体系要力求达到科学性与实用性、系列性与模糊性相统一。

新教材应当真正姓"语"，体现语文教材的鲜明个性特点，即兼具工具性与思想性（或人文性）。新的语文教材从内容到编排体系，都必须体现语文学科的个性特点，能够帮助学生切切实实提高读写听说能力，扎扎实实打好语文基础，逐步养成正确理解和运用语文工具的习惯，从而在义务教育阶段，初步具备社会主义公民参与现代化建设和继续学习所必备的语文基础知识和语文基本能力。同时要优化语文教材内容，使之在形成学生辩证唯物主义世界观方面起到潜移默化的作用，在弘扬民族精神、提高民族素质方面产生积极的影响，并充分反映汉语文丰富的文化底蕴，使学生能更好地了解和继承我国优良的文化传统，从而提高思想和文化素质。其实，只要真正选好了文质兼美的课文，教材编辑设计贯彻了语言与思想统一的原则，教师又运用科学的教学方法，那么教材在完成提高学生语文能力、掌握语文工具任务的同时，是一定可以渗透思想道德教育的。

新教材应当体现新的语文教学效益观，要扭转长期以来语文教学费时多、收效低的状况；必须坚持辩证唯物主义的质与量的统一，追求语文教材的高效低耗；要从义务教育阶段学生各科学习的全面要求统筹考虑，确立合理的量、适宜的度、科学的序，通过范文和知识点的优化选择，教材内容的合理组合，以及知识的延展功能的发挥，用较少的教学时间获取最佳的教学效果。为了提高语文教学效益，要从义务教育的性质、目的和要求出发，强化教材中利教便学的助读系统，力求使绝大多数教师都能迅速地掌握和驾驭教材，使绝大多数学生能轻松地学好用好教材，从而达到既大面积地提高语文教学质量，又减轻学生负担的目的。

教材质量决定着教材的生命。因此，能走进神圣课堂的教科书，能对学生施以终生影响的教科书，毫无疑义应当是精品，是最美的精神大餐。我常常问自己：教科书如果不是精品，能进课堂吗？不是精品，能算好教材吗？没有精品意识的编者能算称职的编者吗？随意挑选几篇作品，随手加上注释练习，能成为学生学习的课本吗？从个人经历中我深切体会到：教科书作为教育后代的依据，确确实实要影响人的一生，它独具审美眼光，教学生学会做人、做事、合作、求知，净化、纯洁情感世界，积累丰富的语文知识和自然社会常识。一篇堪称脍炙人口的名篇佳作，未必能成为优秀典范的课文；一部震撼社会的经典著作，也未必可以作为一套优秀教材。因为名文名著是面向社会某一群体的，而教科书则是为孩子的终生发展而编写的，是"特殊精神产品"。它的内容要考虑全面提高学生的语文素养，它的体系要根据不同年龄段的需要来安排，它的编辑设计要适合学生身心发展特点和中国孩子学习母语的规律，而且要力求人性化、弹性化，努力构建师生之间、师生与课文作者之间平等对话的平台，它的语言表达应极其准确、严密、规范。

教材的"编者语"、练习题题干等的措辞如果平易近人、自然亲切，始终是一张笑脸，与学生如话家常，富有人情味，就能让学生如坐春风；多用"是否可以""能不能""请"之类探讨商榷甚至求教的口吻，就能促进师生之间、学生与教材之间的平等对话。教材编者语中的一个字可以点燃学生创造思维的火花，一句话可以让全

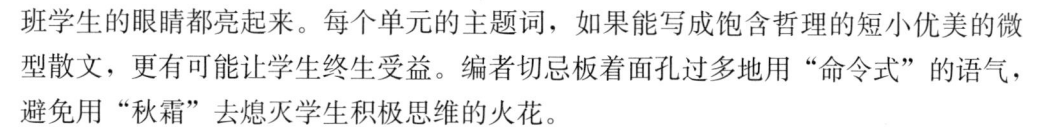

班学生的眼睛都亮起来。每个单元的主题词，如果能写成饱含哲理的短小优美的微型散文，更有可能让学生终生受益。编者切忌板着面孔过多地用"命令式"的语气，避免用"秋霜"去熄灭学生积极思维的火花。

语文教材作为语文教学之本，它是科学文化的载体，精神文明的结晶，国家意志的体现，培育后代的依据。正因为如此，我在教材编写中才提出了提高母语教材质量是母语教材建设的根本这一宗旨。我借用工程建设中一句话来说（编写教材），百年大计，质量第一。我反复强调：每个优秀的教材编者都要有教育家对后代高度负责的精神，有战略家高瞻远瞩的眼光，有科学家严谨求实的态度，有哲学家深邃的思辨和睿智，有艺术家无穷的超人魅力。坚持精编、精研、精改，严格、严肃、严谨的科学态度，用学养、智慧、经验，把语文教科书编成一流的卓越的"特殊精神产品"，让学生从有限的课本中去获取无限的知识与智慧。

4. 母语课程重在建设

在诸多科目中，语文科历来是非最多、争论最多、曲折最多，左也不是、右也不行，进亦忧、退亦愁，甚至目不识丁的人都可以对语文"说三道四"，可以对语文教师和语文教学评头论足。然而，却无论如何也改变不了语文课兼具工具学科与实质学科的双重功能，抹杀不了语文思想性（或人文性）与工具性统一的特点，否定不了它作为基础教育中主要核心课程的"龙头"地位。

批评是必要的，这是因为长期受封闭、狭窄甚至独善的思维方式的束缚，语文教学也确有不少弊端，如效率不高、人文淡化、远离生活等。然而，单纯的批评是永远不能奏效的。要求发展，重在改革，重在建设。而改革与建设的战略，首要是要回眸总结我国千年，特别是设课百年，无数语文教育前辈、志士仁人的经验，以及各种有益的实验，把老祖宗留下的行之有效且至今仍有活力的传统语文教育经验继承下来；同时高瞻远瞩，从全球化的视野，以"拿来主义"的勇气，汲取国外一切可以充实我国母语教育的先进理念、策略和经验。其次，必须在中外母语教育比较中加强理论研究（当然，理论研究意味着包括实事求是、求真务实的学术争鸣和讨论，而不是仅仅满足于所谓的"我认为"式的争论），从中探求不同地域、不同历史文化背景、不同政治体制、不同经济文化水平的国家和民族的母语教育的共同规律和不同特点。这样，既有立足本土的立场，又有借鉴国际的情怀；既要"东张西望",又要脚踏实地;既坚持科学的实验探索,又注重扎实的理论提升;既在继承的基础上求创新,又在创新的过程中求发展。

母语教育是科学。既是"科学",建设母语教育和母语课程教材,就必须持科学、审慎的态度,切不可有任何的浮躁。对母语和母语教学的认识和研究着眼点应是实事求是地探求其规律,探求其历史发展轨迹,探求其建构的原理,探求其动态发展变化的趋势,表面化、狭隘性、主观主义等都是与母语教育研究不相容的;必须从大量的中外母语教育方面原生态资料的挖掘、梳理、分辨、研究中提取有益的经验,提升先进理论。中国百年和世界数十个国家母语教育、母语课程教材的资料浩如烟海,在淘筛和研究分析这些资料的过程中,要力求以当代先进的哲学、社会学、语言学等方面的理论为指导;秉持科学的态度,去伪存真、去粗取精,把我国历史的语文教育传统经验积淀和时代色彩鲜明、反映世界文明精华的国际母语教育研究的成果,充实到我国母语教育的宝库之中。在现实的母语教育研究中,某些伪科学的功利主义思潮、不切实际的虚幻想象、囿于一隅的偏激之见,都是和科学研究不相容的。

系统思想是启开母语研究大门的钥匙。母语教育是一个庞大的教育工程、社会学工程。研究这一工程,是不能孤立地进行的。"横看成岭侧成峰",从不同侧面看母语教育、母语课程教材,都只能窥视它的一个侧面,往往会只见树木,不见森林,甚至会一叶蔽目,以偏赅全,被误导。用系统思想研究母语教育和母语课程教材,就要把对它的一切微观研究置于整个教育的宏观系统的研究之中。就不仅要看到它的正面,而且要注意到它的反面;不仅要回顾它的历史,而且要了解它的现状,展望它的未来;不仅要重视研究其学科的本位,而且要研究它与相邻学科的联系及其在整个教育中的地位;不仅要立足本土的现实,而且要用国际视野放眼全球,吸收一切对本土母语建设有益的"养分"。

从方法论而言,研究者的大忌是主观、片面、狭窄的思维方式,此一时彼一时,左右摇摆。要始终不让一种倾向掩盖另一种倾向,尽量做到客观、公允、全面、辩证。这样,一切微观的子系统研究都不至于脱离母语教育的宏观系统的研究,都不会偏离母语教育和母语课程教材改革的大方向。倘如此,母语教育和母语课程教材建设,就有可能"顶天立地"。

（四）为汉语文教育开窗

汉民族与世界各民族同居于一个地球，母语教育包括母语课程教材建设互动、互融、互补，是当前世界母语教材交流和发展的趋势。建设中国特色的母语教育，除了必须传承和弘扬我国的教材文化，总结几千年特别是近百年的经验之外，还必须使汉语融入世界，吸收一切外来有益我国汉文化滋长的营养。

2000 年五卷本《中外母语教材比较研究》出版，《人民日报》海外版以"创造力培养成为世界教育突出主题"作了报道，并配发了《一个重要的指针》的评论。

中国语文课程从清末废科举兴学堂开始，便引进西方课程，形成我国中小学教育的雏形，1904 年我国语文设科的第一套课本即有外国学者介入。百余年来，以杜威为代表的西方教育学家的教育思想，一定意义上催生了我国语文教育的现代化追求，而我国众多的语文教育家在语文教育探索之路上，总是把继承我国传统教育的精华与吸收国外先进教育理念的"他山之石"结合起来，使那些对我有用的"舶来品"中国本土化。这些人中既有远赴欧美日本各国进行学术考察以其取来的"经"作为我国借鉴的蔡元培、梁启超、朱自清等名流，更有胡适、陈鹤琴、艾伟等学者，他们从国外学成归来后，把国外先进的语文教育思想理念化为自己的血肉。新中国成立后，凯洛夫、赞可夫、布鲁纳、苏霍姆林斯基等外国教育家的教育思想源源而来。学习国外语文教育的思想理念和经验，从总体上促进了我国包括语文课程教材在内的母语教育的发展，尽管也产生过一些负面影响。

自20世纪80年代后期开始，世界各国不约而同地进行了不同规模不同程度不同形式的改革。世纪之交，其规模不断扩大，全球化、现代化、信息化的世界推动传统母语课程教材改革，已是大势所趋。即使某些局部地区（如我国的台湾地区等）出现了反复，但改革的潮流是不可阻挡和逆转的。

我国百年语文课程教材经历了曲折的发展过程。在当代，我国母语课程教材建设的相对滞后，直接影响了语文教学效率的提高，尤其是束缚了学生创造精神、创造力的发展。这正是制约着我国语文教育乃至整个素质教育健康发展最主要的因素，与发展创造教育、建设创新型国家是很不相称的。百年语文课程教材发展之所以出现波折，当代语文课程教材建设之所以发生困惑，其中一个很重要的原因，就是既往我们对中国百年语文课程教材的全貌，对发展规律的探究仅仅停留在梳理、概括和综合的浅层次上，只有局部的零碎的研究，系统而全方位的研究工作则刚刚起步；另一个原因，又忽视了对世界各国母语课程教材的发展和改革的现状，以及最新成果的广泛了解，缺乏国际母语教育宽阔的视野，难以摆脱封闭、独善、狭窄的思路，因而对母语课程教材改革的必要性和迫切性认识显然不足。时代要求我们，必须站在反思过去、面对现实、瞻望未来的高度，从封闭、狭窄、保守的思路中解放出来，坚定地走我国母语课程教材改革的创新之路。

为了给我国母语教育引入时代活水，世纪之交的十多年间，我们先后与国内外109个单位（其中高等院校54所，教科部门和中小学基层单位55个）的160多位学者合作研究了中国百年和当代世界40多个国家、地区的母语课程教材（含8大语系、26个语种），先后撰写母语教材研究著作16卷，凡840余万字，为我国母语教材的建设打开了一扇扇千姿百态的窗口，展示了五彩斑斓的世界母语课程教材的文化长廊。其目的是以开放的心态，站在母语教育国际化、全球化、现代化的制高点上，高瞻远瞩，力求使我国的母语课程教材建设在国际视野与本土情怀统一的新起点上有突破性进展。

为汉语文教育开窗，并不是权宜之计，乃是我国母语教育、母语课程教材建设的战略目标和适应当前国际潮流的时代要求。

说起母语教育借鉴外国，人们常常会联想到"搬"，并谆谆告诫："千万不能照搬外国。"这个提醒有必要，很重要，但也反映了有的人对学外国存在一种"杞忧"心态。机械模仿固属大忌，然而，我认为，对"搬"不可笼统地反对，不可绝对化，关键在于弄清楚"为什么要搬""搬什么""怎么搬"。外国的东西未必都好，毒品不可"搬"，洋垃圾不能"搬"，对此必须头脑清醒；财富、知识、智慧，包括母语教育经验，未必都是"中华牌"最好，要有自知之明。应该说，中外各有长短。我之长，当然要弘扬；我之短，可以用他人之长来补。这样，我们的知识才会更扎实，经验才会更丰富，智慧才能更具有灵性。有如此好处，何不"搬"之？

"搬"，又是要有眼光的。对外国母语教育和母语课程教材的经验，要有选择地"搬"，要挑真正有价值的"搬"；千万不要把毒品和"洋垃圾"搬回来。我以为"搬"是前提，为我所用是目的，以我为主是原则，鉴而用之是途径。否定民族传统的虚无主义和"拉祖配"式的封闭主义皆不足取。

我们要理直气壮地"搬"，暂时搬不动的，如果真正对我有用，费尽九牛二虎之力，也要搬回来。话又说回来，要"搬"，又不能"一切照搬"，立足点还是自我发展、自主创新、自力更生、自强不息。"搬回来"的东西未必立马可用，重要的是"化"，要融化为自身的营养。这就是"搬"中有"创"。等我们也成了"造物主"之后，外国人也会把我们的"搬"过去，这就叫互动，或曰"搬来搬去"。这就是国际交流，国际互容，可以促进世界母语教育共同发展。所以，我主张大家不妨都学学"搬运工"，在中西合璧中逐步完成自塑、创造的过程。

二、在有限中追求无限
——我的语文教育理想

人们总是埋怨语文教学效率不高，有时甚至越改埋怨越多。原因是多方面的。"万仞之松，本伤于下而末槁于上"，长得再高大的树，下面的根受了伤，上面的树梢也就枯萎了。语文教学效率不高，主要是在应试教育这个根子上。而落实素质教育，纠正应试教育，是渐进的，不可冀望于一朝一夕。而且这对语文教学而言，毕竟也只是外部因素。我们要提高语文教学效率，还是要把力气用在语文教学改革（包括教学体系、教学方法、教学模式等方面的改革），以及提高语文教师素质、锤炼教学艺术上，在有限时空里去获取无限，牢牢把握提高教学质量和教学效益的主动权。这就是我半个世纪来梦寐以求的语文教学的理想与追求。

方尺之课本容量有限。洪宗礼要在"有限"的空间里，发展学生"无限"的创造力和思考力。

（一）构建语文教育"链"

依据我的"五说"语文教育观，我尝试把语文的要素及其关系，按照语文学习的规律编织成有序的语文教育"链"。所谓语文教育"链"，是指从宏观与微观的结合上相对地比较客观地反映语文教育的全貌及其内部规律，揭示语文各要素之间的逻辑联系及其体系建构的基本原理，探索建立科学的语文教学秩序，揭示语文教学的内在规律。肢解语文是不足取的，否定语文教育的规律则是不客观的。

　　这里所说的语文教育"链"，即把"知识引导——历练——能力——习惯——方法——素养"形成一个纵横结合的科学体系。它的主要内涵是：语文教学首先需要在教师引导下学生自主学习语文知识，进行扎实的语文技能训练。同时，学生经过历练提高语文能力，在一定的活动方式和思维方式指引下实现能力定型化，养成运用语文的习惯，掌握必要的语文方法。在学习运用语文的过程中渗透思想教育、文化教育、情感教育，达到知识技能与思维同步发展，酿成过程和方法、情感态度与价值观和谐统一，从而达到从整体上全面提高学生语文素养的目标。

　　语文教育"链"是构建中学语文科学体系的核心思想，为构建中学语文科学体系提供了新的模型。"链"突破了以往的一元化的简单思维方式和二元对立的思维模式。它采用几个简明的概念覆盖和囊括了语文教学系统中诸多元素，努力展现这些元素之间的关系及其运行规律，并使各种元素结合成一个和谐协调的有机系统，凸显语文教学的整体综合效应。在中外母语比较研究中，有专家认为这些理念与布卢姆理论注重知识积累和学习过程的循序渐进，与加涅理论注重学习主体的认知特点，与安德森的广义知识论等非常契合，也与我国新课程改革倡导的语文素养观有共同之处。所以福建师大教授孙绍振指出："链"的理论可以拿出来与西方对话。(《这就是教育家》教育科学出版社 2009 年 9 月版)

　　借助下图可大体看出语文教育"链"的结构关系。

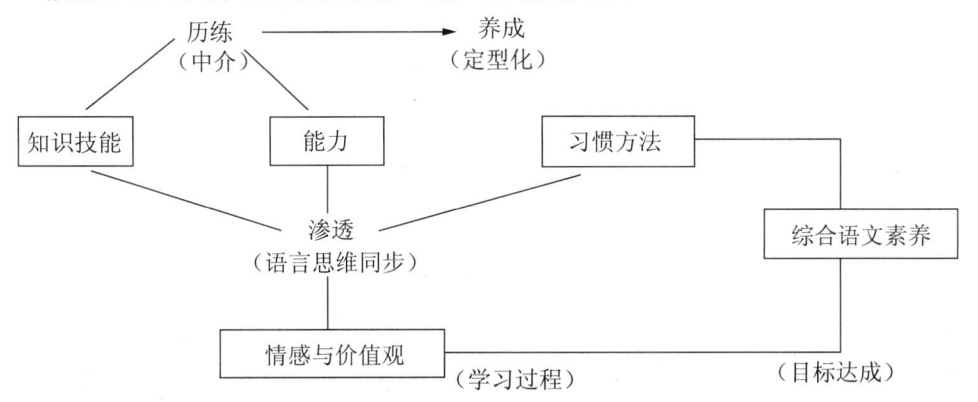

```
              历练    ────────→  养成
            (中介)              (定型化)
           ╱    ╲                  │
          ╱      ╲                 │
      知识技能   能力         习惯方法
          ╲      │           ╱      │
           ╲     │          ╱       │
              渗透               综合语文素养
          (语言思维同步)             │
              │                     │
          情感与价值观               │
              (学习过程)        (目标达成)
```

从上图可见，作为一个完整的系统，语文教育链包括了三个维度，一是内容维度，即"知识技能""能力""习惯方法""情意与价值观念"；二是过程维度，即"历练""养成""渗透"；三是关系维度，即"中介"（语文实践是中介）"定型化""语言与思维同步发展"。从构建的语文教育链的内部构成看，它的内容完全覆盖了教育目标的认知、动作、情感三大领域。语文知识大致是言语信息，属于认知领域；掌握语文学习方法（养成习惯）属于认知策略的学习；语文技能与能力，部分属于动作技能，部分属于智慧技能领域；情意与价值观念属于情感领域。这一分类与科学心理学的能力、知识和技能观是完全吻合的。

从 21 世纪初开始的我国基础教育的课程改革来看，新课程的重大变化之一就是课程目标的确定，突破了传统的"双基"目标的局限，调整为按照三个维度，即知识与能力、过程与方法、情感态度与价值观进行。新课程强调三维目标，从本质上说，也是吸收了心理科学关于教育目标（或学习结果）分类的科学思想。这从一个侧面证明我按语文教育实际构建的语文教育链，其内容的指向性十分明确，涵盖面非常清晰，反映了课程改革的大趋势。

如前所说，语文教育链中的"知识技能""能力""习惯方法"作为智力的表征，同归于"语言与思维同步发展"，着眼于人的智力发展；"情意与价值观念"，则表征非智力因素，立足于人的非智力因素发展。由此可见，"语言与思维同步发展"和"情意与价值观念"两者的协同，表明完整的语文学习过程应该是智力因素与非智力因素共同作用的过程，这是符合心理学关于学习心理的基本原理的。

综上所述，我对语文教育"链"作出如下解读："综合语文素养"是语文教育总目标，它主要由"知识技能""能力""习惯方法""情意与价值观念"等子目标组成。其中，"知识技能""能力""习惯方法"属于智力因素，着眼于学生的智力发展；"情意与价值观念"属于非智力因素，立足于学生情感态度价值观的培养。语文学习过程只有充分发挥智力因素与非智力因素的协同作用，才能达成培养"综合语文素养"这一总目标。因此，语文教育链作为一个系统，其要素是"知识技能""能力""习惯方法""情意与价值观念"。教材是课程内容的主要载体。所以从语文教学内容看，以语文教材为核心的语文课程内容，其内涵必然包含"知识技能""能力""习惯方法"和"情意与价值观念"四项，以保持与课程目标具有高度的一致性。语文教材要走内涵发展的道路，也需要着重在这四个方面下功夫。从教育过程看，语文教育链归纳了语文教育主要是通过"历练""养成""渗透"等语文教学行为或学习方式方法来完成的。要获得语文知识、技能,掌握语文学习方法、形成语文能力,养成习惯和培养情意品德、形成价值观,就必须经过严格而科学的言语实践,持久而深入的文化熏陶。历练养成,渗透积淀,缺一不可。同时,这些教学行为方式与教学内容的转化和提高之间存在着密切的联系,语文教育链用"中介""定型化""语言与思维同步发展"等揭示了这种联系。要把语文知识转化成语文技能(能力),需要经过言语实践,进行科学训练,因此历练是"中介"。掌握方法、形成能力,并加以内化,熟练到自动化的程度,也成了习惯,我将它称作"定型化"。同时,语文教育过程中情意价值观的渗透、熏陶,也离不开"语言与思维同步",由此才能促进综合语文素养的全面提升。

　　从上图可见,语文教育"链"包括了三个维度,一是内容维度,即"知识技能""能力""习惯方法""情感与价值观";二是过程维度,即"历练""养成""渗透";三是关系维度,即"中介""定型化""语言思维同步"。三者构成语文教育"链"的系统。这样的构成,覆盖了认知、动作、情感三个领域。

2001年秋在香港召开的"学会学习"国际研讨会上,洪宗礼作为嘉宾作演讲,提出了构建语文教育"链",从整体上研究语文教学综合效应的思想。

　　语文基础知识与语文基本技能,是构成语文能力的主要部分,它犹如语文教育大厦的墙基,教学中必须夯得扎扎实实。然而在全球化时代和现代社会背景下,语文教育有了新的发展。语文基础知识、语文基本技能的核心内容更加丰富了,如语文知识，包括了静态的知识和动态的知识，其范畴扩大了，内容涵盖陈述性知识、程序性知识和策略性知识；语文技能除了传统的读写听说外，还应当包括思维能力、视听能力、展示能力、创造能力等。不过，它的基本核心内容及功能仍然未变，它始终是语文教育的基础。而要获得这些知识和技能，毋庸讳言，显然需要经过严格而科学的训练，但这种训练并不是既往的纯知识纯技能的机械操练，它与生活、语境、情境紧密结合，重在综合，重在应用，重在探究，重在发展思考力和创造力，它融入了语文教学的全程和各个环节，亦即让语文"站"起来。

这里说及的学习方法、活动方式和思维方式，其价值在新课程改革中得到了较充分的体现，特别是综合性学习、探究性学习、合作性学习，都为学生语文知识技能的获得，为学生良好习惯的养成和全面语文素养的提高创造了良好的条件，是语文走向开放、走向生活、走向未来的一个重要起点。

由于语文课是兼具工具性与思想性（含人文思想、哲学思想、科学思想等）的学科。应该使学生在获得语文知识和提高语文技能的过程中，同时提高思想道德素养，发展情智，而达到这一目的的关键是，达成教学内容和教学过程的优化，尤其是教材选文的优化。首要的是严选课文，要选出历代和当代的真正文质兼美的精品力作。这些作品的主题应该是永恒的，情感应该是深挚的，表达技巧应该是最独特的，语言运用应该是魅力无穷的。总之，它是令人读后一生乃至几代不忘的。只要文本具有丰富的文化内涵、先进而深邃的思想，教师又能自觉地在读写听说等语文能力训练过程中有目的地、持之以恒地"渗透"（而不是外加）思想道德品质教育和优秀文化传统教育，注意培养学生具有健康的审美情趣和正确的人生观、价值观、文化观，培养他们具有热爱祖国、关注科学、珍惜生命、尊重他人、合作和谐、保护生态等方面的意识，就可以顺理成章地达成思想道德教育的目标。当然这里的"自觉"很重要，"思想道德教育自然完成"论是片面而有害的，它是难以达到全面提高语文素养的理想境界的。

良好的语文习惯的养成和科学有效的学习方法的把握，以及学习兴趣、动机的培育，是语言、思维能力发展定型化的结果，它们是语文素养的至为重要的部分，是学生在语文学习领域达到终身发展的重要保证和必要条件。教材编者和教师务必完整而全面地理解语文教育的"链"，尤其要把习惯的养成、方法的交传列为教学的主要目标和实施教学的突出重点之一。

列为教学的主要目标和实施教学的突出重点之一。构建语文教育"链",是语文教学科学化的追求。忽视语文教学的科学体系,"链"上任何一个环节的脱节或断裂,都会使语文教学停留在杂乱无章的无序状态,必然导致语文教学效率低。如果我们坚信语文教学是科学,那么我们就必须承认,语文教育应当有明确的目标、功能、要求和原则;语文内部各要素之间必然具有显性或隐性的联系,呈现为网状结构。在课程标准与教学大纲指导下,语文教材的内容要依据各学校各年级学生的需要严格筛选,有序编排。教材与教学需要有合理的度和量,各种文体应有恰当的比例,教学设计应考虑适合学生的"学"与教师的"导";语文教学与其外部的方方面面应当浑然天成,有难以分割的联系。从这些意义上讲,语文教育无疑是一门科学,应当像生物"链"、化学"链"、产业"链"那样,也可以构建语文教育"链"。然而,语文教学是"模糊的科学",我们不能把它等同于数理化,而应当同时承认它的"科学的模糊"的一面,即整体性、综合性、渗透性、开放性。

在实际的语文教学中,我们既要作精心的、科学的有序安排,又要注重整体把握、整体感知,获取语文教学的整体综合效应,切忌把内涵上已经有机地"化"入教材的各要素,教学中再肢解成"点点块块"的碎片。我们必须准确把握语文教育这种既有"模糊性"又有"科学性"的特点,遵循语文教学自身的规律,努力把模糊的科学与科学的模糊真正统一起来。这才是我们对语文教育科学化的真正追求,也是语文教育走进艺术殿堂的必由之路。

铸就语文教育"链",即用模型建构的方法,构建语文教育的科学体系和理论框架,是艰巨的语文教育工程,需要学习和运用系统思想、课程论和教育心理学等多方面理论,需要研究方式、思维方式的革新,它的构建和完善要有很长的过程。不过,作为一种探索、一项研究课题,冀望受到方家的关注。

(二) 锤炼"双引"教学艺术

引,是教学理念,也是一种教学方式或教学艺术。叶圣陶先生多年倡导诱导式教学法,反对"密封罐头式"的灌输式的语文教读法。他认为,语文教师的教学"不在全盘授予",而需要"相机诱导"。只有教师"善引",才能达到从"教"到"不需要教"的理想境界。为此,引导,是提高语文教学效益的必取之径。

改革开放后20余年的语文教学改革是从语文教法改革起步的。我国语文教法改革异彩纷呈、千姿百态，其广度和深度，可以说是史无前例的。当然，受应试教育的影响，许多新鲜教法虽然还未在教学实践中应用，尚不能变成巨大的"物质力量"，但语文教法改革的巨大成就和丰硕成果是有目共睹的，其作用、价值和影响是不可低估的。这里所说的我的教法改革只是奔腾不息的教改长河中的一朵小小的浪花。

我在"五说"语文教育观的指导下，积极探索并努力提倡诱导式的"双引"语文教学法。

1. "双引"要旨

"双引"语文教学，作为一种语文教学策略和理念，它是运用辩证唯物思想研究语文教学中教师引导与学生自主学习关系的一项探索，是辩证法的内外因论的灵活运用，也体现着认知与筹划的统一观。

在语文教学中，读写听说能力都很重要，这是无疑的。但是我以为，从中国人学习母语的实际出发，又必须在加强听说能力培养的同时，着重培养学生的读写能力；读写两种能力是语文能力体系中的两条主干；读写教学应当是语文教学的"两

洪宗礼在《一双手》的教学中设置量手的情境，课堂气氛活跃。

翼"。以阅读学、语言学和文章学为基础，认真研究、改革阅读与写作教学，帮助学生提高读写能力，应当是语文教学整体改革的一个重点，是探索语文教学结构科学化最优化的重要方面。

语文"双引"教学法，即引读、引写教学法。"双引"教学法，与传统的教师逐句讲解课文和指导学生机械模拟范文为主的读写教学法相反，它根据全球化时代形势发展趋势、面向未来的需要和教育方针的要求，以帮助学生自奋其力，自己在学习中掌握和运用语文工具为目的，在语文教学过程中辩证地处理教与学的关系，读写训练与思维发展的关系，启发学生学习的能动性，引导学生尽可能自己去探索，去发现，去练习阅读写作的技能，逐步养成独立看书作文的习惯；并尽可能把教师的主导性与学生的主动性结合起来，把学习过程中的"知"与"行"统一起来，最终达到自能读书，不待老师讲；自己能作文，不待老师改的理想境界，实现从教到不需要教的转化，为学生将来终身运用语文工具从事学习和工作奠定良好的基础。

"双引"教学的要义有两点：一是最大限度调动学生学习的积极性，引导学生自己读和写；二是交给学生学习的规律和方法，引导学生广泛而熟练地读和写。具体说，"双引"教学，就是在教师启发诱导下，通过一篇篇课文的阅读，一篇篇作文的训练，学生能够独立阅读和写作一类文章；通过一套教材中各类文章的阅读和写作，能够具有基本的阅读和写作能力，养成良好的读写习惯；通过课内的读写训练，能在课外广泛而熟练地运用读写工具阅读一般政治、科技、文艺作品和通俗的期刊，写作记叙文、应用文和简单的说明文、议论文。在教师引导下，学生由篇及类、由少及多、由课内及课外地进行读写训练，就构成了"双引"教学的系统和层次。

"双引"教学的前提是相信学生。阅读和写作是学生自己的事，学生只有依靠自己的努力，才能养成读写好习惯，培养读写真能力。学生是学习过程中的主体，教师必须懂得一切教学活动都是为了学生健康人格的形成，为了学生的个性发展这个道理，从而真正把学生看成学习的主人，充分相信大多数学生有自求得之的潜能，即使是基础差、能力低的学生也会有其可导性的一面，只要教师启发得当，迟早也会闪出一颗智慧的火花。教师如果离开了相信学生这个立足点，教学中就会感到学生不顺心、不放心、不称心，也就不能放手去引导学生独立阅读和写作。

相信学生，不是否认教师的主导作用，而是更有效地发挥教师的主导作用，使教师的主导作用最终落实到调动学生的学习积极性、帮助学生掌握读写规律和养成读写习惯上。这就是说，检验教师主导性发挥得如何，不是看教师讲解了多少读写知识，安排了多少读写训练，而主要是看学生独立读写的积极性和主动性是否发挥出来，独立运用读写知识的能力怎样，良好的读写习惯有没有养成。因此，教师要真正起主导作用，就不能像魔术师那样企图用奇幻的表演吸引观众，而要像导游者引导游客自己品赏山水一样，引导学生自己到知识与智能的宝山去探求宝藏。

教师要根据教材中读和写的教学内容、教学要求及学生年龄、身心和认知特征，采取多种方法和恰当的手段，放手让学生自己去阅读和写作。如在阅读教学中，可用点拨法，对课文中的字词句篇作画龙点睛的随文指点，拨通知识理解的关卡，变繁为简，化难为易，着重引导学生自己去读书；用提示法，对文章的重、难、疑点作精要的提示，或印发简明的阅读指导提纲，引导学生自己去钻研课文；用激疑法，提出一些有价值的问题，引导学生自己去发现认知矛盾，积极思维，寻求答案。写作教学中，可用设境法，有目的地设置一定的写作情境，引起学生写作的兴趣；用求异法，引导学生围绕某些作文题，提出几种不同的思路并进行争论。总之，教师要千方百计使学生乐读乐写、善读善写，充分发挥学生的独立性、自主性和创造性。

引读引写，要放手，又不能撒手。中学生，尤其是初中低年级学生，受到读写知识、能力和经验限制，读和写都处于刚起步阶段。例如，幼儿学步，开始时还需教师扶其肩、携其腕。当然，"扶"和"放"是统一的，要放，必先扶，扶又不可忘记放，扶也是为了放。在引读引写的过程中，教师既要放手让学生独立阅读写作，又要通过必要的指导，给学生的阅读与写作以适当的扶持。

引并不排斥讲，回避讲。讲，是必要的，讲是不可忽视的，但讲是为了引，"讲"本身也是一种"引"。关键要解决如何看待讲、讲什么、讲多少和怎样讲的问题。运用引读引写法教学，教师的讲解要有针对性，应当从学生的实际水平和需要出发，有利于培养学生学习的兴趣；要有指导性，要对典型课文和写作例子进行重点解剖，便于学生举一反三；要有启发性，努力做到引而不发，导而弗牵，给学生通俗易晓的暗示与浅明的指导，留给学生独立思考的余地。这样讲，就能起到调动、启发、点拨的作用，既给学生必要的指导和启迪，又随时注意减少和克服学生的依赖性，可以达到让学生自己更好地读和写的要求。这样讲，完全是以相信学生为前提的，是从学生读写的实际需要出发的，因而它是必要的、恰当的。

帮助学生善读善写，是"双引"教学又一个方面。而学生的善读善写则有赖于教师的正确引导。教师的善引，应当是学生善读善写的一个重要条件。

善引，是一种高超的教学艺术。善，就是要观言察色，以敏锐的目光，透过学生的一言一行、一姿一容，发现学生学习上的自奋其力自求得之的积极因素；善，就是要充分挖掘学生内心深处蕴藏的思维潜能，着意培养学生的"悟性"；善，就是要诱发学生学习的浓厚兴趣，激起学生的新鲜感、新奇感和追求感；善，就是要依照既定教学目标和重点，把握学生读写和思维活动的定势；善，就是要注意课堂节奏的"空白"艺术，留给学生充分的思考余地；善，就是要具备课堂应变能力，随时根据学生课堂反馈的信息，控制课堂活动的发展变化；善，就是要坚持知行结合的原则，通过历练，有目的地培养学生良好的读写习惯；善，就是要充分尊重学生学习的个性，发挥不同层次学生的积极性；善，就是要授之以学法，让学生掌握开千把锁的钥匙。总之，教师要善于以自己的心去发现学生的心，以自己的火点燃学生的火，以自己的力去推动学生的力，以自己的智启开学生的智。

"双引"的教学艺术，核心是个"活"字。教师要善于根据读写训练的目标要求、教材的具体内容，针对不同教学对象的身心发展规律、认知水平、个性特点、思维类型、智力水平、知识基础及学习习惯，以彼时彼地彼课的教学环境氛围，灵活地运用恰当的教学方法。不同的教师从实际出发，随机运用不同的教学方法，都可以形成自己的教学风格、教学特色，总结和创造出自己的教学法。而不同教师的教法强弱、优劣、精粗、雅俗，不能只看所总结的方法数量的多寡，只能在是否"活"上加以区分，教师的教学基本功如何，也只能在"活"字上加以体现。"活"，是"双引"教学的生命，是"双引"教学的灵魂。只有"活"，才能获取最佳教学效果。正因为如此，教师可以自己在实践中创造几种，甚或几十种不同的教法，总结出若干条原则，但都不能形成放之四海而皆准的固定模式，这是因为方法要因教学对象和各种教学条件变化而变化，要随着时间空间的转换而发展，无成规可墨守。因此，每个教师都可以，而且必须以教育学和心理学的理论为指导，充分研究教学目标、教材内容、教学对象，在自己的教学实践中创造自己独具特色的教学法，拓开自己语文教学的新天地。

2. 引读思路、原则与方法

经过多年探索，我从语文阅读能力培养和阅读习惯形成的一般规律出发，提出了引读的思路、原则和方法。

(1) 引读的思路和原则

①明确语文教学的目标，引导学生重点读。语文教学的主攻目标是帮助学生提高正确理解和运用语言文字的能力，并让学生在理解和运用语言过程中获得思想情操的熏陶，形成正确的人生态度与价值观。因此指导学生阅读，不能"不适当地强调所读的内容，而把语文规律放在次要的地位"；也不能忽视语文知识的理解和运用，把语文课上成思想文化课、文学课等。明确了语文教学的这个主攻目标，既切实帮助学生掌握语文工具，又在阅读训练的过程中完成思想道德教育、文学教育和知识教育任务。

②激发学生阅读的兴趣，引导学生主动读。学生阅读的主动性是受学习动机和兴趣支配的。在教学中，教师要把学生阅读的兴趣全面而充分地调动起来。教师要根据教材特点，让学生从语言文字到思想内容，反复品味，仔细分析，领会祖国语言文字无比的优美、丰富，"悟"出每篇文章的特色、语言文化的魅力，体味到作者浓郁深厚的感情，从而产生阅读、研究、欣赏的兴趣。

③启迪学生积极思维，引导学生深入读。"学而不思则罔"，学生有时阅读课文多遍，却收获寥寥。原因之一是学而不思、读而不深，思维浅表化。教师要引导学生在阅读中勤于思考、善于思考，知其表，又知其里，体悟课文深邃的思想和文化内涵及用词造句的匠心。从而知其然，又知其所以然。

④培养学生良好的阅读习惯，引导学生经常读。阅读教学之目的，首先在养成良好的阅读习惯。教师要从多方面养成学生认真阅读的习惯。例如，熟读精思、咏哦讽诵的习惯，读书动笔墨的习惯，借助工具书、资料书阅读的习惯，默读、速读、浏览的习惯和提要钩玄的习惯等。

⑤帮助学生掌握阅读的方法，引导学生独立读。要提高学生独立阅读的"真能力"，就要帮学生切实掌握阅读的方法，交给学生阅读的钥匙，让学生自己去打开语文的宝库。教师要有计划有步骤地帮助学生掌握独立阅读理解、分析文章的基本方法，并在课内外广泛阅读中熟练地加以运用。

(2) 引读的方法

引读可以选用不同的方法，我在几十年教学生涯中先后摸索了20多种方法，有选择地运用于课堂教学。

①扶读法：逐渐去扶翼，终酬放手愿。扶读是引读的基本前提和必要准备。所谓扶读，就是在学生阅读起步之时和阅读过程的某些环节中，教师进行诱导与启发，点拨与示范，为学生独立阅读引路。教师的示范阅读一般用于起始年级，或一种类型的课文教学的开始阶段。教师选作示范阅读的课文，应具有一定的典型性，要起到示范一篇带动学生阅读一类文章的作用。例如，示范阅读毛泽东的《纪念白求恩》一课，要帮助学生更多地学习浅易的议论文章；示范阅读巴金《繁星》一课，要引导学生更好地阅读抒情散文，学会吟诵、表情朗读等读书方法；示范阅读《宇宙里有些什么》一课，要为学生独立阅读一般科技说明文奠定基础。鲁迅名篇、古典名著及外国名著等，也都可以以篇带类。

教师示范阅读，不是就文读文，或是仅仅由教师从头到尾把课文读讲一遍，而是要通过示范阅读、"解剖麻雀""用例子"，指导学生在掌握各类文章的基本阅读方法和基本阅读规律上下功夫，达到读"文"明"理"的目的。具体说，示范阅读要给学生"指路子、授方法、交钥匙"。"指路子"，就是要指导学生在阅读文章时，循文觅路，把握作者的思路，从而更准确地抓住文章的中心；"授方法"，首要的是把阅读文章的主要方法传授给学生，如提要钩玄的方法，不动笔墨不读书的方法，默读、速读、朗读、跳读、浏览等读书方法，以及审题读注、勾画圈点、思考辨析、查阅工具书、自读自测等方法；"交钥匙"，就是要交给学生阅读文章的基本规律，让学生掌握分析文章的解剖刀。例如，我帮助学生总结了"自读自析文章三字诀"，即"析题意，查背景，标节次，读课文，释词义，划段落，写段意，杠重点，提问题，拎中心，加批注，写心得，做练习"。

"譬引儿学步，独行所切盼。""扶读"的目的是为了让学生"独行"。所以，在教师示范阅读阶段，既要小心扶持，又要时时不忘放手，要灵活而恰当地处理好"扶"与"放"的关系。

②激趣法：热爱是最好的老师。爱因斯坦说，热爱是最好的老师。学生阅读要有主动性，有效果，必须培养阅读的兴趣。好之、乐之，才能主动读之，潜心攻之。

学生对阅读并非全无兴趣。不少学生新学期一开始就把课本中的作品，尤其是诗歌、小说、故事以及优美的散文读过了，可谓先睹为快。有智慧的教师往往善于抓住学生这种"爱读"的心理，因势利导地诱导他们的阅读兴趣。尽管这种"爱读"还停留在对某些文艺作品的"兴趣"层面上，但这是积极主动地阅读的宝贵起点。

在澳大利亚中国图书展销会上的"洪氏教材"。

教师可以进一步通过提出阅读目标、提示作品内涵、指点阅读门径、调动生活积累、组织交流心得等方法，引导学生更广泛地阅读各类文章，最终使学生感受到学习是一种需要、一种乐趣，甚至是一种享受。这样，即使是阅读议论性说明性文章，也不会感到枯燥。

③设境法：入境始与亲。语文学习习惯是一种心理品质，它是在语文学习过程中定型化、自动化地去进行某种动作的需要或倾向。学生之所以会形成阅读习惯，是因为一定情境刺激，在他们的大脑皮层形成了巩固的暂时神经联系。设境法，就是根据人的这种心理特点，创设一定的阅读情境，把学生的阅读动机、兴趣和情感激发起来，从而使他们乐读、善读、勤读，并逐步形成条件反射，养成良好的阅读习惯。

教师要善于在学生学习一篇课文的开始，就抓住学生的心理，把学生引入一定的情境，激发兴趣，启迪思维，引导他们主动去阅读。设境的方法不拘一格，可以通过解题、引导读注和介绍背景、作者等方法，提供与课文有关的感性材料，以此作为学生阅读的"引子"；可以用推荐好文章的形式，提示课文的写作特色，或概述课文的精彩内容，激发学生主动探求的阅读动机；可以用短小的故事、有趣的新闻、著名的诗句、精警的格言，或者一幅画、一张照片、一个实物，巧妙导入，给学生直观感受，诱发学生阅读的兴趣；可以由教师作表情朗读或辅之以幻灯、录音等电化教学手段，动之以情，激发学生阅读的情感；也可以联系社会生活，把学生引入现实生活中某一情境，让学生亲身体会阅读物与生活的关系。

"入境始与亲"。"设境"为"入境"提供了条件，但学生未必能自然"入境"。教师要像导演指导演员"入戏"那样，诱导学生进入阅读"胜境"，力求使学生在阅读中领悟和感受文中的深刻含义，和作者的情感发生共鸣。教师要善于引导学生透过作品的语言表层，再现生动活泼的生活图景，进而帮助学生提炼出耐人寻味的意蕴，使之沉浸其中，在人格上受到震动，在心灵上得到净化；还要善于帮助学生挖掘语言文字中各种美的因素，引导学生品赏作品的语言美。例如，我教《祝福》一课，先让学生看一看祥林嫂的剧照和有关的"古元木刻"，然后布置学生看书，并要求学生抓住课文中形象的语言、生动的细节来描述祥林嫂的形象。在学生诵读到祥林嫂惨死的一段文字时，就让学生反复齐诵杜甫的"朱门酒肉臭，路有冻死骨"的著名诗句。在这样的气氛中，学生不但有了阅读兴趣，而且把自己的情感全部融入课文，进入了"美读"的胜境。

④诵读法：吟哦讽诵而后得之。诵读，吟诵，朗读。"吟哦讽诵而后得之"，是读书的一种基本方法。"吟哦讽诵"，就是要放声读，读得正确、流畅，沉浸其中，读出文章的味道来。"得"，是说"读"了以后，能理解文章的意思，把握作者的写作意图，品味出作品的妙处。

朗读和默读效果不完全相同。眼面前的语言文字，不仅入于目，而且又出于口，入于耳，进而思于脑。所用的器官越多，所得的印象越深。因而有人认为，默读，是读者"听"作者说话；朗读，是读者"替"作者说话。朗读使读者变为了作者，对所读作品词句的色彩、布局的匠心、意境的营造，领悟得更加深入透彻。此时此刻，所读文章"其言皆若出于吾之口，其意皆若出于吾之心"。刘大櫆在《论文偶记》中说："积字成句，积句成章，积章成篇，合而读之，音节见矣；歌而咏之，神气出矣。"这样，诵读的过程就成了一个品味、感悟与欣赏的过程。

诵读要取得最佳效果，必须与思考结合。以思导读，以读喻文，读中悟，悟后读，读后思，口诵心惟，进而熟读精思。

诵读的要求，先求正确，进而求流畅，再进而求有感情。先"达意"，固属"可观"；后"传情"更加"可喜"。我教语体文《松树的风格》、文言文《唐雎不辱使命》，都是以指导学生诵读为主。学生吟哦讽诵，加深了对范文蕴涵的思想、情感、气势、章法、文采的领悟。"把文章的神情理趣，在声调里曲曲折折传达出来"，"设身处地，激昂处还他个激昂，委婉处还他个委婉"（叶圣陶语）。读者与作者耳与心谋，且心灵相通，因而，它的效果远胜于烦琐的提问、空洞的分析。

我提倡诵读法，就是想以"读风"压倒教师的"讲风"，以"读风"端正学生的"学风"。

⑤圈点法：读书动笔，勾画圈点。一边读书，一边思考，将读书、思考获得的认识，用勾画圈点的方法标记出来，这就是圈点法。

圈点法常用的标记符号有："·生字、难字""○关键词语""——总括句、重要句""～～～佳妙句""☆重要段落""/段内层次，加在层次开头""？有疑问处""××有谬误处""△要注意处、有感想处"。在我所编的课本中，在我所教的班级里，都统一使用这一套圈点符号。但同时允许并鼓励学生，根据自己的习惯，使用自己喜爱的标记。一旦确定了自己使用的勾画圈点符号，就不要轻易改变。否则，自己隔段时间翻开所读文章，就难以分辨当初所用标记的原意。

勾画圈点，有助于促进思考，加深理解。圈画落笔之时，是思考的萌生；圈画形成之后，又是思考的催化。勾画圈点也有助于加深印象，强化记忆。阅读——思考——标记，反复次数增多，印象得到强化；再加上文字一旦标出，位置更加醒目，印象则更加清晰。

运用圈点法阅读范文，不可能一蹴而就、一步完成。学生一开始接触范文，对文章比较陌生，我往往把引导的重点放在让学生对范文整体认知方面，了解文章内容，理解整体脉络，与此同时，让他们用勾画圈点，标出课文的重点、难点和疑点。这是第一步。第二步重读范文，对重点做研读，对难点做攻克，对疑点做消释。初读时画出的符号此刻成了再读时前进、深化的路标。随着阅读的深入，原先的符号做了更改，又会增添新的符号。还可以安排第三步、第四步，让学生深读课文，深化认识。

学生勾画圈点，若有所思所悟，我就引导他们适当加以评论。评论是用简洁的话语表达思考和感悟的结果。可陈述体会，可提出质疑，可做点阐发，可做点注脚。可写在书页的"天头""地脚""中缝""页边"，以及篇始、篇末或段末。随读随写，灵活方便，文笔不受拘约，但必须明白简练。学生在自读范文时，能圈能点，能评能论,这将是一种十分可喜可贺的生动活泼主动的景象。

⑥提要法:提纲挈领,理清脉络。传统的读书方法中有"提要钩玄法",这一方法出自韩愈《进学解》中的两句名言:"记事者必提其要,纂言者必钩其玄。"大意是说,读记载事实的书籍,一定要写出提要,掌握纲要;读辑录言论的书籍,一定要钩出精义,领会精神。

我在引读教学中实施提要法,要求学生对所读范文编写阅读提要。引导学生看看文章可分哪几个部分,各部分主要说的是什么,是怎样连贯起来的,进而概括出本文表达的主旨是什么。这样读范文,一可以加深对范文脉络的理解,二可以锻炼清晰严密的思路,三可以提高写作布局谋篇的能力。

运用提要法,要处理好范文全篇与局部的关系。综观全文,先看清总体思路;细读片段,再看清局部思路;进而思考,理清全篇与局部的关系。在此基础上,再对所读范文做内容提要。只有从整体与局部关系上把握了范文思路,才会深入把握文章的层次与轻重。

运用提要法,还要处理好理解与表达的关系。对范文内容做提要,可凭借文中有关语句进行概括,也可自行组织语言进行概括。无论用何种方式进行概括,都必须建立在对范文内容深入理解与正确把握的基础之上。所以,检验对范文内容理解是否正确,可以看概括的语句是否清晰,看概括的语言是否精确,亦可检验对范文内容理解是否正确。

编写阅读提要,也为编写写作提纲做了准备,两者既相辅相成,又相互促进。而提纲挈领理清脉络,是一种很有用的能力,它的适应力很强,应用面很广,可以使学生终生受益。

⑦自读法:手到、口到、心到。宋代大教育家朱熹说:"余尝谓,读书有三到,谓心到、眼到、口到。"我引导学生掌握运用自读的方法,则着重在手到、口到、心到。

手到,读书动笔,就是在书本的字里行间,进行圈点;在文旁、文后或笔记本上写下感想、体会或评论。"不动笔墨不看书",要将目览与手批紧密结合起来。口到,出声诵读。"须要读得字字响亮,不可误一字,不可少一字,不可多一字,不可倒一字"(朱熹语)。进而要求"能分辨语气的轻重,要使声调有缓急,合于原文意思的发展"(朱自清语)。心到,心无二用,专心读书。朱熹认为,"三到之中,心到最急。心既到矣，眼口岂有不到乎？"心到的最佳境界是"三心"齐备：专心、细心和恒心。"三到"当然都离不开"眼到"，因为只有入于目，方可批于手、出于口、思于心。

引读的目的在于让学生学会自读，而自读的方法则主要在"三到"。手批、口诵、心惟，则是自读的三种基本方法。就像颜料中的"三原色"能配合成各种颜色一样，由"三到"演化而成的各种自读方法，则留给学生在自读中发挥聪明才智大胆创造的广阔天地。

手到、口到、心到，是三种不同的读书方法，和世界上各种事物都有千丝万缕的联系一样，这三种方法也很难孤立无援地加以运用。要取得自读的最佳效果，就得采用最佳的阅读方法，而最佳方法则是"三法"的紧密结合、和谐统一。"先生口不绝吟于六艺之文，手不停披于百家之编。"（《进学解》）这是国子博士韩愈将口诵、手批、心惟结合的读书方法最生动地介绍。要发挥"三到"读书方法的最大效应，当然首推"三到"方法的统一结合，这是综合出高效的必然结果。

手到、口到、心到的"三到"读书方法，应该贯穿到学生自读的全过程。学生不仅要掌握这一科学的方法，而且要养成这一良好的习惯。只有习惯已养成，方可"终酬放手愿"。

⑧点拨法：画龙点睛，点石成金。点拨法就是点明法、点化法。点拨是画龙点睛，点活全盘；点拨是点石成金，点出高效。

引导学生读书，运用点拨的方法，一可以排除疑难。学生在范文阅读中遇到了疑点与难点，虽经多方努力，仍然无法攻克。此时教师加以适当点拨，就可以化难为易，解疑释惑。二可以启迪思索。学生阅读范文，口诵心惟，熟读精思，此刻对学生适当点拨，将思索引向纵深，这对提高学生思维质量与思维能力，则大有裨益。三可以学会自读。文章学生自己读，疑难学生自己解决，教师只是从旁适当指点，略加启发。正是在这自读自决的实践中，学生自读能力得到逐步增强。

运用点拨法，要点在关键。学生学习一篇范文，它的重点、难点、疑点是关键，要通过点拨，让学生掌握重点，攻克难点，冰释疑点。范文中有些细枝末节之处，易被忽略之点，一经教师点拨，往往能以轻运重，以平见奇，取得意想不到的效果。教师要学会找准这拨动千斤的"四两"，就必须深钻所教范文，深思所用方法。

运用点拨法，要点得精当。在内容上求精要，不仅抓住重点和疑难，而且针对学生实际，力求有的放矢。在方法上求恰当，既为点拨，就该给学生适当暗示与讲解，但暗示应是易晓的，而不是晦涩的；讲解应是浅显的，而不是艰深的。要让学生从"山重水复"的困境中，进入"柳暗花明"的天地来。

运用点拨法，要点出成效。不仅要解决难懂的疑窦，而且要打通闭塞的思路；不仅要激发学生浓烈的学习兴趣，而且要树立学生探求的主动精神；不仅要将学生点通、点化，而且要点铁成金，点石成金。

⑨提示法：易晓的暗示，浅明的指导。"读书百遍，其义自见。"这是提高阅读能力的传统的宝贵经验。但是，如果读而不思、读而不化，"其义"也未必能"自见"。教师应当根据不同年级学生的年龄特点、语文基础，在阅读过程中作必要而适当的提示，给学生易晓的暗示与浅明的指导。

阅读提示，包括读前提示、读中提示和读后提示。读前提示，侧重从内容、形式和语言诸方面，提示阅读重点、阅读要求以及阅读方法；读中提示，主要对课文的重点、难点、疑点做一些启发性提示，有时可以补充某些资料，为学生助读；读后提示，围绕课文的重点，提示学生作必要的归纳、整理，或对课文后的思考和练习的解题方法作适当的指点。无论哪一个环节的阅读提示，都是为了"助读"，而不是"代读""阻读"。提示，要注意针对性，力求从学生阅读的实际需要出发；要注意启发性，做到引而不发、导而弗牵，每一点提示，都应当有利于打开学生的阅读思路；要有概括性，文字尽量简约，内容力求精要。要达到以上"三性"，教师在备课时，就要对阅读提示作一番精心设计，每篇课文教学需要做哪些提示，每个提示怎样措辞，先提示什么，后提示什么，都必须周密考虑，仔细推敲。

⑩读议法：且读且议，自由活泼。采取让学生一边阅读一边议论的读议法，不仅可以活跃课堂教学气氛，而且能够大面积地调动学生思维的积极性。一点心得，可以议论，一个问题，也可以议论；师生之间可以议论，座位前后左右的同学也可以议论；可以全班集体议论，也可以三三两两分散议论。总之，读议法形式自由，生动活泼。

教师要放手让学生乐议，又要引导学生善议。善议，一是要紧扣课本，议论要紧密围绕教材展开；二是要重结合，边读边议，读议紧密结合；三是要抓重点，议论的内容必须与教学重点一致。当然，在议论中发现"意料之外"的有创见的问题，要及时引导学生深入议论。比如，我用读议法教学《谈骨气》一文时，学生提出了一个问题："老师说过，议论文用例应当精练，而课文中说明中国人民有骨气，为什么用了三个例子呢？用一个例子不更精练吗？"我觉得这个问题听似幼稚，却很有价值。于是在全班学生看书后，就让学生讨论，不少学生发表了见解。有的说："三个例子分别说明三个问题。文天祥的例子说明'富贵不能淫'；不食'嗟来之食'的例子说明'贫贱不能移'；闻一多的例子说明'威武不能屈。'"有的说："用三个例子，更能说明在我国'漫长'的历史上，'每个时代'都有'很多'有骨气的人，有力地证明了'中华民族是具有优良传统的民族'这个论点。"这样的议论，就从纵横两个方面更深入地分析了课文。

读议法是否会变成失控的"茶馆式""放羊式"，这要看教师如何引导。教师要发挥主导作用，善于按照教学要求，引导学生紧扣课文展开读议。当然不能把教师"主导"变为"主宰"，要保护学生读议的积极性。应当在教师指导下，有重点地读议。尤其应正确地处理好预设与生成的关系，可以大致预设目标要求，却不能预设"框框"和"标准答案"。只有把教师的主导性与学生的主动性有机结合起来，把预设目标与生成过程统一起来，读议法教学才能取得最佳效果。

⑪置疑法：疑为学之始。学贵有疑。疑，就是问题。南宋陆九渊说："为学患无疑，疑则有进。"学生在阅读中能发现和提出问题，是独立思考的表现。教师要鼓励学生提问题，并通过释疑，引导学生在分析问题、解决问题的过程中，提高思维的批判性、敏捷性和深刻性。

要引导学生从无疑处生疑。教师要帮助学生在阅读中揭疑，在揭疑中深入阅读。要使学生能在文章的关键处揭疑，又能在看似平常、实有深意的文字中揭疑。学生揭疑有时犯简单化的毛病，易浮于表面，教师要启发学生由表及里，经过思考，提出有价值的问题。我教《荔枝蜜》一文，在预习阶段，学生只能提出一般性问题。我对学生提出的知识性、常识性的问题，只是简要作答，很快排开，而着重要求学生继续阅读课文，引导他们从更深处发现新问题。抓住了这实质性问题进行释疑，学生对课文的理解又会深了一步。

教师也可以直接揭疑。教师置疑的目的，是引导学生深入读书，教师要在课文的几个关节上布设疑点，步步诱发学生思维。我教《孔乙己》一文，一开始就提出："鲁迅先生在这篇小说的结尾写道：'大约孔乙己的确死了。''大约'表示估猜，'的确'表示肯定，这不矛盾吗？究竟是怎么回事呢？"这就为学生阅读全文设置了总悬念。接着，我在学生阅读过程中或明知故问，或藏答于问，提出若干问题，使悬念迭生。然后，我逐条释疑，层层递进地引导学生分析课文，向深处开掘。

⑫反刍法：学学牛吃草。反刍，即倒嚼，原指牛、羊、鹿等动物先将食物吃进胃内，然后返回到嘴里咀嚼，再咽下去消化的生理现象。这里借作引读法教学的一格。这种方法，主要是在学生初读课文之后，教师再提出若干问题，引导学生反复比较、品味、辨析、揣摩文章的深意和作者遣词造句的苦心。

反刍法，多用于一些富有哲理性的、理解有一定难度、文化含量较高的名篇佳作。这类文章字字珠玑、句句精妙，若不仔细品味、反复推敲，就不能领悟文中蕴藏很深的思想，吸收其营养。阅读后的倒嚼，要落实到"品味、悟神、辨微"六个字上。"品味"，就是要学生品评出文章的"三味"。要从文章本身的特点出发，把作品放到特定的环境中，让学生品尝。例如，教《荷塘月色》，我首先介绍作者生平及时代背景，把作品放在当时当地的特定环境和条件下，让学生揣摩当时作者"颇不宁静"的苦闷心情，以及产生这种心情的社会原因，去感受作者因"不宁静"而夜出"找宁静"，在"暂时宁静"后终于又"失宁静"的起伏变化的心境。"悟神"，就是要悟出作品的"言外之意""弦外之音"，领会文章的精神实质。再例如，教《藤野先生》一文，在学生读到关于"清国留学生"的一段描写文字时，我紧紧抓住关键性虚词引导学生"悟神"，学生从一串爱憎分明的词语中，体会了鲁迅的爱国主义感情。"辨微"，就是比较分析，细心辨微，引导学生从文章的内容和文字的微小差异中，了解作者表情达意的功力。例如，学生阅读《人民的勤务员》一文后，我引出"寻找一切机会为人民服务"这句话，跟"利用一切机会为人民服务"和"抓住一切机会为人民服务"两句话作比较，引导学生从"一切""寻找"这两个普通词语的倒嚼中，认识到共产主义战士雷锋为人民服务的高度自觉性。

⑬反三法：举一反三。教材无非是例子。只教学生读懂课文，是达不到语文教学目的的。只有举一反三，让学生通过一篇篇课文的学习，掌握阅读一类文章的钥匙，并通过训练提高了语文能力，才能真正发挥语文教材作为例子的作用。

举一反三，关键是"举一"。不能满足于简单地举一例，首先要注意"一"的典型性，更要从"一"中引出规律性。一般说，每一单元课文，教师只要选一篇有代表性的作为"举一"的例子，归纳语文知识和阅读规律，不可能也不必要面面俱到。要从具体课文的实际出发，有什么介绍什么，有多少归纳多少。例如，教《中国石拱桥》一文，我只引导学生归纳文中抓住特征、运用数据等几种说明事物的方法，而后引导学生运用这几种说明方法解读本单元其他几篇说明文，使学生学会"以三隅反"。至于说明文的其他知识，让学生在自读本单元其他两篇文章，或在以后阅读其他单元的说明文时，再逐步积累。

"反三"，不是单纯的阅读量的增加，阅读面的扩大，而是一种创造性的阅读与思维活动。学生在"反三"中类比、分析、归纳、综合、判断、取舍，因此，"反三"的过程，是学生不断提高阅读的思维能力的过程。教师要在引导学生"反三"中，有目的地培养学生创造性地阅读与思维的能力。

⑭比勘法：比较、辨微、参照。学生的阅读如果囿于课本上的几篇文章，不用别的文章来比勘、印证，难免"化"不开来。比勘法，就是把精读文章作为出发点，向四面八方发射出去，使精读与参读相结合，巩固发展学生的知识，提高学生的阅读能力。

要比勘，首先必须"开源"。教师要为学生找"水"，并引导学生自己找"水"。最简便的方法是组织学生布置"读书橱窗""剪报栏"，选订各种切合中学生阅读水平的读物。还可以定期向学生介绍"新书目""新篇目"。选供学生参读的文章，应力求与课文对照，使精读指导参读，以参读深化精读。例如，教《散文家谈散文》的一组课文，抓住首篇为例子，与另两篇文章比较在内容与表达上的异同，以一"拖"二，又让学生掌握了解析同类文章的一把解剖刀。

要让学生掌握比勘阅读的方法。教师可以通过示范性参读，为学生独立参读引路，帮助学生切实掌握比勘的阅读方法。我让学生借助一组课文，共同讨论，归纳了几种参读法：一是求同参读法，即从相关的几篇文章中找出共同点；二是辨异参读法，即从相关的几篇文章中找出不同点；三是资料参读法，即参读有关资料，加深对课文的理解；四是印证参读法，即用课外读物印证课文观点或写作特点；五是演绎参读法，即把课文中学到的写作和语言知识，应用到相关的参读文章中去。

⑮速读法：迅速捕捉阅读信息。速读法又称快读法。快速阅读，迅速捕捉阅读信息，是今天这一飞速发展的时代的需要。我们的时代，是"知识爆炸"的时代，新知识、新观点、新材料、新信息，层出不穷，扑面而来，令人目不暇接。如果还像过去那样，阅读资料不敏捷，吸收信息不敏感，思路就会呆板，视野就会狭窄，就会落后于我们这一信息化的时代。

速读一般用默读的方法，是一种无声的阅读。这样可以排除阅读中的潜语内听现象，减少了"出于口再入于耳"这两个环节，过程大大简化，速度就可以大大加快。无声阅读的技能，可以经过训练获得。

速读又是一种高质量的阅读。它要求在注意力高度集中的情况下，以快速获取有价值的信息为目的，是一种积极的、创造性的阅读。快速阅读绝不是马虎阅读，它是以提高阅读效率为前提，以提高阅读速度为手段，它对阅读的要求不低于乃至更高于其他的引读方法。

速读的方法比较多，我指导学生掌握的主要有以下五种。一是浏览。阅读时，尽力扩大视读广度，不是以单个的字词为阅读单位，而是以整句、整段甚至整页的文字作为一个阅读单位，扫描，观其大略，一瞥之间就掌握其要点。二是跳读。对无关紧要的内容几行甚至大段地跳过去。这样越过无关宏旨的细节或不必了解的部分，直接把握文中的主要内容。三是撮要。选读要点，提纲挈领。读内容提要、前言、目录，读文章每个部分的标题，读文章首尾看总领或总缩，看每段段首概括本段内容的语句，或找出每段文章能概括本段内容的关键语句。这些方法都能迅速摘取文章要点，总揽文章的整体思路。四是设问。一边读书一边提出问题问自己，再带着这些问题到文章中去找答案，这样将阅读与思考紧密结合，会大大提高阅读的效率。"心中存在着问题与题目，阅读就有了标的，辨识就有了头绪"，这样不仅提高了阅读的速度，阅读也易于集中与深入。五是温故。充分运用已有的知识，使初次阅读的文章化生为熟，化难为易，左右逢源，会大大加快阅读的速度与效率。

从扶读到精读，学生在读书的道路上向前跨出了一大步；从精读到速读，学生又在读书的道路上跨入了一个更高、更新的境地。这是因为从扶走到会走，从会走到快走，这确实是日日求新，步步升高。这是一个多么令人身心愉悦又令人多么心驰神往的历程。

⑯小结法：归纳梳理，自读自结。一些文字比较浅显，内容不太艰深的课文（主要是自读课文），宜于采用教师指导学生作阅读小结的方法。运用小结法，教师引导学生适当归纳小结，可以充分发挥学生自读的积极性，有利于培养学生独立阅读的能力。

阅读小结的过程，是感知、认知、理解的过程，也是分析、归纳、综合的思维过程。首先，运用小结法，教师要借助课堂巡视，有意识地点拨，启迪学生的阅读思路，注意收集阅读过程中发现的问题，并扼要作些记录。其次，对于课文中的疑点，教师应及时进行释疑；对于共性问题，及时引导研读、分析，这些都是为小结作准备。学生阅读基本结束，教师留有一定时间"待问"。最后，师生共同作归纳小结。小结不是复讲，也不是把参考资料上的内容全兜给学生，而是根据教学要求、教材特点，针对学生发现、提出的主要问题，结合思考和练习中的重点题目，用不同方法进行归纳小结。有的是提要、概括，有的是梳理，有的是自练自测，有的是加深理解，有的是分析提高，有的则是活用重点知识。在小结的过程中，若能伴有自练自测，并在此基础上自读自结，学生的阅读、思维能力可以得到同步提高。

要提高学生自己读书的能力，掌握阅读的一般方法是十分必要的。然而，教无定法，掌握了一定的阅读方法，就等于交给学生一把打开阅读之门的钥匙，让他们自己去打开知识的宝库。究竟教什么方法，还是要因人、因文、因时而异。所以，教师应该有计划、有步骤地帮助学生掌握独立阅读文章、解析文本内容、鉴赏文艺作品的基本方法和技能。这样不仅在阅读实践中能够反复熟悉这些阅读方法和技能，并最终掌握它们，而且能创造适合自己教学个性的新方法。

⑰精读法：熟读精思，涵泳品味。精读，精心读书。一要精细，不可马马虎虎；二要精要，不要面面俱到。

雕塑，要讲究精雕细刻；种田，要讲究精耕细作；读书，也得讲究精思细品。"能力的长进得靠训练，能力的保持得靠熟习。其间都有个条理、步骤，不能马马虎虎，一读了之，所以语文教本需要精读。"（叶圣陶语）

怎样运用精读法？还是叶圣陶先生给了我们明确的答案："指导学生的精读，见不到处给他们点明，容易忽略处给他们指出，需要参证比较处给他们提示，当然，遇到实在搞不明白处，还是给他们讲解。"这里的"点明""指出""提示""讲解"，都是在学生反复阅读还没有看清楚、反复思考还没有想明白的情况下，教者所做的引导与点拨。

精读并不是不分主次与巨细，一味细描慢画、细嚼慢咽。大至全篇思路的剖析，小至一词一句的推敲，都得从主旨出发，从宏观着眼，决定精读的方向与方法。鲁迅的散文《藤野先生》和莫泊桑的小说《项链》，开篇的第一句话分别是："东京也无非是这样"和"她也是一个美丽动人的姑娘"。我推敲了这两句中一个极普通的虚词"也"，就将全篇的内容、结构、语言带动起来。这一个虚词是"一语为千万语所托命，是为笔头上担得千钧"者（刘熙载语）。尽管一个虚词在一篇范文中并不居于显赫的位置，但推敲、咬嚼了它，就成了轻举千斤的杠杆，因而不能轻易放过。精读，应该精在该精之时，读在可读之处，要精得精要，而不平均用力；要精得精当，而不乱敲边鼓。

　　指导学生精读范文常用的方法有四种：一是比较。比较的方法，几乎贯穿了精读过程的始终，词语运用，篇章经营，情感表达，人物塑造，观点表述等，都可以通过比较，辨别正误、优劣、雅俗，以加深领悟。二是探微。精读范文，除了从客观上整体感知，还得从细微之处入手，探幽索隐。例如，文学作品中的典型细节对描绘人物的作用，议论文章中的典型例证对阐发观点的意义，看上去微不足道实际上力顶千斤的词语表情达意的功力。三是推敲。重点在对范文语言的琢磨与揣摩，如对《藤野先生》和《项链》中一个虚词"也"的推敲。推敲语言是精读的重点与亮点。精读"精"在何处？精在对语言研究的精益求精。四是体察。引导学生将自己放进范文中，用自身的经历、情感，去体验作者或作品中人物的经历与情感。这样，往往会引起强烈的共鸣，获得深刻的启迪。

　　⑱探究法：阅读有自己的感悟。前人十分重视读书"自求自得"。读书靠自己去探究，这是别人无法替代的；还得探究出属于自己的感悟，而不是别人的翻版。

　　在阅读教学中，引导学生用探究的方法，去获得独特的感悟，有助于培育他们认真读书和独立思考的精神。读文章，理解作者写的什么，为什么这样写，好在哪里，这些固然很重要。但更为重要的是要全身心地投入，要善于独立思考，要有不拘前说的精神。即使是自己的感悟与通行的评价一致，但只要不是照抄别人已有的结论，是自身认真阅读范文获得的认识，也应该给予肯定与赞扬。

　　引导学生用探究的方法，在阅读中获得独特的感悟，一般要在以下三个方面引导学生：

　　一是潜心阅读。叶圣陶认为："陶不求甚解，疏狂不可循。甚解岂难致，潜心会本文。"静下心来，深入进去，细心阅读，方有所悟。只有深刻理解了作品本身，也才会有自己阅读作品的独特感悟，独有感受是建立在深刻领悟的基础之上。

　　二是独立思考。不凭借参考书籍，不依赖老师指点，认真思考分析，获得属于自己的认识。这就是独立思考的态度、过程和初步结果。尽管这些认识很肤浅，很褊狭，不深刻，不全面，但它会逐步走向成熟。独特感受，独到见解，都是独立思考逐步实现的目标，逐步获得的成果。

三是切己体察。阅读联系自己的实践、知识和经验，"将自个己身入那道理中去，渐渐相亲，与己为一"（朱熹语），就会产生属于个体的而不是群体的、独特的而不是普通的领悟。我在指导学生学会读书的系列中，专门安排了一个单元，散文家谈散文，小说家谈小说，诗人谈诗。他们之所以谈得如此深切，正是因为他们都能从自身创作的实践体验出发，是属于自身的而不是属于他人的，是独有的而不是共有的，所以感受独特，见解独到。

⑲赏读法：品赏花心的蜜。什么叫"赏读"？用欣赏的态度、方法与趣味去阅读。赏读，是一种领略范文无穷趣味的美好的享受，是一种其趣也无限、其乐也无穷的崇高的精神活动。

赏读的前提必须先熟读。对范文品味、感悟进而欣赏，必须建立在对作品反复阅读、熟悉其内容与表达方式的基础之上。只有对作品有丰富的感性认识，才谈得上进一步做理性的品味和鉴赏。不反复接触具体作品，就想加深对作品的领悟，无异于缘木求鱼。我教语文，学生熟读课文贯穿始终，不仅课前预习、课后重温，每堂课课内还都安排充裕的时间让学生反复读书。

赏读必须建立在理解的基础上。对范文，首先要认识它、理解它，而后才谈得上欣赏它、喜爱它。所以，无论是文学作品，还是政论文章，无论是文言文，还是语体文，都必须先读懂、读透，"没有一点含糊，没有一点误解"（叶圣陶语），而后才能登堂入室，进入令人流连忘返的赏读天地。

赏读的范文往往是文质兼美的妙文佳作，因而鉴赏必须坚持语言形式与思想内容的统一。披文入情，因情析文，这是赏读的两个重要环节。几十年的经验和教训警示我们，"文"与"质"似"水"与"乳"及"影"与"形"，合则双美，分则两伤。文字好比是桥梁，读者通过这道桥梁才能和作者会面；通过会面，才能了解作者的心情，和作者的心情相契合；即使性情相合，也并没有中止行程，还应以此为凭借，进而加深对文字表现功力的领悟。"要学生真实地体会出一个'好'字，一个'美'字来，必须精细地剖析，能指明'好'在哪里，'美'在何处，才行。"（叶圣陶语）

知之不如好之，好之不如乐之。要激发学生对语文学科的强烈兴趣，要使学生对语文学习"乐此不疲"，赏读是一种重要的方法。而赏读往往和诵读、美读结合在

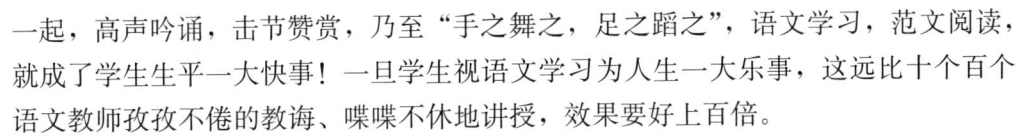

一起，高声吟诵，击节赞赏，乃至"手之舞之，足之蹈之"，语文学习，范文阅读，就成了学生生平一大快事！一旦学生视语文学习为人生一大乐事，这远比十个百个语文教师孜孜不倦的教诲、喋喋不休地讲授，效果要好上百倍。

⑳求异法：横看成岭侧成峰。"横看成岭侧成峰，远近高低各不同。"苏东坡看庐山，从不同的角度，所看到的情形也就各不相同。看山如斯，读文亦然。尤其是阅读文学作品，更易于见仁见智，所见各异。

阅读领域里的客观实际本来如此，可我们长期以来却热衷于整齐划一，用统一的色彩涂抹异彩纷呈的现实世界，用僵硬的模式束缚志在新奇的聪明才智。

同样读鲁迅的散文诗《雪》，同样认为写雪景是表达了作者强烈的思乡情绪，体现了作者的内心世界。可四位作者从四个不同的侧面对《雪》做了各异的评价。王蒙认为鲁迅的内心世界"深刻体现了时代和社会的矛盾"，黄蓓佳认为这种内心世界是鲁迅灵魂的"软弱和坚硬"的体现，斯妤则认为江南的雪和朔方的雪分别表达了鲁迅"欢快的情绪"和"悲壮的心理"。而李允经寻得了《雪》文的"独特之处"：鲁迅抒发了"渴想暖春，渴求光明；憎恶严冬，憎恨黑暗"的思想感情。同树寻异枝，同枝寻异叶，同叶寻异花，同花寻异果，求异法"志在新奇无定则"，目的在培养学生可贵的创新意识。"喜新厌旧"，在婚姻道德范畴内，是一个带有贬义的词语。可是在文学创作、科学研究和语文教学范畴内，却应该得到肯定与褒扬。

求异法一般有三个特点：一是新颖。新鲜，别致，一般不过多重复已有经验或结论。二是独立。独自，独有，不盲从附和，能独辟蹊径。三是相悖。相反，相斥，往往阐发一些与现有结论不同的意见。引读法一个重要的任务，就是要引导学生在阅读历程中，求新颖，求独立，求相悖，见他人所不能见，思他人所不能思，言他人所不能言，获得属于自己的独有见解。

我运用求异法引导学生阅读课文，经常提出以下五个问题，促使学生思索、探求：第一，面对受高度评价的人物或作品，反问：此类人物或作品有没有不足？第二，面对已被广泛采纳的观点，反问：这一观点有没有偏颇？第三，面对久经传诵的名言，反问：这一名言有没有新解？第四，面对权威的解释与阐发，反问：这一解释与阐发有没有缺漏？第五，面对异议或新说，反问：这一异议有没有他议？这一新说有没有他说？

"须叫自我胸中出，切忌随人脚后行。"学生通过左冲右突的深入思考，除旧布新的创新才能，自会日滋月长，蓬勃发展。

㉑读注法：借助注释学文言。有人把语文课本对文言文所加的注释比作拐杖，有了它可以帮助我们逐步掌握学习文言文的门径；还有人把文言文的注释比作桥梁，有了它可以顺利完成从语体文学习到文言文学习的过渡。

和语体文相比，文言文是语文学习的一个难点，难就难在文言文写作年代久远，背景复杂，古今汉语规律有异。传统的语文教学，经常采用串讲法教学文言文，字字落实，句句讲解。这样做有利有弊，弊大于利，学生一味依赖教师讲解，不利于文言文自主阅读能力的培养。

多年来的实践告诉我们，引导学生借助注释学文言文，自觉掌握运用读注法，是提高学习文言文效率的有效途径。学生借助注释，了解课文出处、写作背景、文化常识与课文有关的作者经历，特别是读懂字句，疏通文义，进而更好地理解课文的文化内涵和表达的感情，学生就可以逐步达到"自能阅读，不待老师讲"的理想境界。

文言文注释的内容，主要有四个方面：一是解题。交代课文出处，介绍作者，解释题意。有的还介绍了写作背景和有关情况。二是释词。解释词或词组的含义。对于文言实词，必须注意词的古今异义、词的单音双音、词的多义现象、通假现象，特别要注意词的活用；对于文言虚词，必须分清虚实，辨明用法，通晓古今，还须注意特殊现象。三是注音。注明读音的字，主要是生僻字、多音字和因活用或通假变音的字。四是通句。有的句子，只要解释其中一两个难懂的词，就容易理解了；有的除了解释词义，还必须疏通整句的意思。文言句法有它自身的特点，要掌握判断句、被动句、宾语前置、定语后置以及介词结构、句子成分的省略等特点，注意这些句子的表达方式和现代汉语不同的地方，借助于工具书，就能进一步加深对文言文的领会。

即使有挂手的拐杖、架好的桥梁，路还得靠自己走。学习文言文，对注释只能借助，不能依赖，要用好课本中和工具书里的注释，最重要的还是要学会分析，独立思考。

㉒溯源法：知人论世读经典。孟子认为："颂其诗，读其书，不知其人可乎？是以论其世也。"这就是"知人论世"这一读书方法的由来。

不同的作者，有不同的人生际遇、不同的精神追求、不同的文字风格。每一部经典的诞生，都有特定的写作背景，又寄寓着作者某种思想感情，都会打上时代的烙印。读经典作品，必须掌握写作背景的资料，了解作者情感的起点，方可走近作者，走近作品塑造的人物，走进经典的世界。知人论世，是解读经典的重要方法与有效途径。

诸葛亮上《出师表》，背景如何？蜀汉处于"危急存亡之秋"；诸葛亮的身份如何？是刘禅之臣，但刘禅又"事之如父"；刘禅为君如何？昏庸愚顽，不堪大任。在了解了劝勉者和受劝者的地位身份、思想情感之后，对表中诸葛亮以长辈的口吻进谏而又不用训斥语气，就有了深层次的理解。文章13处引先帝，以"宜"与"不宜"分清泾渭，谆谆叮咛，就会使学生深受启迪、备受感染。读经典作品，知人论世，追本穷源，是阅读水平与能力进入了一个更高的境界。

要了解作品写作的背景和作者的身世、地位、情感，可以从课文的注释特别是题解中获得，也可以在相关的报刊、书籍、网络中寻找。这些我们可以指导学生自我探求，切不可越俎代庖。

㉓历练法：行是知之始，知是行之成。历练法，就是培养学生的问题意识，让他们在历练中，加深对课文的理解，提高阅读的效果。

运用历练法，教师要把课文内容和语文基本知识，有重点地编写成若干有思考价值的问题，引导学生带着问题边练边读，以练促读。有时是让学生先提问题后读书，这种阅读，目标集中，学生往往能主动求之，潜心攻之；有时是让学生读书后自测自评，在自测自评中，学生可以及时运用知识，又能加深对课文的理解。

编写引读的思考题，形式要多样。可以是理解性的，以帮助学生理解课文为主；可以是分析性的，以提高学生分析文章的能力为主；可以是应用性的，以指导学生灵活运用课文的基础知识为主；可以是拓宽性的，以扩大学生知识面为主。无论哪种形式的自练题，都要注意培养学生阅读能力，养成学生自读自练的习惯。

要提高学生自己读书的能力，掌握阅读的一般方法是十分必要的。学生掌握了一定的阅读方法，就等于有了一把打开阅读之门的钥匙，可以自己去打开知识的宝库。究竟教给学生什么方法，还是要因人、因文、因时而异。所以，教师应该有计划、有步骤地帮助学生掌握独立阅读文章、解析文本内容、鉴赏文艺作品的基本方法和技能。这样学生不仅在阅读实践中能够反复熟悉这些阅读方法和技能,最终掌握它们,而且能创造适合自己的新方法。

3. 引写思路、方法和模式

"引写"是"双引"教学法的另"一翼"。引写的目标是教师引导学生通过反复的写作实践,逐步养成他们自己独立作文的能力和习惯,其关键在"善引"二字上。

(1) 引写的思路

我历来主张作文教学要形成一条"活"路,也就是不要去"死"教作文,要少一些条条框框;不要设套路,更不要出题逼文,用偏题、窄题在审题上卡学生;要"活起来",就要采取生动活泼的方式引导、启迪学生自己循标探路,独立作文,联系生活写作文,特别要激发学生写作中的创造思维,使作文与创造思维"联姻"。

在教改的春天里,正是风华正茂时。

与一些发达国家的作文教学相比,不少中国的孩子常满足于滔滔不绝地背范文,依葫芦画瓢地模仿范文,有的老师甚至把什么"料"都备好了,规定多少"格",把孩子的小脑袋堵得死死的,因而孩子几十年后的发展却不如人家,往往是赢在起点,输在终点。究其原因,是忽略了孩子创造力的培养。作文教学到了非改不可的地步。我在作文教学实践中,积极倡导把作文教学搞"活",力图为作文教学找出一条"活路"来。我提出了搞活作文的八个方面，构成我的"引写"教学的初步思路。

①让学生自己到生活中去找"米"，建立自己的"粮仓"，完成知识积累、情感积累和语言积累。

②鼓励学生"吾手写吾心"，作文中要说真话、记真事、抒真情、做真人。

③允许学生有规有"犯"，画地不设牢。有规，就是有要求，如要求学生字要写得端正，话要讲得清楚；有"犯"，就是允许学生"犯规"，允许学生作文有自己的个性，给学生独立思考的空间。

④作文教学训练程序，提倡简单就是美。作文教学要有序列，讲求科学性，不宜过于烦琐。

⑤让学生"吃饱喝足"，给予"高营养"。让学生写作前自由阅读与本次作文有关的大量资料，让他们"吃饱喝足"。

⑥为学生插上网络的翅膀。现在网络上的东西很多，经常上网浏览，可以帮助学生收集写作材料。

⑦"打开'想'这个总开关。"写作训练要始终引导学生去想，发挥无穷的思考力。

⑧观察能力的培养。我尝试从多方面培养学生的观察能力。

结合阅读教学，引导学生重视观察生活，观察自然，观察社会。唤起学生观察生活的意识，从小事情中开掘出大的主题。

结合实例分析，引导学生学会观察生活。指导学生由表及里，深入思索；由点到面，目力集中；由分到合，先分后合；由此及彼，展开联想；随手采撷，及时记录，逐渐养成观察生活的良好习惯。

（2）引写十法

①导源引写法。为学生开拓写作的源泉，引导学生积极参加社会实践，帮助他们学会观察生活，体验生活，积极主动地反映生活。

②厚积引写法。引导学生平时多渠道广泛收集积累各种写作资料，屯足写作的"粮食"。要让学生做有心人，从书报杂志和网络广泛收集各类文本，从中发现有价值的写作资料，并通过制作资料卡片、剪贴、摘记等方法，把这些信息储存起来。日积月累聚沙成塔，学生就可以厚积薄发，有充足的写作资源，而且在厚积的过程中也自然地提高捕捉、提取、处理信息的能力和独立阅读思考的能力。

③知识引写法。教师以知识为先导，运用启发式讲授精要的写作知识，并引导学生运用这些知识，按照特定的写作要求，独立练习写作。教师在讲解知识的过程中，揭示写作规律，授之以渔，让学生自己总结写作规律，掌握写作的基本方法。

④阶步引写法。按照学生学习的认知规律和写作学的基本原理，以及《课程标准》提出的写作要求，有目的、有计划、有步骤地安排训练程序。可以通过全套教材的写作教程、一册书或一个单元的写作的不同需要，由低级到高级，由简单到复杂，由片段到整体，有层次地设计写作训练。也可以把一学段、一册教材中的写作设计若干台阶，分步训练；也可以在一个单元中设计"知识引导""例文导航""单项训练""综合训练""评论评价""查找网络资料""自我修改"等若干步点，逐层引写。这种模式的引写步步为营，让学生拾级而上，主要优点是扎实而有序，但显得平板，缺乏活力。

⑤观察引写法。引导学生运用定点、移位等观察方法，观察生活，观察社会，观察自然，观察人物、事物和景物，从中获取自然、社会及人们自身方面的写作素材，同时要求学生在观察时善于捕捉信息，撷取浪花，从而把观察过程与结果按一定要求写出来。

⑥情境引写法。教师把学生引入社会、家庭、学校的特定情境，包括生活情境、物理情境和虚拟情境。在这些情境中让学生触景生情，辞以情发，自觉地写出某些切身感受。布设的情境可以是现实生活，如可把学生带到市场去逛一逛、看一看；也可以是一段描述情境的文字材料。

⑦激思引写法。在进行语言和写作训练的同时，激发学生思维。激思，可以指导学生观察、想象、联想，也可以就社会、学校、家庭的某人某事某问题，作多种思路的分析讨论，让学生自由驰骋想象。这样，学生便可思如潮涌，达到"精骛八极、心游万仞"的境界。

⑧例文引写法。教师凭借课文或课外例文的典型解剖，范文引路，指导学生写作。运用这种方法，教师在指导中必须标本兼治，借形取神，由篇及类，着重让学生借助范文，掌握和运用基本写作规律，防止机械仿作，做到仿中有创。

⑨活动引写法（或称任务引写法）。引导学生开展各种写作实践活动，如课外文学社、小记者采访以及办小报、建网站等形式，让学生带着"任务"，为达到一定目标而写作。这种引写法不仅激发学生的写作积极性，而且可以"出成果"，甚至能到

报刊发表，有助于培养学生的展示能力。

⑩说文引写法。说，是口头作文，写，是书面作文。倡导写口头作文。教师引导学生先说后写，以说促写或者边说边写，说写同步，也可先写后说，写好后再说给家人、同学或老师听。口头作文对语感形成有很重要的影响，对提高书面作文有很大作用。

运用引写十法，要正确处理放与收的关系。学生写作文可以驰骋想象，风格也可求异，但必须遵循规律，遵守必要的写作规范。因此，要把培养良好写作习惯作为"引"的一个重点。为了使中学生在将来的学习和工作中能够准确地使用祖国的语文文字，在中学作文教学中必须对学生提出严格遵守的"三有"规范：

一是"有格"。遵守作文的规矩、规范。

二是"有素"。遵循作文的基本要求和规格，力求训练有素。

三是"有恒"。把良好的作文习惯持之以恒地坚持下去，从而使习惯的养成有一个逐步定型的过程。

引写的一个重点是要开发学生的思维能力，特别要培养学生的辩证思维能力。为了在写作中发展学生的思维能力，我在高年级自编自教了《写作与辩证思维》。这是专门为提高写作与辩证思维能力编写的教材。它较充分地体现了我的"引写"教学思想的核心理念，提升了"引写"教学的理论价值和实践意义，也发展和深化了"五说"语文教学观。

（3）引写教学模式

张志公先生说过，模式"是一种概括了的一般的讲课内容和步骤，或者说是内容结构"，"好的模式同科学方式有联系，它体现着一种规律性"。志公先生肯定了模式的作用，同时又指出，"要善于运用模式，又不拘于模式"，不可"让模式凝固起来"，"变成僵死的条件框"[①]。他在这里告诫我们不要把运用模式变成程式化。

我教了40多年初高中作文，基本上不按课本教学，而是根据教学实际自编作文训练教材，形成了自己的几种作文模式。后来将这些自编写作教材结集出版，它们都是课堂上的写作教学成果。这些教材包括阶步模式、读写思同步训练模式、从读

---

① 张志公：《语文教学的现代化问题》，见《张志公文集》第3卷，广州，广东教育出版社，1991。

练文模式和自主写作模式。这些都成为"引写"教学的载体。其中"阶步"教材，20世纪80年代中期在《语文教学通讯》全书连载，该刊"编后语"说，这在刊物史上是"破天荒"的。

①阶步训练模式。作文阶步训练模式，是中学作文教学的一种比较完整的比较科学有序的教学设计。它以知识梳理和能力训练双线交叉作为序列，高、初中各有若干台阶和步点。这些阶步训练模式设计，不是机械的文字凑合，而是中学作文训练阶段性层次性的体现，即分为以文体训练为主的基础性训练阶段、以表达方式训练为主的提高性训练阶段、以综合运用训练为主的灵活性训练阶段。所设台阶步点，注意了训练的合理序列，力求逐层深入、环环相扣，兼顾写作知识点的覆盖面和能力训练、思维训练的完整性。

第一阶着眼基础，突出一个"准"字。通过若干次专题指导和训练，有计划地复习巩固以前学过的记叙文、议论文、说明文、应用文等方面的基本写作知识和基本写作技能，使学生把各类文体的写作方法和写作路子搞正确。

第二阶着眼发展，突出一个"实"字。通过几次专题指导和训练，使学生逐步掌握和巩固各种强化表达的方法，力求从立意选材、谋篇布局、遣词炼句等方面，把文章写得更深入，更扎实，更有色彩。

第三阶着眼综合应用，解决一个"活"字。着重通过语言训练、审题训练和各种表达方法的综合训练，以及各类文体不同形式的作文训练，使学生能准确地掌握各类命题的题意，灵活而熟练地运用语言，准确、鲜明、生动地表情达意，真正把文章写活，对于多种形式的作文都能应付裕如。

三个层次的设计，较好地体现了高中作文教学的"少而精"的原则。多年的实践证明，运用这种作文教学模式，通过严格训练，绝大多数学生可以达到《中学语文教学大纲》所规定的基本要求。

这个作文教学模式明确的指导思想有三：一是探索建立中学作文训练的科学系列；二是激发学生自主作文的积极性，逐步达到"不待老师教""自能作文"的理想境界；三是更全面地贯彻国家《语文课程标准》的精神，为语文课程改革拓宽渠道，为学生提供广阔的写作空间。

这个模式力求达到三项要求：

科学有序。一是体现在每个学段的三个年级，起始年级（初一、高一）打好基础，过渡年级（初二、高二）发展提高，毕业年级（初三、高三）应用拓宽；二是体现在每个年级每层台阶，由记叙到说明再到议论，由单项到综合再到深化。遵循学生的认知规律，逐步发展，逐层提高。

读写结合。以读文为基础，以写作训练为主轴，按照写作需要，阅读典范文章、同题例文，从中汲取营养，获得启迪。以读为径，以写促读，提高写作效率。

切实管用。须让学生能自主阅读、自主写作，以达到"自能作文"的理想境界。与此同时，阅读、写作，提倡朴实文风，写实用文字，练"真刀真枪"，努力改变当前中学生作文语言华丽、内容空泛的倾向。

体例安排上，各台阶分步设点，让学生步步为营，拾级而上。初中作文每个训练点包含：写作要领，课文借鉴，例文自读，片断练习，综合练习，自评自改；高中作文每个训练点包含：写作要领，范文借鉴，单项训练，综合训练，例文自读。

②读写思同步模式。学必思，思须学。阅读写作与思维始终是同步发展的。思维训练必然贯穿于读写训练的全过程。尤其要重视辩证思维的训练。学生由于年龄和阅历的限制，思想认识难免会出现片面性和绝对化的倾向，这些不正确的认识会影响阅读和写作能力的培养。进行辩证思维能力的训练，能使学生思维变得深刻和严密。

为了配合同步发展学生的思维能力和语言表达能力，1993年9月，我把多年教学的《写作与辩证思维》教材编成专项实验教材正式出版。全套教材共列出30个系列专题，体现了30个哲学基本观点。书中编入130多则思维训练材料，每则训练专题包括"感悟哲理""阅读选粹""分析思考""写作练习"四个训练层次，在每一个训练专题的最后还选入一些哲理文赏析。

这一教学模式注意把语言训练与思维训练同步安排，阅读训练与写作训练紧密结合，体现了较高层次的能力训练，是我引写教学指导思想的一个载体。在各专题的举例中，我注意把思维训练同语文学习和文史哲知识、自然常识等尽量融为一体，所选短文内容翔实、短小精悍，具有很强的知识性、趣味性、哲理性和启发性。

全国中语会学术委员会原主任、广西壮族自治区教育厅原副厅长王世堪，曾在听完我在该地骨干教师培训会上作的写作思维同步训练作文教学模式的报告后，这样评价这一作文教学与教材模式："我以为，您的《写作与辩证思维》，是教学中极有价值的创造。在读写中培养学生的辩证思维，又以辩证思考作为学生读写实践的指导，这是高层次的能力训练，从根本上抓住了语文教学的思想性，这就远非所谓'文道统一'所能概括得了的。其他许多老师不是没有接触过这一课题，但大体是零散的，偶然触发，发挥一下，研究者们也曾一般说过应当如此，但如此完整，如此系统，特别是通过大量例文循序渐进地、步步落实地安排出训练过程者，您的稿子为我所仅见，联系您在《语文教学通讯》上发表的文章，我大体窥见您的思路，而且确信这些都是您在教学实践中提炼出来的。我对您表示我的钦敬。"

③从读练文模式。与自编实验教科书阅读同步，在各单元课文后，按照课程标准、教学大纲提出的作文训练目标，编写系列化的写作知识短文并设计相应的作文练习，全套书共100个专题（亦称作文百课，初、高中各50课）。构成由低到高、由简单到复杂的训练系列，并以学生的心理发展规律为主线。每个专题把读写合成一个紧密联系的集成块。

④自主作文模式。打破单一课堂作文的框框，以课内为端点，把作文拓宽到课外生活的方方面面，并以课外作文为主，把作文的自主权放手交给学生。课内教师着重进行"规划"、点拨、授法、评价等引导。写什么、怎么写、写多少，可以受到课堂上师生共同的"规划"的制约，但原则上可以自主确定。学生可以随时写下生活中所见、所闻、所感、所思，大至家事、国事、天下事；小到吃喝玩乐，无所不写，文体不限。实用文、文艺作品、随想，形式不拘。洋洋几千字或两三百字，篇幅不限，有话即长，无话则短。可以天天写，也可想到才写，不固定"交作文"时间。总之让学生在需要的时候说恰当的话，从而真正做到说真话、写真事、抒真情。这种模式只要处理好放与收、课外自主与课内引导、规划与机动等方面的关系，学生的作文不仅会具有鲜明的个性，而且会获得作文的"真能力"。我尝试这种教学模式，从开始担心，逐步到放心，直至称心。当然这种模式的运用，应当考虑到地区、学校、班级及学生的学习基础，因时、因地、因校、因人制宜，不可一刀切，更不能把拓宽课外误解为撒手不管、无为而治的放羊式。

4. "双引"合璧，相辅而行

读与写是语文教学的两大主干，各有目标和分工，读为基础，写是应用，一纳一吐。然而引读、引写是不能把读写看成是两个分离的子系统，相反它们是紧密联系又不可分割的。读与写之间是紧密联系、互相为用的。在"双引"教学实践中应当使读写结合、相辅而行。忽略"一翼"，会使"两翼"一强一弱，语文教学是飞不高飞不远的。

能读会写是毛泽东在《文化课本》序中对工农干部学习提出的基本要求，也是我们语文教学的重要目标。阅读教学和写作教学作为语文教学的两个有机组成部分，它们从两个不同的方面，共同完成提高学生阅读和表达能力的任务。

阅读教学与写作教学有各自的任务、内容、要求和特点，两者当然是不能互相取代的。但是在语文教学中，阅读和写作始终是相辅而行、紧密结合的，它们互相依存、互相渗透、互相补充、互相促进，如夸美纽斯所说："阅读与写作的练习永远应当结合在一道。"① 因此，学生的阅读能力不能单靠阅读教学来提高，学生的写作能力，也不能单靠写作教学来提高，必须坚持读写既分又合的教学原则和正确途径。

读与写，读是基础。不仅"阅读本身也是一种需要培养的能力"②，而且它是写作的基础和前提，制约和指导着写作。清人万斯同认为："必尽读天下之书，尽通古今之事，然后可以放笔为文。"③ 不扎扎实实抓好阅读教学，不努力引导学生认真学习范文和广泛阅读课外书籍，不断增多语文积累，片面强调以写作为中心，一味叫学生盲目"多写"，就好比砖瓦木料没准备好，硬要学生去盖作文"大厦"，这"大厦"是很难"落成"的。

作文，是语文读写知识的综合运用，是检验学生语文水平的重要尺度。强调以阅读为基础，并不是意味着可以放松写作教学，而是要使阅读教学与写作教学融为一体，做到读中有写，写中有读，读读写写，写写读读，紧密结合，互相促进。总之，我主张语文教学必须使阅读和写作紧密结合，让二者相辅而行。达此目的要从三方面着手。

（1）以读导写

在经常性的阅读教学中贯穿写作指导，有计划地讲授写作知识和运用语言文字的规律，进行必要的写作练习。解题时，可适当指导学生审题；分析文章结构时，可指导学生布局谋篇；归纳中心思想时，可指导学生学习立意取材和表情达意的方法；讲解字词句时，可指导学生炼字造句等。由于阅读教学本身有培养阅读能力的

---

① 转引自《语文教学问题》，北京，中国社会科学出版社，1979。
② 吕叔湘：《关于中学语文教学的种种问题》，载《语文学习》，1980（1）。
③ （清）万斯同：《与钱汉臣书》，见《石园文集》卷七。

任务，因此，以读导写，不是要把阅读课上成单纯的写作指导课，把所有课文都变成学生仿写的范例，处处牵强附会地联系写作，致使学生把握不住阅读物自身的文化内涵和艺术特色，而是要根据教材的特点、重点，"借形取神"，把文章的精髓化成写作营养，有选择地、恰如其分地指导写作和语言运用。如果教鲁迅的《雪》，就让学生写"雪"，必然引出东施效颦之类的笑话来。

在阅读教学中，经常结合学生写作中出现的问题讲解课文，也是"以读导写"的一种方法。我平时教学总有一本学生作文情况记录簿，及时地分项记录学生作文中字、词、句、篇、意等方面的材料，并经常通过归纳分析，排出作文中复现率比较高的共性问题，有计划地结合范文教学进行作文评析。这一种方法，教学效果往往较好。

(2) 从读练写

在阅读教学中，指导学生借鉴范文进行写作练习，现学现用，学用结合。

从读练写，必须有周密的计划。首先是读写结合的要求要明确。对各单元、每篇课文读写两方面的要求、"结合"的重点都要心中有数；其次是用作读写结合的范文要精选，选作从读练写的范文，不仅要内容、语言、写法上有明显的特色，而且要与学生的实际写作水平相适应，易于学习，便于仿照；同时安排要恰当。要统筹安排，使"从读"和"练写"的组合与配对尽量一致。只要按计划从读练写，使读写两线交叉、互相配合，有主有从，就可以把读写训练紧密结合成一个较完整的系统。

从读练写，可以有多种形式。教师应当从教材的不同特点出发，选择不同的角度和方式，指导学生借鉴范文进行写作练习。有的教材，内容上能给学生深刻的教育，感情上能深深感染学生，就从思想内容着眼，指导学生写体会、读后感、随笔、日记之类的文章；有的教材，在结构上、写法上有明显的特色，学生易学易用，就从写作技巧着眼，指导学生模仿课文的写作形式，来反映自己的生活和周围的事物；有的教材，构思新颖，思路开阔，就从思维训练着眼，指导学生在课文启发下，通过习作拓开写作思路；有的教材，语言优美，写景、状物用词非常准确、形象、生动，就从语言文字着眼，指导学生学习借鉴课文的语言，描写景物。从读练写，不是要包罗全册课文，并不要求也不可能篇篇落实。有些课文，如较长较深的论文、鲁迅杂文、诗歌、文言文等，虽然也能从某个角度、某一知识方面"从读练写"，但内容、写作、语言都与学生写作实际距离较大，则可以着眼于阅读训练，培养学生阅读、理解的能力。

（3）抓写促读

在经常性的写作教学中，从命题、指导到批改、评讲，都要有意识地联系阅读教学，让学生在写作中加深对课文的理解，更好地巩固阅读课上学到的语文知识，提高阅读效果。

抓写促读，必须在写作教学的各个主要环节上，根据各阶段写作教学的要求和特点，有目的、有计划地进行。命题关系到读写结合的全局，我采用多种多样的形式结合课文，如紧扣课文内容出题，让学生写读后感、体会、杂感，或扩写、缩写、改写课文。这些都是以消化课文思想内容为重点的命题。在写作与课文同类型的作文时，必须让学生反刍课文，以加深对课文的理解。这样，写作便成了阅读的一个动力。我结合课文命题，充分兼顾"课文"和学生生活、写作实际这两头，不是迁就了课文，而完全脱离学生生活实际，使学生无话可说，甚至滋长说假话、说空话的坏文风。

读写结合是我国语文教学传统有效的经验之一。读与写紧密结合、相辅而行，这是全面完成读写任务的一个正确途径。因此，我总是充分利用指导课，引导学生通过写作练习，巩固、消化和运用范文中所学到的知识，并有目的地启发学生复习有关课文，类比开导，示范引路，把所学的有关写作知识恰当地运用到自己的习作中去。在作文批改中，也要注意引导学生重读课文。

（三）追求科学与艺术的统一

语文课程怎样能够达到科学化与艺术化的统一，怎样才有活力，是百年语文教学无数先贤志士仁人的共同诉求。张志公先生在《关于语文教学中科学性与艺术性问题的探讨》一文中指出："任何一门学科的成功的教学，都是高度科学性和精湛的艺术性相结合的成果，语文教学尤其是这样。"他又说："什么是科学性呢？科学是反映客观规律的知识体系，科学性是符合科学的程度。语文教学的科学性，指的是教学实程在多大程度上符合语文教学的规律。"什么是教学的艺术性呢？他说："艺术性用最通俗的话来说，就是具有一定的独创性的一套有效的方法。""而艺术性与科学性是不可分的,是互相为用的,特别是在语文教学中。"① 志公先生的这些话已讲过近 20 年,但而今读之仍深受启发。我深切地感到,我们要建设扎实而有序、开放而有活力的语文教学,必须积极探讨科学性与艺术性的最佳结合点,追求两者的高度统一。

1. 语文教学要有鲜明的个性

语文教学科学化,必须科学地认识语文工具性和思想性兼具的特点。百年语文教学发展中,受种种思潮的干扰,往往模糊了对语文性质、特点的认识,抹杀、掩盖了语文的个性。

在当前的语文教学中,要不要根据语文教学的鲜明个性,重视语文因素、人文因素教学的问题,似乎已经解决,其实不然。这些年因为搞语文教材试验,我参加省内外数十次教研活动,听了城乡语文教师的上百堂课,发现许多教师的课是真正的语文课,但也有些课缺乏语文味。如有的教师习惯于把语文课上成章法训练课,甚至离开阅读教学自身的要求把课文单纯作为写作例子,让学生机械地去模仿写作技巧,还有的把语文课上成班会活动课、文艺表演课。其实,语文教学中工具性与思想性(或人文性),是一个硬币的两面,因而教学中对学生写字识字、用词造句等不重视,或者片面强调技能而忽视语言文字中蕴涵的思想文化因素,都是不对的。

我认为,应当特别引起注意的是,相当多的毕业班的教师,他们成年累月地对学生进行所谓"大运动量"的"语文训练",这种训练把好端端的融文感、语感、情感于一体的范文,肢解成毫无生气的字词练习;甚至,让学生抄、背字典词典。这样做,其实只是治标性的"应试训练",这种训练与课程标准或大纲要求的语文基础训练是不可相提并论的。应当说,"在任何一堂课上都是讲的课文,加强基础知识和基本训练,是通过教课文来进行的"。语文基础知识和技能训练的基本途径,是字不离句,句不离段,段不离文,应当融训练于具体的范文教学之中。其目的则是为了提高学生的语文能力,而不是单纯为了"考"。两眼紧紧瞄准考试的"大运动量"训练,充其量只能把学生训练成"机器"和"鹦鹉"。这是与加强语文基础知识教学和语文基本技能训练毫无共同之处的。

---

① 张志公:《张志公文集》,第 3 卷,广州,广东教育出版社,1991。

著名特级教师钱梦龙1989年到泰州中学用洪宗礼教材上示范课。有教师说，洪氏教材与钱氏教材是"配套"的。

　　语文课上结合语文训练对学生进行思维训练，是语文教学的一个重要发展。但是，如果把思维训练与语文训练对立起来，离开语文课的特点，孤立地进行思维训练，甚至把语文课上成了"游戏课"。课堂上热热闹闹，语文训练却松松垮垮，并非扎扎实实，实际上也是忽视了语文教学的个性。诚然，语文课不仅要进行思维训练，而且还要渗透思想道德教育、文化教育，但是思维训练和思想教育只能结合语文课特点，在语文训练过程中进行，是不能孤立于语言文字之外的。语言是思维的直接现实，而思想则是渗透在语言文字之中的。因此，语文教学必须结合语文训练去进行思维训练和思想教育，坚持语言与思维的统一观、语言与思想（人文）的统一观。

　　语文教学发展、改革，万变不离其宗，"宗"，就是语文的自身特点，就是工具与思想（或人文）的统一。这就是语文教学所必须突出的鲜明个性。我们改革语文教学，提高语文教学质量，目的是指导学生正确理解和运用祖国的语言文字，进一步提高读写听说的基本能力，渗透思想文化道德教育，养成良好的语文习惯，全面提高语文素养，为将来从事现代化建设事业奠定良好的基础。

2. 引而不发，跃如也

孟子说："引而不发，跃如也。"① 这话是说善于教人射箭的人，引满了弓，不射出去，却摆出跃跃欲试的姿态，让学者自己去体会。孟子的这句话对我们研究"诱导式"教学，从而走进科学化与艺术化统一的教学境界，是颇有启发的。

我上语文课，不是着眼于把学生"讲懂"，而是注重于引导学生自己去"学懂"。不是教课本，而是用课本教学生学会怎样学。因为我们教学的最高境界应当是引而不发，引导学生自己去学会。

学习，是极其复杂的思维活动，只有遵循思维活动的一般规律，才能学有成效，习有进步。引而不发，正是遵循思维活动的一般规律，采用各种行之有效的方法，调动学生的学习积极性和主动性，让他们生动活泼地去学习。一个劲儿地"灌"的教学方法违反了学习规律，违反了认识规律，效果显然是不好的。

吕叔湘先生说过"我们要有知识，这是不错的，更重要的是要有智慧""智慧就是能动脑筋""教师培养学生，主要是教会他动脑筋，这是根本，这是教师给学生的最宝贵的礼物"。引而不发，启发学生自己去学懂，就是训练他们勤于思考，培养和发展他们的观察、分析、综合、创造等能力。

引而不发，关键是个"引"字。引无定法，然而有法。因而教师要授法，学生要学法。这个"法"，必须符合教学法则和认识法则。教学法则和认识法则，二者是统一的。教学法则正是研究了认识法则，在教学实践中概括抽象出来的。

引，要循序渐进，由浅入深，由此及彼，由表及里。我教《祝福》，在分析产生祥林嫂悲剧的"典型环境"的时候，没有谈什么"典型环境中的典型人物"这类名词、术语，而是让学生看书思考：刚回故乡的"我"，为什么"无论如何""明天决计要走了"？引导学生由"人没有什么大改变"和"年年如此，家家如此""今年自然也如此"等社会现象入手，进而认识到落后、停滞的半封建半殖民地的旧社会，是产生祥林嫂悲剧的社会根源。这种认识是我引导学生由此及彼、由表及里地思考

---

① 《孟子·尽心上》。

探究的结果。

引，要有的放矢，从教材和学生的实际出发，精讲启发、举一反三。一篇课文，从形式到内容，从字词句章到主题思想，可以讲的、可以"引"的是很多的，根据精要的原则，我在教学中常常"择其要者"而"引"之。例如，教《伐檀》，这篇诗共有3章，每章9句，共27句。但3章之间相应的句式相同，意义也相近，只有若干的词语意义不同，所以3章实为一类。除去一些不同的词语以外，简直可视为一章。我讲了第一章，就可以让学生去学第二章、第三章，这就是引而不发，举一反三。

引，要因势利导，因材施教，在抓基本功上下功夫。启发式教学，不图表面热闹，看举手多少，而是要狠抓基础，以期学生终生受益。为了培养学生独立阅读和写作的能力，我不仅启发提问，出思考题等，而且引导学生自己提出问题，分析问题，解决问题。例如，教议论文，有学生对文本的中心论点是什么发生了分歧，他们各执一词，谁也说服不了谁。我就因势利导，引导学生掌握有关提炼"中心论点"的知识、技能。不仅如此，我还举一反三，扼要地讲了论说文作者揭示中心论点的一般规律，教给学生"钩玄"的一般方法。这样做，就不是"就事论事"，而是"就事论理"，不仅给学生以"干粮"，而且给学生以"猎枪"。从现代社会对阅读能力的需要来看，从读写的本质联系来看，中学语文教学都应着重培养学生的自学能力，这种能力是学生今后从事工作时必须具备的。而这种能力的培养，只能借助于引而不发的启发式教学，不能依赖于发而不引的注入式教学。

引，还要注意方法灵活多样，力求生动活泼。凡是能调动学生学习积极性、能训练学生思考能力的方法，都可以广泛运用，诸如提问、举例、对比、类比、直观等。对中学生讲课，特别要注意引起学生学习新课的兴趣。

3. 用心点燃创造思维之火花

具有创造艺术的教师往往是智慧型教师。他们总把教学看成一种创造，而且能用自己的教育机智去激发学生的创造意识，用自己的创造之火点燃学生创造思维的火花。

在十多年对中外母语教育和母语教材的比较研究中，我清晰地看到一个重要轨迹：创造力的培养是各国母语教育发展的总趋势，创造性教育是各国母语教育的主旋律。我们要走出"赢在起点，输在终点"的困境，必须重视运用教科书来培养和发展学生的创造思维能力。

心理学实验证明，除了智力上有先天性缺陷的孩子，每个学生内心深处都深藏着创造思维的潜能。

一个成熟的教师，一名优秀的教材编者，往往会运用自己的教学艺术和创新设计，积极开发学生的思维能；会发挥自己的教育机智，用自己的心去点燃学生创造思维的火花。

创造思维并非深不可测的大海，亦非高不可攀的峰巅。它是在已知的基础上求未知，在继承的基础上求创新，在变革的过程中求突破。其基本特征是求新、求异、求变、求活。

创造思维的基础是丰富的知识积累，而知识的运用是关键。多读书，读名著名篇，这是积累的重要途径，但在读中更须多体悟、多思考、多应用。要使学生懂得不能只满足于"继承"性的读书，而要在阅读实践中发表自己独到的见解和有创意的看法，不满足于只有一个所谓的"标准答案"。

对同一问题，站在不同侧面，怀有不同心理，选取不同角度，采用不同思路，人们往往可能会有不同的看法。因此，只有摆脱预设"唯一"答案的这种根深蒂固的思维模式的禁锢，才能迸发出灿烂的创造思维的火花。

语文教学本身就是复杂的、多维的、综合的。语文教学发展学生的创造思维，具有广阔的空间和得天独厚的优势。语文教师必须也必然要在教室的有限空间里，在课堂的有限时间内，运用教科书启迪学生积极地想、合理地想、全面地想、辩证地想，从而打开他们创造思维的门扉。

在大多数情况下，学生的创造思维、非凡灵感，往往产生于极其细小的一闪念、极为普通的一瞬间。教师要特别留意这"一闪念"和"一瞬间"。在引导学生读写听说的过程中，要善于察言观色，透过学生的一言一行、一姿一容，把握学生的情绪和心理变化，相准"稍纵即逝的瞬间"，发现学生创造思维的嫩芽，排除堵塞思路的障碍。

亚里士多德说，思维是从疑问和惊奇开始的。教师要培养学生的创造思维，就必须使学生始终有新鲜感、新奇感和追求感，让他们把积极思维、突发奇想、标新立异、锐意创新作为一种需要，一种追求，一种乐趣，一种享受。

创造思维绝非贝多芬、莎士比亚、瓦特、爱迪生这些伟人的专利，任何人哪怕

洪宗礼主持中外母语教材国际研讨会。

是最平凡的人都具备创造思维的潜质，处在创造思维萌发时期的青少年尤其如此。只要教师能够引导学生经常保持好奇心，不断积累新知识，不满足于原有答案，而去探求新思路，善于抓住灵感并将它发展下去，大多数学生都可以成为富有创造思维的人。

如果我们能把教科书编活、教活，让学生学活，就必然能点燃学生创造思维的火花。

4. 想，是一个总开关

写作教学中发展学生思维能力，是语文教学科学化的要求，也是艺术化的要求。

如果把听说读写比做四盏灯，那么，"想"就是一个总开关。只有打开"想"这个总开关，听、说、读、写的四盏灯才能大放异彩。我这样说，意在说明思维训练在语文教学中的重要作用。在作为语文教学重要组成部分的写作教学中，加强思维训练更是毋庸置疑。一切科学的训练，都是有目的、有计划、有步骤的。写作教学中的思维训练不能采取"无为而治"的态度。只有揭示思维规律，改革写作教学，把写作训练与思维训练紧密结合起来，才有可能全面地完成语文教学的任务。

（1）"会想才能会写"是一条基本写作规律

作文是语言表达能力与思维能力的综合表现。学生在写作中，无论口头作文，还是书面作文，他们的思维是很活跃的。学生作文，从审题立意、布局谋篇，到遣词造句，都离不开思维活动。"语言是思维的直接现实""语言是直接与思维联系的"[1]。因此，写作与思维训练是相互依存、密切不可分割的。

"想"对"写"，有多方面的制约作用。提高写作水平，不纯粹是语言技巧的训练问题，它跟思维能力的发展有很大关系。任何人写文章，总是认识在先，表达在后，只有想明白，才能写清楚；只有想充分，才能写具体；只有想周密，才能写严谨；只有想透彻，才能写深刻。叶圣陶说到通过"写作关"时指出："通过写作关，大概须在思想认识方面多下功夫，思想认识是文章的质料。有质料是首要的，没有质料如何能写？"而思想认识的深刻性，正是思维深刻性的具体反映。因此，想得好，才能写得好；想得不好，就一定不能写好。这无疑是一条基本写作规律。

从写作教学现状来看，由于受到传统作文教学的某些消极影响，缺少有计划、有效果的思维训练，使学生的作文水平的提高受到很大限制。就记叙文写作而言，由于单纯讲写作技巧，而忽视形象思维的训练，学生作文思路窄而死，内容干瘪，无血色，少生气。这些都成了学生记叙文写作的"常见病"。议论文写作，由于缺少逻辑思维训练，学生作文分析问题抓不住实质，缺少层次，不善于变换论述角度，判断不严密，推理不正确。许多文章"浅"而"乱"，"僵"而"散"，句不成句，段不成段，理不成理，意不成意。由于缺少辩证思维训练，认识的片面性、表面性、直线性和绝对化，导致了学生议论文写作的片面性、肤浅性和绝对化。

传统的作文教学，有许多长处，但它的弊病也是很明显的，如在训练方式上偏重于让学生机械地模仿，片面地强调"多读"，认为只要读多了，就"不会做诗也会吟"。当然，读是基础，正确的仿写，在习作的某些阶段是必要的。中外作家，从仿写开始写作生涯的也不乏其人，而且从仿写到创造，从"多读"到"善写"，其中也包含一定的思维训练的因素。但是，如果把思维能力培养置于次要地位，片面强调"熟读"而不倡导"精思"，一味提倡"依葫芦画瓢"，机械模仿，学生不锻炼独立思

---

[1] 《马克思主义和语言学问题》，见《斯大林选集》下卷，北京，人民出版社，1979。

维，那么，充其量只能成为"两脚书橱""人型鹦鹉"。为什么作文教学改革多年而收效甚微？为什么学生从小学到中学毕业，课内外阅读文章数百篇，熟读背诵文章数十篇，写作百余文，而写作能力的提高却如蜗牛爬行？原因当然是多方面的，但不能不说"以读代思""以仿代写"的传统训练，束缚了学生思维，妨碍了学生写作水平的提高。盲目地多读多写，忽视思维能力的训练，正是作文教学必须克服的弊端之一。

实践表明：语文表达水平基本相当的学生中，由于他们各自的形象思维、逻辑思维、创造思维能力有高低，每个人的表达效果也就有优劣；而有些语文水平一般的学生，由于思路活、想得深、思维能力较强，也取得了较好的表达效果。这说明学生写作水平、写作效果，不仅取决于思维的张弛状况如何，更受到思维能力高低的影响和制约。学生的思维是否具备独立性、灵活性、深刻性、广阔性、实践性、探索性、层次性等品质，直接影响到写作水平的提高。学生的思维能力的高低，思维品质的优劣，很大程度上决定着学生作文水平的高低。学生文章写得生动形象，往往是形象思维能力较好；学生文章分析得深刻透彻，往往是逻辑思维能力比较强；学生文章富有见地，新人耳目，往往是由于初步具备了创造思维等能力。反之，学生的文章七拼八凑，人云亦云，多半是思维缺乏独立性，只会踩着别人的脚印走；

洪宗礼到教学一线参加作文教学座谈会。

学生的文章离开题目"开无轨电车",大都因为思维缺乏方向性,把不准中心;学生的文章贫乏干瘪,常常是思维缺乏广阔性;学生的文章杂乱无序,往往是思维缺乏层次性;学生的文章情节简单呆板,往往是思维缺乏灵活性;学生的文章内容浅露平庸,除了缺少生活经验,思想认识低下之外,往往是由于思维缺乏深刻性;学生文章文理不通,词不达意,除了缺乏语言训练外,往往是由于思维混乱,思维缺乏准确性。实践使我们认识到,"想",确是一个"总开关"。

(2) 使学生"乐于想""善于想"

文章是客观事物的反映,客观事物反映在人们头脑中,经过加工,就形成思维的内容,而思维的结果用文字表达出来,就是文章。从某种意义上说,写作应当是学生紧张而有规律的思维活动。写作时,思维是否处于积极状态,是否符合规律,这是能否写好作文的关键。"不思则无,深思则远,远思则宽。"我一直认为,教师的责任,就是要在写作教学中,把学生的思维积极性调动起来,并启发他们按照认识规律来分析思考问题,做到"乐于想""勤于想""善于想"。

学生在写作中的思维状况和思维能力往往表现出一定的差异性,如有的学生思维具有深刻性和准确性,能够很快地理解题旨,抓住本质立意;有的学生思维具有广阔性和灵活性,能够敏捷地从平时的感知中获得大量有意义的素材,能选择最佳角度,精妙地构思,行文也迅速。而另一些学生则把握不住题旨,认识肤浅,思路狭窄,反应板滞,杂乱无章;有的甚至写作时恹恹欲睡,思维几乎处于停顿状态。

从生理角度来看,除了少数"超常儿童"和"低能儿童"以外,绝大多数学生思维能力的发展,是处于一般水平,属于常态范围的。那么,为什么会产生上述差异呢?事实和大量实验表明,这种"差异"多数并非"先天"因素造成的,而是因为思维积极性未能被调动起来,他们潜在的"思维能力"还处于"未开发"或"半开发"的状况所致。在写作教学中,教师的艺术,就是要在"调动"上下功夫,在"开发"上花力气。

究竟怎样在写作教学中调动学生思维的积极性,培养学生良好的思维品质和习惯呢?我总结了几条经验。

①激发情感,引起"思"趣。瑞士儿童心理学家让·皮亚杰在其《儿童的心理发展》一书中曾提出"兴趣是能量的调节者"这一观点兴趣和情感是学生积极思维

的重要动因。刘勰在《文心雕龙·知音》中说："缀文者情动而辞发，观文者披文以入情。"教师在写作指导中，要善于运用各种方式，创设各种诱发学生写作兴趣的情境，让学生感到写作不是枯燥无味的"苦差"，而是一种充满情趣的"乐事"，从而达到进入"思"境而"欲罢不能"的地步。

诱发学生"思"趣的方式是多种多样的。指导学生写记叙文、描写文、说明文，可事先放幻灯，展示图片，实地参观，实物观察，让学生从感知和意象入手展开形象思维；也可以由教者进行启发式提示，作描述解说，打开思路。或提供一个情节让学生扩写，或提供一个开头让学生续写；或把一个故事变换角度或思路进行改写，或根据一个成语，一句箴言、格言、警句，虚构一个故事；或把一个故事掐头去尾，要求学生补写，或让学生置身某一情境，引导思维。指导学生写作议论文，着重培养学生抽象思维的兴趣。或围绕中心议题，提出若干"异议"，调动学生"求异"思维的积极性；或引导学生围绕某一问题或某一事物，从不同角度、不同侧面发表见解。

设境，为提高学生思维兴趣创造一个重要条件。然而"入境"之后，学生未必都"能思考""会思考"。教师应在布设情境调动思趣的同时，逐步使学生养成自觉思考的习惯，形成思考的"条件反射"，达到"触景生情"的境界。为了培养学生"乐思"的习惯，教师平时要细心观察学生，看他们经常思考些什么问题，又爱怎样思考问题，以便因势利导，把学生思维的积极性调动起来。

②引导实践，开拓"思"源。调动学生思维积极性，必须给学生提供思考的必要条件，这就要不断排除那些堵塞、限制学生思维发展的"路障"，为学生开掘思维的源泉。

实践和观察是思维机器的物质基础。写作是"客观现实——思维加工——语言文字"这样一个递次反映的过程。学生写作首先必须拥有与作文有关的感知表象和学习材料（包括从生活和实践中观察所获得的材料），因此，没有实践、没有观察，就无从思维。教师要让学生接触社会，给学生提供广阔、丰富的"思源"。当然，多读书，间接接触生活，也应是"思源"之一。

从实践、观察到写成文章，必须通过思维来储存信息，来料加工。教师在写作教学中，既要放手让学生接触和"精密观察"，又要善于引导学生在实践、观察的过程中养成"仔细认识"的习惯，从而完成"实践——思考——作文"这样的写作过程。要注意把这三者结合起来。

③革新命题，留有"思"地。命题的优劣，直接影响到学生思维的积极性和思维能力的发展。要留给学生充分的思考余地，就必须重视命题的改革和作文课的结构改革。我有时发现学生思路打不开，往往归咎于学生"懒得想"，或责怪学生"不会想"，这是不大公平的。因为有的命题，不是打开学生思路的钥匙，而是堵塞学生思路的障碍；不是活跃学生思维的春风，而是限制学生思维的秋霜。题目出来出去，不是"老面孔"，就是"冷面孔"，叫学生兴奋不起来，活跃不起来。作文命题，要让学生"写得出，想得开"。题目太大太小，学生无从"思"；太窄太死，学生不能深入"思"；太偏太怪，学生难以展开"思"。作文命题一定要从学生的生活、思想实际和知识水平等出发，设计新颖、活泼的题型。命题要坚持一个"放"字，放手调动学生思维的积极性。"放"，可以有多种方法。一种是不限题目，只明确写作范围，由学生自由定题；一种是不限定写作时间，学生平时有所见、所闻、所感，随手写下几十字、几百字不拘，"在需要的时候说恰当的话"；一种是给材料作文，让学生根据材料，自选角度定题；一种是教师故意提出一个有争议的问题，引起学生不同的议论，鼓励学生"求异"，写"言之有理"的"标新立异"文章；一种是给一个主题或中心，让学生展开思维，虚构故事；还有一种是在学生中征集命题，及时公布在黑板上，评选"最佳命题"，供全班选做。当然，"放"的作文，教师要有重点有计划的因势利导地点拨，使之活而不乱。

命题方法的改革，从时间、空间、篇幅、写作范围、写作体裁等方面，为学生"松绑"，开阔了学生思维的天地，把作文训练的主动权交给学生。当然，自由式命题只是命题的一格，规定性命题也不是可少的，二者不可偏废。但是，即使是规定性命题作文，也应做到"限而不死"，使学生有充分发挥、独立思考的余地。

④引而得法，启开"思路"。教师要使学生思窦顿开，就必须善于给学生指点正确的思维方法，交给学生打开写作之门的钥匙。

学生的思维包含自主性和可导性两面。自主性是指学生学习中属于自我支配、自我调节和自我控制的行为。而思维的可导性是讲思维并不是脱缰之马，它是可以引导、疏通的。教师可以通过兴趣、感情、动机等心理因素来调节它。在写作教学中，既不能挫伤、压抑学生的自主性，又不能撒手不管，听任自流；而要鼓励学生独立思考，并把学生的思维引向正确方向，使他们的思维具有一定的广度和深度。

学生"思"路要"活而不乱"，教师必须做到"启而得法"。

如处理"放"与"收"的关系，必须做到欲收先放，由博返约。如果学生思维松弛或处于未开发状态，思路闭塞而狭窄，我就千方百计地拓开学生思路，放手让学生想得广而远，培养他们思维的广阔性。"放"，就是让学生在写作训练的初级阶段，敞开思想，写"放胆文"。对于一些思路展不开的学生，容许他们开一段"无轨电车"，爱写什么就写什么，爱写多少就写多少，爱怎么写就怎么写，暂时不必限制。这样，即使是"三句半"的文章，也会逐步达到洋洋千言。"放"开后，到一定阶段，再逐步地"收"，让他们开"有轨电车"。为了使学生养成"先想后写"的习惯，我常常设计一种"写作思路表"，包括作文题目，写作重点，为什么写，写什么，怎样写等项目，使学生养成写作前思考的习惯。

⑤区别对象，因材施"调"。学生思维类型和思维发展的迟早，乃至思维习惯，不会是一样的。教师要对学生的知识基础、思维状况胸中有数，并善于根据不同对象的特点，有针对性地调动学生思维的积极性。要"因人制宜"，灵活地布置作文练习，对上、中、下三类学生，从命题到写作都提出不同的要求。一种办法是"一作多题"，一次作文围绕一个中心，布置难易程度悬殊的若干题目，让不同水平的学生选做；也可以"一题多路"，同一道作文题，不同水平的学生写作思路可以"各显神通"，构思有的可复杂些，有的可简单些。另一种办法是"提优带差"，对智力特别好的，容许在教师划定的题材范围内自由命题，写作时可以自由发挥，篇幅文体也可以不加限制。教师可把这类学生组成文学社、创作组，让他们在课外练笔，写出的文章随时可以在校内"语文园地"上发表。对思维能力较差的，除允许写较容易的题目外，课后可让他们进行分解训练，先扶后放，层层打开学生思路。提优带差，可以使不同思维能力的学生的思维水平，在各自起点上都有所提高。

（3）写作与思维同步

思维是掌握知识的必要条件，知识又是思维的基础，思维依靠知识来活动，并以知识为"中介"，而知识本身又蕴涵智力价值。没有准确、严密、深刻、灵活的思维，语言再好也写不出情真意切的好文章。同样，如果没有严格的语言和写作技巧的训练，思维的成果——思想，也一定不能准确、鲜明、生动地表达出来。思维训练与语言训练，从其联系来讲，应当水涨船高；从其区别来讲，又各有其特殊的规律性和侧重点，各有其训练的目标、方法、途径和原则，两者是不能互相代替的。所以尽管两者关系如此密切不可分割，我们却不能说思维训练搞好了，语言训练就搞好了，也不能讲语言训练搞好了，思维训练任务就自然完成了。正确的方法，应当是提高教学艺术，力求在写作教学中，把语言知识、写作技巧的传授与写作思维训练有机地完善地结合起来。我在写作教学的各个阶段、各个环节上，注意结合写作知识、技能的训练，同时进行思维训练，使学生的思维活动贯穿于写作教学的全过程。

①结合审题，训练学生思维的方向性。审题就是限定写作和思维的范围，为写作确定思维的方向。思维失去了方向性，写作必然走上岔道。因此，审题是写好命题作文的一项很重要的基本功，也是培养正确思维方法和良好思维品质的基础训练。就命题作文而言，教师要让学生分析不同的题目的差异，细心辨微，咬文嚼字。要设计一些"同中有异"的近似题，让学生在比较中多思、深思。

②结合立意，训练学生思维的深刻性。同一题目，学生立意深度往往不同，这反映了他们思维能力和认识水平的差异。教师在指导学生立意时，要引导他们透过现象，抓住要写的事物及所讲的道理的最本质的意义，提炼最深刻、最富有现实意义的主题。

③结合选择立论角度，训练学生思维的灵活性。思维灵活性是指智力活动的灵活程度。可以指导学生选择立论角度，变换立论角度，变换条件等，可以训练学生发散性思维，提高思维的灵活性。

④结合选材，训练学生思维的广阔性、批判性。材料丰富，文章才能"血肉饱满"，思路才能开阔畅达。要十分重视开"源"，要指导学生收集材料，要训练他们独具一双慧眼，使他们成为"识宝者""采珠者"，在平凡的事物中，随时发现"闪光点"。

学生思维的广阔性，表现为不仅思路宽而远，而且要独立地选择最足以表达主题的材料。写作文，一方面要广开思路，富于想象、联想，甚至要有浪漫色彩的幻想；另一方面又要对材料具有选择能力、批判能力。要指导学生根据立意的要求，对材料"择优录用"。学生作文占有材料要"多多益善"，选择材料要"百般挑剔"，一个是"以十当一",一个是"以一当十"。这种由博返约的过程,既是写作技能的训练过程,也是思维逐步深化的过程。

⑤结合谋篇布局,训练学生思维的条理性,就是说要把学生的思路理清楚。在学生动笔之前,教师要帮助学生做些必要的思路梳理工作,如整理材料,综合材料,取舍材料,考虑写作程序,拟定写作提纲,确定文章各部分之间的联系。

在布局谋篇中训练学生思维的条理性,不仅要根据时间、空间、或人物活动等线索来安排写作顺序,而且应使文章具有内在逻辑联系和逐步递进的层次关系。这就需要训练学生具有纵向思维能力,注意引导学生进行多层次思维,把横向思维与纵向思维的训练有机结合起来。

⑥结合修改文章,训练学生思维的准确性。学生自己修改文章或互相修改文章,既是炼字炼句的训练,又是思维训练。修改文章时,学生可以及时掌握写作中的"反馈信息",发现语言表达的思维方面的问题,及时纠正谬误,弥补缺漏,从而通过学生自己动脑、动手,提高写作能力、分析能力。教师要培养学生修改文章的习惯。可以用符号画出有语病的语句,或者辅之以眉批、总批,启发学生自己修改;也可以印发内容、语言等方面毛病较典型的文章,让学生集体讨论修改。既可以修改全文,也可以修改局部;既可以把错的地方改对,也可以把一般的改好,改得更有特色。修改文章的过程,应当是学生独立思考、独立分析的过程。修改"重病号"文章、难度大的语段,教师可以提几个浅易的分解性小问题,化难为易。

⑦结合单项训练和综合训练,对学生进行包括形象思维、逻辑思维、辩证思维、创造思维在内的多种思维能力的全面训练。教师要有目的地通过记叙文、文艺性文章的写作教学,着重培养学生形象思维和创造思维的能力。通过议论文写作教学,着重培养学生逻辑思维和辩证思维的能力。有时则把多种思维能力结合起来培养,综合地训练学生的形象思维、逻辑思维和辩证思维的能力。

在写作教学中,只要我们打开了"想"这个总开关、总枢纽,又教会了学生"怎样想",就可以使学生成为手执钥匙走向现代化、走向世界、走向未来的聪明人。

5. 让作文教学活起来

写作是语文综合能力、多种素养的集中体现,从这个意义上讲,作文在语文教学中更有其突出重要的位置和作用。语文圈内外人士,对中小学作文教学的批评最中肯,呼吁最强烈,表达了人们对改革作文教学的强烈愿望。人们指出了长期以来作文教学的诸种弊端，如写作内容泛化，情感淡漠化，形式僵化，语言刻板化，训练无序化，一言以蔽之："死"。改革作文教学，从某种意义上讲，就是要"死去活来"。让作文教学科学化与艺术化成为广大语文教师的热切诉求。在这方面，我作了大胆的探索。

要让作文教学"活"起来，首先要开源。学生怕写作，拿起笔就皱眉头，咬笔头，即使硬着头皮写出来或者杜撰出来，也是干巴巴的，表达的往往是"虚情假意"。其原因固然是多方面的，诸如有老师引导不得法，有学生不善于思考，有某些应试作文的误导，但与教材不注意为学生开源、堵塞思路，也有直接的关系。我们在编制新教科书的写作指导短文和设计作文题时，注意引导学生从多渠道到生活中去找"米"，并让他们在找"米"的过程中感受体验生活，积累写作素材。我在七年级上册教材中，专门编写了"从生活中找'米'"的引导性短文，启迪学生在学校、社区、家庭的生活与学习中多留心、多观察、多思考、多积累，把自己看到的、听到的，甚至住的、吃的、穿的、玩儿的、想的、做的，用卡片、日记等记下来，建立自己的写作材料"小仓库"。我们设计作文练习，让学生充分利用身边丰富的写作资源。我感到，只要让学生走进自己的生活，他们写作时就会有取之不尽、用之不竭的源泉，也就会"下笔如有神"了。

在作文教学中大力倡导自主作文，让学生在作文过程中学会独立思考，独立分析，并让他们在观察与感受生活的基础上，促进其思想与生活的碰撞，从而迸发出灿烂的创造性思维的火花。

教师的作文指导，均应着眼于兹。我所作的作文设计，从写作引导、题目设计到写作提示，都比较注重激发学生自主作文的意识，处处鼓励他们在感受生活的同时自由发表独立的见解。我编的教科书中的作文部分，作了两项最重要的改革，即改进题目设计和开辟"自主作文区"。教材中的题目设计，留有相当大的弹性空间，注意多出引话题、给范围、供材料、设条件、布情境的"限中有不限""不限中有限"的题目，即使是命题作文，也一定让每个学生都有话可说，有情可抒。这种设题方式，我称为"画地不设牢"。这就在很大程度上扭转了以往"出题逼文"的弊端，拆掉了束缚学生思维的框框，为学生打开了写作话匣子。从七年级下学期起，我编写的教科书就设计"自由作文"单元，开辟了"自主作文区"。在这些单元里学生可以就近期耳闻目睹的人、事、物，自由记事写人抒情议论，并运用亲历的素材，根据对生活的切身感受，选择自己熟悉的表达方式，写自己喜欢写的作文。在这样开放的作文区，学生可以自由自在地说真话、抒真情，再不会失去那可贵的童真，也不会写一些"伟大"的空话。自由作文，是否有学生讲错话、讲离谱的话？这种担心是不必要的，关键在教师的正确引导。教学实践证明：在自主作文区里，学生写出了丰富多彩的文章，有的写"说说我们的新教科书"，有的写"网络与中学生"，有的写"我看流行歌曲"，有的写"这样的发型美"，有的写"爸爸趣事"，等等。由于没有"清规戒律"，不是"遵命作文"，所以学生可以用独自的视角，观察和发现生活的丰富多彩，并且有创意地表述自己的各种见解，表达自己的心声，而自然、流畅、朴实的文风也随之形成。由此可见，提倡自主作文，鼓励自由表达，更大的收益在于学生个性的张扬、创造精神的发挥。

要使学生的作文有创意，作文的传统设计模式要改变，题目本身要有活力，要能密切结合学生的生活，并创造有利于生活与学生思想碰撞的新模式。

会想才会写，想好才能写好，这是一条重要的规律。要使语文教学"活"起来，就非加强思维训练不可，非打开"想"这个"总开关"不可。写作中的思维训练看似老话题，然而大面积的作文教学比较程式化。比如中考、高考前有些地区少数教师往往把作文的模式、程序结构乃至分类、重点词语先排成"程序"，再让学生操作，因而有的学生作文僵死，缺少活气和活力，更无鲜活的语言。按《新课程标准》"总目标"关于"在发展语言能力的同时，发展思维能力"的要求，我把思维发展贯穿于作文设计的始终。作文指导、作文题设计、作文评价、作文修改等，无不考虑发展学生思维能力。全套书的作文序列基本上是按学生心理发展及思维发展规律安排的，尽管序而有变，但变的是内容文体、做法等，思维与写作同步发展这条线始终不变，教材中许多设计都考虑到学生观察力、思考力、想象力的发展。例如，有道题提供了四个参考内容：花圃、月夜、雨中、秋晨。这是一道看似很窄的写景题，较难展开，但教材对如何观察、想象、思考作了精要的点拨，打开了学生的思窦，因而学生都能用与众不同的目光，选准一个角度，集中一个镜头，描绘一种景色，渲染一种氛围。所以能"窄"进"宽"出，关键在于调动学生思维的积极性。

作文教学总得讲规范，任何教学、任何教材都得讲规范，这不错。有"规"才有常，但有"犯"才有变。有"规"有"犯"是一块硬币的两面，对此要有点辩证法。人贵有常，物贵有常，天贵有常，但常中有变，变也可在常中。作文教学要真正活起来，既不能有规而不容"犯"，也不能无原则地"犯"而无规矩。

作文中的许多基本规律是要遵守的，尤其是语言运用要合乎语言的基本规范，乱写不规范的字，生造词语，语序颠倒，文面涂遏，都是作文的大忌。我们教材中对写作中立意谋篇、用词造句、标点书写等规范，都有严格而明确的要求。

但也"容"得了某些方面的"犯"。这种"犯"，大体有三方面：一是写作初级阶段，学生把握不住写作基本要求，是写作过程中难免"犯"，如我编的教材中要求写简单的"调查报告"、简单的"研究报告"，初始写作阶段往往容易写得"四不像"。对此，不应堵，在作文题下加几点"放行提示"。二是学生写作激情所至，讲出了"格"，甚至讲了些错话，写了些离题的事。这类出格的内容中，有的有创造性思维的火花。对一些无意义的内容，只要老师加以引导，学生通过几次作文，就可自我调整好。三是唱了反调，说不合时宜的话，教师帮助矫正一下，把车轮拨到正轨上即可。无甚可怕。总之"容"是必要的，容"犯"和守"规"又是辩证的统一。比如，我编写的作文题下往往有这样的措辞："除诗歌外，其他文体不限"，前者虽然有了"限"，主要还是"不限"；后者看似"不限"，实际上仍有"限"。所谓不限是你可以根据表达需要选用除诗歌外的任何一种文体，但写成的文章必须符合选用的这种文体的规范。不能把议论文写成记叙文，也不能把记叙文写成以议论为主，或记叙、议论、说明分不清的"四不像"的文章。这就是容与不容的分界。

总之在各种教法之上，有一把金钥匙，它的名字叫"活"。我想，我们的作文教学到了呼唤"死去活来"的时候了，我们的高考作文如果要换个面孔，是不是也要"死去活来"呢？

6. 知行统一，功在践行

《新课程标准》指出，"语文课是实践性很强的课"。语文教学如果仅仅停留在"知"的层面，就谈不上科学化。一切知识的获得和技能的掌握无不需要通过实践，即历练。另外，历练如果不把握方向和恰当的量与度，就不能实现教学的艺术化。传统的精讲与历练的经验，正是处理认知与实践结合的有效方法，也是实现语文教学科学化与艺术化统一的有效途径。

知行统一，理论与实践统一，是唯物主义的基本观点。语文教学要科学化，必须坚持知行统一观。

精讲，就是向学生传授精要的语文基础知识和交给学生掌握知识的方法，这是

"知"；历练，就是通过各种语文基本训练，使学生把所学的语文知识转化为语文能力，这是"行"。陶行知说："行是知之始，知是行之成。"精讲与历练是教与学的结合，是理论与实践的结合，是知与行的辩证统一。精讲是历练的基础，历练是精讲的应用和深入。只有教师精讲了，学生才能够有较充裕的时间历练；也只有学生历练了，有了把知识化为能力的条件，教师的精讲才能落到实处。片面强调讲，主张一讲到底，而忽视历练，或者片面强调多练，主张以练代讲，而忽视必要的点拨讲解，都是不能有效地提高学生理解和运用语言的能力，全面完成语文教学的任务和达到语文教学的目的。

洪宗礼主编的新教材，20世纪80年代中期就设置了"图书箱"和"名著推荐与阅读"，把学生带进图书馆。

精讲是历练的前提，而精讲的着眼点就在于"精"和"活"二字。教师讲课应力求精练，抓住重点，要言不烦，这就要求教师讲课要在"精"字上下功夫。

如何讲得精呢？

一是要精要。即讲的内容应当是精华、重点，有启发性。精有"少"的意思，但"少"不单纯是数量问题，应当是量和质的统一，要少而好、少而精要。讲的内容要精要，必须善于抓住主要矛盾，有助于举一反三。没有重点，便没有"精讲"。

确定精讲重点，首先，要熟悉《新课程标准》。《新课程标准》是语文教学的总依据。它既规定了中学阶段语文教学的总要求，又对各年级每学期读写训练的具体要求、重点，作了全面而系统的安排。这是确定"精讲"重点的总依据。

其次，要吃透教材。吃透教材，就是要尽可能钻研得深一些。从课文到练习，从标点、词句到思想内容，都要字斟句酌，认真推敲，从中找出关系教材内容全局的、带规律性的、关键性的语文知识，仔细分析教材的重点、难点和疑点。一篇语文教材包含的语文知识是多方面的，教师钻研教材越深，就越会感到要讲的东西很多。这就要勇于割爱，大胆取舍。只有敢于"失"去一些次要的、一般的，或者学生暂时不可能也不必要掌握的知识，才能使学生得到主要的、必需的知识。把课讲得集中点，从表面看，学生学的东西少了，但掌握了规律，抓住了精华，学得巩固灵活，就能在实践中加以应用。

确定精讲的重点，还必须了解学生的实际。为了随时掌握学生的学习状况（包括原有的读写知识基础、自学能力、思维能力等）及其变化，我平时建立了学生"读写知识资料卡"和学生读写能力发展的"分户记录账"；我还结合阶段考查定期分析学生的学习现状，或者经常吸收上中下三种水平学生备课。通过这些方法，我掌握了学生的学习基础及发展状况，为确定"精讲"重点提供了重要依据。

二是要精当。即讲的方法灵活恰当，善于启发。不要讲得多，而要讲在点子上。力求讲其当讲，详其当详，恰到好处，恰如其分。

要精当，就要打破"一解题，二分段，三主题，四写作"的程式。我根据教学要求、教材特点、学习对象，采取灵活多样的方法。有的课文，明白如"话"，就可画龙点睛讲几句；有的课文，如难度较大的文言文、政论文、鲁迅杂文等，没有或很少注释的古体诗词和学生初次接触的新文体，就适当多讲一点，讲详细一点；有的文章，文字优美，词语丰富，感情充沛，我则稍加点拨后，让学生反复朗读，寓讲于练。在上课的程序安排上，有的课我开门见山讲文章；有的课文，如名人佳作、外国的和古代的作品，则紧扣课文中心，结合解题或引导学习课文，对有关作者、背景作扼要介绍。在方法上，有时我对重点段落进行串讲，对有的长课文则提讲，有时把两者结合。对词语讲解，根据其难易深浅，有的要讲懂，有的则引导学生一读注释了之；有的需要讲细，我就咬文嚼字，讲清本义、引申义及其用法；有的如"请君入瓮""黄粱美梦"等成语，还要把有关典故也告诉学生。

要善于启发，讲在点子上，才能精当。教师的讲解，应当用语不多，但富有启发性，鼓槌敲在鼓心上，一下子就能打动学生，乃至使学生终生不忘。

三是要精练。即指讲课的语言要经过提炼，要言不烦。教学内容是通过教师语言来表达的。恰当地、准确地把教学重点讲清楚，不仅关系到讲课的容量，而且直接影响到教学效果。教学语言必须经过挑选，一定要精粹、洗练。经过提炼的语言，应当简明、准确、通俗、生动，做到长话短说，深意浅解，能够挑选最通俗、准确、生动、精练的语言，把抽象的东西讲得具体形象，把深刻难懂的知识讲得明白、浅显。我根据可接受性原则，对不同年级的学生讲课用语应有所区别。从这个意义上说，教师不仅要掌握学生的知识现状，而且要熟悉学生的语言。

历练，是我国长期语文教学中总结出来的传统的有效的教学经验之一，它反映了掌握语文工具的客观规律性。一般说，练的内容多了，次数多了，形式多了，学生就能使手、脑、口一起动起来，就比较牢固掌握、切实运用语文工具。当然，练总有个度，不是越多越好，必须从实际出发，确定合理合适的量。

历练要讲效果。不是所有的练都有效果，机械重复的滥练，芜杂无序的乱练，深浅无度的盲目练，则有害而无益。

历练要有计划性、科学性，要从课本的特点和学生实际出发，全面地、合理地安排练的内容。我在教学中首先通盘考虑全学期的计划，同时也安排好一个单元的计划，一篇课文的计划。就一篇课文来说，是全局计划的一部分，是完成单元或全册课文教学要求的一个环节，内容集中，分量适当，不把一篇课文的练习搞得多而杂。安排练习要由浅入深，由感性到理性，由单一到综合，体现循序渐进的原则和有科学的序列。

7. 润物无声，点滴渗透

语文课程作为人文学科的一个重要组成部分，是传承人类文化的载体。凭借语文教科书，把人类长期积淀的优良思想道德的文明成果代代相传并发扬光大，乃是语文教育的应有之义。

我国古代众多的蒙学读本和诸子百家的文化典籍，无不编入相当数量思想道德方面的名句、箴言和文章。这些无声的文字，是中华民族的瑰宝，是哺育千千万万学子成长的精神营养。正是这些文字记载才把人类传统道德方面的精神文明成果积淀下来，转承因袭。翻开我国近百年官方和民间编写的800多套中小学语文教材，不乏弘扬民族精神和中华传统美德的课文。新中国成立以来，随着语文教学大纲的屡次修订和教科书内容的更新，教材中思想道德教育的内容不断增广、提升，编辑设计不断改革、出新。

语文课弘扬民族精神，传承优良传统道德是语文教科书长盛不衰的主题之一，也是语文教育不可或缺的重要组成部分。在全球化、信息化、现代化的今天，回顾历史，展望未来，放眼世界，认识语文教科书中思想道德教育的意义，总结语文教科书进行思想道德教育的经验教训，探索并构建弘扬传统道德和现代道德教育理念结合的途径，不仅是我国语文课程改革的重要任务，也是人类精神文明建设的一个共同目标。

尽管语文课程兼有提高学生思想道德素养、文化素养和语言文字素养的多重功能，然而语文课程并不等同于专业的德育课程，不能把语文课本变成思想道德教育教材，更不能编成政治教材，也不能编成历史教材。语文课的思想教育要着重于思想感情的陶冶和道德品质的培养，使学生提高社会主义觉悟，初步具有辨别是非、善恶、美丑的能力。语文课程的思想道德教育只能按照语文学科本身的规律和特点来进行。

根据语文学科的特点，语文课的思想教育应注重"熏陶感染，潜移默化，把这些内容渗透于日常的教学过程之中"。

我认为，所谓"渗透"，就是要善于引导。教师要在语文教学过程中，充分利用语文教科书中的思想道德教育资源，给学生以形象的感染和润物无声的长期熏陶，滴水穿石地进行渗透。

要更好地编制出能够同时完成提高语言文字素养和思想道德素养双重任务的语文教科书，关键在教材的选文。只有选好思想道德教育内容丰富、文字优美规范的课文，渗透思想道德教育、提高语文素养才有了基础和前提，才有了凭借和依托。

把语文教材中丰富的思想道德内容渗透给学生，让他们自然而然获得熏陶，这当然是必要的。但不能满足"自然渗透"，还需要"自觉渗透"。可以精心设计"助读系统""作业系统"，以获得更加满意的效果。可以巧设课文"导语"，精编"探究练习"，有效地"渗透"思想道德教育。

语文教科书渗透思想道德教育，不能仅仅停留在"知"上，必须坚持知行统一观，通过阅读、写作、口语交际等的练习和活动设计，让学生自主独立地去"行"。

应当指出，思想道德教育只是语文教学内容的一方面，语文教学具有多重功能，就内容而言，应包括关注人生、关注社会、关注自然等各方面。因此语文学科的思想道德教育内容与其他自然学科等方面的内容，应有恰当的比例。这个比例可以由教者根据学科性质、年级特点来把握。当然，适当"强化"语文课上的思想道德教育，不是"强加"，主要应当凭借教材和提示、练习设计等来渗透，润物无声，点滴渗透，潜移默化，日积月累，学生的心灵一定会受到陶冶、感化，思想道德素养也必然获得提高。

8. 珍惜每堂课的分分秒秒

课堂教学是教学的基本形式。课程标准、教学大纲和教材所规定的教学任务主要是通过课堂教学来实现。人们提出"向四十五分钟要质量",珍惜课堂的分分秒秒,惜时如金。这也是对教学科学化、艺术化的一种追求和重要教学原则,从教学的效益观来看,这是正确的、合情合理的。因而,要提高语文课的教学质量,必须精心组织好每一堂课,用好课堂教学的每一分钟。

组织一堂好的语文课,需要一定的客观条件,又需要作出很多主观努力。怎样才能组织好一堂课呢?要抓好几个教学环节。

(1) 开课有益

"开课有益",一堂课的开头往往起"定向""定调"作用。教者在一堂课的起始阶段,若能像磁石一样吸引住学生的注意力,引起学生浓厚的学习兴趣,那么,这就为课堂教学创造了良好的氛围。反之,如果一开课就淡如水,就会使学生扫兴、乏味,甚至分散学生的注意力,压抑学生思维的积极性。这样,学生整堂课便会"思趣索然",教学只能处于被动状态。

要能吸引学生,就得重视"解题"。严肃的作者是十分重视推敲题目的。课文的题目往往是画龙点睛之笔,也是读者窥探文章的主要窗口。抓好"解题"这一环,不仅是阅读教学的需要,而且也是作文教学的需要,它有利于培养学生审题作文的能力。教师从解题起始,分析和比较题目的异同,这是一种揭疑式的入课法。例如,《为你打开一扇门》这篇课文的标题,就明确地揭示了课文的思想内容是阐明文学的价值的,题目又有喻义,且用"你"表示亲切的对话,更能吸引读者。如果教师在解题时另拟几个题目,"什么是文学""我爱文学"等,进行比较,不仅可以起到准确解题的作用,而且能引起学生的思考与兴趣。

根据青少年的好奇、求异的心理特征和富于形象思维的特点,在课的起始阶段,还可以多用揭示疑问、激发情感的方法,吸引和打动学生。我把课始法概括为激疑课始和激情课始两法。激疑课始法包括引典质疑法、习见质疑法、直观质疑法、对照质疑法和预测质疑法;激情课始法包括知觉激情法、记忆激情法、思维激情法和想象激情法。其效果是很显著的。

(2) 巧妙导入

"导入"需要高超的教学艺术。有经验的语文教师善于从学生已知入手,巧妙导入课文内容,启开学生思维的门扉,让学生在兴致勃勃、情趣盎然中进入对课文内容的求索。"导入"贵在"巧",而不在话语多。短小的故事,有趣的新闻,富有哲理性的格言警句，一张与课文有关的照片、绘画，一个塑像或实物，一条消息，乃至一个电视、电影镜头，都可以作为"课引子"。

（3）环环相扣

课堂教学应当有"序"。有"序"，就是要使每一堂课都组织得层次分明，环环紧扣，每个教学层次间有严密的逻辑联系，充分体现循序渐进的教学原则。

两个环节之间的过渡，可以从感性到理性，从具体到抽象；也可以从个别到一般，从现象到本质。要由此及彼，从"一篇"引向"一类"，使两个环节紧紧相扣，自然衔接。

（4）紧凑安排

课堂教学，受空间、时间限制，分秒必争。精心组织安排一堂课，要紧凑地安排时间，恰当地使用时间。一堂课，固然不要拘泥于具体时间划分计算，但哪里应多，哪里宜少，哪里适中，都要尽量科学合理地安排使用。

安排每一个步骤用的时间、每一阶段用的时间，都要心中有数。当然，给每个教学步骤规定"火车时刻表"，不差一分，不必要也不可能。但也不能"脚踩西瓜皮，滑到哪里算哪里"。必须紧凑、经济、恰当而有计划地使用45分钟。

安排时间要"紧凑"，就要把时间用在刀刃上。一堂课的时间，主要用于突破教学重点，非重点只适当安排一定时间，以重点带动一般，用一般强化重点。就如写文章应当注意剪裁一样，教学时间安排的比例也必须根据内容轻重而有多寡之分。

要把一堂课安排得"紧凑"，还要注意减少课的层次和不必要的环节。有些教学步骤尽可能结合起来。根据工具性与思想性统一的原则，我主张字词句教学在一般情况下应力求和内容分析相结合；课堂提的问题尽量不要太碎，力求集中些；练习的处理不要全集中在授课以后，有的可分散在讲解过程中进行，读、议、思、练都要有机结合。

要恰当安排教学各环节的时间，包括恰当安排读书、讨论、练习的时间，灵活安排讲与练的比例。总的原则仍然是按教学要求办，科学地统筹安排每个教学步骤用的时间，力避"挤""压"。

要把一堂课的时间安排得十分紧凑，前提是教师要有抓准关键、抓住重点、疑点的能力，能根据课堂教学反馈信息及时加以时间控制。这就要在深入钻研教材、摸清学生知识状况上下一番功夫。

（5）精心设计

组织一堂课，发挥一堂课的效益，既有教学科学化的问题，又有教学艺术化的问题。必须依照科学性与艺术性统一的原则，对一堂课的内容、教法、层次，精心设计，统筹考虑。我在备课时像部队指挥员在一个战役前拟订作战方案一样，对45分钟的一堂课，进行精心的细密的设计。"主攻目标"是什么？怎样"攻取"？其他有关问题怎样解决？授课语言怎样锤炼？板书怎样设计？讲课过程中学生可能提出什么问题？教师准备怎样引导学生讨论与思考？课的起始、高潮、收束怎样处理？课的"起承转合"等细节怎样安排？等等，都应缜密思考，精心设计。只有统筹考虑，过细设计，精心组织，才能真正把一堂课"雕塑"成精美的"艺术品"。当然，这不是说要求每个教师每堂课一下子都达到这个要求，而是说作为一个好的语文教师应当精益求精，养成一丝不苟、严谨扎实的教风，把每一堂课都变成一个坚实的台阶，沿着这台阶走向"科学化"和"艺术化"的语文教学的"殿堂"。

9. 教学语言要炉火纯青

教师的教学语言（这里主要指口头语言）是引导学生学习的主要工具。知识之泉要能欢畅地流入学生的心田，就必须通过教学语言这个主要渠道。教师的语言准确、简练、生动、通俗、精警，讲课就能像磁石一样牢牢地吸引学生，有时一句精彩的话，会影响学生一辈子。反之，教师上课东拉西扯，短话长说，浅意深讲，甚至语病丛生，那么在这种"语言环境"影响下，学生的语言和思维一定会被搅得十分混乱。因此，教师必须认真锤炼教学语言，力求达到炉火纯青的境界。

教学语言要明确、精当，符合科学性。在课堂上提出一个概念，作出一个判断，说明一个问题，阐述一个道理，叙述一个故事，语言都注意完整、精当，口齿要清晰，"是什么""为什么"，来龙去脉，前因后果，都交代得干净利落，合乎逻辑。如果教学语言残缺不全，"增""删""补漏"十分频繁，或者颠三倒四，疙疙瘩瘩，含混不清，那么，学生听不到完整的意思，注意力就会分散，学习情绪就容易松懈。所谓教学语言要明确，是指教学语言要符合科学性；所谓教学语言要精当，是指讲授语文知识要能"一语道破"，要言不烦，讲到关键处能以浅显而精练的语言揭示出课文的精髓和事物的本质，做到深意浅解，长话短说。

教学语言要通俗、形象，具有生动性。中学生都是十几岁的青少年，其年龄特征决定他们喜欢听形象生动、通俗易懂的讲解。而深刻、抽象的道理也只有借助于通俗、生动的讲解，才能讲清楚，被学生接受，也才能更好地发展学生形象思维的能力。如果满嘴名词术语，一黑板概念条文，出口"成人腔"，表述"老人气"，讲得抽象、玄虚，那就会大倒学生的"胃口"。我上语文课，总是挑选生动易晓的用语，使学生愿意听，不感到枯燥。我有一次讲文言文中"卒"字的"死亡"的义项，先让学生猜一个字谜，谜面是："刘邦闻之喜，刘备闻之泣。"我解释说：项羽死了，刘邦就"闻之喜"；关羽死了，刘备就"闻之泣"，所以谜底是个"翠"字。要解这个谜，就得知道在古汉语中"卒"字的一个意思是作"死亡"解。从提出谜面到解释清楚，一共也不过两三分钟时间，而这两三分钟内所讲的知识，却带着巨大的魅力，大踏步地跑进了学生记忆的心田。几十年之后，学生谈起来，依然历历在目，津津有味。

当然，"通俗"不等于"庸俗"，"生动"也不是"卖弄"。艺人的技巧可以借鉴，但艺人的具体表演（包括语言）却不可照搬。群众的口语也有精粗、优劣之分，我们在运用的时候，也必须有一个甄别的筛选工序。通俗、生动、形象的讲解，应以深刻理解教材为基础，以准确把握教学重点为前提，以帮助学生掌握和运用知识为目的。那种置教材于不顾、舍主题于一旁，单纯追求毫无意义的笑声的做法，非但无助于学生的学习，反而会分散学生的注意力，还可能造成不良的影响。

教学语言要层次井然，具有条理性。文章有篇章结构，知识有内在联系，讲课也应当有条不紊。好的教学语言必定是逻辑严密、层次鲜明的。教师讲课如若是东一榔头西一棒子，麦田踩到菜田里，那教学效果一定是很糟的。要让学生听得眉目清楚，教学语言必须条分缕析，有系统性和完整性。我对于课堂教学时先说什么，再说什么，后说什么，详说什么，略说什么，层次之间怎样衔接，怎样过渡，"起承转合"，都先推敲一下，研究一番。

教学语言还要引人深思，富有启发性。有些脍炙人口的诗文，常是"言有尽而意无穷""含不尽之意见于言外"，好的教学语言也应该言简意赅，富有启发性和感染力。我教《宇宙里有些什么》一文，解释什么叫"宇宙"时，通过形象的描绘，通俗的举例，既讲清了词的本义，又激发了同学们探索宇宙奥妙的浓厚兴趣。下课后，许多同学奔向图书馆，借阅《宇宙里有什么》《十万个为什么》等科技书刊。如果我解释"宇宙"，只是照搬词典，抽象讲"空间"叫"宇"，"时间"叫"宙"，不仅激发不了学生爱科学、学科学的热情，就是对"宇宙"这个概念也还是弄不清楚。

启发式教学，要求它的主要教学工具——教学语言要富有启发性。教学语言若是平淡无味，呆板拖沓，那课堂气氛一定是死气沉沉，缺乏生气，谈不上生动活泼。教师讲课要重视语言的节奏和感情色彩，要多用"平而不淡""平中有味"的话讲课。语文教师不应该"不动声色"地讲课，我施教中力求在语言表述准确、精当的基础上，达到"有声有色""声情并茂"。教学既是科学，又是艺术。因此，对教学语言提出"既科学，又艺术"的要求是理所当然的，并非苛求。

我体会到，教学语言要达到上述"四个性"，教师必须从平时每一堂课抓起，认真锤炼，反复陶冶。要自觉纠正不良的语言习惯。备课要认真地备教学语言，说什么，怎么说，哪里强调，哪里"带过"，哪里以姿势辅助说话等，都要经过一番缜密的思考和严密的组织。为了锤炼教学语言，加强语言表达效果，教师要注意向书本学习，向群众学习，像辛勤的蜜蜂一样，在日常生活中，在语言交际的花丛中，广泛地采集、消化、吸收，酿出教学语言的香甜蜂蜜来；并兼收并蓄说书艺人、戏剧演员、电台播音员的本领，形象生动地、有声有色地把"甜蜜"吐出来，献给莘莘学子。

10. 备好课也是一门艺术

如果说，一堂好的语文课是件艺术品，那么，备课就是雕塑这件艺术品。备课，是教师熟悉、掌握教材的过程，是设计最佳教学方法和精心安排课堂教学活动的过程。要上好语文课，教好一篇课文，关键在备好课。

我备课的一条重要经验，就是既要"钻进去"，又要"跳出来"。教师要练就"钻"和"跳"的教学艺术。

钻进去，就是认真地钻研教材，最后能自如地"驾驭"教材。备课，一般先"通览"教材，包括读文章的标题、作者、写作时间、课文内容及注释、书后提示和练习题等，这是"钻"的首道"工序"。通览也不是一次完成，第一遍阅读主要要求读准字音，读通句子，如有生字、难字，就要请教工具书。再读时要及时画出疑点、难点，有些则应笔录。在"通览"的基础上，广泛阅读有关资料，包括教学参考书、网络和其他资料书、工具书，借以解决"通览"时发现的各种问题。"通览"中遇到的诸如一些哲学、政治、历史、自然等方面常识性问题，虽不是教学的重点，有的也不一定教，但教师应当借助资料弄懂以"备问"，不应有丝毫的含糊和忽略。对于写作背景、作者生平等，教师也应尽量多了解一些，以利于对教材的深入钻研和深刻理解。从通览教材到广泛查阅有关资料，如同蚯蚓翻土一样，要处处翻松。从数量上看，应当力求多一些，广一点。有了"多而广"，才能出"少而精"。枝繁叶茂果实甜，"少而精"是钻研得"多而广"的结晶。当然，"多而广"，并非是漫无目的的"泛览"，应当紧扣课文，在理解文化内涵和字、词、句、篇，把握作者思路、文脉上用气力。

要"驾驭"教材"钻进去"，还必须熟读精思，字斟句酌，反复推敲，排除疑难。只有这样，才能真正"钻进去"。熟读精思，就要由表及里，由浅入深，不仅要了解作者写了什么，用的什么辞章；而且要弄清作者为什么要这样写、要这样用，要过细地排解教材中的一个个难点、疑点。

"钻进去"，钻研课文是一方面，另一方面还要深入钻研教材中与课文关系密切的注释、提示及练习等。钻研这些，有利于把握编者意图和教学重点，也有利于教者加深对课文的理解，有利于引导、启发学生深入地学习。教师钻研注释、提示、练习，不仅要弄清含义，还要研究如何指导学生理解和答题。对较复杂的练习，教师不妨先"下水"做一遍，从中分析学生可能产生的歧义和错误，以便有针对性地指导，使学生少走弯路。

备课，既要下功夫"钻进去"，又要动脑筋善于"跳出来"。我认为，"跳出来"是备课的更高境界。备课愈细，钻得愈深，就会感到"如入山阴道上，目不暇接"，讲课时容易面面俱到而"全面出击"，结果是"多而杂"的满堂灌，常怀"紧迫感"，感到课时不够用。因此，备课深入以后，就一定要敢于"跳"出来，善于"跳"出来，千万不能陶醉于山阴道上而流连忘返，把自己钻研所得一股脑儿地倾泻给学生。

首先要敢于"跳"，教者往往对自己辛辛苦苦钻出的东西总怕"有所失"，因此要解放思想，舍得"割爱"，抓重点，抓关键。华罗庚读书有个重要经验，就是"由厚变薄"，一本书，老厚老厚的，但华罗庚看了之后，只抓住几条，厚厚的一本书变成了薄薄的一张纸，这就是抓住了重点和关键。教学也是如此。怎样才能抓住重点？一是要认真分析教材各部分之间的关系，各种基础知识之间的内在联系，从中权衡轻重，确定主次；二是要弄清教材与前后各单元教学内容的联系，注意避免不必要的重复；三是要掌握《大纲》及各单元的教学要求，明确本篇教材在本单元教学中的位置；四是要仔细研究练习中所提示的重点；五是要全面了解学生，做到"心中有数""目中有人"。

其次要善于"跳"。善于"跳"，就是要在仔细研究教材的基础上，根据教材特点、难易程度、篇幅长短、文体形式及学生状况，灵活选用各种行之有效的教学方法，恰当安排教学内容，讲什么，练什么，怎样讲，怎样练，讲练如何安排，时间如何分配，读、思、问、答如何穿插等，备课时都要逐一研究落实。就是对课堂教学的细节（如提问的措辞、板书的位置等）也要用心设计，提问的语言要注意通俗易懂，富有感染力和启发性，板书要注意规范化、清晰度和艺术性。

钻得进，跳得出，是对备课的起码要求，也是较高要求，教者非下苦功不可。为了提高语文教学的效率，我总是从难从严地要求自己，认真备好课，力争把每一堂课都上得既科学，又艺术，把每一堂课都变成令人倾倒的艺术品。

（四）一切为了学生——探索以人的发展为本的新教材体系

我从亲身经历的教改实践中认识到，语文教材是文化科学的载体，是社会文明的象征，是教育后代的依据，是国家意志的体现。教法学法改革，无不受制于教材。教材不改，再好的教法也不能奏效，而且正确的教育思想内容也得不到体现。因此，借助教材内容和体系的改革，把十几年乃至几十年的教改成果巩固下来，即用教材改革来促进教法改革，以更新了的教材从根本上来制约教与学，这是我进一步进行语文教学改革的新思路。按照这条思路，从1983年起，我以科学化、现代化、人本化理念，积极探索语文教材的创新体系。

1983年6月，我拟订了初中语文教材编写方案，并着手自编自教作为省级教育科研项目的第一套油印实验教材。经过一轮实验，到1986年，经江苏出版总社批准，印刷成第一版内部使用的铅印本。1988年，经原江苏省教委批准，由江苏教育出版社正式出版发行，在全省试用。先后有全国15个省市的部分学校参与实验，并于1990年底在原国家教委立项。

1992年1月起，我主编了第二套语文教材——苏教版《义务教育三年制初级中学语文教科书（试用本）》，即"单元合成，整体训练"初中语文教材。9月通过了原国家教委中小学教材审定委员会的审查，向全国推荐使用。

2003年，我根据教育部制定的《全日制义务教育语文课程标准（实验稿）》，编写了第三套语文教材——苏教版《义务教育课程标准语文实验教科书》。该教材经全

2001年在中央电视台《东方时空》的"时空连线"节目中与时任教育部基础教育司副司长朱慕菊对话新课改。洪宗礼说:"抛弃旧思想,接受新理念,我愿'享受'痛苦。"

国中小学教材审定委员会2001年初审通过,含北京市海淀区在内的全国26个省市自治区的600多个县市实验区在使用。

1. "单元合成,整体训练"是语文教材的特点

这套教材采取了"一本书、一串珠、一条线"的"三一体系",因而在"一纲多本"起步时便独树一帜,《光明日报》介绍了这一体系。

"一本书"指每个学期只用一本书(即一个分册)。"一本书"就是读写听说不分科,统摄在综合的语文教科书中。教材包含阅读、写作、语文基础知识及运用三部分内容。阅读、写作、语文基础知识是"经",单元听说读写能力训练是"纬",共同结成了一张语文训练的网。

"一串珠"指一本书中有若干个"珠"式单元,这些珠式单元形成一个综合系统。"珠"是比喻的说法,每一颗"珠"是一个单元,它是某一阶段读、写、知结合的小型综合体,成为不可分割的"块"式整体。

"一条线"指贯穿于整套教材的是一条以语文听说读写能力的发展为主,以语文读写基础知识为辅，思维能力、心理品质发展贯穿其中的多股线交织成的集合线。各条线的"点"，大多结合在对应的"珠"子中，使智、能、知基本上得到同步、协调发展。

从总体说，这套教材具有六个特点：一是比较全面地体现了义务教育的要求；二是具备整体综合效应；三是建立了比较完善的助读系统，有利学生自学；四是教学内容达到了质与量的统一，有利减轻负担；五是制约教法，有助进行诱导式教学；六是突破语文教材封闭体系，具有向课外延展性。

"单元合成，整体训练"中学语文教材体系，既体现了语文综合型教材整体性的特点，又吸收了分科型教材知识系列清楚、训练体系科学的长处。所以，这套语文教材兼有综合型和分科型教材的优点，使课文、练习、教法、学法兼容；知识、能力、心理同步发展；课内、课外结合，学与思融合，初步摆脱了封闭性的语文教材束缚。

2. 《义务教育课程标准语文实验教科书》的编写理念和特点

世纪之交，我国教育部全面启动了新一轮课程改革。我主编了一套《义务教育课程标准语文实验教科书》。这是按照《全日制义务教育语文课程标准》编写的七年级至九年级语文教科书，经全国中小学教材审定委员会2001年初审通过，在全国26个省市自治区的600余县市使用，每年使用人数达600万。该套由民间编写的教材与教育部主管的人民教育出版社、语文出版社出版的7～9年级语文实验教材形成鼎足之势。

（1）苏教版《义务教育国家课程标准语文实验教科书》的编写理念

新中国成立以后，基础教育领域的"学科本位""老师为主""课堂中心"等教育理念一直占主导地位，这些传统的教育理念阻碍了基础教育课程改革。人们必须更新观念，探索新思路，基础教育课程只有改革才能大踏步地前进。

我在主编实验教科书的进程中，与时俱进，又不弃传统，在坚持原有教材特色的基础上敢于否定不合时代要求的旧有经验，不断地超越自己。经过长时间的痛苦思索，贯彻新课程标准的理念，根据语文学科特点落实课标的三维度目标，探索新的教材呈现方式和编辑设计，同时吸取世界母语教材的编写经验，逐步形成了编写《义务教育课程标准语文实验教科书》的六个基本理念。

①人本理念。教材的编写应该以人的发展为基本理念，面向全体学生，全面提

高学生的语文素养，为学生的终身学习、发展奠定基础。

②整合理念。教材的编写应该坚持人文性与科学性的统一、情感态度与价值观的统一、过程和方法的统一、知识与能力的统一。充分尊重语文教育的规律，构建一个全方位开放的语文综合实践系统。

③主体理念。坚持学生是学习和发展的主体，教材设计应该能够激起学生学习语文的主体意识，帮助学生在自我构建的过程中获得语文能力。

④开放理念。沟通语文与生活、与社会、与平行学科的关系，倡导跨学科、跨领域、跨文化的学习，实行开放的语文教育。

⑤弹性理念。新教材编写应该在压缩课本体积的同时，扩大教材的容量，拓展语文学习资源，留出足够的弹性空间，减轻学生的学习负担，提高教学效率。

⑥民主化、人性化理念。教材的编写应该始终坚持与学生平等对话的原则，充分体现教材民主。同时要坚持人性化的理念，在教材编写中，始终把学生当做平等的人来对待，尊重他们的人格。

（2）教材特点

为了实现全面提高学生语文素养的目标，《义务教育课程标准语文实验教科书》注意了选文的优化。它的选文标准是：弘扬中华优秀文化，吸收人类进步文化，尊重多元文化，注入时代活水。我们对选文总原则有12条，其中最主要的有5条：内涵丰富，主题永恒，情感笃深，表达独特，语言精美。教材特点主要表现在：

①优化教材的文化内涵，注意充分体现中华民族优秀的传统文化与人类进步文化的融合，注重人文精神和科学精神的结合，选材范围广泛。

从文体看，有诗歌、散文、小说、戏剧文学和实用文；从作品风格看，既有高雅的精品佳作，也有反映民俗风情的通俗小品和民俗对联；从作者看，90％为名家，也有出类拔萃的普通作者。教材编写内容的优化保证了学生语文素质的全面提高。

②创立主题和专题单元，引导学生自主探究学习。实验教材由不同主题的单元建构，主题涉及关注社会、关注人生，也有关注自然、关注科学等诸多方面。全书编入了《狼》《荷》《我心中的语文》等十多个有助于探究性学习的专题。

③以简驭繁，设计了新的教材编排体系体例。实验教科书呈现出多角度全方位开放的态势，把语文内部的阅读、写作、口语交际、实践活动融合在一起，形成语文综合实践系统；加之与社会生活、平行学科沟通，形成了"语文互联网"。在这个

"语文互联网"中,包含了如下编写体例:

范文精读略读和诵读欣赏——写作——口语交际——语文综合实践活动——专题——名著推荐与阅读。

实验教材力图改变单一的文选体例,把知识学习、能力培养、人格教育优化整合,力求获得语文教育的整体综合效应。

④语文基础知识灵活而扎实,把语文规律渗透到教材各部分,真正实现工具人文统一,编制了人文工具"一张皮"的多彩的探究练习。

⑤引入学法,利教便学。

⑥编者语亲切、自然、有弹性,体现人性化、民主化思想,有助于调动学生学习的积极性,能更好地实现师生平等对话。

在巴黎与法国学者交流。

(五)站在世纪之交的制高点上——中外母语教育比较研究

从 1997 年开始,我先后主持全国教育科学规划"九五"重点课题"中外母语教材比较研究"和全国教育科学规划"十五"重点课题"中外母语教育比较与我国母语课程教材创新研究"。

两项课题研究的终结性成果《母语教材研究》,2007 年 9 月已经作为国家"十一五"规划出版的重点图书、江苏省精品图书重大项目,由江苏教育出版社出版。该项目集中了国内外109个高校、科研、教学、出版单位的160余位专家、学者的智慧,研究中国百年和世界40多个国家和地区当代的母语课程教材(含全球8大语系、28个语种),是迄今参与人数最多、研究范围最广、成果最为卓著的多卷本母语教材研究专著。全书分三大块,十个专题。

2004年在上海华东师范大学召开《母语教材研究》审稿会。

《母语教材研究》的成果可以概括为以下五方面。

其一,扫描百年来我国各时期母语教育,尤其是母语课程教材建设的全景,展示我国丰富多彩的母语教材文化长廊,分析研究我国母语课程的历史演进、理念更新、教材变化和文化构建,并探求其动因,在一定程度上揭示了我国母语课程教材发展的规律。

其二,首次引进40余国母语课程标准和教材,并由国外35位本土学者评介了原汁原味的母语教育、母语课程教材，打开了一扇扇千姿百态的全球母语教育之窗，探求了不同历史文化背景、不同社会制度、不同经济发展水平和不同民族心理、民族传统的国家母语教材建设的共同规律和各自特点，为我国当前和未来的母语教材建设提供了可资参考的经验。

其三，国内外 160 余名专家联合攻关，分 30 多个专题为母语课程的目标、功能、地位、性质及母语教材编写的思路、策略、理念、内容、体系等，作了全方位、多角度的理论探讨，初步形成了我国母语课程教材论的雏形，填补了这一领域的空白，从而为我国母语教材当代建设及长远发展奠定了良好的基础。

其四，以历史唯物主义、辩证唯物主义思想和国内外先进课程论、教材论为指导，对当前母语课程教材建设进程中有争议的若干理论问题。诸如国际性与民族性，科学主义与人文主义，工具性与思想性，基础与发展，继承与创新，传统回归与现代诉求，课程的综合与分科、必修与选修，教材中的语言因素与文化因素，等等，进行哲学思考，作了有针对性、有说服力的分析，有不少已达成了一定的共识。

其五，在 21 世纪初我国基础教育课程改革，特别是母语课程教材改革的实验进入关键阶段之际，本项研究在理论上对改革方案作了有力的支撑和补充，在实践上为它的完善提供了某些有益的历史经验和国际借鉴。

通过课题研究，我们还提出了加强我国母语教材建设的十项建议：第一，必须从母语的性质、功能和教育发展的全局来认识母语学科的地位和作用；第二，要运用历史唯物主义观点，动态地认识母语教材发展的历史轨迹；第三，应以母语教育的价值目标和功能目标的统一观，理解母语学科的特点；第四，母语课程标准（大纲）的编制应体现民族化、科学化、人本化、现代化要求；第五，优化母语教材的内容和结构是母语课程教材改革的一个重点；第六，要辩证地认识和处理母语教材中语言因素和文化因素的关系；第七，母语教材建设要审时度势地把握世界母语课程教材发展的趋势；第八，要把创造能力培养作为我国母语教材建设和研究的突出主题和重点内容；第九，必须坚持教材多样化的方针，构建中外比较视野下的汉语教材多种模式；第十，要逐步完善教材审查、评估制度，积极推行教材循环使用、赠送制。

对于本课题研究和论著的价值，有关专家的《序》中已有了客观的评述。中央教科所原所长袁振国在《序》中说:"这项课题在体现中国特色、中国风格、中国气派方面做了很好的努力,这项课题成果《母语教材研究》可以成为走出去的一个重要作品了。"教育部基础教育司原副司长朱慕菊给课题研讨会的一封贺信中指出:"这项课题拓宽了母语教育研究的视野,它的发展与创新,体现了整个基础教育课程改革的方向和进程,也为当前全国范围内正在实施的中小学课程改革提供了宝贵的经验。""面对如此浩大的工程,课题组克服种种困难,在机制上创新,做了前人从未做过的事,为我国语文教育的进一步发展提供了研究的国际视野和理论基础。"中国教育学会名誉会长顾明远教授指出,该课题研究填补我国语文教材研究中的空白,不仅丰富了教育科学研究宝库,对我国当前课程改革也将起到借鉴、推动的作用。全国课程教材改革总组组长、我国著名课程学专家钟启泉教授认为,该课题研究既有广阔的国际教育的视野,又有本土改革实践的情怀,堪称21世纪我国语文教育课程创新的奠基工程。

教学有思路 遵路识斯真
——课堂风采

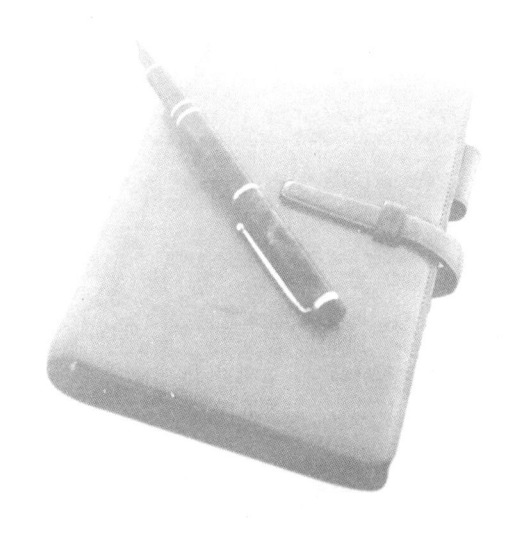

一、变"教课本"为"用课本教"

随着课改的逐步深入，面对多样化的新课本，每个教师都有一个如何教的问题。不是束手无策，而是感慨难有良策。常问：何以教？

有名师和专家开出了方子：变"教课本"为"用课本教"。可谓切中肯綮。然而，"用课本教"，谈何容易！我以为，"用课本教"，这不仅是大学问，也是一种高超的教学艺术，甚至是一种创造艺术。

从"教课本"到"用课本教"，是教学方法的转变，也是教学指导思想的转变。从"教课本"到"用课本教"，使教学由静态走向动态，强调了教学过程，可以从教达到不需要教的理想境界。只有转变了这一理念，"用课本教"才能落到实处。

"用课本教"，首先要吃透课本内容。课本内容包括范文、语文知识、读写听说活动和练习设计，等等。所谓吃透，传统的说法就是对课本内容"懂会熟"，这历来是"教课本"的基础要求，然而，新课改背景下赋予了"懂会熟"新的含义，它应该有新的要求和高度。显然，当今课本内容更新和拓展了，具有时代感、文化内涵丰富的新课文增多了，语文知识不仅有陈述性知识，还有程序性知识和策略性知识，活动和练习设计新颖灵活，教材呈现方式与既往迥异。尤其是高中教材出现了模块这样的设计。从总体上说，拓宽了内容，扩大了教学空间；设置选修课，增大了课的容量；提高了课程的选择性和灵活性，学生有了自主学习的更大空间；等等。面对这些新的变化，教师不仅要对教学内容的理解有力透纸背的眼力，而且要有多角度全方位把握教材教法的能力。

对一般基本称职的教师来说，要达到上述新的意义上的"懂会熟"，真正吃透课本，虽并非易事，但通过努力还是可以驾驭的。关键是要钻进去，身入其中。东坡先生诗云："不识庐山真面目，只缘身在此山中。"说的是只能深入其中，而不能高出其表，自然就难识庐山真面目了。但是，许多事情，却只有首先深入其中，然后才能高出其表的。要识庐山真面目，深入其中是基础。实践出真知，语文教学也不例外。每个教师只要首先"身入其中"，做到新的意义上的"懂会熟"，真正学会了"用课本教"，能够达到上述教学的基本要求，就能进入"高出其表"的更高境界。

当然，吃透课本内容，提升教学理念，把握语文教育教学规律，锤炼语文教学艺术，不仅需要学习先进的教育思想，而且是需要学识、功力和智慧的。

与国家课标、教材审议委员合影。

然而，"用课本教"，仅止于此，又是远远不够的。

我曾说，教师是匠人，是大匠。他只有一个目的，就是塑人。为了塑人，就不能仅仅满足于吃透课本，满足于对教材内容的"懂会熟"；而是要学会站在塑人的高度，艺术地运用课本来教。具体地说，就是要立足于人的全面、整体发展，在课标理念指导下，切实把握各学段、各阶段教学的目标要求，充分了解教学对象个体的知识基础、认知规律、心理发展需要，运用教者的教学机智，发挥课本的特点，引导学生生动活泼主动地学习、探究，获得全面的语文素养。这是用课本教的基本内涵和要求。由此可见，新课改提出以人的发展为本的理念，并非架空、虚化语文，也不是忽视语文个性，恰恰是丰富、充实和提升了语文和语文教学，真正找到了语文在整体教育系统中的坐标点。

相较于课本，学生——教学对象是生命体，而且是最具灵性的生命体。用课本教的全过程，就是促进这一生命体自身发展，全面提高语文素养的过程。学生的持续发展，才是"用课本教"的真谛。"用课本教"，必须以此为出发点和归宿。一切教学方案的酿成，一切教学步骤的实施，都必须着眼于人，服务于人。就如有的老师所说的，一切为了学生，为了学生的一切。具体地说，从内容计，要重视情感态

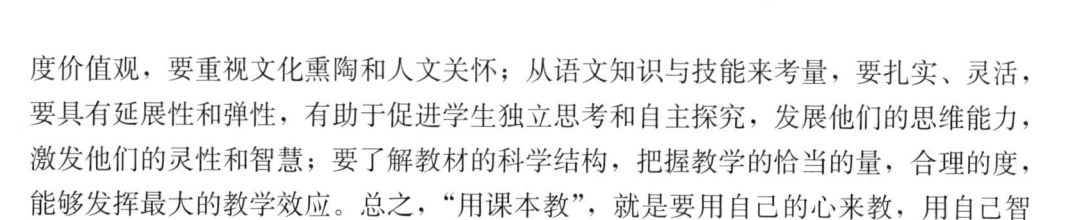

度价值观，要重视文化熏陶和人文关怀；从语文知识与技能来考量，要扎实、灵活，要具有延展性和弹性，有助于促进学生独立思考和自主探究，发展他们的思维能力，激发他们的灵性和智慧；要了解教材的科学结构，把握教学的恰当的量，合理的度，能够发挥最大的教学效应。总之，"用课本教"，就是要用自己的心来教，用自己智慧来教，能够全方位地关注学生的发展。

"用课本教"，理当重视教法研究，提高教学机智。这是"用课本教"的更高境界，也是教师最高教学智慧的集中表现。一千个教师有一千种教法。这就是通常说的"教无定法"，讲的是教学的差异性。这种差异性，是由教学对象和教学环境的差异性所决定的。从这个意义上说，每个有作为有改革意识的教师，在课改中都可以设计和创造出适合自己教学方法。所以有实验区的老师说："什么是最好的教法？适合自己教学的方法，就是最好的教学方法。"这是有一定道理的，并非盲目自大。在课改中需要有这种精神。大家都这样做，课改就可以在提高学生语文素养的同时，同步提高教师素养。当然，强调教学的差异性，不是不尊重教学规律，不研究教学的共性。相反，更需要提倡在多样化的教法的交流中，吸收更为前沿的教学思想，研究出应遵循的共同的教学规律，不断积累新鲜经验。这也正是课改的初衷之一。是教学方法改革的新要求，也是教师修炼教学艺术的主要目标。

"用课本教"，还必须辩证地处理教学中的一些关系，避免进入某些误区，如预设和生成的关系，我们只能反对影响学生独立思考的预设，不能笼统地反对所有的预设，应当允许根据教学需要拟定教学预案，确定教学目标。又如学生自主学习与教师引导的关系，不能把教师必要的知识讲解一概看成"告诉式"；有些起始阶段的教学内容，包括某些难度较大的作品，教师应当为学生提供必要的知识背景，不能什么都让学生自己去探究。不是不能告诉，关键是告诉什么，告诉多少和怎么告诉。这里不必过多举例了。总之，语文教学是复杂的多面体，是多要素有机结合的综合体，教者必须运用系统思想，多角度、全方位地从宏观和微观的结合上，进行深入细致、不同层面、不同维度的整体研究，用心寻找语文教学诸种结构元素之间的联系及最佳结合点，不断探求其规律性。只有这样，"用课本教"才能取得理想的效果。应当说，语文教育既然是科学，就要用科学态度来教好这门科学，研究这门科学，形而上学、主观片面都是不讲科学的，都是不足取的。所以，我倡导教师要学点哲学。

历来只说有"书呆子",其实也有"教呆子"。"教呆子"往往死教书、教死书、教书死,比"书呆子"更呆。我们切不可做只知道"课本"而不懂得"用课本教"的"教呆子"。要努力学会"用课本教",把学生引入五彩斑斓的语文世界,让学生在语文这个内涵丰富的、情感充沛的、语言灵动的世界里成长,在有限的时空里获得无限的发展。课程改革的指归和意义也许正在这里。

二、用爱心和智慧打造塑人的课堂
——语文课堂教学的十种境界

课堂教学是语文教学的主阵地,课堂上师生这个共同体在互动中得以发展。

课堂是教师最好的练功台,教师在课堂上发展了学生,也必然发展自己。

教育的目的是塑人,塑造有健全人格、公民素养、担当情怀、奉献精神的大写之真人。

教学即创造,课堂教学是创造艺术。教师要善于用爱心和智慧打造塑人的课堂。引导学生以"有限"课堂为发端,发展"无限思考力和创造力",为未来终生学习奠定基础,从而让语文真正站起来,活起来。我认为理想的语文课堂应有十种境界:

(一)浸透教育爱、师爱

缺乏爱的课堂,是遗憾的课堂,是缺失的课堂,是没有生命的课堂。有爱才有智慧,有爱才有灵性,有爱才有活力。

大爱要体现在课堂教学的每个细节,至爱要渗透到内心深处,博爱要关注到每个学生,最好的爱莫过于对学习主体——学生的尊重。

每个班级总有少数学生的思维呈潜藏状态,这些学生的心里同样蕴藏着思维潜能,他们心灵深处都有一片有待开垦的"处女地"。课堂上,教师的语言,可以成为萌发学生思维的春风,也可以成为凋零学生思维的秋霜。机智的一语点拨,可以让学生的思维如久壅顿开的泉水汩汩流淌;一句轻声的责备,也可以熄灭学生思维的火苗。

教师启发调动学生思维时,往往会在有些学生身上"卡壳"。因此更需要教师善于用真爱和睿智的目光,去发现他们一丝一毫的表达欲望,爱护他们一闪一烁的思考，点亮他们一星一点的思维火花，即使一时"启而不发""调而不动"，也要耐心地等待。

有一次我上公开课，教学《皇帝的新装》。一位同学回答"故事结尾为什么让一个孩子来戳穿谎言"的问题，说了一半，忽然讲不出来了，其他同学"刷"地都举手抢答，我亲切地微笑着对大家说："我相信他一定能答出来，请等他一分钟。"等一分钟，是艺术，是对学生思维积极性、自尊心的保护，是师爱。在60次秒钟的"嘀嗒"声中，终于迸发出了思维的火花：这位同学不仅圆满地回答了问题，而且讲得很精彩。课后有人提醒我说："你当着这么多位听课老师的面，说孩子一定能答出来，万一答不出来，你怎么下台？真为你捏把汗。"我说，这是基于我平时对这位学生语文水平、思维能力的了解，我是成竹在胸，即使冒点险，为了保护孩子的学习积极性也值得。这叫"有失有得"。

（二）蕴含丰富多彩

有教育机智的教师总是善于精心设计每一堂课，巧妙安排每一个教学环节，运用多种教学手段，增大教学容量，提高文本的文化含量，使课堂教学的蕴含充实而丰富多彩。课堂教学充实丰富，并不意味着教学内容的多多益善。有时，适当减少内容，反而使教学更加厚重，充实丰富，也不意味着教学环节的繁复；有时，简单的几个步骤却使得教学越发灵动；充实丰富，也不等于教学手段的多样与时髦；有时，最朴素最古老的方法也能使教学效果不同凡响。这就是教学艺术的辩证法。

课文《一双手》明白如话，文章表面的意思孩子一读就懂，看不出内涵的深意和高明的表达技巧。按照一般的教法，就像师生共饮一杯白开水。我教《一双手》先后设计了三个情境，使课堂丰富起来。

情境一：抓外部特征。用老松木喻文中主人公张迎善的手的主要特征：粗→老→硬→干→色深→厚。让学生用自己的眼去看，用自己的感官去感受那手指是如何地"粗"，如何地"干"，从而联想到这位劳动模范几十年如一日植树的艰辛。这样的感受，一定要比单纯的抽象概括丰富得多，细腻得多。

情境二：妙用一把尺子。讲张迎善的手"大"，作者用了长、宽、厚的一组数字，在引导学生体会课文运用数字的作用之后，我设计了比手大小的环节：让学生用尺子量自己手的长、宽、厚，与张迎善的"大"手作比较。这个体味"大"的过程，把学生从惯常的概括之中拉回来，让他们认识到简单的概括不能使事物丰满，只有具体、具象，才能丰满。通过量自己的手，使一个看来非常空泛的"大"字，顿时鲜活生动起来，显露了文中用字的精妙。

情境三：咀嚼一个"裹"字。我引导学生从"裹"字体会张迎善的手大。我对学生说："同桌的同学互相裹一裹手，看能不能裹起来？体会一下这个'裹'字用得好不好？"

学生说："裹不起来。""突出了手的大。"

我问："可不可以把'裹'字换成'包'字？"

有个学生说："不能，因为'裹'字前面有'紧紧'二字，'裹'在这里不仅表示手大，还表示力气大和热情，用'包'字就失去了这些含义。"师生对"裹"字的探讨，与作者不谋而合。

这里用的是从直观读出具象的方法；在读书的过程中，通过还原"裹""紧紧"这些平凡词语的真实情境，使学生真切感受到了张迎善的手是如何的"大"！

这便是使课堂教学充实丰富起来的关键：从课文中拎出能够给学生留下深刻印象的语句，然后布设情境，引导学生体会这些词语所蕴含的丰富的意义与情味，而不是那种泯灭印象的概括。这里隐含着通常所说的由过程走向结果的理念。三个情境把白开水烧得沸腾起来、丰富起来。课堂应当追求这样的教学效应。

（三）知情意行完美统一

知情意行的融合就是在语文课堂教学中要把知识与能力，过程与方法，情感、态度与价值观融合在一起，体现语文模糊科学的特点。这是汉语文得天独厚的优势，尤其在"语文综合实践"的教学活动中，更需要体现这一思想，需要在知情意行的融合上花一番功夫。

30年前我教实验班，在人教版高中实验课本的基础上，设计了《模拟法庭辩论》的教学。这可以说是最早的语文综合实践活动课之一。教学过程中涉及语文课程知识和语文读、写、听、说各项技能之间的关系：其中有如何阅读法律文书"庭审记录"，如何写作"法庭辩论稿"；涉及基础阅读方法系列中的速读、细读和研读；细读中的圈点批注，研读中的"比较参读"和"质疑阅读"等。这些知识与技能不是以单纯的静态面貌出现，而是以动态过程形式呈现的，成为指导学生听、说、读、写言语实践的程序性知识，发挥了适时为学生的实际操作定向的作用。在这个过程中还涉及语文活

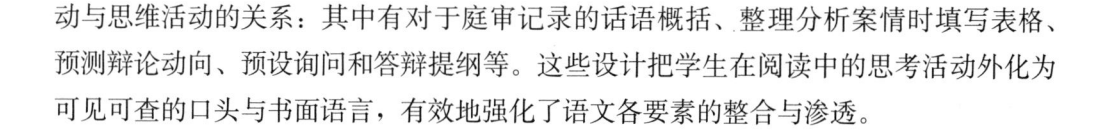

动与思维活动的关系；其中有对于庭审记录的话语概括、整理分析案情时填写表格、预测辩论动向、预设询问和答辩提纲等。这些设计把学生在阅读中的思考活动外化为可见可查的口头与书面语言，有效地强化了语文各要素的整合与渗透。

（四）富有教育智慧和灵性

语文应是诗意的，充满智慧和灵性。一堂好的语文课也应该是有灵性有智慧的课。叶澜教授说，智慧不是简单的、一般的逻辑思维的能力。在实践中的智慧是透视实践、改造经验、提升自我的能力，它往往表现为怎样处理鲜活的、具体复杂情境和过程中的各种情况，在这个过程中不断形成新的理解、新的思想。

这是一种通达洒脱的境界。要达到这样的境界，教师要有很高的语文教育的综合素质，要在课堂教学的实践中培育自己的创造的智慧和灵性。我深切地体会到具有这样的智慧和灵性的价值，所以努力在自己课堂上践行。

我教作文人物速写《你看他像谁》，当课堂上出现两位同学对作文内容激烈争辩，几乎要扭打起来的"突发事件"的当口，我才感到，这时教师的教学智慧，更需要具有化解矛盾、协调关系的重要作用。人们总是愿意用"教育机智"一词来评价能够有效处理课堂突发事件的教师，认为他们具有一种难以言传的教育才能，把它归因为一种特殊才能。这样，"教育机智"就被涂上一层神秘的色彩，被玄虚化了。固然，从处理事件的迅速、机敏等方面来说，教育机智确实不失为一种灵活多变的才智，但是从我和学生的对话中，在我用张飞和鲁迅的外形描写引导全班同学讨论从而化解冲突时，我透视出机智灵性的背后仍然是教师对学生的了解、信任和珍爱。教育爱，才是教育机智的真正归因。

智慧型教师不但要善于"处理鲜活的、具体复杂情境和过程中的各种情况"，而且要学会在课堂上察言观色，能透过学生的一言一行、一姿一容，甚至能通过观察学生不同的眼神，把握学生的学习心理，有针对性地调动学生思维的积极性。课堂上 50 双眼睛就是一个个教学信息窗口。学生的眼神意态，就是无声的教学反馈：有的透出自信，有的含着怯懦；有的表露强烈的表达欲，不吐不快；有的显得胸有成竹，不屑一谈；有的锁眉沉思，有的茫然淡漠；有的表示心领神会，有的则百思不解……我在教学中总是用心洞察这些眼神，从中了解学生的学习心理，因材施教。

（五）严谨、扎实又不乏灵活

扎扎实实的课往往不如花哨的课抢眼，但它汩汩地流淌着知识的琼浆，提供丰盛美味的精神大餐。我认为，语文教学理想的境界是把实与活结合起来。

教《孔乙己》，一般当讲到孔乙己"对柜里说，'温两碗酒，要一碟茴香豆。'便排出九文大钱"时，往往对"排"字一带而过，我认为这不妥，不能放过这个"排"字，而要引导学生做一做"排"的动作，把"排"字落到实处，又让它活起来。我对学生说："请同学们表演'排'的动作时，好好琢磨一下，孔乙己当时是怎么'排'出这九文大钱的，细心体会鲁迅先生用字的妙处。"

一个学生走上讲台把九枚硬币排成一线，用双手一推说："就这样排的。"我说："说说你的理由。"学生说："孔乙己好喝酒，数出九枚钱，双手一推，是急着要喝酒。"我表扬了这个学生。

另一个学生走上台来，先把九枚硬币排在手心上，又"哗"地一溜儿泻在台面上。学生说："理由是孔乙己今天口袋里有钱，他洋洋自得，'今朝有酒今朝醉'。这个动作，就是要表现他得意的心理状态的。"他的表演受到同学们的好评。

又一个学生把九枚硬币用拇指一枚一枚按到台面上，整整齐齐地排好，"孔乙己心中说，'我孔乙己今天不但付钱喝酒，酒还要喝两碗哩。我是个知书达理之人，满肚子学问，你们竟敢笑话我？真是岂有此理！'"

塑造典型人物，是写小说的基本要求。我这样讲"排"字，是培养学生选择最准确的文字，塑造典型人物形象的能力。

（六）课留"思地"，具有弹性

画留空白，课留"思地"。高明的画家会在画面上留下耐人寻味的空白，出色的乐师常把听众引入"无声胜有声"的境界，有经验的教师往往给学生留下充分思考的余地。教师要深谙有张有弛、动静相宜的妙处。

《阿Q正传》中"穿着崇正皇帝的素"这句话，蕴含深意，我本可通过讲解把答案直接告诉学生。但为了拓宽学生思考的空间，培养他们主动学习、独力思考的精神，我明知故问：鲁迅先生在这里为什么把"崇祯皇帝"写成了"崇正皇帝"？

有的学生说是笔误；有的说是印刷排版出了差错；有的说是对封建帝王的讽刺

和嘲弄……

我没下结论，是让学生把问题带到课外去思考。

（七）始终有追求感、新鲜感

善于启动学生的思维机器，精心设计每一堂课，巧妙安排每一个教学环节，从而使学生始终有新鲜感、新奇感、追求感。激发学生求知欲望，有多种方法，可以设悬置疑，层层激思；可以故拟相反答案，预设思维岔道；可以投石激水，引起争论；可以把学生带入特定情境，触景生思；也可以别出心裁，策划智力游戏，引逗思维的乐趣。总之，要使学生感到积极思维是一种需要，一种乐趣，一种享受。

我的一堂作文课，一上讲台就在黑板上画了一个特大的问号，学生一下子就被这问号吸引了（设悬），接下来我问：“老师今天第一天给你们上课，带给大家一个礼物。是什么礼物？猜猜看。”（置疑）大家左猜右猜，怎么也猜不出。有的说书，有的说钢笔。我提示一句：“礼物不一定是具体的物品，还可以是——”（点拨）我的话音未落，就有人脱口而出："是思考。""意思对了。"我马上肯定，并说，"你真聪明。"（激励）"大家能用一个字来表述吗？"（启思导练）大家异口同声地说："想——"我用排比句突出这个礼物的宝贵："想，是打开知识宝库的钥匙；想，是走向未来的桥梁；想，也是语文读写听说的总开关。打开这个总开关，读写听说四盏灯才会亮起来。"（用三个"想"把课的主题和重点深深烙在学生心里。）

为了让学生理解"想"是不是宝贵，为什么宝贵，我讲了个小故事："一位妈妈拉着6岁的女孩小芬，夹在火车车厢里拥挤的人群中，突然，手一松，小芬不见了。"我说："请同学们发挥自己的想象续写故事，把'想'这个法宝用上。"（引导扩散思维）学生想出了6种思路。哪种思路是合理的、深刻的？哪种思路是偏颇的，肤浅的？我引导学生做出评价，让他们从主动地想、积极地想，提升到合理地、深入地想。最后我又曲水兴波，就小黄鱼与大黄鱼的区别这个问题，要求学生结合向渔民、鱼商、科技人员请教，查阅图书、网络资料认真思考分析，写一篇简单的研究报告。在这一过程中，学生懂得了思考和实践的关系，学生的思维再次被引入了深处。

（八）协调、和谐，民主化

教学过程主要是由教师和学生两个能动体双向交往互动完成的。从本质上说，教学的过程就是实现教师主导性和学生主动性统一的过程。因此，师生之间应当始终保持协调、和谐的民主、平等的关系。

课堂上教师要积极引导学生自主、独立地学习，不能把课堂教学误解为"给予"和"接受"的关系，对学生在课堂上暴露出来的缺点、弱点和问题，应循循善诱，实现在课程生态环境下的课堂"对话"，从而让课堂在教师和学生的积极互动中创生出新的智慧来。这是民主化课堂起码的要求。

我教《联想与想象》，与学生平等对话，有问有答，自然亲切；有说有笑，毫不拘束。学生回答问题不妥，不完整，我就和他们一起商量、研讨，甚至用俏皮话，鼓励他们和我争论，允许他们反驳。这实际上是保护学生的缺陷美。在这种民主化的氛围中，教师就成了学生值得信任的朋友。

（九）序而有变，动静相宜

课堂教学可以有一定的程序，或大体的系列，但不应设计一套教学程式，或用固定模式改编"教参"，甚至变相因袭凯洛夫的几个环节，刻意追求所谓"科学系统"。更不可取的是把最具生命力，最有灵性的语文课堂僵化、模式化。一堂好的语文课总是序而有变，节奏鲜明，既有条不紊，又起伏跌宕，就好比演奏一部动人的乐曲。

课堂教学的核心是个"活"字。教师教法的优劣、精粗、雅俗，不能只看课前预设问题的多么巧妙，安排的序列多么精细，要在是否"活"上加以区分，在"活"字上得以体现。我教《小橘灯》，尽管课前理出了一个大体满意的思路，但在实施课堂教学过程中，我按照教学计划要"适合学生"，以人为本的原则，先后根据课堂教学过程中新的意外的发展变化，四次改变原教学计划的线路。随机调整教学思路，课堂节奏虽有波澜，却和谐平稳，尽可能做到序而有变。

（十）如话家常，平易朴实

课堂语言平易洗练，自然温馨，充满关爱，要让学生乐意和老师互动，心甘情愿、真心实意地积极投入。教师课堂上每讲一句话，乃至每用一个词，都要出言谨慎，反复推敲。不仅要加大含金量，准确、深刻，有哲理情趣，而且要语含温馨、平易、朴实、亲切、自然，如话家常。

以下是我在《藤野先生》的教学（片段）中与学生的对话。

师："东京也无非是这样"，"这样"，什么样呢？请大家仔细看课文的一、二两小节。

（学生边看书，边思考）

生：东京有樱花，有"清国留学生"。

师：樱花怎样？

生："樱花烂漫的时节，望去确也像绯红的轻云。"

（教师插话：是"望去"，不是"近看"）

师：这个比喻，反映了鲁迅先生对东京的樱花还是满意的，可是"清国留学生"又怎样呢？

生：头顶上盘着大辫子，顶得帽子"形成一座富士山"。

师：为什么不说"形成一座泰山"或者"形成一座其他什么山"？

生：过去我们学过，夸张也好，打比方也好，最好"就近取材"，这样才贴切，易懂。"富士山"是日本最高的山，山体像圆锥，而且"清国留学生"又在日本。

生：用"富士山"来形容，更有讽刺性。

师：好。能灵活运用学过的知识解决问题。继续讨论："清国留学生"是怎样的？

生："清国留学生"的辫子油光可鉴。

师："鉴"的原意是什么？这里作什么讲？"油光可鉴"的意思是什么？

（学生引用注释来回答。略）

生：走起路来还要将脖子"扭几扭"，"实在标致极了"。

师："标致"原意是漂亮，这里是讲的什么意思？

生：丑态百出！

生：令人作呕！

师：为什么不直接说"丑态百出""令人作呕"，而要用"标致"，还前面加上"实在"，后面加上"极了"？

（学生在比较中揣摩，在揣摩中悟神）

生：这是运用反语，讽刺力度大。再加上"实在"和"极了"，讽刺性就更强了。

师：对。"实在标致""标致极了"，都不如"实在标致极了"有力有味。

师：同学们，上面所说的这些丑态百出的"清国留学生"，鲁迅先生是在东京的什么地方看到的？

生：在"花下"。

师：有多少人？

生："成群结队的"。

师：据有关资料说，这里的"花下""成群结队的"等词语，原稿中本没有，是作者在定稿时加上去的。没有这些修饰语句子也通，为什么加？

（随机诱导）

生：一加上去，那些"清国留学生"无心读书、贪图玩乐的丑态便跃然纸上了。

总而言之，理想的语文课堂，是充分尊重学习主体学生的、富有灵性和智慧的、充满生机和活力的、又能给学生真善美的享受的开放的课堂，而不是肤浅空洞，单调乏味、死气沉沉的封闭课堂。理想的语文课一定要走进学生的心灵，融入学生的生命，铸造学生的灵魂。

课堂风采

三、课堂教学实录选评

（一）《一双手》课堂教学实录

教材　《江苏省义务教育三年制初级中学语文试用课本》第一册

教者　洪宗礼

班级　江苏省泰州中学 初一（2）班

时间　1990 年 10 月 7 日

师：上课！请坐下。

同学们，试用课本第三单元的课文都是写人的，今天我们要学的课文是本单元的最后一篇课文，写的是一位林业工人。

大家知道，写人，特别是写人的外貌特征，往往抓住人物的哪部分来写呢？（学生举手）哟，都知道。好，你说！

生：我认为最好抓住人的表情来写。

师：人的表情？我刚才问的是写人物往往抓住外貌的哪部分来写的？

生：是眼睛。

师：眼睛。为什么要写眼睛呢？

生：从眼睛可以看出人的表情。

生：因为眼睛是心灵的窗户。

师：好。不错。我在讲台上看你们的一双双眼睛都是亮晶晶的、水灵灵的，的确是心灵的窗户。我可以通过你们的眼睛知道你们心里想的是什么。你说出了一点，是对的，写人物为什么写眼睛，还有没有其他什么理由？

生：眼睛是会说话的。

师：眼睛会说话？你的眼睛是怎样说话的？

生：比如说，现在我正在回答洪老师提出的问题，我的眼睛告诉洪老师：我正在思考。

师：你的回答真好，真聪明！一般地说，写人的外貌特点，是写眼睛。而我们今天讲的这篇课文的作者偏偏不去写眼睛，而是写一双手，（板书课题：一双手）请同学们把书翻到第135页。

美术老师说手最难画，而且无丝毫的表情。作者的思路是不是有点怪呢？我们一边读课文，一边思考这个问题。"我握过各种各样的手——老手、嫩手，黑手、白手，粗手、细手，还有唐婉式的红酥手，但都未留下很深的印象。"

师：唐婉是什么人？××同学说说看。

生：唐婉是宋朝诗人陆游的妻子。

师：你怎么知道的？

生：书上有注释。

师：他会看注释。看注释，这是读书的一种本领，很好。我们大家都要养成读书看注释的习惯。

红酥手的"酥"是什么意思？是不是街上卖酥饼的"酥"？

生：不是的。注释上说，红酥，亦写作"红苏"，指红润细腻。
红酥手，是指古代美人的红润细腻的手。

师：作者握过很多手，但都未留下很深的印象。读到这儿，我又想到一个问题：课文题目明明是"一双手"，作者为什么偏偏列举出"各种各样的手"，而且又是一双双"未留下很深的印象"的手呢？是不是走题了？大家可以议论议论。（学生七嘴八舌小声议论）有人反应很快，已经知道作者的用意了，但还有些同学没有领会。读完第2、3两段，大家都会清楚的。请读了以后再来回答这个问题。

请一位同学把第2、3两段读一下。

（学生读第2、3两段，教师运用幻灯片解释词语。肩镐：肩，这里是动词，意思是用肩扛；镐（gǎo），刨土用的工具。板书：不论……只要……就……）

好，念得很清楚，请哪位同学回答一下，为什么先不写这一双手，而是一开头就写各种各样的手？

生：我觉得这样写，把各种各样的手与这一双手做比较，可以从各种各样的手引出张迎善的手。这是用的对比衬托的手法。

师：对比衬托的手法？也就是用"各种各样的手"来衬托这"一双手"，是不是这个意思？

生：（齐）是的。

师：这是什么方法？

生：叫铺垫。

师：还有其他意见吗？

生：烘托。

师：还有什么说法？

生：衬托。

生：我认为是烘云托月。

师：你用的这个词是从哪儿来的？

生：我在昨天的报纸上看到的。

师：你看的课外书报不少，记忆力又好。和刚才几位同学用的词不同，但讲的意思都是对的。作者一方面写"未留下很深的印象"的各种各样的手,另一方面又写"不论在什么地方,只要再提到它,就能马上说出"的一双手,目的就是要从各种各样的手与这一双手的对比中,更加突出"天下第一奇手"。

(板书:天下第一奇手)

师:那么,这一双手哪些地方"奇"?作者怎么写"奇"的?请大家一起来学习课文的第二部分,也就是第 4 段到第 18 段,共 15 段。这是全文的重点,在这一部分中,主要写采访中关于一双手的见闻。请同学们运用试用课本中"阅读方法和习惯"中读书"四到"的方法自己独立地阅读这一部分课文。请先看幻灯。

(幻灯映出)

读书"四到"

眼到——仔细看书,一览文意

口到——出声念书,熟读成诵

手到——圈点勾画,摘记撮录

心到——揣摩领会,认真思考

师:眼到的要求是什么?

生:(齐)仔细看书,一览文意。

师:口到的要求是什么?

生:(齐)出声念书,熟读成诵。

师:手到的要求是什么?

生:(齐)圈点勾画,摘记撮录。

师:心到的要求是什么?

生:(齐)揣摩领会,认真思考。

师:用"四到"方法学习这部分课文,我提出几点具体要求。

"眼到":仔细看懂作者写的是怎样的一双"奇"手。

"口到":出声念描写手的特征的好的语段或句子。

"手到":勾画圈点,标出段序,画出写手的特征的重要语句。

"心到":用心揣摩,作者按照什么顺序,从什么角度写"奇"手的,写手"奇"运用了什么写作手法?写手"奇"的目的是什么?可以借助课文右边的"读中提示"来思考。

好，下面请一位同学朗读。哪位同学自愿读？要求读书的人很多。

（指定一位同学朗读，其余同学轻声随读，教师在行间巡视，小声个别指点"四到"读书方法）

师：读得很好，好极了。刚才我看了一下，许多人在课本上作了圈点勾画，标出了重点词语和重要语句，有的还在有疑问的词句旁边加了问号。说明大家不仅眼口都到了，而且手也到了。我提几个问题，着重检查一下同学们读书时心有没有到。

第一个问题：课文是人物专访。作者是从什么角度来写人物的"一双手"的？

哪个说？

生：我认为是从采访的角度。

师：对的，是采访的角度，所以写了采访者的活动。作者是在和被采访者张迎善的一系列接触中，通过所见所闻来写"天下第一奇手"的。哪位同学能从各段中找出反映采访过程的几个主要动词？抓住这几个动词，我们也就可以把记叙的线索理出来。大家可以边看书，边把找到的有关的动词用钢笔圈点勾画出来。我们看哪位同学找得最快，哪位同学找得最准，哪位同学找得最全。

有人举手了，好。又有很多人举手，不要着急。反应快的同学要耐心等一下。请××说一下。

（学生纷纷举手，找出一系列动词，教师放幻灯片，映出主要动词：握→抽→裹→察看→问→量→搓→介绍手）

师：我们看看幻灯映出的词。勾画不全或不正确的同学，对照幻灯映出的词添加、改正一下。（借此师生共同划层次）

作者在一系列的采访活动中，通过自己的直觉写出了一双手的奇特，给读者以亲切感、自然感。

从同学们对第一个问题的讨论中可以看出，大部分同学读书时初步做到了"心到"。

我再问第二个问题：课文的哪一段是写"一双手"给作者最初的印象

的？主要是哪几句话？哟，都知道。哦，还有一位同学没举手，大家再等等。好，全了。请××说。

生：第四段，"那简直是半截老松木"。

师：你见过松木吗？

生：见过的。

师：松木什么样子？我最近请木工师傅找了个半截老松木，是这样的。

（出示半截鹰爪形的老松木，全班学生兴奋地笑起来。有的从座位上站起来看，老师在行间巡走）

一双手就是一段老松木。

师：我要同学们看着老松木，想一想作者用半截老松木比喻一双手，说明一双手有哪些"奇"的特征？

生：粗。

师：为什么？

生：松木表皮粗糙。

师：还有什么？

生：老。

师：哪里老？

生：本来就是老松木。

师：还有什么？

生：干。

师：松木在老师手里。你怎么知道干的？

生：那块树皮已裂了，所以干。

师：还有没有？想一想，仔细想想。你说！

生：（立起来，又愣住）

师：不要性急，我相信你会想起来的。其他同学可能已想好了，可我还一定要请这位同学说。

（两秒钟后）

生：硬。

师：很好，硬，你摸一摸，硬不硬？（把松木送到学生手上摸一摸，学生回答"很硬"）还有一个词，能再想一想吗？

（全场静思）

大家可以从颜色和形状上考虑。

生：颜色比较深。

师：对，色深。还有没有？

生：我认为还有厚。

师：好。大家合力就把以树喻手的特征说得准确、完整而全面了。

（教师归纳以松木喻手的几个主要特征。板书：粗→老→硬→干→色深→厚）

师：我再问第三个问题。有人说，世界上任何比喻都是有缺陷的，你们觉得用"半截老松木"比一双"奇手"有什么不足？还有手的哪一个特征没有表现出来？

（几个学生插嘴："大！"）

师：大？课文中哪里写"大"的？能不能找出来？

（纷纷举手）

师：不要粗心，课文中写大的不止一处。要找全了。

（学生勾画圈点写手大的语句，教师运用幻灯字幕解释词语"本能"：人和

动物不学就会的性能）

生：课文第 17 段，作者列举数字是写手大的。

生：第 8 段，手指特别肥大，一只手指就像一根三节老甘蔗，也是写大的。

生：第 5 段，"那只大手把我的手紧紧地裹住了"是写大的。

师：这个"裹"字用得好不好？同位的同学互相裹一裹手，看能不能裹起来。

（同学互相裹手，课堂一片活跃）

师：裹得起来裹不起来？

生：裹不起来。

师：怎么会裹不起来呢？

生：手小。

师：手小，我的手与你们的手比起来可能是大手了，也不能把你们的手裹起来。（用自己的手裹前排一位学生的手，果然裹不起来）那么，课文作者是用什么方法写手大的呢？

生：（齐）对比。

师：对，用大手比小手，突出"一双手"之大。越比越大。那么，为什么又用"紧紧"呢？可不可以去掉？这句话中的"裹"能不能换成"包"？

生：不行。

师：什么理由？

生：因为这是比喻张迎善的手，用"紧紧""裹"意思很深。第一，说明手很大；第二，写手很有力量；第三，这个人很热情。

师：太好了，你想得这么全面深刻，可见你真正做到读书"四到"了。
这一段用对比写手大，那么第 17 段用的什么方法写手大呢？

生：用数字。

师：用数字有什么好处？不用数字不是同样可以说明手大吗？比如说，有同学作文时写大，说"很大很大""非常大""大得不得了""大得惊人"，这样写好不好？

生：不好。

师：为什么？

生：（七嘴八舌）太空洞、太笼统。

师：张迎善的手究竟有多大？先请大家把文具盒里的小尺子拿出来量量自己的手多大，把数字告诉我。长、宽、厚全量出来，算出张迎善的手比你的手大多少。

（学生量手，并随口报数字：长16厘米，厚1.2厘米……一片活跃）

师：（把手伸出）请位同学给我量一量。

（学生争着量教师的手，一位同学抢上讲台量教师的手）

生：长18.5厘米。

师：班上哪位同学手最大？

（学生一致推荐体育委员任远。任远登上讲台量手）

师：请把你的手的长、宽、厚的数字量出来。

生：长19.5厘米。

师：哈，比我的手还长1厘米。

生：宽8厘米，厚1.5厘米。

师：我们请你把你的左手按在幻灯片的张迎善的手图上，这手图的尺寸是按课本上的数字画的，因为人们手长、宽、厚一般是成正比例的，我们只要比一比手长就可以比出谁的手大。

（任远把左手按在幻灯片的手图上，教师打开幻灯，屏幕上立即映出手的对比影子，任远的手显得很小，全班同学哗然）

师：哪个手大？

生：张迎善的手大。

师：下面讨论第四个问题：课文中写一双手，写得最细腻、最具体的是哪几段？啊呀，很多人都知道了！××说。

生：第7、8、9三段。

师：找得对。第7、8、9三段写了张迎善的手的很多细小的部位。哪些部位呢？不必举手，可以随口自由地说。

（学生随口凑答：皮肤、纹络、掌面、老茧、大指等）

师：下面我说一个部位，你们就用课本中的话把它的特征说出来，这可既要眼到又要口到了。

师：皮肤怎么样？

生：（齐）呈木色。

师：纹络——

生：（齐）又深又粗。

师：掌面——

生：（齐）鼓皮样硬。

师：老茧——

生：（齐）布满每个角落。

师：手指头——

生：特别粗大肥圆。

师：一个手指头——

生：（齐）就像一根三节老甘蔗。

师：左手大拇指——

生：（齐）没有指甲，长过指甲的地方，刻着四条裂纹，形成上下两个"人"字，又黑又深。

师：手指各个关节——

生：（齐）都缠着线，线染成泥色。

师：下面请同学对照幻灯片映出的手图，默念课本上描写手的细部的语句，两分钟后，请一位同学不看书，指着手图，分析张迎善的手的各细部的特征。

（学生眼、手、口、心并用，紧张地一边观察手图，一边看书，一边圈点勾画，一边强记课文语句，教师巡视行间，个别指点）

师：哪位同学上台讲？

（学生纷纷要求上台，教师指定一位学生上台）

生：（用教鞭边指手图各部位，边介绍分析）皮肤呈木色，说明手的颜色深；手指头粗大肥圆，说明手大；各个手指缠着线，说明手干硬；大拇指没有指甲，长着指甲的地方刻着四条裂纹，形成上下两个"人"字，说明手干硬；老茧布满每个角落，说明了手干硬；纹络又黑又深，说明手粗、老；一只手指头，就像三节老甘蔗，说明手老；手指各个关节都缠着线，说明手干裂；掌面像鼓皮，说明手干裂。

师：你说得太好了，你记忆力很好，口头表达很清楚，有条理，而且还边介绍，边分析，可真正是眼、手、口、心都到了。刚才××同学说到张迎善的手是一双又粗又硬又干又老又厚又色深的手。这双手是不是"天下第一奇手"啊！

生：（齐）是的。

师：课文先总写"一双手"，又从细部写"一双手"，都是写的作者采访中的所见。接下来作者着重写关于手的所闻。通过所闻，交代形成天下第一奇手的原因。

师：那么，32岁的林业工人张迎善的手为什么会成为这样的"天下第一奇手"的呢？我希望大家通过眼看、手画、心想的方法，从课文中找出四句话来具体分析一下张迎善的手为什么变得粗、硬、老、干、厚、色深的。

（学生看书、勾画圈点）

师：好，有人举手了。不要着急，再想一想，可以先把几句话勾画出来。不求完整，两句、三句、四句都可以。

生："一天能栽1000多棵树"，"这双手已经栽树26万多棵"。

师：这几句话是不是主要的？

生：是的。

师：还有没有？

生：这是一双创建绿色宝库的手。

师：这句话有什么含义？

生：张迎善的手，美化了祖国，创造了财富。

师：好。还有没有？

生：这双手亏得是肉长的，若是铁铸的，怕也磨光、磨透了。

师：对，把手与铁比，手比铁还坚硬。它有什么含义？

生：把手与铁相比，说明手的坚硬、有力、耐磨，这个比喻歌颂了平凡而艰苦的劳动。

师：你怎么想到的？

生：是从课本"读中提示"看到的。

师：你能借助读中提示来分析思考，说明你不但学会了课文，而且会学课文。你的眼不仅看到了课文，还看到了提示。很好。同学们，作者先写了"所见"的手的外形的特征，然后又通过"所闻"写出"一双手"创造的奇迹。把所见所闻结合起来，用一句话概括，该怎么说？

生：（齐）奇手创造奇迹。

师：说得好。一方面是手的外形奇，是正面写的；另一方面是手的奉献奇，是手的内在的奇。到这里，我们可以悟到：为什么会说话的眼睛不写，而要写一双手，写张迎善这双手是因为张迎善不畏艰辛、无私奉献，因此说张迎善这个人是我们中国工人阶级的代表，写手是为了写人，是为了写张迎善这个不畏艰辛、乐于奉献、心灵美、情操高的人。这一点，大家必须清楚。作者从所见写到所闻，最后一段，又自然地写出了所感，请大家齐读最后一段。

生：（齐读）看着这双手，我仿佛看到了一山山翠绿的森林，听到了"嘎嘎"的树倒声……我隐约悟道：美，是以丑为代价的。

师：张迎善的手丑不丑？

生：（齐）丑。

师：绿色宝库美不美？

生：（齐）美。

师：这双手是既丑又美。表面上丑，实质上美。（幻灯映出：美玉出乎丑璞）这个成语，是这个意思，我们每个人都应当有一种创造美的精神，从艰苦的劳动和奋斗中，发现美，赢得美，享受美。

张迎善的手为什么会丑的呢？

生：创造绿色宝库造成的。

师：绿色宝库为什么能这样美呢？

生：是以张迎善的手丑为代价换来的。

（教师板书）

（粗、硬、老、干、厚、大、色深）（创建绿色宝库）

代价
（所感）

丑（所见）————美（所闻）

师：这个代价很重要。我们做任何事情，不付出代价，就不能获得成功。请大家想一想，在我们周围，社会上、学校里、家庭中，或者报纸上、影视中、书刊上，看到的人和事，还有没有能说明"美是以丑为代价"这个道理的？（学生思考，先后举手）

师：我建议每个同学都要举出一些人和事，至少要举一个例子来说说。讲自己爸爸妈妈也可以。

还有一两个没想到，再等一等，还有两位，还有一位，再等一等，因为每位同学都应该也可能举出例子来说说的。好，先请××说。

生：环卫所的工人成年累月工作，手上经常沾上粪污。

师：这例子说的什么道理？

生：美是以丑为代价的。

师：他的表述很好，不要再重复。

生：教师整天与粉笔灰打交道，一心扑在教育上、扑在学生身上，他们虽然手上是脏的，工作又很辛苦，但正是用这个代价，教育了后代。

师：你爸爸是干什么的？

生：是教师。

师：怪不得你举教师的例子，原来是歌颂你爸爸的。（众笑）当然，还可以包括歌颂我本人。（众笑）我今天来上课前把手洗了两遍，改作业时沾上的红墨水还没有洗干净，还有两三个斑点洗不掉。你们看看。（伸给前排学生看，众大笑）你嫌不嫌爸爸的手脏？

生：不嫌。因为他是我爸爸。（众笑）

师：只要是无私奉献的人的手，我们都不应该嫌，对不对？还有谁说？

生：（抢答）我认为，世上一切劳动者，都是用自己丑手为代价的劳动来换取美的成果的。

师：我看也不一定。比如，绣花姑娘的手很美，不照样换来美吗？这怎么理解？

生：我认为不能仅仅从手表面的美丑来判断美丑，要从本质看我们是不是付出辛勤劳动，是否能创造物质和精神财富。

师：你讲得真深透，你的心不仅到了，而且"灵了"。还能举什么例子？

生：还有我妈妈，她是厂里刨床工，很辛苦，每天手上都沾了很多油污，手心里的每个角落都布满了老茧，但她用这双手为国家创造了财富。

师：你能不能举两个例子？

生：再比如石油工人吧。

师：你怎么想到石油工人的？

生：我爸爸是石油工人。

师：怪不得你随口能举出这么多的例子。石油工人操作是什么样子？

生：满身泥浆、油污。

师：同学们举的例子不限于手，扩大到一切人和事。顺着这个思路，大家再举些例子。

生：我国运动员，为了祖国的荣誉，在训练中经常摔打得身上青一块紫一块的。

师：你见过？

生：我是从一本报告文学书上看到的。

师：好。同学们说的许多人的手，都是平凡的劳动者的手，我们每个人都有一双手。一双双普普通通的手，一双双以丑为代价换取美的手，在各自的岗位上，每天都在创造、奋斗、奉献。我们每个同学，也有一双手，更有一颗献身"四化"的爱国之心。我们要用自己的手去学习、工作、建设，我们要像张迎善那样，献出美的青春，去建设美的祖国，创造美的生活，开拓美的未来。

课文分析到这里结束。下面请同学们按照"阅读方法和习惯"中"读书摘记"知识短文的要求，完成《一双手》读书摘记表"。同时完成"读一读""写一写"的练习。

（幻灯映出）

    读一读   写一写

    嫩 nèn 瞬 shùn 垧 shǎng

    琬 wǎn 茧 jiǎn 嘎 gā

    缠 chán 呈 chéng 逞 chěng

肩镐（gǎo）：肩，这里是用肩扛（káng）的意思，动词；镐，刨土用的工具。

本能：人和动物不学就会的性能。

《一双手》课堂教学实录评论

浙江大学教育学院教授、博导　刘正伟

　　《一双手》这堂课上得非常好。不但内涵丰富,而且充满着执教者的智慧,极具启发性。洪宗礼先生用这一堂课向我们充分展示了他作为一个"思维能力"的辛勤开发者所具有的独特魅力,同时,也为我们认识和了解他的这一语文教育思想与理念打开了一扇窗户。

　　这是一堂充满教育智慧的课,"扶读"的教学思想在这堂课中得到了淋漓尽致的体现。所谓扶读,用洪先生的话来说,就是在学生学习的某些阶段、某些环节上,通过点拨引导,给学生恰当而有效的扶持,为学生的独立思维与阅读引路。在这堂课中,教师的"扶"与学生的"读"得到了很好的结合。一方面,教师非常尊重学生的阅读主体地位,相信学生的阅读能力,将阅读的主动权交给他们,学生能读懂的地方,教师绝不越俎代庖;另一方面,教师又认识到,学生是不成熟的阅读主体,教师完全放手不管、听之任之,只会使学生漫无目的、走马观花似的泛泛而读,因此,教师始终是以一个引导者、掌舵者的身份发挥着自身的作用,或用"四到"法进行阅读指导,或通过提问、质疑等方式引导学生看注释、读提示,常常在学生易于忽略的地方或疑难之处给予适时点拨,有的放矢地指导学生由表及里品读重点,感悟语文,激发学生独立思考问题、发现问题的能力,促使学生由消极读者向积极读者转变。整个过程犹如教婴儿走路一般,让其跟跟跄跄独立迈步,却又在其即将跌倒的关键时刻拉上一把,充分展现了教师"扶"的主导性。可见,洪宗礼先生所提倡的"扶读",不同于手把手教的教读,也不同于完全放手的自读,而是扶与放的结合,先扶后放,扶扶放放,扶中有放,放中有扶。"放"中渗透着信任,"扶"中浸润着关爱,这一过程里既有教师"授之以渔"的方法传授,又有学生在教师帮助下的自主阅读及对阅读方法的自行摸索,学生就是在这样的"扶"与"放"的交织中,学会阅读、学会思考,提高阅读能力和语言感悟能力,并逐渐形成良好的阅读习惯。

　　师生平等对话、积极互动,是本堂课的一个亮点。在教学中,教师不是以一种权威解释者的姿态凌驾于学生之上,而是以平等对话者的身份与学生交流。尽管在年龄上,教师是长者,在角色上,是"传道授业解惑"者,但在教学对话中,教师却犹如一位值得信任的老朋友，抑或说是"平等中的首席"，既能认真倾听，又会适时地提出疑问，引出大家的思考与讨论。学生与之交流没有压迫感，没有约束感，教学的环境宽松而自由，学生的学习热情高涨，学习兴趣浓厚，个个都有说的欲望和表达的需求，每个人都积极思考，踊跃参与，无拘无束地敞开心扉，畅所欲言，尽情地阐述自己对文本的理解。而教师也参与其中，与学生相互交流各自对文本意义的理解，共同探讨文本的丰富内涵，在对话中来实现彼此经验、思维的汇集、摩擦与协调，并使对话随着文本意义的诠释不断流动、推进。有人说，对话"是一种流淌于人们之间的意义之溪，并因此能够在群体中萌生新的理解和共识"。的确，师生间的对话，让学生对文本的理解更深入，更透彻，这种理解既非强行灌输的，也非教师挖好"陷阱"后步步诱导出来的，而是学生在教师的智慧点拨下，通过细细咀嚼、体会、独立思考而获得的，它是学生在对话过程中与教师、同伴进行思维碰撞时所产生的最亮丽的火花。叶圣陶先生曾说过，教师不能"把一篇文章装进学生的脑子里去"，而需要靠学生自己"动天君""用心力"，"去经受注意、思索、困惑、快感等心理过程，从而理解、把握事物的本质和语言规律，养成自己读书作文的兴趣和习惯"。无疑，师生间的对话与互动有效地激发了学生的"动天君""用心力"潜力与能量。对学生而言，这种对话与互动是充满快乐、令人兴奋的，对教师而言，它又恰恰是引导学生进行语言、思维训练的绝佳情境。因此，正是教师对教学对话的准确把握，以及对自我角色的正确、深刻的认识，使得这堂课的教学变得乐趣无穷，丰富而灵动。

　　早年，洪宗礼先生曾提出过渗透说。他认为，中学语文教学是一个系统工程，其中存在着许多矛盾和错综复杂的因素，各因素相互渗透、组合而形成的合力大于各分解因素之和。故而，语文教学要最大限度地协调各因素之间的关系，发挥语文整体综合效应，把教与学、知识与能力、语文教学与开发智力、课内教学与课外活动、语文教学与社会生活、与语文的终身学习能力的培养等有机结合起来。《一双手》的教学也充分演绎了他的这一思想。在洪宗礼先生的教学中，既有知识的传授，又有学法的指导，既有智力的促进，又有习惯的培养；在强调语文的工具性的同时，又注重人文性的熏陶，尤其是让学生联系生活实际来说明"美有时是以丑为代价的"这一环节，不仅使本课的思想道德教育突破了原有的框架，而且还促使了学生学会从生活体验中去思索、领悟生命及一切事物美与丑的内涵，让学生的生活、生命融入了教育，也让教育介入了生活。可以说，这堂课始终着眼于学生整体语文素养的提高，真正实现了知识、能力、情意等要素的紧密结合，最大限度地发挥了语文的实用功能、发展功能与审美功能，让学生在潜移默化中获得了多方面的发展。

如果要选择两个词来概括这堂课的话，那就是"精彩"与"别致"。精彩，是源于其教学方法的巧妙运用。教师充分考虑了学生的学情，深知学生成长于城市、难以理解和想象一双因劳动磨砺而变得极为独特的手，故而采用了生动、形象、直观的教学方法，例如，引导学生观察老松木，借实物进行类比来推出奇手的特征；叫学生量手掌、相互裹手来感受奇手之"大"；等等。这些让学生亲自体验、亲身参与的小活动、小环节，使整个课堂高潮迭起，气氛异常活跃，极大地调动了学生的学习兴趣，满足了他们的好奇心与求知欲，收到了很好的教学效果。而学生们也在参与的过程中对文本中的那双奇手之"奇"有了更为深入的了解。别致，则源于这堂课设计的巧妙。不仅教学方法设计巧妙，而且教学环节紧凑，前后过渡及衔接自然、顺畅。在明确的教学目标的指导下，教学中的每一个环节、每一个问题都环环相扣，紧紧围绕着目标进行。同时，教师精心准备的提问也富有启发性和吸引力。如明明写一双手，作者为什么会列举出各种各样的手？这双手奇在哪里？"裹"字能不能换成"包"字？等等。这些问题难度适中，或有悬念，能激起学生的探究欲望；或具启发性，能引起学生的思考。学生在这些问题的探寻过程中，感悟、品析、体验，享受学习的快乐，获得求知的满足，自由、率真的天性得以充分展露。

从实录中我们可以感受到洪先生循循善诱、平易近人的教学风格。他语言简练、幽默，点拨精当，要言不烦，在灵活多变的教学情境中，应对从容，挥洒自如，对学生的评价开放而积极，学生从中受到鼓舞，增强了信心，其个人魅力如巨大的磁场时刻吸引着学生的注意力与兴趣，令学生沉浸在阅读、探索的喜悦中流连忘返。

雅斯贝尔斯说："教育，是人对人的主体间的灵肉交流活动，包括知识内容的传授、生命内涵的领悟、意志行为的规范，并通过文化传递的功能，将文化遗产教给青年一代，使他们自由地生成，并启动其自由天性。"《一双手》的教学向我们展示的正是这样的一种教育。

附：江苏省教委电教馆"按语"

《一双手》选自《江苏省义务教育三年制初级中学语文试用课本》第一册。教者洪宗礼从教31年，是江苏省特级教师，有突出贡献的中青年专家，试用课本主编。

洪老师认为，教师是学生心理奥秘的探索者和发现者，又是学生"思维能力"的辛勤开发者。在《一双手》一课的教学中，他把握学生的生理和心理特点，遵循学生的认知规律，巧妙地运用设悬质疑，启迪联想，引入情境等方法，让学生始终有新鲜感、新奇感、追求感，乐思、勤思、善思，在积极思考的王国里遨游。这堂课较好地体现了教者"学思同步"的教育思想和朴实、灵活、求真的教学风格。

教者发挥试用课本"单元合成，整体训练"的特色，授以眼到、口到、手到、心到的学法，培养读书摘记的习惯，取得了较好的综合语文教学效应。

（二）《你看他（她）像谁》课堂教学实录

教材　自编语文试验课本第三册
教者　洪宗礼
班级　江苏省泰州中学 初二（4）班
时间　1988年9月23日

师：上课！
生：起立！
师：请坐下。同学们，本次写作训练我们要写一个人。写谁？（停顿，微笑）要写的人在你们当中。
生：（悄悄议论）是谁呀？
师：可能是你，也可能是他（她）。
生：（议论纷纷）会是谁？究竟是谁？
师：（板书作文题）

"人物速写"
你看他（她）像谁？
——为本班一位同学画像

写谁？清楚了吧。你们每个人既是写作者，要写本班的一位同学；又有可能成为其他同学的写作对象，有同学要写你。

生：（笑）哦，原来这样。
师：（用红色粉笔在题目上画了个大的问号）什么意思？
生：（思考片刻）不要说出写的是谁，读了作文后，闭眼一想，就知道写的是谁。
师：真聪明，你看出了这个问号要表达的意思，很好。题目有个副标题，规定要为本班的一位同学"画像"。"画像"，什么意思？
生：要写这位同学长得什么模样。
生：要写这位同学个性有什么特点。
生：要写这位同学和其他同学不相同的地方。
生：写谁就要像谁。
生：读了作文就好像见到了这位同学。
生：不但写形，还要写神。
师：说得都很好，用什么方法来"画像"呢？这篇作文要求用"人物速写"的方法。什么是"人物速写"？（边说边板书）"人物速写"是用简练的笔法寥寥几笔就把人物的主要特征迅速勾画出来。请大家一起来讨论，人物速写有哪几个要领。
生：写出人物的主要特征。
生：笔法简练。
生：表达迅速。
师：说得太好了，我们进一步想想，怎样才能达到这些要求呢？绘画常用速写，大家不妨联系画画来想一想。
生：首先要仔细观察，要看清人物有哪些特征。
师：观察从哪儿开始？

生：从人物的外形开始。

师：为什么？

生：认识一个人，首先接触的是他的外形。课文《一面》写鲁迅先生就是从他的外形开始的，先后集中描写了三次，一次比一次写得细。

师：有道理，俄国作家果戈理说："外形是理解人的钥匙。"观察人物的外形应放在首位。除了外形，还要观察什么？

生：人物的动作、姿容、神态也要观察。

师：为什么？

生：人物的动作、姿容、神态是他内心世界的自然流露。

师：对，作家杨朔说过："看见一个人的外态容易，看见一个人内心却是非常困难的；看不见一个人的内心，我们就永远不能认识这个人。"所以必须进一步观察人物的内心。怎样从外形观察走进人物的内心世界呢？

生：注意力要高度集中。

生：要有一副"鹰眼"。

师：什么意思？

生：鹰的目光敏锐，看得快，看得清，看得准。

师：你这个比喻很好。你用"目光"这个词特别好。我就用你的意思把观察力称为"目力"。大家懂得了观察是写作"人物速写"的第一步，（边说边板书）这第一步就是：要用"目力"——敏锐的观察力。就是要以敏锐的目光捕捉人物的外貌、服饰、举止、神态等方面的主要特征。观察还有什么要求？

生：要用心思考。

师：为什么？

生：因为老师刚才讲了作家杨朔的话，要我们走进人物内心。这就需要思考。

师：说得太好了，那思考什么，请说得具体点。

生：要思考哪些必须写，哪些不需要写；哪里详写，哪里略写。也就是对观察的内容要作筛选。

师：怎么筛选呢？

生：要选择表现人物主要特征的内容。

师：什么是人物的主要特征？
生：只有这个人物才有的特征。
生：与其他人相比，明显不同的特征。
生：能够反映人物内心的特征。
师：说得都很好，谁能举例说说？
生：课文《一面》突出地写了鲁迅先生的"瘦"，这个"瘦"，就是鲁迅先生外貌的一个主要特征。作者通过它表现了鲁迅先生顽强的意志力和坚韧的革命精神。
师：好。这个例子说明：只有对观察到的一切作了分析、思考，才能抓准最能表现人物外形、姿容的主要特征，所写的才能表达其蕴涵的思想内容。完成了这个思考过程，我们就称作"心力"，也就是深刻的思考力（板书）。这就需要由表及里分析人物的本质特征，把握人物思想感情变化及个性特征。我请大家再思考一个问题：要把观察结果迅速、准确、生动地表达出来，靠什么？
生：（七嘴八舌）靠描写，靠语言，靠书面表达……
师：谁能把大家的意见集中起来？
生：用两个字表达："笔力。"也就是语言的表达能力。
师：你概括得真好，高水平！那么，"笔力"又怎么看出来？
生：简练。
生：用词准确。
生：写得迅速。
师：要有"笔力"，最重要的是什么？
生：要用自己的话来表达，说得明白、清楚。
生：语言还要简洁。
生：还要迅速。
生：我认为最主要的是准确。
师：大家的意见都很好。"笔力"——描写人物特征的表达力。（板书）即用简练的笔法和准确、形象、生动的语言迅速勾勒人物形象。通过讨论，我们可以把"人物速写"的基本方法概括为"三力"：目力、心力、笔力。

下面我们做一次速写练习，看看大家的"三力"怎么样。好不好？

生：（齐）好！

师：大家推荐一位同学上讲台讲个三四分钟的小故事，大家耳听、眼看、心想、手记。要很快地把讲故事同学的外形、姿态、动作"速写"下来。比一比，看谁写得快，写得好。你们推荐谁？

生：（不约而同）戴——荔！

师：为什么推荐她？因为她是班长？

生：她是我们班的"白雪公主"，很会讲故事。

师：好，那就请"白雪公主"上讲台。（戴荔同学在掌声中走上讲台，用2分钟时间，讲了她童年的一件趣事。主要内容是：她养了一只小猫，很宠爱它，常常抱着小猫和它说话。小猫调皮，干扰她的学习，她想了个办法狠狠惩罚了小猫。从此，小猫躲避她。她感到十分懊悔，表示以后要善待小动物。在叙述中，戴荔富有表情，语气不断变化，根据所讲内容还以姿势助说话，做了些动作。同学们听得入神，并不停地在纸上做记录）

师：下面，请大家进行速写，题目自拟。

（同学们纷纷写起来。教者在行间巡视，个别指点。同学们完成"速写"后，教者引导交流）

师：谁来宣读自己的"速写"？

（很多同学举手，教者请一名同学诵读自己的"速写"）

附一：李勤读作文

"白雪公主"讲故事

她姗姗地走上讲台，转身面朝大家盈盈一笑。她中等的身材，上着蓝色上装，下穿褐色花纹裤，显得温文尔雅。只见她大方地看了一下大家，然后张开小嘴，有声有色地向大家讲述着她儿时的一件关于养猫的可笑又可爱的事情。她微笑着，语气是那样轻松愉快，两手交叉放在胸前，好像正抱着舅舅送给她的小猫还跟它说话。

讲着讲着，一片愁云爬上了她的脸庞。她皱着眉头，说话的语调也变低沉了，忽然转了几下眼珠，"嗯"了一声，原来她找到处置顽皮小猫的办法了。她故意地轻轻哼了一声，好像干了一件什么了不起的事。当讲到舅舅教育她不要惩罚小动物时，双手背在身后，拖长了音调，面容变得又严肃又可爱，一位"小大人"的形象出现在我们眼前。当她说到可爱的小猫被她无意弄呆了时，她又难过又懊悔，手轻轻地按在胸前，一脸哭相。当她总结教训时，态度又是那样诚恳认真。她讲得绘声绘色，表演得惟妙惟肖。正当我们听得入神时，她做了个"谢谢"的姿势，仍然温文尔雅地盈盈一笑，走下讲台。（此稿当堂收交，教师未作修改）

师：李勤写得怎么样，大家评一评。

生：写戴荔的外形特征很准确。

生：戴荔讲故事时动作、表情、语气的每一次变化都写出来了，她的观察很细致，"目力"不错。

生："温文尔雅"这个词用得好，戴荔平时给我们的印象就是这个样子，这是她的个性特点。

生：开头写"盈盈一笑"，结尾又是"盈盈一笑，走下讲台"，把戴荔写得温和可亲。李勤动了脑筋，可见她写作中用了"心力"。这样写又使文章首尾呼应。

生：语言比较简洁，也生动。就是某些句子还有些毛病。

师：哦，请具体说说。

生：有一句"可笑又可爱的事"，"可笑的事"没问题，"可爱的事"说不通，应该改成"有趣的事"。

师：还有吗？

生："一脸哭相"，这个说法不好。

师：你帮她改改。

生：（思考）一脸……一脸沮丧。

师：李勤同学说说，这样改，好不好？

生：好。

师：看来比老师一人评改得好。（众笑）

总的来说，李勤仔细观察人物，用心思考，抓住人物的主要特征，简练迅速地表达，有一定的"笔力"，"速写"的要求基本达到了。应当说，李勤的"速写"是成功的，大家说是不是？

生：（齐）是的。

师：同学们，通过刚才的活动，我们试了试笔，现在，对于运用"三力""速写"人物，有把握吗？

生：（齐）有。

师：那好，下面我们大家都来动笔写"你看他（她）像谁"这篇"人物速写"。写戴荔讲故事，属于现场"人物速写"，被写的人物是指定的。写"你看他（她）像谁"中的哪位同学，由作者选定；人物所处的时间、空间，也由作者安排。大家可以选自己最熟悉、最了解的同学来写，写的内容必须真实。请大家动笔吧。

（近20分钟，同学们或是低头沉思，或是挥笔书写，间或有同学站起来向他的写作对象看看。教者在行间巡视，时而驻足某一同学身边跟他轻声交谈，时而来到举手的同学面前，解疑答难。对于班级中写作水平好、中、一般的学生，教者有选择地查看）

师：大部分同学不到20分钟就完成了作文。现在交流习作，进行集体评议。

（同学纷纷举手，要求评议作文）

师：举手的真多。姚逊同学，请读读你的作文。

附二：姚逊读作文

你看他像谁
——为本班一位同学画像

他见人总是笑。可这么一笑，就显得不太体面了，哦，原来他的一颗门牙掉了。

（课堂里听到同学窃窃的笑声。由于掉牙这个特征在全班同学中是唯一的，同学们一下子就知道写的是谁）

他的眼睛大而明亮，好一对虎眼。大概是由于爱笑，他的嘴边常常浮起两个浅浅的酒窝。他的皮肤很白，是全班出了名的。

他个子偏高，是校运动员，因此经常穿运动服。他体育好，学习更好，特别是在课堂上并没有因为缺颗门牙不敢发言，相反，他总是争着回答老师的提问。（众笑）你看，他举手要求发言时总是把右手使劲向前伸，直冲着老师，为了增加高度，引起注意，屁股总要离开板凳。（众笑）啊！老师终于点到他了，这下，他松了口气，但他并不是一下子站起来，反而先坐稳，然后才缓缓地站起来，两手往身后一背，交叉着，摆一下身体，晃一下脑袋，便高谈阔论起来。他的发言很有感情色彩，既像古人吟诗，又像演员道白，半土半洋的话语常常引得同学们哈哈大笑，他自己有时也禁不住跟着大家一起笑起来，哎呀，不好！这一来又露出那缺颗门牙的一排牙齿……（原文，教者未作修改）

（一片笑声结束了姚逊同学的朗读）

生：（热烈议论）写得好，写得精彩，写得逼真。

生：真像。

生：把李响的特点都写出来了。

生：（霍地站起，满脸通红）我抗议：他不应写……写……我的牙齿。侮辱人。

（风波陡起，满座愕然。教室里突然紧张起来）

生：不行，反正你不应该写我的牙齿。

（姚逊、李响两人同桌，一时间争执激烈，并推搡起来。课堂上气氛紧张。教师冷静以对，稍作思考后，走到姚逊、李响的桌旁）

师：（面带微笑，语气和缓地）别急，别争，请你们先坐下。我想听听其他同学的意见。

生：几次写别人缺颗门牙，确实不好，有损同学的形象。

生：不对，作者没有这个意思。

生：缺颗门牙的描写应删去，删去就是好文章。

生：不能删，好就好在这个特征的描写。

师：哦，大家也是两种看法。听你们争论时，我想到两个人物。一个是《三国演义》中的张飞，罗贯中是这样写他的外形："身材高大，豹头环眼"，这"豹头环眼"美不美？

生：在电视"动物世界"节目里，我见过豹，豹的头小而圆，并不美。

生："环眼"，又大又圆，一发火，铜铃似的，样子有点怕人。

师：可这"豹头环眼"四个字用在张飞身上，好一副威风凛凛、英武凶猛的样子，就是美，一种粗犷的美。还有一个人物大家很熟悉，就是课文《一面》中的鲁迅先生。请大家说说课文里是怎样描写他的外形的？
生："黄里带白的脸"。
生："竹枝似的手指"。
生："胡须很打眼，好像浓墨写的隶体'一'字"。
师：能不能说，这也不美？
生：不能！
师：那美在哪儿呢？
生：美在这些细部描写突出了鲁迅先生顽强的性格和忘我的精神。
师：是的，大病初愈的鲁迅先生给人斗志顽强的美感。
我们再看看姚逊同学作文中的人物，外形有哪些特征？
生：缺颗门牙。
生：一对虎眼。
生：两个酒窝。
生：白白的皮肤。
师：在我看来，缺颗门牙，表现在一个少年身上，也有一种特殊的美感，有一个词可以将这种美感表达出来，谁知道这个词？
生：幼稚。
师：讲对了一个字，不是"幼稚"，是"稚气"，就是"孩子气"。稚气未脱的童真美，谁不喜爱？我就挺喜爱有孩子气的学生。再想想，缺牙，虎眼，酒窝，白皮肤，高高的个儿，穿着运动服，这些特征联系在一起，给人一种什么印象？
生：活泼可爱。
生：朝气蓬勃。
师：姚逊观察人物，"目力"怎样？
生：敏锐，他抓住了人物的主要特征。
生：细致，人物的模样、身材、服饰都写到了，而且准确。
师：形象是惹人喜爱的。人物的个性特征，作文里又是通过哪些细节来刻画的呢？

生：他举手发言，为了引起注意，增加高度，屁股总是离开板凳。这个细节，表现了他争强好胜的个性。

生：老师点到他，他并不一下子站起来，反而先坐稳，然后站起来，这个细节，写出了他当时得意的神情。

生：发言时，两手一背，摆身体，晃脑袋，显示了人物聪明而又调皮的一面。

生：说话半土半洋，引得同学们哈哈大笑，李响平时就是这样幽默风趣。

师：细致的观察，生动的描写，画出了一个活泼可爱的阳光少年的形象。从这些描写中，我们可以感觉到作者对他所写的人物有着什么样的感情？

生：喜爱。

生：赞赏。

师：这样说来，我倒要为姚逊同学鸣不平了，李响同学有没有真正弄清姚逊同学的写作意图？李响，能不能说说你现在的看法？

生：（不好意思）要写就写呗。（众笑）

师：在我看，"缺颗门牙"，为李响的形象带来了独特的"光彩"。（众笑）大家说，是不是？

生：（齐）是！

师：姚逊同学，我要问你，"缺颗门牙"的细节在你的作文里出现了几次？

生：三次。

师：为什么要写三次？有的同学对多次写这个细节有看法。

生：《一面》中写鲁迅先生的外形写了三次，我也想学一学。用它开头，能吸引人；中间出现，加强一下。

师：是"强化"一下。

生：用它结尾，能与开头呼应。

师：看来，这个细节不仅成为人物外形的鲜明特征，使读者获得深刻的印象，而且它又成为贯穿全文的线索，使文章成为一个整体，你学得好，"笔力"不错呀！好了，到现在，李响和姚逊之间的争议应当说解决了，怎么样，你们表个态，好不好？

（李响主动伸出手和姚逊紧握，课堂内响起热烈的掌声）

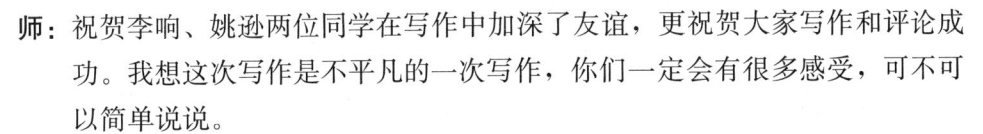

师：祝贺李响、姚逊两位同学在写作中加深了友谊，更祝贺大家写作和评论成功。我想这次写作是不平凡的一次写作，你们一定会有很多感受，可不可以简单说说。

生：我先说。李响是我最好的朋友，我对他太熟悉了。他的外形，他上课举手发言的样子，我观察过无数次，觉得很特别，很有个性。老师说写人要用"心力"思考，写之前，我想了想：重点写什么？写他有特点的外形和活泼的个性吧，这样就把平时观察到的东西用上了。写时还学习运用了《一面》中的一点写作方法。这就是我的感受。

师：讲得很好嘛。平时留心观察同学，积累了不少素材；写时用心思考，抓住人物外形和个性的主要特征刻画人物的形象；学习运用课文中的写作方法提高了文章的表现力，这也是姚逊同学这篇"人物速写"成功的原因。相信大家常常训练目力、心力、笔力，就一定会不断提高写作水平。

师：（布置课后作业）我设计了一份"人物速写"评价表（发给每人一份），请大家运用评价表先对自己的作文进行评价，然后与同座同学交换阅读作文，互相评价。下课。

附三：板书提纲

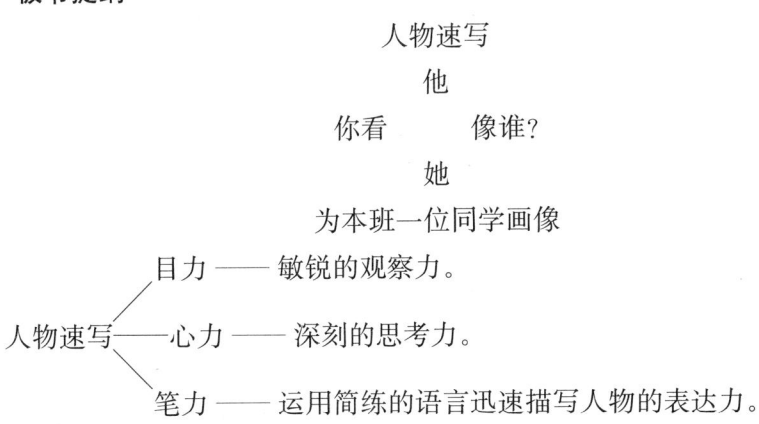

人物速写

他

你看　　像谁？

她

为本班一位同学画像

人物速写——目力——敏锐的观察力。
　　　　　　心力——深刻的思考力。
　　　　　　笔力——运用简练的语言迅速描写人物的表达力。

"人物速写"评价表

评价方式	作者姓名	写作对象	评价（可用"√"表示，适当加以文字说明）								
^	^	^	目力			心力			笔力		
^	^	^	上	中	下	上	中	下	上	中	下
集体评											
自评											
互评											

附四："人物速写"教学简案

一、教学要求

第一，训练"人物速写"，锻炼学生的眼力、心力和笔力；

第二，改革作文课堂教学结构，进行"三程"（引写程、训练程、评价程）单元整体作文教学。

二、教学时数

四课时。

三、教学过程

第一、二课时

1. 引写程

（1）例文引写

指导学生独立研读例文片段：课文《一面》中鲁迅外貌的三次描写；《草地晚餐》中朱总司令的语言、动作描写；乡土教材《卖柿子的姑娘》中农家姑娘的神态、心理描写。

（2）观察引写

教师提出人物速写的"三力"（目力、心力、笔力）的要求。

（3）列表引写

列表引导学生观察、描写人物。

2. 训练程

命题：你看他（她）像谁？

——为本班一位同学画像

要求：第一，完成作文后简要说明"写作意图"；

第二，把作文读给同学听，看是否知道写的是谁。

学生作文。

第三、四课时

3. 评价程

（1）集体评价

①教师说明集体评价的标准、要求和方法；

②几名同学分别朗读自己的作文，并介绍写作意图；

与研讨会的著名专家合影。

③全班同学边听边填写"人物速记评价表",作出评价;
④交流评价结果,通过讨论,总结写作经验和教训:评定优劣,分析原因。
(2) 自我评价
按照集体评价的标准,各人填表评价自己的作文。要求:客观、准确;总结优缺点并分析原因。
(3) 互相评价
把作文交被写同学或同位同学评价,然后交换意见,个人修改自己的作文。
(4) 巩固、提高性练习:"人物速写"比赛
①提出要求:听、看、记、想、写。
②设置情境:一位同学作两三分钟"自我介绍"(讲述童年时代的一段经历)。
③学生作文:要求在 25 分钟内速写一个人物。
④抽读作文,并作简要分析。
(5) 布置课外作文

(王铁源整理)

一堂充满教育睿智和教育爱的课

——《你看他(她)像谁》课堂教学实录评点

中国高等教育学会语文教育专业委员会
学术顾问　包头师范学院教授　韩雪屏

这是一堂充满教育睿智和教育爱的课。

教师的教育睿智在这堂课中,首先表现在提出明确的教学目标——在"人物速写"练习中,锻炼学生的观察力、思考力和表达力;把作文训练与形象思维训练结合起来。洪宗礼老师早在 20 世纪 80 年代就已经出版了多种关于写作教学的著述。在《中学语文教学之路》一书中,他已指出:"写生"原是绘画艺术中的一个术语,这里借指中学生的练习作文的一种方法。让学生做写生练习,主要是为了练"目力"和"笔力";练好这两项基本功,不仅对写作,而且对将来观察、分析社会,客观而深刻地反映社会都将终生受用。在这一堂课中,"写生"具体化为"人物速写";并且,在目力和笔力两项基本功之外,又增加了一项"心力"。不论实物写生还是人物速写,都

首先要求在学生头脑中呈现出"表象"。从心理学角度看，表象是对事物或人物的物理特征作出连续保留的一种知识形式，是人们在记忆中呈现视觉信息和空间信息，保存情境与形象的一种重要方式。因此，可以说，表象是形象思维的基底细胞，是文学形象描写的基本单位。表象形成的心理机制是观察，是经由人们的感官形成对事物的视觉表象、听觉表象、嗅觉表象、味觉表象或触觉表象。种种单一表象可以形成一个复合表象或整体形象。表象形成的过程，一般都是遵循着"整体感知——细部分解——综合概括"这种规律。在这堂课中，教师引导学生启动感官观察，总结出"目力"和"心力"的过程，正是追求在学生头脑中呈现表象、保存情境和形象的过程。

其次，这堂课充分演绎了洪宗礼的"引写"教学思想。"引写"指的是教师引导学生通过反复的写作实践，逐步养成他们写作文的能力和习惯。"引写"与"引读"一起构成的"双引"教学法，成为洪宗礼先生语文教育思想的重要组成部分。在这堂课里，我们可以清晰地看出他的"知识引写""导源引写""例文引写""情境引写"等主张的具体实施。还应指出的是，这个"引写"过程突出了从知识领会到知识应用的教学基本规律。教师引导学生一步一步地从具体观察的感性经验上升到"三力"的理性认识上，这是一个由具体到抽象、由个别到一般的认识过程。在得出有关"人物速写"的理性知识以后，教师又及时地引导学生把所得知识应用到解决同类课题的任务中，去具体观察和描写一位同学。这是由抽象到具体、由理性到感性的过程。从逻辑上说，领会知识靠的是归纳，应用知识靠的是演绎。就这样，学生在这堂课里，不知不觉地经过了如此深沉而灵活的思维过程，经历了如此具体生动的智力劳动生活！

更应该强调的是，这堂课中教师用来引写的知识，完全是依靠学生已有的知识与经验，由师生共同建构起来的，完全不是由教师单方面把课前已经准备好的知识项目讲给学生听记的。"什么是人物速写？"这是概念的界定；"人物速写有哪几个要领？"这是规则的提取；"人物速写的基本方法概括为'三力'"，这是应用规则的前提。从概念定义到规则提取，再到应用规则，层层递进，有理有序。在完全没有什么负担的情况下，学生学得了新知识，历练了新技能。这种情况再一次向我们说明了在母语环境中学习母语课程、养成母语能力，是具有一定的"半自然"性能的；学生是具有学习母语知识、提升母能力的"自力"的。语文教师应当和能够做的无非是在新的情境中教给学生一套新的思维方式和新的语言表达方式。

综上所述，这堂课教学目标的确定和达成，教学过程的组织和程序，都浸透着教师对于教学理论，对于母语课程教学特性的理性思考，积淀着教师厚重而灵动的教育睿智。

在教学现场中听这堂课，或者在阅读这一课堂教学实录的过程中，我们都不难感受到或想象出洪宗礼与他的学生娓娓对话的情景。师生之间有问有答，顺序而下，毫不勉强；自然而然，有说有笑，绝无做作；学生或读或写，或表演或评论，自由自在，如话家常，毫无拘束。对话过程犹如一道活泼的小溪，时而潺潺流淌，时而奔腾跳跃。洪宗礼驾驭教学对话过程的娴熟与干练，确非一般教师所能比拟。这让我们进一步理解了教育本身就是一个人际交往系统。在课堂这个时间与空间都受到相当限制的环境中，这种交往就更加显示出它的对话特色与本质。但是这种教学对话又有别于日常生活中的闲聊，因为这个对话过程是一个运载着"意义"的溪流。它具有了明确的流淌方向，它运载着丰富的意义信息，它传送着师生之间、生生之间的情感与态度。这个流动着的"意义溪流"的源头就在于教师对于学生的巨大信任与热爱。他相信学生具有学习语文知识和历练言语技能的"自力"，他把教师的提问和提升毫不犹豫地建立在学生已有的知识和经验基础上，相信自己能够开启学生已有库存的大门，激活学生已有的知识和经验；他善于用睿智的目光，去发现学生们一丝一毫的表达欲望，用教育爱心去保护学生一闪一烁的思考，点亮他们一星一点的思维火花，即使对那些一时"启而不发""调而不动"的学生，也耐心等待。"等他60秒"，这是教学的艺术，更是对学生思维积极性的信任、对学生自尊心和成功欲望的保护。在60次"滴答"中，学生思维的火花最终会燃烧成绚丽的彩霞。这种信任和关爱，是洪宗礼课堂教学对话得以绵延不断、畅通无阻、富有活力和智趣的真正源泉！

尤其是当课堂上产生"突发事件"的当口，教师对于学生的信任与热爱就更具有化解矛盾、协调关系的重要作用。我们可以从课堂上洪老师处理李响与姚逊的口角矛盾中清楚地看到这一点。但是，人们总是愿意用"教育机智"一词来评价能够有效处理课堂突发事件的教师，认为他们具有一种难以言传的教育才能，把它归因为一种特殊才能。这样，"教育机智"就被涂上一层神秘的色彩，被玄虚化了。固然，从处理事件的迅速、机敏等方面来说，教育机智确实不失为一种灵活多变的才智。但是，从洪老师和学生的对话中，我们看得出他对皮肤白净、长着酒窝、身材颀长，但缺颗门牙的稚气阳光少年李响的真爱；更体会得到他对善用"三力"速写人物的姚逊的信任，信任他对朋友绝无嘲笑挖苦之心，赞赏他对朋友的诚挚和友善。

通过这个事件，我们能透视出机智才干的背后仍然是教师对学生的了解、信任和珍爱。教育爱，才是教育机智的真正归因；因此，它杜绝一切对学生的斥责、辱骂和惩罚；它与灌输、说教、训诫也毫无缘分。而博大无私的教育爱，正是每一个为师者应该追求和可能追求到的崇高境界！

基于此，我们又说这是一堂洋溢着教育爱的课堂。它告诉我们：师生只有在崇高的教育爱的联系中才能有效地展开知能、才智与观念的教与学。

研究清末蒙学教材。

(三)《联想和想象》课堂教学实录

教材　高中语文第二册
执教　洪宗礼
班级　江苏省泰州中学 高一（6）班
时间　1999 年 3 月 15 日

师：初次见面，给同学们带来个礼物。猜猜看，是什么？

生：书。

生：试卷。

生：是照片。

师：都不是。（用手指着自己的头）礼物在这里。

生：礼物是知识。

师：你为什么这样说？

生：脑袋里装着知识。

师：噢，从脑袋到知识，你是用头脑想出来的。（板书"想"）我今天带来的礼物是一个字："想"。

生：（笑）

师：同学们笑了，心想这是什么礼物？我说这个礼物价值连城。请听一位曾在上海某大学毕业、工作多年的校友给我的一封信中的几句话："洪老师……感谢您，在作文课上您赠给我们一件珍贵的礼物——想，它不仅使我的作文由干瘪枯燥到丰富多彩，从'兔尾巴'到洋洋洒洒，而且到工作岗位上养成善于思考的习惯。可以说，这个想，我是终生受用的。"是的，"想"，是打开知识宝库的金钥匙，是通向写作理想境界的桥梁。会想才会写，这是一条基本写作规律。今天我们学习"想"的一种技能，或者说方式、形式。

（在"想"字的基础上板书：联──→想
　　　　　　　　　　　　　└→象）

师：同学们把课本翻到第 62 页：写作专项训练。这篇知识短文共四段，以大家自学为主。自学的要求是：第一，运用默读、速读方法提要钩玄（板书：提要钩玄），边读边画出短文的主要观点，了解什么是联想和想象，两者有何联系和区别。第二，第 1 段中引述的两个例子，是怎样恰当运用联想和想象表达深刻的思想和丰富的感情的？第三，短文第 3 段引用了《文心雕龙·神思》中的一段文字，你能说出这段话的大意吗？想想编者引用这段话是说明什么问题的。

（生读、画、写、议、问）

（师巡查、释疑。板书：《文心雕龙》作者刘勰（xié），南朝梁文学理论批评家）

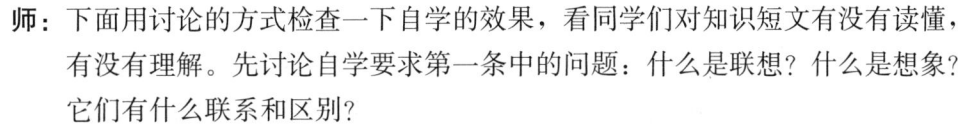

师：下面用讨论的方式检查一下自学的效果，看同学们对知识短文有没有读懂，有没有理解。先讨论自学要求第一条中的问题：什么是联想？什么是想象？它们有什么联系和区别？

生：（依据自己从短文中画出的要点进行复述）

生：（对联想与想象的联系和区别作了一些补充）

师：两位同学阅读中能做到提要钩玄。这里我再强调一点，读书既要"钻进去"，又要"跳出来"，要把书读活，能抓住关键词，并能联系实际举一反三。联想的关键词是"相关"（板书：相关），由某人或某事物而想起其他相关的人或事物。看到你们坐在这儿学习，我就想起了我中学时代的学习生活。这就是联想。想象的关键词是"创造"（板书：创造），在原有感性形象的基础上创造出新的形象，如美国的莱特兄弟由天上自由翱翔的鸟儿想到发明飞机。联想和想象是有区别的，但二者都有一个"想"字，都有"想"的基础，或者说"想"的根据，所以说它们又有共同点，是有联系的。下面我们再讨论自学要求第二条中的问题：短文第一段中引述的两个例子，是怎样恰当运用联想和想象表达深刻的思想和丰富的感情的？

生：（举《雨中登泰山》中的例子，说明联想的运用）

生：（举《雨中登泰山》中的例子，说明想象的运用）

师：两个同学引述的是短文第一段中的第一个例子，他们分析得有道理。我再作一些补充。《雨中登泰山》的例子，是把联想和想象结合起来加以运用的。课文作者看到松树扎根在悬崖绝壁的缝隙，枝干屈曲盘旋，联想到"盘龙柱子"（这是相似联想），再以奇特的想象，用比喻、拟人手法描绘松树"身子"扭曲的形态。作者看到松树"在半空展开枝叶"，联想到高山上空的物象（相关联想），进而想象泰山松"像是和狂风乌云争夺天日""和清风白云游戏"，赋予人的思想感情、人的情趣。两次运用联想，两次运用想象，既有景又有情，把人们带到崇高的境界。谁再说说《记念刘和珍君》中的例子？

生：鲁迅由"中国军人的屠戮妇婴的"所谓"伟绩"，"八国联军的惩创学生的"所谓"武功"，联想到军阀政府对请愿学生的血腥镇压。

师：两个"所谓"在引述中加得好。中国军人、八国联军和军阀政府有什么共同点？

生：都是反动的。

师：说得对。这里主要是人和事的联想，鲁迅先生通过同类对比联想，深刻地揭示了段祺瑞政府血腥镇压徒手学生的凶残本质。下面讨论自学要求第三条中的问题。我们先用幻灯投影展示《文心雕龙·神思》中的这段话。

（文之思也，其神远矣，故寂然疑虑，思接千载；悄然动容，视通万里。吟咏之间，吐纳珠玉之声；眉睫之前，卷舒风云之色。）

师：《文心雕龙》是我国古代的一部伟大的文学理论批评的巨著。刚才同学们自学时，我在行间来回走动，不少同学问到这段话的意思。由于文字比较深，我把这段话的大意说一下，请同学们对照原文，一字一句地仔细地听，然后思考：编者引用这段话是说明什么问题的？大意是（慢速）：文章在构思时，他们（指作者）精神活动的范围很广泛。所以静静地凝神思索，思绪可上接千年以前；（他们）悄悄地改变了表情，视线好像通向了万里之外。吟咏的时候，似乎发出珠圆玉润的声音；眉目之前，仿佛舒卷着风云变幻的景色。这段话说明了什么问题？

生：这段文字说明人们在进行创作活动时，思路异常开阔，打破了时间、空间限制。

生：这段话还说明写作的人思维十分活跃，头脑中似乎展示了鲜明生动的形象。

生：他们并且考虑如何运用美妙的词句来加以表达。

师：几位同学对这段文字的内容分析得很到位。编者引用《文心雕龙·神思》中这段文采斐然的文字，是为了进一步说明运用联想和想象可以使文章达到很高的境界。

师：哪位同学把知识短文的第2段朗读一遍？

（生踊跃举手，师指名朗读）

生：（朗读）

师：这位同学能用比较标准的普通话朗读，很好。读了这一段，我们应当抓住两点：一是联想、想象必须围绕中心；二是联想、想象必须合乎情理。已经印发了两则练习材料给同学们，一则供课堂讨论用，二则供课堂写作用。大家先看"练习一"，边看提供的材料，边思考提出的问题。

练习一　阅读《石墨与金刚石》这则短文，想一想：从"石墨变成金刚"想到"普通人变'天才'"，这样联想围绕什么中心？是否合乎情理？

石墨与金刚石

　　人们赞赏金刚石的坚硬和耀眼的光泽，而化学家却告诉我们，金刚石的元素就是碳。金刚石和石墨一样，都是结晶碳，只是前者的原子排列比后者紧密得多。在五万个至十万个大气压和1200～2000℃的高温下，利用人工方法改变原子排列就可使石墨变成金刚石。

　　这不禁使我想到，人们的才能也是这样，虽然有高低之分，但构成的"要素"是一样的。如果把普通才能比作石墨，那么只要在一定的"高压"和"高温"下，就可能成为"金刚石"。在成才的路上，高压就是为祖国四化而献身的历史责任感，高温就是不畏艰苦、刻苦学习的热情和毅力。

　　石墨在一定条件下，可以变成金刚石，普通人在一定条件下能成为"天才"，这就是石墨变成金刚石的启示。

（生阅读、思考，师巡查、释疑）

师：讨论第一个问题：从"石墨变成金刚"想到"普通人变'天才'"（这里的"天才"指高层人才），这样联想围绕什么中心？

生：中心是事物可以转化。

生：人也可以转化。

师：转化要不要条件？

生：（齐答）要。

师：谁能把这个"中心"比较完整地概括一下？

生：人和事物在一定条件下可以转化。

师：概括得好。讨论第二个问题：这样联想是否合乎情理？

生：合乎情理。

师：为什么说是合乎情理的？

生：这样的联想十分自然，所以说是合乎情理的。

师：自然就合理，有一定的道理。石墨在高压、高温下可以变成金刚石，是科学的；普通人在"高压"（为祖国"四化"而献身的历史责任感）和"高温"（不畏艰苦、刻苦学习的热情和毅力）下也能成为"天才"，是符合客观实际的。两者有统一的联系点——"转化""条件"，从前者到后者，这是个相似联想，是合乎逻辑的推理，因而是合情合理的。而且短文作者巧借"高压""高温"，使前后联系紧密而自然。下面请大家看"练习二"，拿出作文本，按要求完成写作练习。注意抓住所给材料的中心，合情合理地进行联想和想象。

练习二 以"由《污纸上画的画》想到的"为题，写一则 200 字左右的短文，要充分展开联想和想象，8 分钟内完成。

污纸上画的画

著名画家黄幻吾有一手"污纸成画"的绝技。有一次，他当众宣布能在污纸上画画后，观众中走出一个人来，上前画了两个圆圈。只见黄幻吾先生握笔在手，对着两个圆圈凝神沉思片刻，蘸墨挥毫，就着两个圆圈先画两个葫芦，接着添枝加叶，又旁衬一小鸟，相映成趣。只几分钟，一幅生机勃勃、神气十足的葫芦小鸟图就画成了。

（生埋头写作，师行间巡视）

师：8 分钟时间到了，每个人把作文本交给组长。我看了大家写的短文之后，下周讲评。

备用例文：

黄先生的"污纸成画"，使我联想到失足青少年的思想教育。青少年学生犯了错误，教育起来，当然比较困难，但是并非无法挽救，不堪造就，关键还在于采取什么方法。高明的教师，就像黄幻吾"污纸成画"一样，能掌握巧妙的教育艺术，针对差生的个性特点，循循善诱，因势利导，充分调动他们的积极性，逐步把他们改造成为新人。

师：下面布置作文练习和语文课外活动。同学们把印发的材料《专题：我们在岛上的生活》拿出来。我对材料作两点说明。一是材料的来源：材料来自英国牛津大学出版社英国中学课本，由我校"中外母语教材比较研究课题组"成

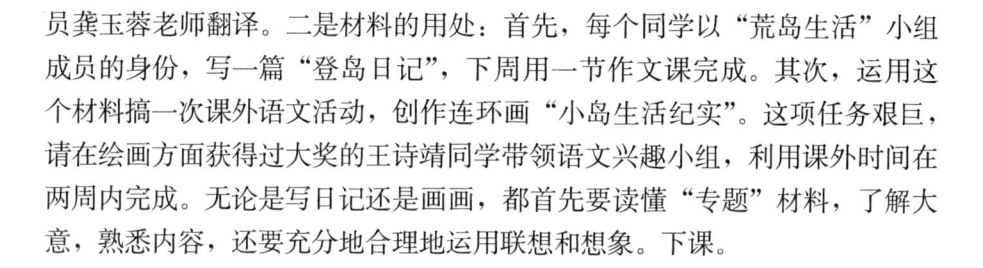

员龚玉蓉老师翻译。二是材料的用处：首先，每个同学以"荒岛生活"小组成员的身份，写一篇"登岛日记"，下周用一节作文课完成。其次，运用这个材料搞一次课外语文活动，创作连环画"小岛生活纪实"。这项任务艰巨，请在绘画方面获得过大奖的王诗靖同学带领语文兴趣小组，利用课外时间在两周内完成。无论是写日记还是画画，都首先要读懂"专题"材料，了解大意，熟悉内容，还要充分地合理地运用联想和想象。下课。

附：《我们在岛上的生活》专题

热烈祝贺！

开发荒岛求生存。

你被选为同年会学生组成的"荒岛生活小组"成员之一。你将和旅伴们在一个无人居住的荒岛上生活一个月，以显示年轻人多么机智、勇敢，多么能适应环境生活。你决定进行一次探险并描述在荒岛上遇到的各种情况。

你可从下列 3 个岛屿中选定一个，作为你们小组要居住的地方。

第一，仔细研究所有提供的信息。

第二，每个岛都各有两个方面：一方面是有利条件；另一方面是不利因素。

第三，根据这些条件和你们的条件来决定小组应选哪一个岛。

第四，写一段简短文字，说明你组选择该岛的理由。

第五，想一想你选的岛上情形，画图说明其主要特点，使用已供信息，并加上你们自己和其他详情。

旅伴们

奈森·范里西　男，13 岁。强劲有力身体好，举止任性，具有独立性，喜欢做事不求助于人，怕蛇。

克里格·温斯泰力　男，11 岁。不十分强壮，但为人随和，无论参加什么活动都受欢迎，喜欢炊事并善此道，有哮喘病。

希格·威英　女，12 岁。乐于助人，健谈，善于把低落情绪鼓动起来，有点杂乱无章，不是当领导的材料，近视眼。

裘里亚拉·凯恩　女，12 岁。能干、理智，工作勤恳，处理问题果敢和有主见，对不同意见的人有时急躁，不吃荤食。

鲍莱茵·汤麦丝　女，13 岁。活泼，健康，校足球队最佳球员之一。做事善于实践，手工设计技艺精巧，怕干家务，只吃便宜食品。

除了上面提到的 5 人外，你再额外选两名作为同去小岛的同伴。

第一，作为"荒岛生活"小组成员描述一下他们的长处与短处；

第二，说明选这两位的理由；

第三，把你自己作一简要概述；按上述成员介绍的方法，归纳一下自己的长处与不足。

有关 3 个岛屿的信息

勃林岛：旅游到勃林岛，你将进入一个热带天堂。勃林岛堪称为一个富有野生动物的世界。在这里你将见到的动物、鸟类和鱼类是在绿色植物世界中从来梦想不到的。但是要注意，岛上的一切不是表面上看起来的那样。许多动物对人类抱有敌意，如毒蛇和凶猛的山猫。许多奇异的果子可为旅游者提供食物，但有些却含有致命的毒素。然而最主要的困难是岛上没有水源。除非你能聪明地想出或找到存贮雨水的好办法来，因为岛上几乎天天有雨。

克劳维斯岛：我们在岛上花了 10 天时间，发现对比之下，这是较好的一个，总的来说气候凉爽宜人，不难找到食用水和食物。（但是只有蔬菜类植物可吃，找不到动物来供应肉食，要捉鱼类也是徒劳）岛上满被树木，加上常常遍降大雨，人住在岛上为郁郁葱葱的绿色所环围。夜里很冷，我们不得不锻炼自己体格，盖上舒适的小棚屋住宿。

阿波埃岛：岛身较低，涨潮或暴风雨到来时，常处大水淹没的危险之中。一般气候温暖干燥，这就为人类居住生活带来困难。岛上只有一条小溪，雨时有水，否则完全干涸。为此岛上植物罕见。唯一能容易找到的食物就是椰子。鱼类很丰富，但是要走几百公尺路才能到海滩边去捕捉它们，因为附近水都很少。

装备

在上岛前允许你选择一些装备：6 种必需品和两种奢侈品。提供的物品足够小组每个成员用的。

第一，说明你选的 6 种必需品是什么，为什么选它们？

第二，说明你选的两种奢侈品是什么，为什么选它们？

第三，每个小组成员必须记日记，记下他们的经历及他们的感受。

上岛那一天，你知道了谁是你的同伴，知道带哪些装备。

知道岛上的许多情况；写下日记始篇，描述你准备去岛上的感受。

现在再写一篇日记，内容描写上岛时发生了什么情况，同时也要描写其他成员到岛上时的感受。尤其是当载你上岛的船只渐渐远去直到看不见时你的感受。

连环画：小组荒岛生活纪实：（略）

（陈霖整理）

技能训练："语文教育链"上的一个聚光点
——《联想和想象》课堂教学实录评点

韩雪屏

这是一份十分朴素的课堂教学过程的记录。这堂课的教学内容是一篇知识短文《联想和想象》。知识短文不同于经典范文，教科书编者编写知识短文，或是为了给学生讲述一项知识，或是提供一些资料供学生应用。因此，有研究者把知识短文称之为"用件"。知识短文言简意赅，该怎么教？恐怕许多老师都没有认真思考过。有的老师只是让学生读一读就算了。但是，洪老师教学这篇知识短文却很有讲究。

他首先致力于把静态的陈述性知识转化为可以指导学生进行阅读操作的动态性程序性知识。这就是我们在上课之初看到的自读指导。教师让学生默读、速读短文，在书上"提要钩玄"，"抓住关键词"。于是，学生就产生了"读、画、写、议、问"等各种学习行为。这种有效的阅读行为如果持之以恒，就可以成为学生的熟练技能和良好的阅读习惯。这样，内隐于学生头脑中的观念性知识，思考时存在的心智活动，就都以外化的学习行为呈现出来，成为可以观察、检测、评量的操作了。因此，将知识"技能化"，把书本上的外在知识经由学生的学习行为逐步向学生头脑里转移，这是这堂课开始的第一招。于是，我们看到了学生对"联想""想象"这两个概念的名称、定义、界说、正例的学习和理解。一般地说，学习概念应具备四个要素：名称、定义、界说、正例与反例。但这堂课缺少了对"反例"的研究，不能不说是一个缺憾。

知识的学习不能仅仅停留在概念水平上。继之，教师引出了运用"联想"与"想象"的规则：一是必须围绕中心，二是必须合乎情理。但要紧的是：规则一定要在实践当中应用。为此，教师适时地补充了两段短文：《石墨与金刚石》《污纸上画的画》。这两段新例文就把刚才学过的知识从概念和规则转化为写作者的思维方法与语言形式，就为学生的写作练习找到了着力的支点，树立起可供模仿的范例。这种教学设计，正是遵循了规则应用的一种基本方法——从规则到例子。如果说知识的概念和规则是一种模式的话，那么，应用知识和规则就要求学生能够清楚而迅速地辨识出刚刚学得的知识模式与新事例、新情境之间所具有的共同因素和本质，否则就无法解释新出现的两段短文，也无法以它们为范例指导自己的写作实践。于是，辨识模式，这种对学生学习活动具有普适价值但内隐性又极强的心智技能，就附丽在对两段短文的研讨和解释之中了。

　　还应该看到的是，教师在对两段新例文解释当中所寄寓的辩证思维方法的教育，因为其中已经涉及事物在一定条件下的转化、内因与外因等哲学范畴。但是因为课时的限制，想必在后续的教师讲评学生作文时会有适度的说明。

　　我们从以上三个方面粗略地说明了洪宗礼为这堂课设计教学过程、选择教学方法的理论意义与价值，从中可以看出"技能训练"是其中的核心。人们经常容易混淆"技能"与"能力"这两个概念。的确，这二者之间既存在紧密的联系，又具有明显的区别。就二者的区别而言，"技能"指的是个体运用已有知识经验，通过练习而形成的智力动作和肢体动作的复杂系统。语文技能有显现在外的肢体动作成分，如写字、朗读、言说等，但更多的和更重要的是内隐于头脑中的智力动作。"能力"则是个体在顺利完成活动任务时经常表现出来的稳定、有效的心理特征。动作技能是可以经由训练形成的，心理特征却要靠长期的知识积累、实践活动、环境濡染、情感沉淀、自我反思、有效调控等逐渐养成。对语文技能训练的必要性，叶圣陶先生早就指出过："学生须能读书，须能作文，故特设语文课以训练之。其最终目的为：自能读书，不待老师讲；自能作文，不待老师改。训练必做到此两点，乃为教育之成功。"对语文技能训练的本质，也有研究者指出：训练，是训与练的结合。训者，教导、教诲也；练者，练习，多次操作之义也。训者为师，练的是学生。训练，便是师之训、学生之练的有机结合。

　　在国外教育界，"技能"（Skill）是一个使用率很高的词语；它不单单是在母语教育领域中频繁出现，就是在有关国民素质整体教育中也经常使用这个词语。例如，英国2000年高中课程改革规定的6项基本技能（Basic Skill）是：交流技能、数字运用技能、信息技术技能、与他人合作的技能、改善自学与自做的技能、解决问题的技能。1994年《加拿大大西洋地区学校毕业基本知识和技能框架》规定的6项基本知识和技能是：美学表达、公民、交流、个人发展、问题解决、技术能力。但是，长期以来，我国语文教学界却不十分关注语文技能训练。在曾经普遍被人们看好的1992年"九年制义务教育语文教学大纲"中有48项听说读写的技能被冠以"能力训练"的名目。在1996年"普通高中语文教学大纲"中列举的18项技能也同样被纳入"能力训练"的名下。2001年"义务教育语文课程标准"似乎就更是有意地讳言"训练"一词了。

但是，洪宗礼却较早地注意并探索了语文技能训练。他提出构筑"语文教育链"，就是想从宏观与微观的结合上比较客观地反映语文各要素之间的逻辑联系及其体系建构的基本原理。他的"语文教育链"的主要内涵是：语文知识是基础，通过历练转化为技能与方法；熟练的技能是形成能力的要素，技能与能力定型后形成习惯。语文教育就是在传授知识、训练技能、获得方法、养成能力和习惯的过程中，渗透情感态度和价值观念的教育，使语言与思维同步发展，最终达到全面发展语文素养的目标。语文教材编者和语文教师的重要任务就在于交传学习语文的方法，养成学生学习语文的习惯。由此可知：语文技能及其训练已经成为洪宗礼"语文教育链"中的一个关键词，一个聚光点。这篇课堂教学实录则从具体课题入手，给我们诠释了这一教学思想和主张。

以上是阅读了《联想和想象》课堂教学实录之后，产生的一点联想。写在最后，以就教于洪宗礼先生及同行诸位。

（四）《模拟法庭辩论》课堂教学实录

教材　六年制重点中学高中语文《写作》课本第一册
教者　洪宗礼
班级　江苏省泰州中学 高三（3）班
时间　1985年10月3日

第一、二课时

师：上课！
生：（起立）
师：同学们，请坐下。

1985年在高中几个班级执教了《模拟法庭辩论》课，有专家说这是我国最早的综合实践活动课。

请大家把《写作》课本打开到第220页，这里有一份模拟法庭的出庭记录。提到法庭，我们都知道这是一个庄严而神圣的地方。同学们，你们有没有参加过人民法院组织的庭审？（不少同学轻轻摇头）看来，大多数同学都没有直接参加过庭审。你们有没有看到过开庭？（有同学轻轻点头）你们在什么地方看到的？（有同学说在电影、电视里看到的）在这一单元教学中，我们要依据课本中这份《出庭记录》中的案件，组织一次法庭辩论，让我们全班同学都来参加一次庭审。同学们，有没有兴趣？（学生：有）同学们，你们有谁知道人民法院的庭审程序？

生：先宣布开庭，然后进行法庭辩论，最后进行宣判。

师：这几点讲得不错，但还不够完整。谁来补充一下？

生：法院在组织法庭辩论之前，还应该先进行法庭调查。

师：这一点很重要，法庭调查是法庭辩论的基础。没有法庭调查，法庭辩论就难以开展。严格地讲，法庭庭审程序是从控诉人向法院起诉始到法庭宣告裁决止，历经庭前准备、宣布开庭、法庭调查、法庭辩论、合议庭评议、

宣告判决裁定等阶段。其中"法庭辩论"又是法庭庭审中必不可少的一个极为重要的程序。

刚才我说的这段话中有两个概念需要探讨一下，一个是"控诉人"，一个是"合议庭"。请问各位同学："控诉人"是不是受害者本人？

生：是的。受害者就是原告，原告就是控诉人。

师：又有同学举手，看来有不同意见。我们请这位同学说说。

生：不一定是。有一种情况，"控诉人"不是受害者本人，而是人民检察院的人，这种人称为"公诉人"。

师：哪一种意见正确？（学生齐答：后一种意见）后一种意见是正确的。"控诉人"不一定是受害者本人，我们今天课本上提供的这份《出庭记录》中的起诉就是由人民检察院的同志担任的。一般情况下，在民事案件中，"控诉人"就是"原告"；在刑事案件中，"控诉人"就是"公诉人"。

什么是"合议庭"呢，有没有同学知道？

生：老师，"合议庭，是指人民法院审理案件时，由一定数量的审判人员，采取法定的形式所组成的审理案件的组织"。

师：讲得很好。你是怎么知道的？

生：词典里有，我查了词典。

师：是的，"合议庭"是法院审理案件的一种组织形式。老师不仅查了词典，还请教了法院的同志。"合议庭"一般由审判员和人民陪审员组成。"合议庭"成员是法庭人员的第一部分，也就是我们通常所说的"审判组"（板书：审判组）。书记员一般也属于"审判组"之列。此外，法庭人员还应该包括"控诉组"和"被告组"。（板书：控诉组、被告组）在民事案件中，"控诉组"由原告及其代理人组成；在刑事案件中，"控诉组"由公诉人员组成。"被告组"一般由被告及其辩护人员组成。

同学们，我们要参加这场模拟法庭辩论，不论你是"审判组"的，或是"控诉组"的，还是"被告组"的，你现在要做的第一件事是什么？

生：了解案情。

师：同学们讲得很好。了解案情，是我们参加这场模拟法庭辩论的基础。因此，我们第一件事就是要认真阅读《出庭记录》，详细了解案情的来龙去脉。如何阅读这份《出庭记录》？我想分"速读——细读——研读"三步进行。
（板书：速读—细读—研读）

首先，我们谈一下"速读"。所谓"速读"，顾名思义就是快速阅读。它的特点是快，要求读得快，理解得快，要用尽量少的时间去获取尽可能多的信息。速读的目的是尽快把握全篇的大意梗概，得其要领。因此在阅读中，对某些难点，只要不影响对总体的把握，可以绕道而行，不必在一处多耗费时间。对于长句，要善于抓住主干；遇到生字、难词，只要不影响对大意的理解，可以跳过去，以免影响进度。"速读"，是一种阅读方法。但速读并不意味着降低阅读质量，速读允许略，但绝不容许错。现在，我们请全体同学把《出庭记录》快速阅读一遍，时间为10分钟。阅读要求是初步掌握"出庭记录"的大意，了解基本案情。在阅读时，同学们可以在书上勾勾画画。

（学生阅读《出庭记录》，并在课本上勾画圈点）

师：（学生阅读8分钟后）已快速读完一遍，并能说出《出庭记录》的大意和基本案情的同学举一下手。（有5位学生向老师举手示意）有5位同学仅用了8分钟已经读完了这份5千多字的《出庭记录》，没有读完的继续阅读。

师：（又过了两分钟）还没有读完的同学，请举手。（有4位同学举手）好，没有读完的同学，下面我们还有时间给大家继续阅读。现在，我们请哪位同学说说《出庭记录》的大意。

生：《出庭记录》记载了一次审判情况，主要记录了法庭调查情况。人民检察院检察员向人民法院就被告人赵山川故意伤害他人一案提起诉讼，审判长对案件进行了审理，对被告进行了询问，被告人及辩护律师当庭做了辩护。

师：这是一起什么案件，能不能介绍一下基本案情？

生：这是一起刑事案件。被告赵山川是新平县石子山乡赵庄村农民，不满16岁。他自幼被村里人戏称为"八戒"，有时受到村里某些人的歧视和取笑，对此，他极为不满。1984年5月13日，他收工回家，路遇7岁幼童张小娟。张小娟和5岁的张小冬在路边玩耍，张小娟叫赵山川"八戒"，赵山川极为恼火，揪住张小娟的辫子，将她甩出一米多远。张小娟撞到水泥柱上，颅脑损伤，被诊断为脑震荡，并认定终身成为痴呆。

师：概括得不错，基本案情已经讲清楚了。能不能用七八十个字概括一下基本案情，谁能概括得再简洁些？

生：新平县石子山乡赵庄村未满16岁的农民赵山川因多次受人歧视，于1984年5月13日将再次取笑他的7岁幼童张小娟甩成痴呆。

师：第二位同学用语更为简洁，一句话就把时间、地点、人物、事情交代得很清楚，而且被告和受害人的身份也交代清楚了。我想了解一下，你阅读《出庭记录》花了几分钟？

生：大概七八分钟。

师：你仅用了七八分钟的时间就浏览了全文，并且抓住了《出庭记录》的要点，真的不简单。请你说说你是怎样快速阅读全文的？

生：我在阅读时重点抓住了公诉人宣读《起诉书》这一部分内容，其余部分采用了跳跃式阅读方法进行扫描，有时采用一目十行的办法。

师：是的，"快速阅读"不仅帮助我们节省了时间，更重要的是训练了我们思维的敏捷性。刚才我们已经完成了"速读"的既定目标，现在进行第二步，"细读"。细读，又称为"理解性阅读"，即详细、逐行地阅读，以理解并掌握全部内容。细读是培养阅读能力最主要、最基本的手段，从语言到内容都必须全面把握、深入理解。通过"理解性阅读"，我们要求同学们要进一步了解案情的来龙去脉，要搞清楚赵山川犯罪的缘由、主观原因、客观背景、认罪态度及犯罪性质。（板书：犯罪的缘由，主观原因，客观背景，认罪态度，性质）"理解性阅读"，时间为15分钟。

（学生继续阅读《出庭记录》，并勾画圈点，加注旁批。教师行间巡视）

师：好，时间到。我们先来讨论一下"赵山川犯罪的缘由"，被告人赵山川是在什么情况下起意伤害7岁幼童张小娟的？

生：赵山川当天收工回家，路遇幼童张小娟和张小冬在路边玩耍。年仅7岁的张小娟和5岁的张小冬称赵山川为"八戒"，并嘲弄他。赵山川认为连小孩都敢欺负他，因此极为恼怒。在这种情况下，赵山川踢了小冬一脚，并抓住小娟的辫子猛晃，将其推到水泥柱子上。

生：我想补充一下：该村的一些人经常歧视和取笑他，并多次称他为"八戒"。就在事发当天，锯木厂小工张辉还揪住他的耳朵，让他学猪叫。我个人认为，赵山川伤害张小娟，是在极为无奈的情况下发生的。

师：刚才两个同学谈到的既有赵山川犯罪的缘由，也涉及犯罪的客观背景。其实，我们翻看一下《出庭记录》中审判长的两次讯问就很清楚了。第一次，审判长讯问"被告人，你在什么情况下起意伤害他人的"，被告人答"他们叫我外号"；第二次，审判长讯问"你是在什么情况下伤害他们的"，被告人答"就是他们叫我外号"。我认为赵山川"犯罪的缘由"是年仅7岁的张小娟竟然也敢叫他外号。赵山川犯罪的主观原因、客观背景又有哪些呢？谁先来说说赵山川犯罪的主观原因？

生：赵山川只"上了三年小学"，文化水平低。

生：赵山川小时候曾被电过，虽然不属病态，但是由于受电击，影响了他的智力发育。

生：赵山川根本不懂法，他不知道故意打人是犯罪。当审判长讯问"你为什么不去投案自首"，他竟然回答"我不懂什么叫投案自首"。

师：刚才三位同学答得都很好。"不懂法"是赵山川犯罪的主观原因。他犯罪的客观背景又有哪些呢？

生：赵山川从小就被村里人称为"猪八戒"，平时干活时，别人老欺负他，打他，叫他外号，往他身上撒尿。就在他犯罪的当天，还有人拎着他的耳朵，让他学猪叫。他小时候得过肝炎，还被电触过一次。

生：此外，赵山川所受到的家庭教育也是不幸的。他爸爸和哥哥常常打他，而且是用棍子和三角铁打。赵山川认为他爸和哥如此打他都没有受到处分，他打了张小娟肯定也没有什么了不起。他们家的家庭教育方法不当，这一点是不是也可以算作是被告犯罪的客观背景。

师：两位同学的答案加在一起，就比较完整了。现在。我们来看一下赵山川的认罪态度。

生：应该说，赵山川的认罪态度是比较好的。他不仅一一承认了自己所犯的罪过，而且多次表示要"听从政府判决"。他说"我知道我缺德"，在最后陈述时他还说："我认罪伏法，服从政府的判决，别的没有什么说的。"

师：最后，我们再来讨论一下赵山川"犯罪的性质"，谁来发表一下自己的意见？

生：根据公诉人宣读的《起诉书》，赵山川已构成故意伤害致人重伤罪。

生：我认为是过失犯罪，不是故意犯罪，不应该负刑事责任。

师：同学们，你们认为是过失犯罪，还是故意犯罪？（绝大多数同学认为是"故意犯罪"，也有人认为是过失犯罪）看来，绝大多数同学都认为是"故意犯罪"，也有少数同学认为是"过失犯罪"。有不同意见，是好事。我们暂不作结论，也暂不讨论，因为我们下面还会有时间来思考和探讨这个问题。从刚才大家的讨论中，我们可以看到，同学们的发言既有观点又有材料。这些材料是从哪里来的？毫无疑问是认真、详细阅读《出庭记录》的结果。这些观点是从哪里来的？是我们阅读和思考的结晶。

师：接下来，我们进行第三步："研读"。所谓"研读"就是研讨性阅读。研讨性阅读的方式很多，这里先介绍两种，一种是比较参读，一种是质疑阅读。

（板书：比较参读，质疑阅读）

所谓"比较参读"，就是在精读某一篇文章的基础上，再参读其他文章，找出它们之间的异同。我们在精读《出庭记录》的基础之上，再阅读课文后辑录的《中华人民共和国刑法》有关条文，通过比较分析就能辨别案情的是是非非，进而使我们的思维更具准确性和丰富性。

所谓"质疑阅读"，就是在阅读中发现问题、提出问题、分析问题、解决问题。《出庭记录》中公诉人和被告人、辩护人双方观点之间存在不少差异，有差异，就有疑问。质疑大致有两种情况：一种是有疑而问。在阅读中，确实还有一些谁是谁非的问题没有解决，需要提出来研究并解决。另一种是明知故问。有些问题，虽然已经明白了是与非，但如果我们把材料前前后后联系起来考虑，再对照《刑法》中的有关条文，还有一些"为什么"需要提出来进一步思考和研究。更有甚者是于无疑处生疑，我们依据《出庭记录》中的有关事实，还可以提出一些商榷性的疑问。

"研读"是一种高层次的阅读，是我们撰写《模拟法庭辩论稿》的基础。研读时，可以和前后左右的同学小声讨论。这种讨论既可以是议论性的讨论，也可以是争论性的讨论。时间同样为 15 分钟。

（学生阅读《出庭记录》和《中华人民共和国刑法》有关条文，教师行间巡视，同学之间、师生之间不时地进行小声讨论）

师：同学们，大家用了 15 分钟的时间，在学习了《刑法》有关条文后，对《出庭记录》再次进行了阅读。刚才，不少同学还进行了交流和讨论。通过比较参读和质疑阅读，我们有没有找出公诉人和被告人、辩护人双方观点之间存在的差异？在研读中，我们又进行了哪些有益的思考，提出了哪些有价值的疑问？

生：案发后，赵山川在他母亲的一再追问之下才向母亲讲述了他的犯罪经过，是他母亲向村治保主任揭发归案的，这种情况是"揭发归案"，还是"投案自首"，我们发现公诉人和被告人、辩护人双方有意见分歧。

生：对照《刑法》第十一条和第十二条，我们几个同学对赵山川把幼童张小娟打成重伤，是"故意犯罪"，还是"过失犯罪"，有分歧。公说公有理，婆说婆有理，谁也说服不了谁。

师：除了刚才两位同学提到的问题，还有些什么疑问需要提出来讨论和研究的？

生：长期以来，被告人赵山川被村里人称为"猪八戒"，且常常遭受毒打。这一客观事实虽然不是被告人行凶的依据，但是应该说这与被告人的犯罪行为是有一定的关系的。这种关系到底有多大，我们认为控辩双方的意见并不完全一致。

生：被告人赵山川不满 16 岁，且小时候被电击过，影响了他的智力发育。这对于量刑的轻重，是有关系的。这种关系有多大，我们发现控辩双方也是有意见分歧的。

师：几位同学讲得都很好。我们找出分歧，找出矛盾，也就找出了法庭辩论的要点。刚才同学们提到的，诸如"故意犯罪"与"过失犯罪"的异同，"揭发归案"与"投案自首"的区别，犯罪的"主观因素"与"客观因素"之间的关系，犯罪的年龄、智力与犯罪性质之间的联系，这些都是我们法庭辩论的要点所在。我们不仅要从《出庭记录》中找出相关的文句，还要对双方的看法进行分析和思考。

师：同学们，我们在撰写模拟法庭辩论稿之前，我认为还有三件工作要去做。

第一步，要进一步整理并分析"案情"。（板书：第一，进一步整理并分析"案情"）我设计了一张表格，请看幻灯片。

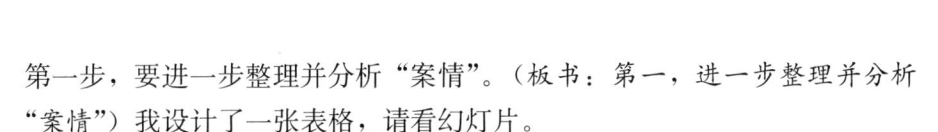

（幻灯映出）

被告人姓名		年龄		犯罪时间	
与本案有关人员					
犯罪基本情节					
犯罪主要原因					
犯罪主观动机					
犯罪客观背景					
罪犯认罪态度					
罪犯犯罪性质					

同学们可以根据表格中所列项目进行梳理和填写。第二步，自选假定身份，充分展开讨论。（板书：第二，自选假定身份，充分展开讨论）身份可以是控方，即公诉人，可以是辩方，即被告人及其辩护人。大家可以自由组合，三五人为一组。相同观点的同学可以组合成一组，不同观点的同学也可以组合成一组。相同观点的同学在一起，可以商量如何确立己方观点，如何收集论据，如何运用论辩策略等。不同观点的同学在一起，能够互相沟通，彼此传递信息，通过争辩还可以摸清对方辩论的角度和内容，找出双方论辩中的有利因素和不利因素。

（同学们用两三分钟时间完成了自行组合）

师：同学们可以围绕被告人赵山川犯罪的性质进行讨论，重点可以放在赵山川该不该判刑，如果判刑，怎样量刑才合适等问题展开。在讨论中，我们还可以发现问题，提出疑问。解决不了的问题，我们可以先把它记下来。分组讨论的时间为15分钟。

（同学们进行分组讨论，讨论非常热烈，气氛异常活跃。教师也先后参加了几个小组的讨论，有的小组还展开了激烈的争论）

师：同学们，我们经过讨论，对法庭辩论的中心话题以及各自的基本观点有了初步了解，但如何撰写法庭辩论稿还需要进一步探讨。因此这第三步，就

是要了解法庭辩论稿的一般写作要求。(板书：第三，法庭辩论稿的一般写作要求)

就本案具体情况来看，在法庭辩论中一方是公诉人，一方是被告及其辩护人，由公诉方和辩护方双方进行辩论。首先，公诉方要写好公诉词，辩护方要写好辩护词。(板书：公诉词，辩护词)所谓"公诉词"，是指人民检察院根据法律规定，在人民法院审判公诉案件时，派出人员在法庭辩论阶段的口头发言稿。公诉词不是对起诉书的简单重复，而是以起诉书为基础和依据，有重点、有针对性地揭露被告人的犯罪动机、犯罪目的、犯罪手段和犯罪后果，是对起诉书的进一步说明。所谓"辩护词"，是辩护人依法参加刑事诉讼活动，行使辩护权，在法庭辩论阶段的口头发言。

"公诉词"，一般以正面阐述为主；"辩护词"，既要正面阐述，又要进行反驳，两者要有机结合。"公诉词"和"辩护词"，从文体上来讲都是议论文，在结构上大体相同，在写法上也有许多相似之处。撰写"公诉词"和"辩护词"时，尽量不让对方从发言中找到矛盾，使对方没有可乘之机。对对方在发言中可能提出的观点在己方的发言中该认定的认定，该反驳的反驳，使对方的辩论处于一种被动状态。无论公诉词，还是辩护词，开头都应该有呼告语，可写"审判长、审判员"或"尊敬的审判长、审判员"。如有人民陪审员参加，在呼告语里，还应加上"人民陪审员"。在发言重要之处，需要提醒法庭成员注意的，也可另起一行写上呼告语。但呼告语不能滥用，以免影响发言的连贯性。"公诉词"和"辩护词"既然是议论文，因此议论文的一般写作要求都应该严格遵守。比如说，运用概念要准确，作出判断要鲜明，进行推理要正确，分析说理要辩证，语言要有概括力。这些，在法庭辩论稿的撰写中都很重要。"控""辩"双方分别写好"公诉词"和"辩护词"，是不是就能参加法庭辩论了？仅仅准备好"公诉词"和"辩护词"够不够？(众答：不够)为什么呢？

生：准备好"公诉词"和"辩护词"还远远不够，"控""辩"双方还应依据案情和对对方观点的分析研究，预测辩论动向，预先设定好讯问提纲和答辩提纲。

师：预测辩论动向，写好讯问提纲和答辩提纲，这同样是法庭辩论前的一项重要准备工作。对对方的分析和预测，"控""辩"双方都应该尽可能准备得详尽一些。要充分估计到对方可能提出哪些问题以及他们所持有的事实依据和法律依据，我方如何来应对对方的问题，我方还应该向对方提出哪些问题。我们准备得越充分，辩论时的底气才会越足。我相信只要我们"控""辩"双方都做好充分准备，那么我们下周的法庭辩论就一定能够取得圆满成功。

今天的课，就上到这里。现在我们布置一下课外作业。看幻灯片：

（幻灯映出）

> 课后作业：
> 1. 带着阅读和写作中的问题向法官和律师请教，向书本请教，向老师和同学请教；
> 2. 撰写模拟法庭辩论稿；
> 3. 脱稿试讲1~2遍。

师：好，现在下课。

第三、四课时

（将本次模拟法庭出庭人员的姓名和所扮演的角色等信息投影到屏幕上）

师：上课！

生：（起立）

师：同学们，请坐下。大家上周撰写的法庭辩论稿，我都一一看过了。绝大多数同学的辩论发言稿有观点，有材料，有分析，感情充沛，且富有论辩性。不少同学进行了面壁试讲，有的同学还自找对手，进行了针锋相对的辩论。在此基础上，大家将辩论稿进行了再次修改。看到我们今天教室里的布置和陈设，就知道我们将要举行一场模拟法庭辩论。我们邀请10名同学分别扮演审判员、书记员、公诉人、被告人、辩护人等角色，其余同学作为听众。

作为听众的同学，要对这 10 名扮演者进行评议并给直接参加法庭辩论的几位同学分别打分。《评分标准》和《评分表格》见幻灯片。今天我们还特别邀请了泰州市人民法院审判员章中强同志担任本次模拟法庭的审判长，大家欢迎。（大家鼓掌）

（市人民法院审判员章中强同志身着"庭长"制服，起立）

审判长：同学们好。现在，我们按照法定程序对赵山川致人重伤一案进行审理。（示意书记员上场）

书记员：（查明本案诉讼人、被告及其代理律师是否到庭，并宣布法庭纪律）全体起立，请审判人员入席！

（审判人员入席后站立）

审判长：请全体人员坐下！

书记员：（站立，面向审判长）报告审判长：本案诉讼人、被告及其代理律师均已到庭。请决定是否可以开庭。

审判长：（面向书记员）可以开庭，请坐下！

（面向全体人员）现在宣布开庭！（用法槌击打桌面）

（宣布法庭组成人员，核实当事人和诉讼参加人身份，告知被告对法庭相关人员有提出申请回避的权利，并询问是否申请回避等事宜）

现在开始法庭调查。由公诉人宣读起诉书。

公诉人：（宣读《起诉书》）

审判长：被告人，你是在什么情况下起意伤害被害人的？交代你的犯罪事实。

被告人：（陈述犯罪事实）

审判长：由于犯罪事实清楚，证据确凿无误，公诉人和被告及其代理双方对基本事实都已认定，现在进入法庭辩论阶段。请公诉人发表公诉意见。

公诉人A：审判长、审判员：被告赵山川故意伤害、致人重伤一案，事实清楚，证据充分，被告人亦供认不讳。本院认为：被告赵山川目无国法，在光天化日之下行凶残害儿童，手段极为残忍，后果特别严重，触犯了《中华人民共和国刑法》的第一百三十四条第二款的规定，已构成故意伤害致人重伤罪。为严肃国法，保护儿童生命安全，打击刑事犯罪活动，依据《中华人民共和国刑事诉讼法》第一百条规定，提起公诉，请求依法惩处犯罪分子赵山川。

审判长： 被告人为自己辩护。

被告人： 打伤张小娟是我的错误，我承认。但是我没有先打她，是她先骂我的。那天，我收工回家，他们看到我老远就叫"八戒来了"。我走近了，他们叫得更厉害了。张小冬还学猪，用嘴拱地。我先吓唬他们，但他们不买账，他们一面叫"八戒、八戒"，一面还继续学着猪用嘴拱地。我在忍无可忍的情况下才去揪张小娟的辫子的，我把她向电线柱上一推，没想到竟然把小娟给撞晕过去了。那天，我看到小娟倒在地上流了血，我害怕了，拔腿就跑。跑回家，妈妈问我怎么回事，我把事情的经过情况都向她坦白了。妈妈用扫帚狠狠地打了我，还叫我赶快去张婶婶家承认错误。我不是有意的，我更没有想到后果会这样严重。我知道我错了，我听从政府处理。

但是有一点，我想向政府说明一下。平时我干活时，别人老欺负我。他们不仅叫我"猪八戒"，经常打我、骂我，还往我身上撒尿。我打不过他们，只好忍着。就在事发当天上午，锯木厂的小工张辉还揪我的耳朵，让我学猪叫。我不肯，他就拧我的耳朵，在院子里转。我没办法，只好学猪叫。在收工回家的路上，又遇到张小娟和张小冬再次嘲弄我，我想连这两个小崽子都敢欺负我，因此我也火了，我就狠狠地打了他们。我认罪，我下次再也不敢打人了。我文化水平低，只上了小学三年级。小时候我得过肝炎，还被电触过，脑瓜子也不好使。我说不好，我请求律师为我辩护。

审判长： 请辩护人发表辩护意见。

辩护人 A： 尊敬的审判长和各位审判员：我们受××律师事务所的指派依法担任本案被告赵山川的辩护人。介入本案后，通过会见被告人，审阅卷宗材料，特别是通过今天的庭审调查，我们认为，赵山川致人重伤一案的案情基本事实是清楚的。对此，被告赵山川从5月3日投案至今天法庭调查结束前也一直供认不讳，并表达了其认罪态度。对于此行为给被害人所造成的伤害，辩护人也深表同情。但是，对被告人的处罚应当也必须依照客观事实及法律的规定来进行。辩护人根据本案的相关事实及我国法律的相关规定发表辩护意见如下：第一，事发当日，被告受到年仅7岁的张小娟和年仅5岁的张小冬的嘲弄，尽管被害人年幼无知本不该和他们计较，但他们的嘲弄恰恰是被告打伤被害人的起因。第二，长期以来，被告人受到村里某些人的歧视和讥笑，对此极为反感。当遇到两个力气比他小的儿童时，他便产生了武力报复的心理。在这种情况下，被告赵山川产生这种武力报复心理是于法不容但情有可原的。第三，被告人未满16岁，文化程度只有小学三年级，小时候又受过电击，影响了他的智力发育。第四，事发后，被告人能主动投案自首，并主动交代犯罪事实，认罪态度较好。以上几点辩护意见，辩护人提请法庭合议时予以高度重视，并能从轻处罚。

审判长： 请公诉人根据被告及其辩护人提供的证据，就相关部分进行辩论。

公诉人B： 审判长、审判员：被告人自幼被村里人称为"八戒"，有时受到村里某些人的歧视和取笑，事发当天，被告又受到两名幼童的嘲弄，我们承认这是不可否认的事实。这一点，我们在公诉词中已经明确表明了我们的态度。但是这绝不是被告行凶打人的依据，何况被告伤害的又是两个年幼无知的孩子。被告被他人嘲弄已不是一天两天的事了，当他遇到两名幼童时就出手报复，这是典型的欺软怕硬。这种怕强凌弱的行为，我们尤其不能容忍。

辩护人B： 尊敬的审判长、各位审判员：我们认为，如果说被告把两名幼童的嘲弄作为行凶打人的依据，那肯定是错误的。应该说，被告长期以来受到村里某些人的歧视和讥笑这一事实，与他行凶打人，致人重伤是有一定的联系的。说到弱者，其实被告赵山川在村里也是一名弱者。在家里，他挨父亲和哥哥用棍子和三角铁打；在外面，他经常被村里人欺负，他打不过人家只好忍着。出事当天，被告出手行凶打人，虽不能称为自卫反击，但确实是出于无奈。辩护人不想也不应该指责两名幼童，因为他们年幼无知，但是两名幼童对被告的讥笑，对本案的发生确确实实也起到了一定的作用。因此，我们认为两名幼童的讥笑，和被告的犯罪是有一定的联系的，合议庭量刑时对这一情节应当予以考虑。

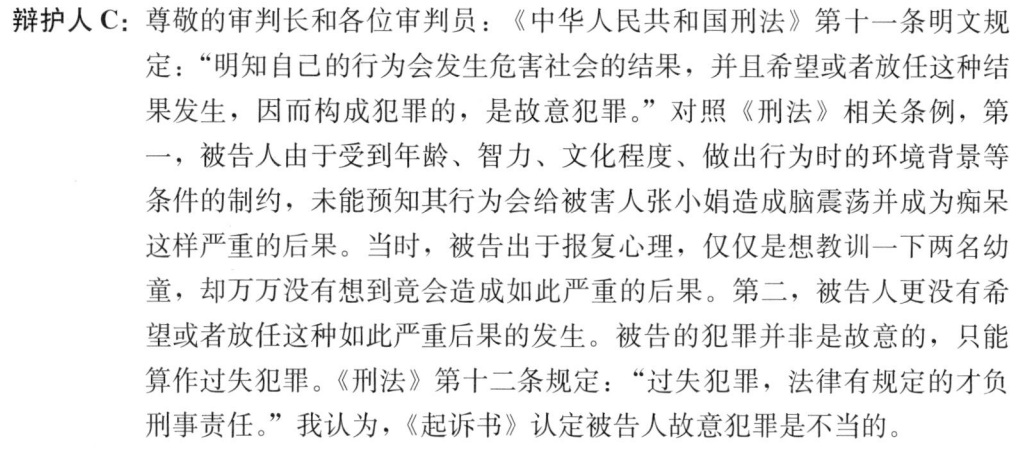

辩护人 C：尊敬的审判长和各位审判员：《中华人民共和国刑法》第十一条明文规定："明知自己的行为会发生危害社会的结果，并且希望或者放任这种结果发生，因而构成犯罪的，是故意犯罪。"对照《刑法》相关条例，第一，被告人由于受到年龄、智力、文化程度、做出行为时的环境背景等条件的制约，未能预知其行为会给被害人张小娟造成脑震荡并成为痴呆这样严重的后果。当时，被告出于报复心理，仅仅是想教训一下两名幼童，却万万没有想到竟会造成如此严重的后果。第二，被告人更没有希望或者放任这种如此严重后果的发生。被告的犯罪并非是故意的，只能算作过失犯罪。《刑法》第十二条规定："过失犯罪，法律有规定的才负刑事责任。"我认为，《起诉书》认定被告人故意犯罪是不当的。

公诉人 C：我们讲被告"已构成故意伤害致人重伤罪"，是认定被告所犯罪过是"故意伤害"，而不是"过失伤害"。当两名幼童嘲弄被告时，被告使劲将受害人张小娟的头朝旁边的电线杆上撞，这种行为完全是故意的。正如辩护方所说，被告受到某些条件的制约，未能预知其行为会给被害人张小娟造成脑震荡并成为痴呆这样严重的后果。我们认定的是"故意伤害"，而不是"故意犯罪"，我们还请辩护方弄清楚"故意犯罪""过失犯罪""故意伤害""过失伤害"等几个概念的区别和联系。

辩护人 B：尊敬的审判长和各位审判员：公诉方已经认定被告是"过失犯罪"，而不是"故意犯罪"，这和我们辩护方的观点是完全一致的。此外，我们认为事发当日被告回家后，向其母亲陈述了犯罪事实，村治安主任找到乡公所，被告人随即交代了犯罪事实。因此，我方认为被告也应算作自首。

公诉人 B：事发后，被告能主动交代犯罪事实，认罪态度较好，这一点我们与辩护方的观点是一致的。但是关于自首问题，被告向其母讲了他的犯罪事实以后，由其母向村治安主任揭发归案，这一点与被告人自己主动向公安部门投案自首是有区别的。在刚才的法庭调查时，被告承认事发回家后是在他母亲的一再追问下才讲述了他的犯罪经过，他自己并没有主动投案自首。况且，当赵玉新叫他站住时，他假装没有听到，撒腿就跑，这难道不是想畏罪潜逃吗？

辩护人B：“投案自首”与"揭发归案"，这是性质完全不同的两个概念。我方认为，被告人现在还未成年，他的父母是他的法定监护人，监护人代为投案，同样应该认定为投案自首。其一，被告在他的监护人母亲的追问下，能够主动交代。其二，公安机关在没有确切掌握被告犯罪事实的情况下，找被告人谈话时，被告随即交代了其犯罪事实，应该视为有悔罪的表现。其三，赵玉新叫他站住时，并不知道他已经打了人，只是问问那是怎么回事，仅凭这一点那就更不应该认定被告是畏罪潜逃。此外，被告赵山川虽然致人重伤，但毕竟年幼无知，缺乏文化，客观上又受到社会上一些人的嘲弄和歧视，确实有些可怜，也值得各位同情。

公诉人B：大家都知道，对犯罪分子的处罚，应当依据犯罪的事实、犯罪的性质、情节和对于社会的危害程度。感情是不能代替法律的，法不容情。

辩护人C：为了对被告人赵山川依法做出客观、公正的处罚，我想重申这样三点意见：第一，被告未满16岁，文化程度只有小学三年级。第二，被告小时候受过电击，脑子受过伤，影响了他的智力发育。第三，被告家庭教育方式不当，存在严重的问题，他经常被爸爸和哥哥用棍子、三角铁打。以上三项客观因素，对被告的成长带来一定的影响。我们恳请合议庭在合议时对此予以充分考虑。

公诉人C：被告人小时候受过电击，脑子受过伤，这是事实。但是，在我们的调查中，并没有人反映被告人被电击以后智力发育受到影响。

辩护人C：被告受过电击，确实没有造成严重后果，当然不能属于病态，但是年幼时受到电击，他的智力发育肯定会或多或少受到一定程度的影响。

审判长：公诉人对这一点还有意见吗？

公诉人C：没有。

审判长：经过事实的陈述和控辩双方的论辩，本案情况已经非常清楚。请问，公诉人还有什么补充意见？

公诉人A：没有了。我们请求法庭按照《中华人民共和国刑法》相关条例惩处犯罪嫌疑人赵山川。

审判长：辩护人还有什么意见？

辩护人A：没有了。请法庭合议时对辩护人提出从轻处罚的几点理由予以充分考虑，对年仅 16 岁的被告从轻处罚。

审判长：法庭辩论到此结束，现在由被告人作最后陈述。

被告人：尊敬的审判长、各位审判员：我把张小娟打成重伤是违法的，我向张小娟全家表示道歉。过去我不懂得什么是投案自首，也不知道故意打人是犯罪。因为许多人都打过我，我爸爸和我哥哥也常打我，他们都没有受到处分。所以我以为打人没有什么了不起，更不懂得打人造成严重后果的就是犯罪，还要判刑。现在我懂了，我认罪伏法，我服从合议庭的合议。谢谢大家对我的帮助和教育，别的我没有什么要说的了。

审判长：本次开庭到此结束，经合议庭合议后再行宣判。现在休庭！（用法槌击打桌面）

师：刚才的法庭审理暂告一段落，几位法官在那里进行休庭后的合议。现在我们利用这短暂的时间分小组预测一下：被告赵山川该不该判刑？如果判刑，怎样量刑才合适？

（学生分组讨论，议论纷纷，争论热烈）

师：好，合议庭合议已经结束。到底谁的分析更加接近真实的答案，下面进行案件审理的最后程序，请我们的法官作最终裁决。

书记员：（面向全体）下面重新开庭，请审判长、审判员入庭。

（审判人员入席后站立）

审判长：请全体起立。

（全体人员起立）

审判长：新平县人民法院刑事判决书：

公诉机关：新平县人民检察院。

被告人赵山川，男，出生于 1969 年 3 月，新平县石子山乡赵庄村人，农民。因故意伤害，致人重伤，经新平县人民检察院批准，于 1984 年 5 月 14 日，由新平县公安局逮捕，现在押。

辩护人（写明姓名、性别、工作单位和职务）

新平县人民检察院于 1984 年 7 月 23 日以被告人赵山川犯故意伤害罪，向本院提起公诉。本院受理后，依法组成合议庭，公开开庭审理了本案。新平县人民检察院检察员李树青出庭支持公诉，被告人赵山川及其辩护人、证人等到庭参加诉讼。本案经合议庭评议并报本院审判委员会讨论决定，现已审理终结。

经审理查明：被告人赵山川，于1984年5月3日上午10时左右路遇幼童张小娟和张小冬二人在路边玩耍。张小娟叫被告人的外号"猪八戒"，被告极为恼怒，遂揪住张小娟的辫子猛晃，然后朝电线柱子上猛推。张小娟颅脑损伤，造成脑震荡，将终身成为痴呆。同时又将张小冬的门牙踢落一颗。上述罪行，有证人证言、现场勘查笔录、医院检查结论在案佐证。被告人赵山川当庭陈述的事实与指控事实基本一致。公诉机关的指控事实清楚，证据充分，罪名成立，本院予以确认。

在法庭辩论中公诉人认为，被告人赵山川未能及时主动向公安部门投案自首，有逃避行为。经审查，被告未满16岁，在事发后向其母亲讲了犯罪事实，在公安机关尚未掌握被告犯罪事实的情况下又再次向村公所交代了犯罪事实。本庭认为，被告事发后能主动交代自己的犯罪事实，有悔罪表现，可视为投案自首。

被告人赵山川及其辩护人对公诉机关指控的犯罪事实均表示认定。被告的辩护人提出了对被告从轻处罚的几点理由，本院认为，尽管被告文化程度低，长期以来又经常受到他人的歧视和嘲弄，确实令人同情，但是在法律面前，人人平等，任何公民犯罪都应依法受到刑事追究。至于被告"案发后能如实供述犯罪事实，认罪态度较好""年龄不满16岁"等，可以依法减轻处罚。

综上所述，本院认为，被告人赵山川目无法纪，侵犯公民人身权利，致人终身残疾，后果严重，业已构成伤害，根据《中华人民共和国刑法》第一百三十四条第二款、第十四条第二款之规定，判决如下：被告人赵山川犯故意伤害罪，判处有期徒刑三年。如不服本判决，可在接到判决书的第二日起10日内，通过本院或者直接向中级人民法院提出上诉。

审判长：吴志彬

审判员：吴国泰、刘娟

公诉人：李树青

书记员：李明

闭庭！（用法槌击打桌面）

师：各位请坐。刚才模拟法庭的审判程序已经结束，但同学们的思考还远远没有结束。同学们可能会产生这样或那样的疑问，一定会提出这样或那样的问题，下面我们欢迎审判长章中强同志为我们解疑释难。（全体鼓掌）接下来，同学们可以随便提问。

生：请问审判长，被告赵山川犯罪事实是由其母亲向村治保主任揭发的，为什么视为投案自首？

审判长：《刑事判决书》上的表述已经很清楚了。这里，我再详细说明一下。我们认为符合以下几种情况都应视为自动投案：第一，投案行为发生在犯罪人尚未归案之前，这是自动投案的时间规定。例如，在本案中，即使犯罪事实和犯罪嫌疑人均已被司法机关发现，但司法机关尚未对犯罪嫌疑人采取讯问或强制措施之前，也符合犯罪人尚未归案之前的情形。第二，投案行为是犯罪嫌疑人的意志所决定的，这是自动投案是否成立的关键。例如，在本案中，经家长、亲朋好友规劝而投案，也属此列。第三，必须是向司法机关或者个人承认自己实施了犯罪行为，这是投案自首的实质性条件。这里的"个人"是指犯罪嫌疑人所在单位、城乡基层组织、其他有关负责人。例如，在本案中，向村治保主任坦白，村治保主任也属于这一条中所讲的"个人"。此外，被告人现在还未成年，他的父母是他的法定监护人，监护人代为投案，同样可以认定为投案自首。

生：我想请问审判长：合议庭评议时，如果几位法官意见不一致，怎么办？

审判长：合议庭评议时，由审判长领导，除书记员在评议室做记录外，非合议庭成员不得参加评议。评议中如果发生意见分歧，实行少数服从多数的原则，但少数人的意见应该如实记入评议笔录。评议笔录由合议庭全体成员签名或盖章。评议结束后，应当依法制作判决书，并由合议庭全体成员在判决书上签名。这些措施有利于合议庭评议的公平、公正。

生：我的问题是，模拟法庭辩论和我们学生平时举办的辩论赛这两种辩论，发言时有什么不同？

审判长：这个问题提得很好，但最好由你们老师来回答。他的回答，肯定要比我说得好，我们请洪老师来回答这个问题。

师：我们平时举行的辩论赛强调的是语言技巧和表演性，双方针锋相对、唇枪舌剑，言辞激烈，不仅要"以理服人"，更多的是靠"以情动人"；而模拟法庭辩论主要是靠"以理服人"。模拟法庭辩论要求参辩人员不仅法律知识丰富、法律思维睿智，而且要求逻辑推理严密。在模拟法庭辩论中，当事人在陈述时的语气、手势和眼神都有讲究，过于随意不是法庭辩论的风格。当事人应当心平气和地娓娓道来，不需要咄咄逼人，更不需要把对方的每一个观点都驳倒，关键在于自己是否有理有据，毕竟是"事实胜于雄辩"。

师：同学们，今天的模拟法庭辩论课得到了泰州市人民法院的支持，我们衷心感谢法院的同志对我们这次教学活动的指导和帮助。（大家鼓掌）

师：现在，我们进入本课的最后一个程序，对今天的10名扮演者进行评议并给直接参加法庭辩论的几位同学分别打分。先来看一下《评分标准》和《评分表》，请看幻灯片。

（幻灯映出）

分类	思想内容	语言表达	表情姿态
具体要求	观点鲜明 事实充分 引文准确 分析深入	口齿清楚 声音响亮 感情真挚 切合身份	自然大方 助以姿势

序号	发言人姓名	思想内容40%	口语表达40%	表情神态20%	总分
1					
2					
3					
4					
5					
6					
7					
8					

我们先分小组讨论，然后每组派一名代表到台上来进行大组交流。
（学生分组讨论，教师先后参加了几个小组的讨论）

（大组交流，每组派一名代表在台上发言。在学生评议过程中，教师做适当点评，略）

师：同学们，刚才大家的讨论非常热烈。不少同学的评议坚持一分为二，既肯定了成绩，也提出了问题。其中有一位同学提到了"人物语言的个性化"，我认为这个问题提得很有价值。例如，被告人赵山川是个文化层次只有小学三年级水平的农民，他的语言应该符合他的身份。从总体上看，被告人的两次发言基本上是符合人物身份的，但也有个别句子需要做适当的修改。在被告人第一次发言时，有一句"就在事发当天上午，锯木厂的小工张辉还揪我的耳朵"，"事发"一词作为赵山川的人物语言，与这一人物的身份不吻合。"就在事发当天上午"可以改为"就在我打伤张小娟的那天上午"。在被告人第二次发言时，也有一句"我服从合议庭的合议"可改为"我服从政府的判决"。此外，有的同学在评议中还提到了概念和判断的准确性，推理的逻辑性及论辩的针对性等问题，我认为大家讲得都很好。建议同学们根据刚才大家评议后形成的一致意见，把各自撰写的发言稿再一次进行认真修改，修改后誊清到作文本上。这就是我们今天的课后作业。

师：好，现在下课。

（丁翌平整理）

语文综合性学习的早期范例
——《模拟法庭辩论》课堂教学实录评点

韩雪屏

这个课堂教学实录，充分地体现了洪宗礼语文教育观念的核心之一"渗透说"。渗透说，是洪氏对语文课程教学内部和外部各种因素关系的探讨。他认为语文课程教学内部的和外部的各种因素之间应该是一种相互关联、互相渗透的关系。

就语文课程内部各种因素而言，在这一课堂教学过程中涉及语文课程知识和语文读、写、听、说各项技能之间的关系；其中有如何阅读法律文书"庭审记录"，如何写作"法庭辩论稿"；基础阅读方法系列中的速读、细读和研读；细读中的圈点批注，研读中的"比较参读"和"质疑阅读"；法庭辩论试讲和实践等。应该强调指出的是，这些知识与技能都是结合在一起出现的。换言之，知识不是以单纯的静态面貌出现，而是以动态过程形式呈现的，成为指导学生听、说、读、写言语实践的程序性知识，发挥了适时地为学生的实际操作定向的作用。在这一课堂教学过程中还涉及语文活动与思维活动的关系，其中有对于庭审记录的话语概括、整理分析案情时填写表格、预测辩论动向、预设询问和答辩提纲等。这些设计把学生在阅读庭审记录、法庭辩论过程中的思考活动外化为可见可查的口头与书面语言。有学有教就必然要有评价，无评价的教学是无效或低效的。因此，课堂教学在法庭辩论阶段，虽然只选择了10名学生扮演法庭辩论中的各种不同角色，但是，其他学生都要参与给这10名学生评议和打分，这个过程实际上也是一种自主学习活动。

从语文课程与其他学科的关系而言，洪宗礼认为，人类社会的各种活动和经验都离不开语言，各门学科知识都必须用准确、精致的语言文字来表述。于是，就形成了以语言为轴心的各门学科之间的互相沟通与渗透。因此，这节课的教学目的之一，就是把法制教育与语文教学结合起来。我们可以清晰地看到在整个教学过程中，学生所接触到的关于庭审程序、公诉人与公诉词、辩护人与辩护词、合议庭及其评议、罪行性质、犯罪原因、量刑大小、判决裁定等一系列法律常识。因此，语文课程就有效地发挥了它在基础教育阶段的多重功能与奠基作用。

从语文课程与社会生活的关系而言，这个案例把社会生活中实实在在的法律事件引进到语文课堂教学中来，使语文课程与教学成为现实法律生活的写照。在校学生不可能接触到社会生活的方方面面，但是，通过设置模拟情境，学生扮演角色，使他们了解社会，接触社会，融入社会。这种基于案例，基于问题，以及基于项目的学习，体现了基于真实情境和解决复杂问题的课程设计理念。这种课程理念进一步拓宽了母语课程的内容。既反映了现实生活对教育的需求，又在不断地容纳新的教育内容。它本身具有无限开放的可能性，使语文课程与教学朝向"基于学科，超越学科，面向真实世界；始于课堂，走出课堂，融入复杂社会"的大方向发展。它为学生开辟了一条与他生活于其中的世界交互作用、持续发展的渠道，倡导学生对自我、社会和自然之间内在联系的整体认识与体验。于是，学生在探究与体验自然中不断成长，在参与和融入社会中不断成熟，在认识自我中不断完善。

值得指出的是，这一课堂教学过程是在虚拟的语境中进行的。也就是说，学生是在扮演法律庭审角色，教室是按照法庭形式布置的。但是，模拟并不等于虚假，因为学生学习的材料是真实的刑事案例，学生学习语言的任务是阅读、分析和写作由案例决定的法律文本，学生的学习过程和活动是真实发生的，模拟法庭的审判长是真实的泰州市人民法院的审判员。因此，这一模拟情境就为学生的学习任务、学习过程、师生关系带来了不容怀疑的真实性能。即便是在虚拟的情境中，学生也在真实地扮演着各种不同的社会角色，理解和体验着各种不同角色的思想和情感。角色扮演就是学生与社会联结的一种媒介物。角色扮演的特殊教育效果是，获得对有关社会问题、价值观念的知识，形成对他人的移情，培养解决人际交往问题的能力，等等。因为这个情境本身不仅要求学生知道做什么，怎么样做，而且还告诉学生为什么做，在什么情境中去做，做到什么程度最为理想。因此，情境本身就具有动员学习的功能，它可以激发学生学习的兴趣，唤起学生实践的欲望，维持并不断地提升学生的学习动机。这就进一步说明了当代课程知识的设计与编排应该讲述一个个真实的"知识故事"，讲清这些故事发生的时间、地点、人物、事件、过程和结果。也就是说，应该让知识和技能带着情境出现在学生面前。

最后，还应该注意的是这堂课发生的时间是1985年。也就是说，早在20多年前，洪宗礼先生就以他系统辩证的语文教育观念为指导，高屋建瓴地为今日课程改革所倡导的"语文综合性学习"做出了样本，因此它尤为难能可贵。今天，当我们回顾这堂课的时候，仍然会发现它所具有的现实意义和实用价值。所以，我们把它称为"语文综合性学习的早期范例"。

（五）"一幅画"作文电化教学实录[①]

教材　自编专题写作教材

教者　洪宗礼

时间　1988年5月

班级　江苏省泰州中学初二（3）班

（片一）师：今天这一堂课是作文课。

我们要写的作文题目是："一幅画"（或"一张邮票"）。这篇课

---

① 本教学实录获江苏省电化教学一等奖。

文，要用说明和描写相结合的方法，抓住特征，有重点有条理地写好一幅画，并且在这个基础上，学习和掌握写其他具体事物的一些基本规律。

（片二）师：现在就请大家看看这幅画的画面。
这是一幅宣传画，标题是"理想"。
画的作者是莫树滋。

（片三）师：看了这幅画，你自然会考虑：写什么呢？写一幅画，可写的内容是很多的，可以谈谈画的思想性和艺术性；还可以抒发看画后所产生的情感和联想等。我们现在写《理想》这幅画，只要求大家用说明和描写相结合的方法，抓住特征，有重点有条理地写清画面的内容，适当展开想象，描述画意，抒发情感。接着，你还会考虑：怎样才能写好？先请同学们念几句口诀：

生：（齐）画面看得清，重点抓得住，特征记得牢，画意挖得深。用词状物要精当，层次井然脉络明。

师：现在我们分标题逐一讲析。

（片四）师：先讲第一点：仔细观察，看清画面。
不管是写人还是状物，首先要熟悉它，了解它，只有这样才能有的放矢，言无虚发。只有对事物了解得具体，才能写得具体；也只有了解得深刻，才能写得深刻。所以，写画，第一步必须仔细观察，看清画面。

生：老师，究竟怎么来观察呢？

（片五）师：所谓观察，就是要把事物的全局和各个部分，以及各部分的联系都要看清楚。就说《理想》这幅画由四个部分组成。即主体部分、细节部分、背景部分、画的标题。
现在请几位同学看着画面，分别说说四个部分的主要内容。

（片六）生：主体部分是一个跪着的少女，她一手拿着画板，一手拿着铅笔，正在构思作画。

（片七）生（甲）：细节部分是三张已经画好的想象画和一盒打开的彩色蜡笔。

（片八）生（乙）：背景部分是深蓝的天空，闪光的星月，各式各样的宇宙飞行器。

（片九）生（丙）：画的标题是"理想"。
（片十）师：大家说得都很清楚准确。
画中的主体虽只画着一个静止不动的少女，但由于细节部分、背景部分的交代说明及标题的提示，很清楚地显示了画中人物的所作所为、所思所想，画面虽较简单，但蕴涵着丰富的内容。
好，由于我们观察比较仔细，已经初步看清了画的内容。
（片十一）师：经过仔细观察，我们看清了画面上的人、物、景。画面上要写的内容很多，能不能平均使用笔墨，开一笔"流水账"呢？不能，这就要求我们明确主体、突出重点。
（片十二）生：老师，怎样才能"明确主体，突出重点"呢？
师："主体"是画的中心，是表达画意的最基本的艺术形体，毫无疑问，写画必须着重写"主体"。"主体"又怎么来确定呢？
第一，要看它在画中所占的位置。一般地说，占据画面中心位置的艺术形体，就是主体。《理想》这幅画中，那位占画面中心位置的少女形象，就是主体。
第二，要看它与画中其他的物、景、人的关系。通常情况下，画中的辅景都是围绕着主体来展现的，起着烘托作用；画中次要人物的神情、姿态，都是与主体中的中心人物相呼应的。画中少女背后的蓝天及天空中的卫星、飞船，都是表现她的思想所及；她手中那些彩笔、画夹，身旁的几幅画，都是表明她在作画，从这里也可以确定那画中的少女是画中的主体。
第三，要看画题。画题是表明画意，揭示"主体"的"标签"。这幅画的题目是"理想"，可以看出那胸怀崇高理想，要描绘最新最美图画的少女的形象就是"主体"。
我们可以根据这三点来"明确主体"。就写整幅画来说，这是着笔的重点，但就主体来说，又以写物中的主要事物、写人中的中心人物为重点，而写人又以写人（特别是眼睛）的肖像、神态为重点。至于辅景和其他人物，只要择其突出方面写几笔。否则，"主体"孤立，"重点"也就不能突出了。

(片十三) 师：同学们，你们能不能根据上述三点来分析和确定一幅画的主体呢？
         生：能。
         师：好，请看下面一幅画。画题是"雷锋雨中送妇女"，哪位同学分析一下？
     生（甲）："主体"是雷锋雨中送妇女的形象。
     生（乙）：主体部分，重点是写雷锋抱着孩子，挎着包袱，冒雨前进的姿态。
     生（丙）：写雷锋，又要重点写他脸上露出愉快的笑容，表明他乐于"完全彻底为人民服务"。
     生（丁）：雷锋身后的那位妇女，披着雷锋借给她的雨衣，顶雨前进，脸上露着感激的神态，另外雨景也可以写几笔。
(片十四) 师："明确"了"主体"，"突出"了写的"重点"，只是为写好画提供了基本条件，但要把事物的特征和本质写得准确，说得逼真，还需要"抓住特征，揭示画意"。
         师："特征"就是一事物区别于其他事物的标志，只有抓住不同画面的不同特征，细致地描写，才能揭示画意。
         看，下面一组表现白骨精三变的画片：
(片十五)：（妖精第一次变成一个年轻女子）
(片十六)：（妖精第二次变成一个老妇人）
(片十七)：（妖精第三次变成一个老公公）
         师：同学们看妖精变幻的三个人各有什么特征？怎样才能写出三者之间相互区分的标志，从而表现妖精的狡猾阴险呢？
         同学们可以听一下，上学期学过的《三打白骨精》一文的作者是怎样写出妖精变幻的三个人的特征的。你们可以边看边听，边想文章是怎样写他们的特征的。
         （学生听录音）
         妖精变幻成一个月貌花容的女子，眉清目秀，齿白唇红，身着红衣白裙，手提盛馒头的篮子，故作忸怩之态，满面春风而来。
         那怪物假变一婆婆，两鬓雪白，弱体瘦伶仃，脸如枯菜叶，颧骨往上翘，嘴唇往下撇。

妖精变做一个老公公，白发如彭祖，苍髯赛寿星，手执龙头拐，身穿鹤氅轻。

（片十八）师：人物描写要抓住特征。景物描写也要抓住特征。我们学过鲁迅先生写的《故乡》，请看其中的一段景物描写："深蓝的天空挂着一轮金黄的圆月，下面是海边的沙地，都种着一望无际的碧绿的西瓜，其间有一个十一二岁的少年，项带银圈，手提一柄钢叉……""深蓝""金黄""碧绿"写出了色彩，"圆"写出了月亮的形状，"一望无际"是写的西瓜地之大，寥寥几笔，就抓住特征，逼真地描绘了一个典型环境，衬托了少年闰土的典型形象。
听了课文中这三段描写，你们看，要写画中人物的特征可以从哪几个方面着笔啊？

生：可以从肖像、姿态、服装、动作这几个方面来写人物的特征。

（片十九）师：对，写人要着重写人的面部特征，特别是眼睛。下面，让我们来研究一下，如何来写《理想》画中这个女孩的特征。

生（甲）：圆圆的脸蛋，白里透红，像一只红苹果。

生（乙）：头上夹着花发夹，扎着两只蝴蝶结。

生（丙）：左手拿出三支画笔一只画夹，右手握住一支红铅笔撑住下巴……

生（丁）：穿着一件黄底红格的毛衣。

师：大家说得对，从这些方面描写是可以写出这女孩的特征，初步揭示画意的。可是，要写得深刻，说得生动，富于感染力，还必须"由表及里，展开想象"。

（片二十）师：所谓"由表及里，展开想象"，就是在描述画面（特别是主体）的过程中，要紧扣画题，抓住画中的人、物、景的特征，开动脑筋，想得深远些；要想出人、物、景的内在联系，要想出他们所显示的思想意义，要想出画中人物（特别是中心人物）的内心活动。下面让我们根据画面，展开想象的翅膀来想一想吧。

（片二十一）师：这是画中的三幅"理想"画。它反映了那少女有什么样的理想？

生：她想长大了驾驶现代化的潜水船，去开发祖国的海底资源；
她想将来去开动拖拉机，为实现农业现代化作出贡献；

她想将来造出大功率的太阳灶，利用太阳能来为人民服务。

（片二十二）师：看，那茫无涯际的蓝天里，眨着眼睛的繁星中，飞行着各种飞行器，这样的背景，对表现少女的思想境界起什么衬托作用呢？

生：表明这女孩还想将来当个宇宙航行家，乘着最新型的飞船，去探索太空的奥秘。

表明这女孩眼界广阔，胸怀大志，准备将来攀登科学高峰，赶超世界先进水平。

（片二十三）师：看着这少女的肖像，你们还能细细描绘她的神态和心理活动吗？

生：她一双水汪汪的大眼睛，炯炯有神，充满着智慧的光芒，放射着理想的火花！

师：她瞩目沉思，凝视远方，似乎看到了祖国十年规划的宏伟目标，似乎看到了社会主义的灿烂前景！

生：她面带笑容，流露出实现美好理想的自豪和骄傲，表现出对宏伟目标的无限向往和憧憬！

（片二十四）师：女孩的背后还画了一只小足球，这有什么意义呢？

生：表明这位女孩怀有远大理想，又有实现远大理想的行动，她要脚踏实地去学习，从小注意锻炼身体，力争成为德、智、体全面发展的人才，为将来参加"四化"建设做好准备！

（片二十五）师：下面，我们还要说说写画的另一个问题，就是语言的表达问题。

语言是表达思想和反映客观事物的工具。要能够把一幅画说明清楚，描写具体，必须选用恰当的词语。也就是说要做到"推敲用词、准确状物"。

用词最基本的要求是准确，要确切地说明事物的本质和特征。其次，用词应当力求形象生动，要借助于形象化的语言，将人物的精神、事物的情状鲜明具体地显示在读者面前。

我们来回忆一下，去年学过的《罗盛教》这一课，是怎样运用准确、形象生动的语言来描写罗盛教救人的动作的呢？请同学们看着画说说。

（片二十六）生：这一幅画上，"罗盛教一头钻进了冰窟窿"，作者用了个"钻"字。

(片二十七) 生：这一幅画上，"罗盛教在冰水里摸了好一阵"。作者用了个"摸"字。

(片二十八) 生：这一幅画上，"罗盛教终于从水底把少年托上来了"。作者用了个"托"字。

师：对，用"钻""摸""托"三个字，就准确而形象地刻画了罗盛教入水救朝鲜落水少年的几个不同的动作。

(片二十九) 师：我们读过鲁迅先生的小说《孔乙己》。下面这张画片反映的是孔乙己给孩子们分食茴香豆的场面。课文对这个镜头是这样写的："有几回，邻舍孩子听得笑声，也赶热闹，围住了孔乙己，他便给他们茴香豆吃，一人一颗。孩子吃完豆，仍然不散，眼睛都望着碟子。孔乙己着了慌，伸开五指将碟子罩住，弯腰下去说道：'不多了，我已经不多了。'"这里一个"伸"、一个"罩"、一个"弯"，形象生动地刻画了孔乙己迂腐可笑的性格。

(片三十) 师：上述两个例子说明，无论写什么文章，都要反复推敲用词。现在我们来研究一下，说明和描写《理想》这幅画，应当怎样来推敲用词。

首先，我们以描写少年的眼神来说，可以选用的词是不少的，比如："注视""凝视""平视""正视"等，用哪个词比较恰当呢？

生：我说，用"凝视"比较好。

师：对，"凝视"就不是一般的集中注意力在看，而是凝神深思，说明这位少女的思想已进入了甜美的理想境界。而且用这个词也多少带有点含蓄的诗意。我们再看，画上的少女右手拿画笔的动作，是"撑"着下巴、"顶"着下巴、"支"着下巴呢，还是"靠"着下巴呢？用"靠"不贴切，因为画笔并不是倚承下巴；用"顶"、"撑"似乎头要往下沉，也不妥当，用"支"就比较恰当了。

再比如，形容潜水船旁的鱼尾巴的动态，可选用的词有"摇""动""摆""甩""翘"等，用"摆"比较地生动形象，能把鱼儿写活了。

(片三十一) 师：最后，我们还要说说写作的顺序。

被说明和描写的事物往往是比较复杂的。要把事物写得有条有理，就得确定写作的顺序。怎样来确定写作的顺序呢？最重要的就是要依据事物本身的条理。我们还是以《理想》画来作分析：画面的事物有主有次，各事物的位置也有上下、前后、左右的不同。我们可以根据这些区别列出一个写作顺序表。

（片三十二）师：我们要写好说明事物的文章，还需要特别注意写作的顺序，这就要选择角度、安排层次。我们说的第六点是选择角度，安排层次。被我们说明的事物有不少是比较复杂的，要把事物说得有条有理，就得依据事物本身的条理，确定适当的写作顺序，有主有次，有先有后地安排写作的层次。

安排写作顺序没有固定的公式，从不同的角度去写事物，可以安排不同的写作层次，如写《理想》画，从突出画的主体的要求出发，就可以参考下面的写作顺序。

生：由中到旁（或由主到次），即由人写到背景；

由上到下，从背景写到画中画；

由前到后，从画中画写到足球。

（片三十三）师：上面我们讨论了写好一幅画的六个要领，现在归纳一下，请大家看着画面读一遍。

生：一、仔细观察，看清画面；

二、明确主体，突出重点；

三、抓住特征，揭示画意；

四、由表及里，展开想象；

五、推敲用词，准确状物；

六、选择角度，安排层次。

师：这六点基本上回答了开头提出的写什么、怎么写的问题。这些不仅仅是写画的要领，写生活中的其他具体事物原则上也是适用的。不过，要真正掌握这六点，还必须通过反复的实践。最后，请大家看一幅题为"春蚕到死丝方尽"的画，我们根据以上总结出的六点要领，来研究一下该怎样写这幅画。

生（甲）：首先，要把画面看清。这幅画，主体是周总理在病床上坚持工作的形象。

生（乙）：细节部分的内容很丰富，共有十来件物品：有铁床、棉被、特制的小木桌，有电话、眼镜、一大沓文件和信件，有药瓶、茶杯……

生（丙）：还有一个小小的清凉油盒子哩！

生（丁）：画题是"春蚕到死丝方尽"。

　　师：这幅画的背景只是一片空白，虽未设景，但效果上起到突出画的主体的作用。它的右角有一行题字，是引录的总理的遗言，现在把它放大给大家看看。

　　生："我们要像春蚕一样将最后一根丝都吐出来贡献给人民。"

　　师：同学们，我们看清了画面，明确了主体，还能说出这幅画着重表现的意思吗？

生（甲）：这幅画着力描绘了周总理在生命的最后阶段强忍病痛、顽强工作的动人形象。

生（乙）：看画时，人们会强烈地感觉到我们的好总理，真像春蚕一样，要吐尽胸中最后一根银丝！

　　师：对。看这幅画，我们的目光停留最久的地方是总理的面部。同学们，你们能描绘出总理面部的动人心弦的特征吗？

生（甲）：他额角上绽出的青筋和面颊上深陷的凹塘，清楚地告诉我们，重病在身的总理是多么消瘦。

生（乙）：他那如刀锋似的浓眉下，一双眼睛紧盯着手中的文件，尽管病重体衰，总理工作起来神情还是那样专注。

生（丙）：他那紧咬的嘴唇和嘴角上刚劲的线条，暗示出总理在肉体上忍受巨大的痛苦！

　　师：好，这些特征描述得很好。看了这幅画，我们还会联想到些什么呢？

生（甲）：那一叠文件，使我联想到总理在生命的最后时刻是多么关心党和国家的命运前途，他多么想在临终前为党和国家再多处理一些重要的大事啊！

生（乙）：那已启封和未启封的信件，使我联想到人民爱总理，总理爱人民的许多佳话，总理和人民是鱼水不能分、骨肉不能离啊！

生（丙）：题字中的"最后"一词，还使我联想到洋溢于总理整个一生的那种鞠躬尽瘁、死而后已的高贵精神。

（片三十四）师：是的，画面给我们的联想是十分丰富的。在我们这篇文章里不可能写得太多，应择其重要之点来写。最后，简要地提一下用词的问题。在描绘周总理的形象和展开想象时，无疑要用到很多的形容词，请大家注意细心选择，力争做到准确、鲜明、生动，但不要堆砌。

本节课所讲的内容就是这些。最后再明确一下写作范围：可以写《理想》《春蚕到死丝方尽》这两幅画，也可以自选其他的画或邮票。

下课！

附一：《一幅画》作文电化教学教案

课题：《一幅画》（一张邮票）。
课型：作文指导课。
要求：通过录音、幻灯等形象化的教学，帮助学生掌握说明、描写相结合的写作方法，使学生能够抓住特征，有重点、有条理地说明、描写一幅画或某一具体事物。
安排：一课时。
程序：以幻灯片映出先后为序。

出示课题

片序	幻灯片内容	说明要点	解说内容
片一	① 中间放翻开的作文本；②旁有墨水瓶、蘸水笔；③作文题：题目（小字），一幅画（或）一张邮票（隶书大号字）。	① 交代课题；②提出写作范围及总要求（说明、描写为主）。	（略）
片二	①《理想》画全貌；②《理想》画题目：理想；③《理想》画作者：莫树滋。	①说明写画目的，掌握一般说明、描写方法；②介绍画的作者。	（略）

分析讲解

片序	幻灯片内容	说明要点	解说内容
片三	①学生拿笔深思貌；②背景上写三个问号，并书"写什么？""怎么写？""为什么这样写？"	①引起学生思考；②写作范围和方法简述。	（略）
片四	示出讲解要点之一：仔细观察，看清画面（大号隶字）。	简述写作要领之一（看得清）。	（略）
片五	①"理想"一画全貌，并用线条结合数字标出画的组成部分；②分四处：主体（少女）（之一），背景（蓝天及飞船等）（之二），画中画（拖拉机等）（之三），画题（理想）（之四）。	①介绍画的四个组成部分；②启发学生分别讲出四部分的大体内容。	（略）
片六	画的主体部分（少女及画板等）（之一）（各物名称写上字）。	学生口述内容。	（略）
片七	画的背景部分（蓝天及宇宙飞船等）（之二）（各物名称写上字）。	学生口述内容。	（略）
片八	画中画（拖拉机、太阳灶、潜水船等）（之三）（各物名称写上字）。	学生口述内容。	（略）
片九	画题（理想）（之四）。	学生口述内容。	（略）
片十	（同片五，在各部分标上字）画题→主体　　　　蓝天　→衬景　　　　画中画	①简要小结内容及各部分之间的关系；②如何观察事物，何处着眼。	（略）
片十一	示出讲解要点之二：突出重点，明确主体（大号隶字）。	阐述写作要领之二（抓得准）。	（略）
片十二	（同片五）。	①怎么找重点？②为什么"少女"是重点？a. 画题；b. 所占位置；c. 与其他事物的关系。	（略）

续表

片序	幻灯片内容	说明要点	解说内容
片十三	示出引申画：《雷锋雨中送妇女》。	引导学生用上述方法举一反三，分析重点。	（略）
片十四	示出讲解要点之三：抓住特征，揭示画意（大号隶字）。	阐述写作要领之三（描写细）。	（略）
片十五至十八	①白骨精"三变"的不同形象（三片）； ②少年闰土的形象。	①如何抓住特征写； ②怎样抓住特征（肖像、动作、服饰、姿态）。	（略）
片十九	"少女"上半身像。	"理想"画怎样抓住特征（学生讲后教师小结）。	（略）
片二十	示出讲解要点之四：由表及里，展开想象（大号隶字）。	阐述写作要领之四（想得深）。	（略）
片二十一至二十四	①画中画（三幅、正置）； ②宇宙飞船； ③十年规划图表（包括形象与数据）； ④"少女"眼神及笑容； ⑤足球。	分析画意（师生结合）： a. 现代化潜水船，开发海底资源； b. 电子拖拉机与农业现代化； c. 太阳灶与光能利用； d. 飞船与征服宇宙； e. 四化目标宏伟； f. 少女笑容眼神看出自豪、幸福、向往、骄傲……	（略）
片二十五	示出讲解要点之五：推敲用词，准确状物（大号隶字）。	阐述写作要领之五（用词恰当）。	（略）
片二十六至二十八	罗盛教救人动作； 跳、摸、托。	分析用词的准确性。	（略）
片二十九	孔乙己…… 伸、罩、弯。		

续表

片序	幻灯片内容	说明要点	解说内容
片三十	① 同片十九（若干词语待排）； ② 画中画：潜水船捕鱼一画。	① 分析姿势、眼神、面部神态，如何用确切的词加以描写； ② 如何形象生动地描写潜水船及海底动物（学生讲）。	（略）
片三十一	示出讲解要点之六：选择角度，安排层次。	① 阐述写作要领之六（条理性）； ② 如何有重点有条理地安排写作层次（空间位置）。	（略）
片三十二	写作顺序图： 由中到旁（或由旁到中）， 人 → 背景； 由上到下（或由下到上）， 背景 → 画中画； 由前到后（或由后到前）， 画中画 → 背景。		（略）

综合小结

片序	幻灯片内容	说明要点	解说内容
片三十三	写作要领总图解： 一、仔细观察，看清画面（看清）； 二、突出重点，明确主体（抓准）； 三、抓住特征，揭示画意（描细）； 四、由表及里，展开想象（想象）； 五、推敲用词，准确状物（用当）； 六、选择角度，安排层次（有序）。	总结全课教学要点： a. 写什么？怎么写？ b. 写法的灵活性。 c. 由写画推及写一般客观具体事物（掌握规律）。	（略）
片三十四	① 复现画面（同片一）； ② 再现课题（同片二）。	① 定题（"理想"画，选其他内容的画或邮票亦可）； ② 指导编写写作提纲（并谈"开头""结尾"）。	（略）

附二：学生优作

<h2 style="text-align:center">一首感人至深的诗</h2>

——谈国画《春蚕到死丝方尽》

人们常说："画中有诗。"展现在我们眼前的顾生岳同志所作的国画《春蚕到死丝方尽》，就仿佛是一首诗。

画面上，周总理身穿洁白的睡衣，正坐在病床上顽强地工作。他斜靠着床，在床架和身体之间垫着一条厚厚的棉被。面前放着一张特制的小木桌。此刻，他手捧着一份文件正在凝神地阅读。

细看一下他的面部和双手吧：额角青筋绽露，面颊深深凹陷，双唇紧闭，嘴角呈现出刚劲的线条。刀锋似的浓眉下，双眼专注地看着文件。那一双瘦削的手，每个指节都棱角分明；一支笔紧紧地夹在指缝中……这一切分明告诉我们：病重体衰的总理正忍受着肉体的极大痛苦，以惊人的毅力顽强地工作，拼命地工作！

画面上，总理的右手旁是丰富的细节部分，这些物品虽然无声地放在桌上，可件件似乎都在向我们强烈地述说着。那药瓶和清凉油，仿佛在描述着总理强忍病痛，战胜疲劳，生命不息，工作不止的情景；那些已经启封和尚未启封的信件，好像在讲述着人民和总理鱼水不能分、骨肉不能离的动人佳话；那一大沓文件似乎又在告诉我们：总理在生命的最后时刻，仍是日理万机，他多么关心党和国家的命运、前途；还有那部电话，一会儿就会丁零零地响起来，总理虽身卧病榻，一颗激烈跳动的丹心仍与沸腾的世界紧密相连……

画面的右上角，那洁白敞亮的地方，醒目地引录着总理的遗言："我们要像春蚕一样，将最后的一根丝都吐出来贡献给人民。"这句话多么深刻地揭示了画意，而整个画面又是多么具体、形象、有力地表现了这句话的含义。

是的，画中有诗。这画像一首感情浓烈的抒情诗，抒发了周总理对党和人民的无限深情，讴歌了周总理鞠躬尽瘁，死而后已的崇高美德。它又像一首真切动人的叙事诗，歌唱着总理生命最后时刻的光辉事迹。它真是一首感人至深的诗！

《"一幅画"作文电化教学实录》简评

湖北大学教授　韦志成

这是一堂指导学生写画的课堂实录,通过电化教学来实施教学过程。

虽然作文指导的内容很丰富,但归根结底是解决两个问题,即写什么和怎样写。学生作文感到困难的,也就是这两个问题。不知写什么,就感到无话可说;不知怎样写,就感到无从下笔、无能为力。前者是写作材料缺乏,"巧妇难为无米之炊",后者是写作方法不会用,"老虎吃天,无从下口"。洪老师这堂指导学生写"一幅画"的作文课针对性极强,就是为了解决学生作文中的两个犯难的问题,如同久旱逢甘霖,教师急学生之所急,想学生之所想,当然能激起学生作文的兴趣,调动学生作文的积极性。写什么?写"一幅画"。"怎样写"是指导的重点,因此教学目的是:第一,抓住画的特征,用描写和说明相结合的方法;第二,有重点有条理地写好一幅画。这就很自然地体现了洪老师的"引写"教学法。所谓"引写"法,洪老师解释说,把中学阶段对学生进行的作文训练分成若干台阶,引导学生拾级而上,使训练科学有序。那么,对"一幅画"怎样"引写"呢?

一是培养学生的观察力。生活是作文之源,要取得写作的材料,就必须留心观察。写画也一样,必须认真观察画面的内容。怎样观察"一幅画"呢?洪老师指导有方,让学生按照由总到分的顺序,启发学生总览《理想》这幅画的四个组成部分:主体(少女),背景(蓝天及飞船等),画面其他内容(拖拉机等),画题(理想)。然后,以主体部分为重点,仔细搜寻画面,由上到下,由左到右,按照空间顺序观察画面的细部。这样既避免了遗漏画面的内容,又培养学生认识事物的条理性。有了敏锐的观察力,就为写画奠定了基础。美是到处都有的,只是我们的眼睛缺少发现。学生形成了观察力,就有了一双发现美的眼睛,就能随时随地发现美了。

二是指导学生理解画意,突出重点。画面有许多内容,怎样确定画的中心突出重点呢?洪老师引导学生注意:主体在画中的位置,主体和其他人和景物的关系,以及话题的意义,这就有目的地训练了学生的思维,从而把写画的训练引向了深处。

三是引导学生联想和想象。围绕画的内容,洪老师不失时机地引导学生进行联想和想象,学生的思路打开了,谈出了女孩种种"理想":她将驾驶现代化的潜水艇,去开发祖国的海底资源;她将开动新式拖拉机,为农业现代化作出贡献;她将造出大功率的太阳灶，利用太阳能来为人民服务；她将乘着巨型宇宙飞船，去探索太空的秘密……真是"一花引来万花开"，教师的指点打开了学生的话匣子，一种不可遏止的强烈发表欲，激励学生的聪明泉汩汩而出，作文有说不完的话，学生的灵气来了，这是一种机不可失、时不再来的创造境界！可见，联想和想象是人类最杰出的本领，最美好的品质，没有联想和想象就没有作文！洪老师引写的这一招叫人拍案叫绝！古人吟诗作文，"思接千载，视通万里"，"观古今于须臾，扶四海于一瞬"，共同揭示了写作的一个秘诀：就是运用联想和想象。作文指导抓住这一点该是多么重要啊！

四是推敲词句，准确状物。作文，就是运用祖国的语言文字来表情达意。怎样表达呢？要推敲词语，准确状物。以描写少女的眼神为例，可用"平视、注视、凝视、正视"等词语，在引导学生推敲、琢磨、比较、掂量中，选用"凝视"为好，才算准确地写出了少女的眼神。又如，在描写少女右手拿画笔的动作，可用"撑、顶、支、靠"等动词，在认真的比较中，用"支"最恰当；在描绘鱼尾巴的动态中，有"摇、动、摆、甩、翘"等动词，琢磨一番后，用"摆"最合适……这些指导，不仅是对写"一幅画"而咬文嚼字，实际上对学生作文的遣词造句终身受益无穷。

荣获首届国家级教学成果一等奖。

这堂作文指导课，教师灵活地运用了电教手段。配合教学内容，选用了34张幻灯片，增大了指导的容量，提供了更多的信息，开拓了学生的视野，使学生有了更多的参照，从而理解画意更深，创意更新。例如，为了让学生能依据"主体在画中所占的位置、与其他人和物的关系以及画题"这三者来确定主体，洪老师增加了国画《雷锋雨中送妇女》、画片《白骨精三变》和图画鲁迅《故乡》中《少年闰土看瓜》，形神兼备，生动活泼，在涵养美感中学生抓住了要领，自能理解《理想》的主体及重点了。

这是一堂成功的作文指导课，关键是解决了学生"写什么"和"怎样写"的问题，附录学生的写画习作，便是这次指导成功的明证。

愿我们所有的语文老师都能像洪宗礼老师这样，对学生的作文认真而切实地指导，让学生写一回有一回的进步，学生作文能力的提高将是指日可待的。

四、双引教学案例选评

（一）引读案例选评

1. 热爱是最好的老师——激趣法

课文题目　《谈骨气》

引读重点　培养学生自读的兴趣，调动学生自读的积极性。

教例意图　自读，是在教师引导下学生自己去读，它应当成为学生的"乐事"，而非"苦差"。爱因斯坦说："热爱是最好的老师。""好之""乐之"，方能主动读之，潜心攻之。本教例旨在诱发学生自读的兴趣，调动学生自读的积极性。这是引读的一个重要前提和基本原则。

教　例	简　评
第一课时 师：同学们，我今天向大家推荐一篇好文章《谈骨气》（板书课题、作者。简介作者。略） 师：同学们已经预习了，从题目和内容看这篇文章是什么文体啊？	从"推荐""好文章"入课，引起学生的好奇心，触发他们主动阅读的兴致。

生：（齐答）议论文。

师：你们是怎么知道的呢？

生：题目上有个"谈"字。

生：文章是作者谈对骨气的看法。

生：这篇文章是摆事实讲道理的。

师：大家说得很好。你们在小学里读的议论文很少，可是今天大家通过预习，很快能讲出议论文的一些特点，可见同学们是很会动脑筋的，也可见议论文与记叙文的区别是明显的。是的，题目上有"谈""说""论"之类的词，一般是议论文章的标志。也不是说，议论文一定要有这类标志性词语，比如，上一课学的《纪念白求恩》就是这样。

所以，是不是议论文，光看有没有标志性词语是不够的，主要的应当弄清议论文的性质特点。那么，什么是议论文呢？请大家看知识短文。

生（翻看知识短文《记叙、说明、议论》后）举出理由、根据，表明自己对人对事的看法意见、态度，这就是平常说的发议论；写成文章，就是议论文。

师：议论，在我们的生活中运用得很广泛。平时，班级里出现了好人好事或不良现象，往往要议论议论；在学习重要文件时对某个问题要谈谈自己的认识；家庭成员对某一件事有分歧意见，各人要讲讲自己的理由，摆摆自己的看法。可见，议论是一种很重要的能力，我们大家要认真地学习议论文，培养和提高议论的能力。

> 恰到好处的预习指导，也可以引起学生探求知识的兴趣。

> 初学议论文，不免感到"难"。教师讲一点议论文的具体、精要、通俗的知识，对克服畏难情绪，提高兴趣应有裨益；在明确学习目的的基础上培养起来的兴趣，往往是比较持久而稳定的。

师：为了帮助同学们自己学懂《谈骨气》这篇议论文，我先给大家介绍一则"顺口溜"：
　　议论文学习难不难？
　　掌握钥匙能过关。
　　论点、论据加论证，
　　理清"要素"一、二、三。
具体地说，这些"要素"是：作者对所议的问题所持的看法和主张——论点（板书）；作者用来证明观点的理由和根据——论据（板书）；作者用论据来证明论点的推理过程和方法——论证（板书）。常用的论证方法就是刚才同学们讲的摆事实讲道理的方法（板书）。
现在请同学们根据上面提出的议论文特点仔细阅读课文。阅读时注意以下要求：
（1）自己查字典，给预习中画出的字词注音释义。
（2）进一步思考不理解的词句（同桌同学可以互相议论），解决不了的可以随时发问。
（3）结合划分课文段落、概括段意，找出中心论点和主要论据。中心论点用"＝＝"标出，主要论据用"～～"标出。
（学生按要求自读。教师巡视，作个别指导。20分钟后，教师重点讲解"大丈夫""淫""禄""汗青""嗟""施舍"等词，并引导学生讨论"富贵不能淫，贫贱不能移，威武不能屈""人生自古谁无死，留取丹心照汗青"等句的深刻含义，然后领学生反复吟诵这些句子）

师：现在请两位同学把自己的分段情况和概括的中心论点抄在黑板上。

　　　　　　　　　教师有目的地指点自读自研的门径，让学生眼到、口到、手到、心到，他们自然会产生兴趣。

　　　　　　　　　自由讨论，各抒己见，集思广益，有助于发展学生创造性思维，产生独创的快感。

甲生板书：

第一段（1节）：我们中国人是有骨气的。

第二段（2~4节）：什么叫有骨气。

第三段（5~9节）：用事实说明我们中国人是有骨气的。

第四段（10节）：指出无产阶级要有自己的骨气。

中心论点：谈骨气。

乙生板书：

第一段（1~4节）：提出问题。

第二段（5~9节）：摆事实，讲道理，分析问题。

第三段（10节）：总结全文，解决问题。

中心论点：我们中国人是有骨气的。

师：两位同学不仅认真读书分了段，而且能用自己的话写出段意和中心论点，说明学得主动，学得深入。

引导讨论，教师归纳段意为：

一、（1~4节）：提出"我们中国人是有骨气的"论点。

二、（5~9节）：列举事例论证"我们中国人是有骨气的"。

三、（10节）：总结全文，并提出无产阶级有自己的骨气。

师：这样把文章内容和论证方法结合起来划段概括，比较完整。第一节可以单独成段，但把1~4节并起来更好些，因为这一段不仅提出了论点（第1节），而且阐述了论点的含义（第2~4节）。分段既要注意各段意义上的独

阅读取得了效果，又得到老师肯定，学生定然兴趣盎然。

立性，还要注意各节之间的内在联系。

同学们普遍认为中心论点是文章开头的一句话，这是正确的。一般的议论文，或者是用题目揭示论点，如《纪念白求恩》；或者是在开头第一、二段中直接提出中心论点。当然文章提出中心论点，方式可以不同，有的在段首，有的可能在段中，也有的可以在段末。掌握这个规律，我们可以更快找出文章的中心论点。

（学生修改段落提纲）

师：今天这一节课就学到这里。课后请大家再把课文认真读几遍，想一想，为什么说这篇文章写得好？好在哪些地方？下一课我们还要讨论"思考和练习二"。希望大家做好准备，写一个简要的发言提纲，看哪些同学的看法正确，理由说得充足、有力。

师：现在，我们先重点研讨一下，为什么说这篇文章写得好，它好在哪里。请大家各抒己见。看谁准备得充分，谁说得准确，说得清楚。发表意见要运用课本上的语言。

生："题目定得好。"

师：好在哪里？

生："谈骨气"，只三个字，就讲清了议论的对象，也表明了文章的体裁。

生：醒目突出，简明扼要。

师：是的，好题目总是一下子就接触中心，叫读者一看就忘不掉。

师：还有什么好呢？

生：论点明确。

生：不，叫论点鲜明。

> 设悬置疑，学生自读便油然而生追求感。

> "还"把讨论引向深处，学生会有探究的兴趣。

师：什么叫鲜明？

生：鲜明就是不含糊，肯定什么，否定什么，赞成什么，反对什么，明明白白。

师：这篇文章肯定了什么？

生："我们（拉长读音）中国人是有骨气的"。

师：大家注意，刚才这位同学把"我们"这个词读得又重又长，表明出什么感情？

生：骄傲。

生：不对，是自豪。

师：说得真好。这种自豪感正是作者要表达的感情，就是强烈的爱国主义感情和民族自豪感。同学们能体会出作者的感情，很好！

生：我认为观点鲜明，还有另外的意思。

师：什么意思？

生：观点鲜明还要求把观点的意思讲清楚。

师：说准确点，就是阐述清楚。作者是怎样阐述论点的？

生：第二节引用孟子的话来阐述骨气的含义。

师：怎样用孟子的话来阐述的呢？

生：先引用孟子的话，再对孟子的话作解释，最后作者对骨气的含义进行概括。

（教师对第三节"有骨气是我们民族的优良传统"，第四节"不同社会，不同阶级，骨气的具体含义也不同"作扼要分析，略）

师：这篇文章，除了题目醒目、观点鲜明外，还有什么好的地方？

生：举了不少例子，有说服力。

师：举了例子文章就一定有说服力吗？

生：例子要举得好。

"入境始与亲"，学生入了境，便与作者的感情接近，兴趣也就激发了起来。

层层追问，让学生通过思索，一步步地去发现文章的妙处。这样做，有利于激发学生学习的兴趣。

师：什么例子举得好？

生：文天祥的例子感动人。

师：什么地方感动了你？

生：（简述文天祥的事迹，诵读文天祥的诗句）"人生自古谁无死，留取丹心照汗青。"

师：其他例子不感人吗？

生：不食嗟来之食的例子也感人，闻一多的例子也感人。

（学生概括事例，略）

师：大家说得好。用来说明观点的事例一定要感人，一定要有说服力。所以要选择典型的例子。

（有的同学小声议论："写成记叙文不是更感人吗？"）

师：有同学讲"写成记叙文更感人"，这是对的，但记叙文要求以事感人，可以铺叙；而议论文要求以理服人，应以说理为主，用例只是为了证明自己看法的正确。所以用例不但要典型，而且文字要概括。这篇文章举三个例子，只用了两三百字，写得很简练。

生：请问老师，既然议论文举例是为了说明论点，那么举一个例子不是就可以了吗？为什么要举三个例子？

师：这个问题问得非常好。哪个同学能回答？

（学生沉默）

师：可以跟前后左右的同学讨论讨论，也可以再读读课文。

（同学纷纷看书，有的小声议论）

生：我认为三个例子各有各的用处。第一个文天祥

能够质疑，这是自读兴趣越来越浓的表现。

兴趣变成了动力。

的例子说明"富贵不能淫";第二个不食嗟来之食的例子说明"贫贱不能移";第三个闻一多的例子说明"威武不能屈"。每个例子各说明一句话。

师：你分析得很有道理。事例是用来说明论点的，因此，用例子要根据表达观点的需要，也就是观点和材料要统一。当然，也不是机械地一个观点对一个例子，有时一个例子也可以证明几个观点，有时一个观点也可以用几个例子来证明。这也得看需要。

大家再想一想，用三个例子还有没有别的原因？

让学生从深入思考中产生兴趣。

生：课文第三节写了"我国经过了奴隶社会、封建社会的漫长时期，每个时代都有很多这样有骨气的人"。现在从不同时代、不同角度举三个例子，更能说明"漫长""每个时代""很多"，证明"我们中国人是有骨气的""我们是有着优良革命传统的民族"。

当兴趣被调动起来以后，让学生进一步独立分析问题和解决问题，阅读就会更有自信心，自然也会兴趣盎然。

师：你补充得很好。这样我们对文章用例的好处，理解得比较全面了。大家再看，文章写到最后说："我们无产阶级有自己的英雄气概，有自己的骨气。"无产阶级的骨气是什么呢？它跟过去"为当时的进步事业服务的"骨气有什么不同呢？

生：无产阶级的骨气，就是：绝不向任何困难低头，压不扁，折不弯，顶得住，吓不倒，为了社会主义、共产主义建设的胜利，一定能克服困难，奋勇前进。

引导学生用自己的积累分析和解决问题，顺理成章地破了"难"，就能从畏难转而生趣。

师：你能举例说说什么是无产阶级的骨气吗？

（学生举王若飞、叶挺、方志敏、刘胡兰、李四光、张志新、中国女排，以及1962年当苏联撤回专家、撕毁合同后，我国自力更生建设社会主义的事例，证明什么是无产阶级的"不能淫""不能屈""不能移"）	从畏难转而生趣。
师：同学们，今天通过自读、讨论，我们不但了解了议论文的一般特点，而且能自己分析《谈骨气》的特点，说明我们的初一学生能不能学好议论文啊？	
生：能！——（齐声）	让学生把初步掌握的议论文的基本知识运用于实践，使之巩固和发展。阅读见了效，必然引起学生更大的兴趣。
师：学议论文难不难啊？	
生：不——难。	
师：大家不怕难就好。下课以后希望大家围绕班级里如何建设精神文明这个中心，各人确定一两个观点，选择一些例子加以证明。课后开一个主题班会，每个人对班级如何建设精神文明贡献一个建议，并申述理由，看谁的意见有价值。好不好啊？	
生：好。	
师：学议论文不难，不过我得提醒大家一句，我们今天是学的简单的议论文，以后还要学比较复杂比较深的议论文。但大家只要有信心，肯钻研，又掌握了方法，就可以用自己的钥匙去打开议论文学习的大门。	

【总评】

　　学生自读课文并非全无兴趣。比如，新学期开始，许多学生就把新课本上那些诗歌、小说、故事、寓言等类课文都读过了，真所谓先睹为快，兴致勃勃。然而，读书毕竟不是仅仅为了好玩、有趣，而是为了从文章中、书籍中获取知识，吸收滋养，从各方面提高自己。本教例中，教师根据议论文的文体特点，抓住学生学议论文之初的畏难心理，引导学生从自读、自查、自释、自问、自答，以及师生之间相互讨论等一连串学习活动中，体会范文本身的魅力，从而满足了他们对知识、对提高自己阅读和表达能力的渴求。这样做有利于提高学生广泛阅读各类文章的兴趣，激发学生持久而稳定的学习情绪，培养他们主动地创造性地获取知识的意向，全面地调动学生主动掌握语文工具的积极性。

2. 吟哦讽咏而后得之——诵读法

课文题目　《松树的风格》

引读重点　引导学生掌握以吟诵为重点的读书方法。

教例意图　一些学生从小学到中学，读了许多文章，念了许多书，但没有真正学会读书。本教例以吟诵为重点，介绍默读、速读、跳读、吟诵等一般的读书方法，目的在于使学生能根据需要和读物的特点，独立地进行有效的阅读。

教　　例	简　　评
第一课时 师：同学们，你们自从进小学读书以来，文章已经读了几百篇，但是，能不能说大家都真正学会读书了呢？下面，我们不妨来做个试验。 请大家把课本翻到第5页。大家按照自己平时的读书方法，把这篇《松树的风格》读一遍。谁读完了谁就举手。 （学生分别照自己的读书习惯阅读，有的放声念，有的小声读，有的默看，有的朗读，有的用笔画画杠杠。5分钟后，有的学生举手声明"读完"，到10分钟时全班差不多都读完了。教师在行间巡视，随时有重点地记录学生读书中的一些情况）	提出"读了书"不等于"会读书"这个问题，引起学生探求读书方法的兴趣。乐读是善读的前提。

师：好。刚才大家读得很认真，气氛也很热烈。有两位同学5分钟就读完了。他们读得很快。下面我们来检查一下这两位同学读的情况。（先问甲生）

师：你认为这篇课文写的是什么？

生：写的松树的风格。

师：松树有哪些风格？

生：（答不出）

师：课文仅仅是就松树谈松树吗？

生：不是，是就松树来谈人的。

师：谈的什么样的人？

生：（答不出）

师：你读得很快，但读的效果不好，文章的大意还没有掌握。

师：（问乙生）你说说看，这篇课文写了些什么？

生：这篇课文先写松树的风格，然后从松树联想到人。

师："联想"这个词用得好。你怎样想到用这个词的？

生："思考和练习"上有这个词。

师：真不简单，5分钟不但读完了课文，还看了"思考和练习"。课文中说松树的风格有哪几点？

生：有三点。①生命力可谓强矣；②要求于人的甚少，给予人的甚多；③包含着乐观主义精神。

师：就三点吗？看看第8节。

生：还有一点，给人以启发，以深思和勇气。应该是四点。

师：对了。那么作者从松树又想到人的什么风格？

肯定学生阅读速度快，方法得当，是对探求好的学法的激励。

生：联想到人的共产主义风格。

师：你怎么看出来的?

生：课文第 1 节里写着,"希望青年同志们和松树一样,成长为具有松树的风格,也就是共产主义风格的人"。

师：松树的哪些风格?

生：(读第 10 节的两个"所谓"句)

师：好。下面请你俩继续说说为什么 5 分钟能看出这么多东西来?

生：我注意了三点。第一点是眼看心想。有些地方好懂,如第 1 节,叙述作者途中看到松树的情况,我就一读而过;有些地方不好懂,如第 3 节四个"不管"的句子,我就停下来再仔细看看。最后,终于找到了"松树的生命力可谓强矣"这个中心句。第二点,我边看边用笔画出关键句子。我认为一段文字中最重要的句子,就把它画出来。刚才我说的松树风格的三方面都画出来了,第四方面在老师提示后,我也画出来了。(教师拿这位同学的课本给全班传阅)第三点,我平时每天看报纸,每看一篇,我都提示中心,概括大意。

师：刚才两位同学都只用 5 分钟时间就看完了课文。但效果不一样,为什么呢?前一位同学没有掌握读书的方法,而后一位同学初步掌握了读书的方法,特别是默读、速读的方法。

默读,就是不出声地读,或者是只读出极低微的声音。刚才一部分人就是用的默读。一般来说,预习性的了解大意的读书,采用默读为好,当然,有的人习惯用朗读来熟悉课文也未

让读书方法掌握得较好的同学来介绍心得体会,在互相切磋中探讨读书方法。

从读书的实践中引出读书的规律,有以一当十之效。

简要提示默读的特点、作用和要求,便于学生学习、应用和把握。

尝不可。默读至少有这样两个要求：第一，用心。无论慢读、快读，都要聚精会神，用心领会，不能像小和尚念经，有口无心；第二，提要。要逐节逐段提出要点，要点抓住了，文章的纲目就一目了然了。

同学们在试读中速度有快有慢，最慢的10分钟，最快的5分钟。这是因为各人的阅读习惯和阅读能力不一样。其中用时少而读的内容多的方法叫速读。现在，知识更新得非常快，我们要读的东西很多，这就需要学会速读的方法。有时还需要用跳读法，就是有选择地读一些片段和关键语段，速读和跳读都属于默读。刚才有同学只用5分钟就读完了课文，掌握了课文的大意，他的默读基础是好的。

（解题，划分段落，提讲词语，略）

师：同学们，与默读相辅相成的一种读书方法是朗读，古代叫吟诵。它要求出声，要求根据文章的思想内容读出语调、节奏、感情来。古人说"读书百遍，其义自见"，就是说的这种通过反复吟诵来加深对文章理解的读书方法。我们读散文、读诗歌，尤其要学会运用这种方法。下面，我们结合文章分析，着重来研究一下吟诵的方法。

师：吟诵课文有些什么要求呢？请看小黑板。

（教师出示小黑板，上面写着朱熹的话："观书须先熟读，使其言皆若出于吾之口；继以精思，使其意皆若出于吾之心，然后可以得尔。"）

这是宋朝大学问家朱熹的话。这段话提出了吟诵的两个要求，是哪两个要求？

在训练读书中授法，不同于预设框框，这是达标生成的必要条件。

引朱熹语突出学习传统读书方法的必要性。

以"熟读""精思"两个要点来指导吟诵，这是由表及里的要诀。

生：一个要求是熟读，一个要求是精思。

师：就达到这两个要求吗？

生：达到"使其言皆若出于吾之口"，使文章里的话，好像是从我们自己嘴里说出来的一样。

师："精思"呢？

生：要达到"使其意皆若出于吾之心"，也就是说，读书要善于领会作者的写作意图，使作者要表达的意思好像是我们自己心里所要表达的意思。

师：对了。下面我们就用熟读、精思这两个要求来诵读课文。

（指导学生读第一段，并概括段意：说明写作缘由和目的，点明松树的风格就是共产主义风格；同时提示记叙性文字的读法：用陈述的口气读，语调平缓）

师：课文第二段具体描述和赞颂松树的风格。我们诵读这段文字，怎样才能使作者之"言"皆若出于我们读者之"口"呢？

第一步要正确理解文句的意思。刚才有位同学已经讲了松树风格的四点含义，这还不够，我们还要进一步理解每句话的具体含义。

（在分析的基础上，指导学生读第 2 节，要求抓住"敬佩""多少""崇高"三个词重读，以突出本节的中心内容）

（要学生齐读第 3 小节）

师：读这一节的时候大家有什么感觉？

生：读起来很流畅，很有劲。

师：为什么有这个感觉？

生：排比句多。

师：哪些排比句？

> 只有充分理解文章的底蕴，吟诵才能朗朗上口，也才能正确地表达作者的思想感情。

（学生引出"不管……不管……不管……不管……""狂风……洪水……严寒……干旱……"等句）

师：读这些排比句应当用什么感情和语调？

生：用"敬佩"的感情，"歌颂"和"赞美"的抒情语调。

师：下面请一位同学用这样的感情和语调再来读一遍。

（学生试读，教师简评）

师：这节文字中，除了排比句，还有什么特殊的句子呢？

生：还有两个感叹句。

师：你读读看。

生："松树的生命力可谓强矣！松树要求于人的可谓少矣！"（读得语调平缓）

师：句子找得好，可没有把感情、语气读出来。这是两个感叹句，要用无比敬佩的感情和强烈的赞颂语气来读，而这种感叹句的语调一般总是由高到低，其中"强"与"少"这两个字又要求拉长读重，以示强调。

（学生试读）

师：同学们，下面我要求大家在领会作者感情的基础上，把这一节齐读三遍。读时，每个人要假设自己眼前就耸立着一棵经霜傲雪的大松树。

（学生齐读三遍后，自由朗读，达到"若出吾口"的要求为止）

（师生共同分析第4～8节，着重分析鲁迅的话"我吃的是草，挤出来的是牛奶、血"的比喻的含义，分析"休憩"一词的感情色彩，分析

领会句意，掌握语调，才能读出语气，正确表情达意。

"给人以启发，以深思和勇气"的含义。略）

（学生自由吟诵）

（在吟诵的基础上要求背诵第 3、5、6、7、8 等小节）

下课。

背诵是"若出于吾之口"的必然结果。

第二课时

（教师检查三位同学背诵情况）

师：刚才三位同学背诵，有两位同学是带着"敬佩"的感情，用歌颂赞美的语气来背的，而另一位同学用的是读书腔，语气不对，还没有体会出作者的感情来。请同学们再一起背一遍。

（学生背诵，教师进一步引导学生分析，略）

师：课文一、二两段基本上是用抒情的文字来写的，大家容易读出作者的感情来。后面两段，特别是第三段，主要是议论文字，要读出感情来就不那么容易了；但是，它是课文的重点，是作者用心所在，我们要认真领会。

下面请同学们轻声诵读第三大段（9～13 节），思考：第一，课文中赞美松树风格和赞美共产主义风格这两处文字有什么内在联系？第二，什么是共产主义风格？怎样的人才是具有共产主义风格的人？

只有真正领会作者写作的用心，吟诵才能达到"若出吾心"。

（学生讨论后，教师小结）

师：课文第二段中第 3～7 节与第三段中第 9、10 节两处文字上互相照应，分别从不怕艰苦的精神、自我牺牲的精神和乐观主义精神三方面，把松树的风格与共产主义风格作了对比，由树及人，歌颂了与松树的特点近似的共产主风格。

（分析共产主义风格的含义，略）

师：下面请同学们把第 3~7 节与第 9、10 节对照起来诵读。甲乙两组齐读第 3~7 节，丙丁两组齐读第 9、10 节。读的时候，一定要读出作者的感情，体现出作者的写作真意来。

（分组齐读，然后交换齐读一次，教师适当评论）

师：课文第 12、13 节是作者对革命艰苦年代和社会主义建设时期很多具有共产主义风格的人的忘我精神的赞颂。这里一段带抒情色彩的议论文字，读的时候特别要注意传达出作者的感情来。

（学生轻声诵读）

师：这种注意传达作者感情的吟诵，叶圣陶先生称作"美读"。所谓"美读"，就是把作者的感情在读的时候正确地、鲜明地传达出来。这个要求是很高的，它首先必须正确领会作者的思想感情，而且要通过精思，去想象作者写作时的感情起伏和心灵搏动的节奏，去想象文中写到的那些人事景物的具体形象；这样，才能使吟诵时传达出来的感情既强烈鲜明又自然真切，才能真正进入"美"的境界。

（学生各人自由地作"美读"练习。最后教师指定三位同学在全班吟诵。教师简评）

（布置作业：要求学生用《春蚕的风格》一文作"美读"的练习材料，要学生在分析理解的基础上吟诵，用班会时间作一次"美读"比赛）

巧妙地设计了对比吟诵法，有利于加深学生对作者写作动机的理解，吟诵会更有兴味。

"美读得其法，不但了解作者说些什么，而且与作者的心灵相感通了，无论兴味方面或受用方面，都有莫大的收获。"

"练习资料"附后：

春蚕的风格

人们赞美春蚕，不仅是因为蚕丝纤细，光洁柔软，开拓了人们物质文明的新领域，而且还在于春蚕的美德——吃的是桑叶，吐的是丝。"要求于人的甚少，给予人的甚多"，这正是春蚕的风格。

人们赞美春蚕，"春蚕到死丝方尽"，它那粉身碎骨、毫无怨言的品格使人油然而产生敬意。

每当人们看到蚕吐丝，就联想到革命先烈对春蚕的赞美，就联想到革命先烈像春蚕那样，夜以继日，废寝忘食，吐完最后一根丝，也在所不惜的崇高形象。

江姐面对国民党反动派的屠刀，豪迈地表示："春蚕到死丝方尽，留赠他人御风寒。""为劳苦大众求解放，粉身碎骨也心甘"。几十年来，敬爱的周总理总是精神奕奕，为了共产主义事业，他从不知道什么忧郁和畏惧。他曾说："我们要像春蚕一样，将最后一根丝吐出来，贡献给人民。"打开中国革命史册，哪一页不浸透着周总理春蚕般的辛勤劳动！总理赞美春蚕，人们更赞美像春蚕一样的好总理！

【总评】

"读书百遍，其义自见。"这是我国传统的读书经验之一。但是，如若读得"不得法"，像俗话所说的"小和尚念经"，那即使书读"千遍"，"义"也未必能"见"。所以，引导学生掌握一些主要的读书方法，是十分必要的。

本教例除了提示一般的默读以外，着重在吟诵的指导。

先要求正确地"达意"，在吟诵中能根据作者的原意正确处理好词句的重读问题；然后要求正确地"传情"，在吟诵中能根据作者所用的有特殊感情色彩的语句，正确地处理好语气、语调和节奏。按照叶圣陶先生的说法，是先训练"论理的读"，再训练"美读"。可以相信，通过这样的坚持不懈的严格训练，学生读书的质量和速度都会得到提高。

3. 疑为学之始——质疑法

课文题目　《荔枝蜜》

引读重点　运用质疑法培养学生质疑、释疑的读书习惯。

教例意图　引导学生在读书、思索的基础上质疑问难并自己释疑解难。从教师方面看，教学能更加面对实际，有的放矢；从学生方面看，有利于培养读书和思考的兴趣，提高阅读的效率。本教例试图在这点上作些探索。

教　例	简　评
师：（板书课题） 师：《荔枝蜜》是一篇优美的散文。同学们在预习的时候读得很有兴味，查了字典，分了段落，并且把不理解的问题都画上记号或者做了摘录，准备在课堂上质疑。这种主动精神非常可贵。学问、学问，学了就该问。不过，刚开始在课内向老师提问题，大家可能还不太习惯。我们今天先提词语方面的问题，后提句子方面的问题，最后再提篇章方面的问题。一人提出问题，大家共同研究解答。这样做好不好？现在请大家把词语方面的问题先提出来。 生：第四段的"稀罕"，第八段的"赞叹"怎样解释？ 师：哪一位同学给这两个词儿各找一个同义词或近义词。 生：稀罕——稀奇，赞叹——赞美、称赞。	设悬质疑关键在一个"敢"字，要放手让学生在无疑中生疑。

生："稀罕"的"稀",我在另一本书上看到不加"禾"旁,"赞叹"的"叹"怎么讲?既是赞美,我想"叹"不应该是叹息的意思。

师:你读书很细心。"稀罕"也可以写作"希罕"(板书);"赞叹"的"叹"是指发出赞美的声音,不是叹息。

生:第17小节形容蜜蜂,说它是"渺小"的,又是"高尚"的,这不是矛盾了吗?

师:这个问题怎么理解呢?请大家把第17小节默读一遍,看看"渺小""高尚"各用来形容蜜蜂的什么。

生:(默读后举手)"渺小"指蜜蜂的外形,"高尚"指蜜蜂的品质,不矛盾。

生:"渺小"还指蜜蜂的行为,它从事的劳动是默默无闻的,并不是惊天动地的。

师:这样的理解也是正确的。把这两个词儿放在一个句子里,不仅不矛盾,还有一种对比衬托的作用。这一个作用同学们看得出来吗?

生:用"渺小"衬托"高尚"。

生:第1小节的"往往",第3小节的"也许",都是虚词。这两个虚词的实在意义是什么?

师:"往往"表示某种情况时常存在或经常发生。"也许"表示不很肯定。

生:既然要赞美荔枝,为什么又不十分肯定它呢?

师:大家试试看,去掉这两个虚词或者换上别的肯定的词儿行不行?

生:因为不一定人人都喜欢花鸟虫鱼,也不一定所有的花鸟虫鱼都叫人喜爱,所以我觉得这里的"往往"不能去掉,更不能换上"都""全"这

教师一两句鼓励的话,如石击水,学生便会产生质疑、释疑的勇气。

估计学生难于或无法回答的,教师可以直接作答。

于无疑处生疑方是进。

些十分肯定的词儿。

生：说不定世界上还有比荔枝更好吃的水果，去掉"也许"就没有一点余地了。

师：刚才两个同学的意见有道理。用词造句得讲究分寸，不能说过了头。看看词语方面还有什么不理解的，如果没有就请大家提提句子方面的问题。

生：第 2 小节我有两个句子不理解："那里四周是山，环抱着一潭春水。那又浓又翠的景色，简直是一幅青绿山水画。"

师：你说是这两个句子不懂，我估计你是不懂这两句中的两个词语。不懂词义影响了理解句意。这两个词语一个是"春水"，一个是"青绿山水画"。"春水"就是绿水，形容春天里潭中的绿水，常用"春水"。"青绿山水画"是我国国画中的一种，是用青绿的颜色来画山水，显得山清水秀、逼真动人。我讲了这两个词语，哪个学生借助手势，把这两句的意思说一下？

生：（做双臂合抱的手势）四周的青山，环抱着一潭绿水。色彩又浓又翠，简直像一幅青山绿水的图画，景色十分美丽。

生：课文第 10 小节说"蜜蜂一年四季都不闲着"。难道蜜蜂冬天还采蜜？

师：课文中说的是广东，不是我们这里。在广东蜜蜂冬天也可以采蜜。开始对这个问题我也有怀疑，于是，查了关于养蜂的科普书籍，请教了地理和生物教师，得到了正确的答案。广东四季温暖如春，蜜蜂一年四季都有花蜜采。你看，同学们读书很细心，有了疑问就想，想不

教师课前要充分考虑学生会提什么问题，备课还得"备问"。鼓励发问，也是激发质疑的兴趣。

这是一个很有分量的问题。这时，教师的启发引导和组织讨论的能力将经受考验。

通就提出来问，是应该有这种"打破沙锅问到底"的精神。

生：我觉得课文里前后有矛盾。第2小节说"满野的荔枝树，一棵连一棵，每棵的叶子都密得不透缝"；可是第18小节说"透过荔枝树林，我望着远远的田野，那儿正有农民立在水田里，辛勤地分秧插秧"。既然密不透风，怎么能透过它看到农民劳动呢？

师：这个问题提得很有意思。能提出这样的问题，说明他看了后面，并没有忘记前面。请大家发表意见，看是不是矛盾了。

（学生讨论，各执一端。教师要求学生联系课文，作具体分析，意见逐步趋于一致）

生1：我觉得不矛盾，因为看的时间不一样，前一次是在黑夜，后一次是在白天。

生2：我也觉得不矛盾，因为看的东西不一样，前一次看的树叶，后一次是看的树干、树枝。

生3：说前一次看的是树叶有根据；说后一次看的树干、树枝没有根据，课文里没有这么说。我认为看的地点不一样，前一次是在楼上看，后一次是在平地上看，所以不矛盾。

生4：地点还有一点不一样：从外看内和从内看外不一样。后一次是从内往外看，可以透过荔枝树林，看得见林外农民在劳动。

师：从同学们发表的意见可以看出，大家不仅能提出疑难的问题，而且能解决疑难的问题。能质疑，是认真思考的表现；能解疑，更是认真思考的结果。我在备课的过程中，也曾经想过一个问题，课文第17小节开头有这么一句话：

> 进一步鼓励学生释疑，而且以平等的态度，讲出自己思考的过程，再巧妙地提出一个新的问题，这样，学生感到既有趣又亲切。

> 于无疑处，发现新旧课本文字表达上的差异，从中再生疑。层层设疑，学生思考则步步深入。

"我不禁一颤，多可爱的小生灵啊！"如果把这句话改成"我听完老梁的话，心想，蜜蜂是多么可爱啊！"行不行呢？我想了好久，终于解决了这个疑问。现在我也想把这句话（指黑板）和课文中的话一道提出来，请大家研究一下。

（学生认真思考，小声议论，纷纷举手发言，认为课文中原句好，归纳起来主要有三种理由）

生1："听完老梁的话"这是多余的交代，因为上一节老梁刚讲了话，可以承前省去。

生2："不禁一颤"的"颤"我查过字典了，当"振"讲，"不禁一颤"就是"不禁一振"。这么勤劳的、贡献大的劳动者，只活了6个月，这对作者感情上的振动是很大的。用"心想"不能把这种感情表达出来，不够味。

师：作者的原稿上是"我的心不禁一颤"，收进课本后，又做了改动，将"的心"二字删去了。为什么要删呢？请大家想一想。

生3：这样一删更简洁，删去了不影响对意思的理解。

师：也更准确，振动的不一定单是心，全身都振动了。作者、编者这种字斟句酌、精益求精的精神很值得我们学习。

生4：我认为用"小生灵"比用"蜜蜂"好。用小生灵不会产生误解。

师：课本注释告诉我们"小生灵"这里指小动物。为什么用"小生灵"而不用"小动物"呢？用"小动物"也不会产生歧义啊！请大家把这一

引导学生积极思考反复体味，有助于培养学生主动质疑、释疑的兴趣和习惯。

小节齐读一遍，体会体会作者的感情。

（学生齐读第17小节）

生5：用"小生灵"倾注了作者的感情，既有爱惜的感情，又有赞美的感情。

师：现在来研究篇章方面的问题。课文后面的"思考和练习"一、二两题就是属于这方面的，请大家先看一下，除了这两道以外还有什么疑问，也可以提出来研究。

（学生看"思考和练习"一、二两题）

生：我有点搞糊涂了，这篇文章究竟以赞美什么为主？是荔枝蜜，还是蜜蜂，还是农民？

生1：我认为这篇文章的重点是赞颂荔枝蜜，题目就揭示了文章的重点嘛。

生2：我认为是以赞美蜜蜂为主，甜香的荔枝蜜是蜜蜂酿造的。

生3：我认为是以赞美农民的辛勤劳动为主，因为课文里说他们"实际上也是酿蜜——为自己，为别人，也为后代子孙酿造生活的蜜"。

生4：我认为文章着重赞颂的是社会主义幸福生活。

第4小节说"你会觉得生活是甜的呢"，第6小节说"赶着建设什么新生活呢"，第17小节说"为人类酿造最甜的生活"，第18小节说"他们正用劳力建设自己的生活"。

师：这些都是作者所赞美的，从这一点看，同学们发表的意见都有正确的一面。现在要深入思考的问题是：作者赞美的这四点是不是平列的？作者的本意究竟是什么？

生1：这四点不是平列的，赞美荔枝蜜的甜香，是

善于在归纳学生意见的基础上，从新的角度再提问题，把讨论引向深入。

温故知新，用旧知识解答了新疑难。

为了赞美辛勤酿蜜的蜜蜂，写蜜蜂是借来作比喻，是为了歌颂农民，歌颂劳动人民。

生2：作者借赞荔枝蜜的香甜和蜜蜂的辛勤劳动，也赞颂社会主义新生活的美好。

师：作者的本意是什么？同学们通过反复思考、认真研究弄清楚了。作者是借赞美荔枝蜜的甜香和蜜蜂的辛勤酿蜜，歌颂社会主义新生活和为了酿造这一美好生活付出辛勤劳动的农民，这也就是这篇文章的主题思想。

生：既然文章歌颂的是社会主义新生活和辛勤酿造新生活的农民，那为什么要用"荔枝蜜"做题目呢？

师：大家在上学期学过杨朔的散文《香山红叶》，作者要赞颂的是不是红叶？

生：不是。作者是借红叶赞颂像红叶一样，越到深秋越红得可爱的老向导。

师：杨朔的散文在标题上是很讲究的，这一点和他散文曲折的结构、托物寓意的写作方法相一致的，要好好体会。

今天这节课就学到这里。请大家按照"思考和练习"一、二两题的提示，进一步深入思考，细心钻研，准备下一节课讨论。下一节课我们还要播放朗读这一篇课文的录音，练习朗读，进行欣赏。

下课。

【总评】

学生读书的过程是一个从无疑到有疑再到无疑的过程。"于无疑处有疑"，要靠教师的启发；有疑问得到解答，也要靠教师的引导。语文课上放手让学生质疑问难，师生又共同释疑解难,并将这一方法推广到学生的课外阅读中,使学生逐步培养起质疑、解疑的兴趣和习惯,并掌握质疑、释疑的途径和方法,就可以逐步达到叶圣陶先生所说的学生"自能读书,不待老师讲"的理想境界。本教例的尝试是很有价值的。

在语文课上让学生质疑、释疑,要积极引导,鼓励学生大胆提问。要分别情况,分清问题的难易、主次、先后,用不同的方法解答。要启发思考,让学生在质疑、释疑的过程中,聪明才智得到锻炼和发展。有时学生提出的问题教师不能立即作出解答也不要紧,教师"不强知以为知",也有助于培养学生虚心求知、严肃思考的良好习惯。本教例在引导、鼓励、有条不紊地组织讨论、平等亲切地参加讨论方面,做得也比较好。

4. 比较·辨微·参照——比勘法

课文题目　《茶花赋》和《雪浪花》

引读重点　运用求同参读法读书,并了解辨异参读法和资料参读法的特点。

教例意图　广博与精深,相辅而相成。中学生在学业上虽不一定都将成为广博而精深的专家,但为了适应将来进入高等学校和从事现代化建设广泛阅读的需要,还是必须具备起码的参读能力的。叶圣陶先生指出,"参读是学问家都走过的途径,这个有利的途径是该让他们(指中学生,引者按)去走的"。本教例试图通过"点面结合"的方法,把几种常用的"参读法"向学生作扼要介绍,以便学生在学习中运用,"向四面八方发展开来"。

教　　例	简　评
(上一节课,教者通过以新带旧、温故知新等方法,引导学生对散文名篇《荔枝蜜》和《香山红叶》进行了"求同"分析,着重从三个方面作了归纳,即表达上的"借景抒情""托物言志",结构上的"层层推进""卒章显志",语言上的"以少胜多"、"平中见奇"。下课前,发下杨朔的另外两篇散文:《茶花赋》和《雪浪花》,布置学生课外参读,以巩固和加深学生对杨朔散文基本特点的认识,提高他们	教师示范参读,为学生课外参读引路。

阅读和欣赏现代散文的能力。为了检查学生参读的效果，教者设计了"思考和练习"题，要求各个阅读小组围绕有关题目去读、思、议、写，并推派代表在全班讨论时发言）

师：同学们，今天这一节课，我们主要是讨论上一节课布置的题目，检查一下大家参读的收获。现在先讨论第一个题目：《茶花赋》和《雪浪花》是怎样"借景抒情""托物言志"的？要同前面学过的两篇散文参照起来进行比较。

把参读引向课外，又在课内检查参读效果，把课内外的阅读紧密联系起来。

生：这两篇散文像我们学过的《香山红叶》和《荔枝蜜》一样，用的也是"借景抒情""托物言志"的写法。老师说过，作家杨朔能从平凡细小的事物中发现闪光的思想和深刻的意义，做到以小见大，言近旨远。我们读了《茶花赋》和《雪浪花》之后，对这一点理解得更深刻了。"茶花"和"祖国"，一个很小很小，一个很大很大，作家杨朔却能巧妙、自然地借美丽的茶花，象征可爱的祖国，抒发自己无比热爱祖国的感情（引述文中句段，略）。《雪浪花》也是托物言志，它托无数的小浪花，赞扬千千万万个"老泰山"那样的劳动人民。这一点，作者在文章的末尾写得很清楚，请大家看讲义。（读文章结尾，略）
我们小组还有同学读过杨朔的散文选集，说还有《泰山极顶》《樱花雨》等，也是用的借景抒情的方法。

抓住特点，逐点辨析异同，是参读的基本方法。

师：同学们，借景抒情，托物言志，不仅是杨朔散文的特点，也是其他许多优秀散文常用的写法。同学们以后要学习茅盾的《白杨礼赞》、

由点及面，由篇及类，从个性中找出共性，参读便有规律可循了。

陶铸的《松树的风格》、瞿秋白的《一种云》等，都是借景抒情，托物言志的好文章。报刊上也经常发表这类散文。当然，有的用得好，有的用得不怎么好，只要多比较，就能分出高低优劣。

下面请第二组的同学谈第二个题目。

生：我们这个小组讨论的题目是《茶花赋》在结构上的特点。通过与《香山红叶》《荔枝蜜》相比较，我们感到，《茶花赋》也是"层层推进"的。文章是以茶花作比喻，但一开始既不写茶花，也不写其他的花，而是离开"花"去写"画"，写在国外很怀念祖国，想得到一幅能画出祖国面貌特色的画，却总是不能如愿以偿。起初看的时候，还以为是离题了呢。接下来并没有急着写得不到画以后怎样继续找画，而是放下画不说，单写从国外回来，一脚踏进昆明，看到盛开的茶花心都醉了。粗粗一看还以为这与开头不相关，可是作者却高兴地告诉大家，他已经得到了一幅象征祖国面貌的画的构思，原先不能得到的那幅画实际上已经得到了。文章到这里才巧妙地照应了开头。全文以找画开头，得画结尾，中间写茶花，实际上就是写花写画，既一气呵成，首尾呼应，又有起有伏，层层深入。

《茶花赋》的结尾也是"卒章显志"。"如果用最浓最艳的朱红，画一大朵含露乍开的童子面茶花，岂不正可以象征着祖国的面貌？"这也是"画龙点睛"，使我们感到回味无穷。童子面茶花，是多么有朝气、有活力啊！我们的祖国也是充满朝气、充满活力的，也是天天向上、欣欣向荣的。

师：你说得很好。如果作者没有这点明主题、深化主题的"卒章显志"，那么这篇散文写画写花就失去了意义，爱国主义主题也无法得到彰显，因而也就不可能有现在这样的感人力量了。当然，"画龙点睛"，这个"睛"不能硬"点"，不能乱"点"；而要"点"得自然，"点"得得体。这一点，同学们在练习写作的时候，特别要注意。

现在请第三组的同学谈谈《雪浪花》的结构特点。

生：我们在讨论的时候谈到，要是我们来写《雪浪花》里的那些内容，很可能会平铺直叙，写得枯燥无味。因为《雪浪花》写的是一件很平常的事：作者在北戴河海滨，认识了一个老渔民（"老泰山"），在苹果树前与他谈了一次话。这叫我们写起来，不就三言两语写完了？可是作家杨朔却写得非常吸引人，读了还想读。

作家写认识"老泰山"，不是先介绍"老泰山"的姓名、出身、性格，而是先写姑娘们对礁石的议论，然后让"老泰山"出场。"老泰山"出场，也不是简单地出场，而是写他的声音（引文中的句子，略），接着由其他渔民介绍"老泰山"的脾气、性格。作者写在苹果树前与"老泰山"交谈，也不是简单地一问一答，而是交谈中有插曲，插曲虽短，写得却扣人心弦，层层深入。"胖得像条大白熊"的外国人，想雇"老泰山"的驴去逛东山，"老泰山"不

〔从整体参读到结尾的局部参读，再由面及点。〕

〔阅读中随时联系自己的写作实践进行思考，参读就有了深度。〕

愿，可嘴上不说"不去"，只是冷冷地说要5块钱，心想这"大白熊"一定舍不得花这么多钱的，哪晓得"大白熊"却"答应"了，逛了半天，"照数付了脚钱"。这"大白熊"竟这样"大方"，是我们不曾想到的。同时以为这事就这样过去了，哪晓得几天之后，警察局来传"老泰山"，原来"大白熊"诬告了"老泰山"。既是诬告陷害，一定凶多吉少，可又出乎意料，"大白熊"诬告"老泰山"，无非是要"老泰山"送他上秦皇岛。我们以为这次"大白熊"一定会不给钱了，哪晓得，"大白熊"一开口就给"老泰山"15块钱，还说要"加点脚钱"。这又是我们没有想到的。可是谁知道，"到秦皇岛一个来回，整整一天，最后却连一个铜子儿也不给，说是上次的5块钱，都包括在内啦！再闹就要送到警察局去"。到这里，"大白熊"的丑恶嘴脸才彻底暴露。大家看，就这么一个小小的插曲，作家却也写得这样曲折生动，既出人意料，又合乎情理。我们在讨论的时候，对这个小插曲议论得最热烈，都说杨朔刻画帝国主义强盗的形象，不是简单化的，他总是层层深入地去揭露他们的狡猾和冷酷。

《雪浪花》在结构方面除了波澜起伏，生动曲折以外，它也是采用最后点题的写法。

（引述课文，略）

师：要是没有"画龙点睛"的一笔，《雪浪花》就可能只是一般的见闻报道了。可见，成功的"画龙点睛""卒章显志"，对深化主题、把读

参读不满足于扩大阅读量，而且要抓住重点深入读，只有这样，才能达到广和深的统一。

者的认识引向深入，是很有作用的。

师： 现在讨论第四个问题。由哪位同学举些例子来具体说说《茶花赋》和《雪浪花》在语言上的特点？

（几位同学发言，相互补充。有人举《茶花赋》中的"就搁下这桩心思"中的"搁"字，"我从海外回来，一脚踏进昆明，心都醉了"中的"醉"字，"油光碧绿的树叶中间托出千百朵重瓣的大花"中的"托"字，"时时望见竹篱茅屋旁边会闪出一枝猩红的花来"的"闪"字，"一个个仰着鲜红的小脸"中的"仰"字；有人举《雪浪花》中的"不知叫谁捏弄成这种怪模怪样"中的"捏弄"，"是叫浪花咬的"中的"咬"字，"不让咱出海，咱服从；留在家里，这双手可得服从我"中的两个"服从"，"竟不肯告诉我"中的"竟"字等）

> 把两文语言运用的特点相比较，参读落到了实处。

师： 同学们举的例子都很有代表性，讲得也很好。杨朔他善于给那些貌似寻常的字注入新意，从而使它们发出特别的光彩来，做到"以少胜多""平中出奇"。同学们谈到的"醉"字和"咬"字，是"平中见奇"的最好例子。这方面的例子还很多，大家阅读杨朔的其他散文，或者其他作家的散文，要留心揣摩，仔细品味。

同学们，通过讨论，我们对杨朔散文的特点，看得更清楚些了。这种"由篇及类"的读书方法，我们把它叫做"求同参读法"，就是从相关的两篇文章中找出共同的特点来。这种"求同法"，也是研究问题的基本

> 求同参读法。

方法之一。

研究问题，除了要"求同"，还要"辨异"，只有找出不同点，才能把握事物的本质，把甲事物与乙事物区别开来。因此，与"求同参读法"相对的就是"辨异参读法"。今天我们再发一份讲义，是秦牧写的《蜜蜂的赞美》，将它和杨朔的散文对照起来读，看它们在标题、主题、人称、语言及写作方法等方面有什么不同，各人写出参读笔记。我们准备出一期墙报。

辨异参读法。

另外，我从刊物上看到一篇介绍杨朔写作习惯的文章，其中提到《雪浪花》的修改情况，说"全文仅3000字左右，却改了200多处，其中许多地方作了反复修改，一字未改的只有十五句"。我已经把《雪浪花》的原稿抄写在纸上，下课后，贴在教室后面的"学习园地"里，大家可以仔细地把讲义与它对照着看，边看边想：作者这样改动的原因是什么？真正想出所以然来，这对自己的阅读和写作都有益处。这种为了深入理解而去参阅有关资料的方法，我们可以称为"资料参读法"。当然不光是指作者的手稿；此外，资料如工具书、作家传记、历史背景材料、作家作品评论等都是。同学们平时读书还要注意积累资料，养成摘录资料、做资料卡片的良好习惯。

资料参读法。

同学们，参读的方法是多种多样的，以后我们再陆续介绍。

下课。

【总评】

叶圣陶先生说过:"精读文章,每学年至多不过六七十篇。初中三年,所读仅有两百篇光景,再加上高中三年,也只有四百篇罢了。倘若死守着这几百篇文章,不用旁的文章来比勘、印证,就难免化不开来,难免知其一不知其二。"因此,他主张把精读文章作为出发点,向四面八方发展开来,达到精读一篇文章,就可以带读许多文章的目的。本教例试图把精读与参读结合起来,以精读指导参读,以参读深化精读,又由此及彼、层层递进地介绍了有关的参读方法,为学生广泛阅读提供了门径,拓开了思路。参读并不是漫无边际的"散读"、随意读,而是有重点、有目的、有选择地读,使质和量尽可能完美地统一起来。

5. 品赏花心的蜜——赏读法

课文题目　《荷塘月色》

引读重点　学习欣赏文艺作品,培养学生审美能力。

教例意图　欣赏能力,是阅读能力的重要组成部分。中学语文教学要培养学生的欣赏能力,是理所当然的事。学生往往把文艺作品的欣赏,看成是高深莫测的,以为它是评论家、专门家的事,自己最多只能像矮子看戏,跟着别人喊喊好罢了。语文教师要结合典型课文的讲解和品赏,一方面,从思想上帮助学生打破"神秘感";另一方面,从方法上给学生以具体指导,引导学生在阅读和欣赏的实践中,逐步学会欣赏文艺作品,不断提高审美能力。

教　例	简　评
第一课时 师:(板书:《春》《背影》)同学们,大家还记得这两篇散文的作者吗? 生:(齐)朱——自——清。 师:这是初一、初二时候学的,上了高中,你们还都记得,可见印象之深。是的,好的文章,一读就忘不了。朱自清先生是我国著名的散文大家,他	"脍炙人口""情文并茂",突出地说明文本的价值。美文才适合美读,这是赏读的基础和前提。

写了许多脍炙人口的好散文，今天我们要学习他的另一篇情文并茂的散文名篇《荷塘月色》。
（板书课题）
大家把题目朗读一下。

生：（齐）"荷塘月色"。

师：同学们，你们读了这富有诗情画意的题目一定会涌起许多"美"的联想，"幽静"呀，"素雅"呀，"恬淡"呀……是不是？
（不少同学点头）

师：请同学们设想一下，站在荷塘边上观赏月色的作者，此时此地，他的心情该是怎样的。

生：一定是十分轻松、愉快。

生：一定是十分宁静、闲适。

师：同学们，朱自清先生在文中抒发的究竟是不是"闲情"？（板书：闲情）如果是"闲情"，那是不是为写"闲情"而写"闲情"呢？看了文章再议吧。让我们先欣赏一下《荷塘月色》的朗诵录音。大家可以一边听录音，一边轻声跟读。
（学生边听录音，边看书随读）

引起学生赏读作品的兴味和情绪。

师：同学们，古人说过，文章的精神要在"读中悟"。但要真正悟出文章深处的感情，就先要理清作品的思路。现在请大家细读课文，以作者游踪为线索，将课文划分段落。
（学生边看边划）
（师生讨论划分段落，略）

"读"为欣赏之始。通过听录音和随读，让学生进入作者创造的意境。

师：通过读读、想想、议议，我们对文章的主要内容和行文结构，已经基本上弄清楚了。在这个基础上，我们可以进一步思考了，夜深人静，作者为什么要去那"日日走过"的荷塘。（板书：夜游荷塘的原因）"今晚"的荷塘又能不能让作者如愿以偿呢？

大家先读课文的第一节，找出关键词句，看作者夜游荷塘的原因是什么？

（学生读、划，教师行间巡视）

师：××同学说说看，作者夜游荷塘的原因是什么？

生：作者因为"这几天心里颇不宁静""坐着乘凉，忽然想起日日走过的荷塘"，就是说，作者为了排遣"不宁静"的心情而去游荷塘的，到荷塘那里是为了寻求"宁静"。

（教师板书："不宁静"——找宁静）

师：讲得很好。能熟练地运用课文中的语句回答问题，并能作具体分析。那么，"今晚"的荷塘能不能给作者以"宁静"，让作者如愿以偿呢？大家继续看第二、三两节。先注意看作者要去的荷塘原是一个怎样的荷塘。

（讨论时，学生用课文中的语句描述：荷塘的路是"小"而"曲折"的"煤屑"路，"幽僻"得"白天也少人走"；荷塘四面"长着许多树，蓊蓊郁郁的"，以至于在"没有月光的晚上"，显得"阴森森的""有些怕人"，而当晚，"月光也还是淡淡的"）

师：可见，这荷塘没有什么"美"可言，而且作者"日日走过"，完全不必再去。可是，今晚作者却不想在院子里坐着乘凉，而"披了大衫"去游荷塘，这近乎反常的行动，反映了作者怎样的内心活动呢？

生：反映了作者心里很不宁静，甚至坐也坐不

随机引导学生在阅读中探究、考察，有助于学生掌握鉴赏的门径。

用课文中的语言评析课文，情感表达之深，语言运用之妙，尽在欣赏过程中领悟。

住了。

生：也反映了作者想排除"不宁静"的烦闷。因为荷塘"幽僻"，而作者这个时候最需要"宁静"，所以，作者"忽然想起日日走过的荷塘"。

师：答得好。有分析，有说服力。现在大家再想一想，心里"颇不宁静"的朱自清先生，他夜游荷塘寻找宁静，排遣愁闷，这愿望实现了没有呢？大家再看第三节，要使书上的语言如出自己之口。

（学生仔细地读书）

师：××同学说说看。

生：朱先生夜游荷塘的愿望实现了。他在荷塘看月色，找到了宁静，驱除了烦闷。请听作者轻松、喜悦的声音："这一片天地好像是我的""我……到了另一世界里""觉得是个自由的人""我且受用这无边的荷香月色好了"。作者写的这些话里，分明跳荡着因找到宁静而欢快的感情。

> 叶圣陶先生把文字比作桥梁，读者通过这道桥梁才能和作者会面；不但会面，而且了解作者的心情，和作者的心情相契合。引导学生赏读，就好比带学生过桥去和作者的感情融合。

师：讲得很有感情。

（板书：得宁静）

生：老师，我觉得第二节结尾的一句话，是很重要的。"今晚却很好，虽然月光也还是淡淡的。"它说明，今晚荷塘的景色还是往常的景色，但因为它"幽僻"，没有任何人的干扰，满足了作者来这里找宁静的愿望，因为作者觉得荷塘"今晚却很好"。这里，作者把感情融进去了。（老师插话：以情观景，以情写景，情景交融）另外，这句话，还引起了下文，第三节写的内容是"今晚却很好"的具体化。

> 读到深处，悟出妙处，才能称为欣赏。

（教师插话：四、五、六三节也是）

师：××同学的发言很有见解，确实是悟出了文章的妙处。这就是欣赏。的确，这第三节的字字句句，都跃动着作者喜悦、轻松的心情。作者有心"受用"荷香月色，这说明此时此地，作者是有——（指着板书"闲情"）

（学生齐答"闲情"）

　　但是，大家注意，请不要忽略了"且受用这无边的荷香月色"中的"且"字。"且"这里作"暂且""聊且""姑且"讲，因此，"我且受用这无边的荷香月色好了"。这句话，既透露出作者"暂得宁静"的"轻松"和喜悦，也流露出作者深知"宁静"只是"暂得"的隐隐的愁绪。因此，我们就得在"得宁静"的前面加上一个字

（板书：暂）

　　事实也正是如此。正当作者暂得宁静，沉浸在荷塘月色的恬静境界之中，却传来了"树上的蝉声与水里的蛙声"，作者苦心追求的宁静竟被这"蝉声""蛙声"打破了（板书：失宁静）。"热闹是它们的，我什么也没有。"这是多么深沉、不平的感叹，"我什么也没有"，（指着板书"闲情"）这"闲情"自然"也没有了"。

　　同学们，作者暂得的宁静很快被打破了，出门时的"不宁静"的苦闷会怎样？

生：依然如故。

生：袭上心头。

师："闲情"没有了，急于排遣掉的"烦闷"会怎样？

生：袭上心头。

> 能从普通字眼品出作品的深邃含义和表达的感情。这是高层次的欣赏能力。

> 层层设疑，由表及里，披文入情，才能真正欣赏到花心的甜蜜。

生：萦绕心怀。

师：常言说得好，举杯浇愁愁更愁，抽刀断水水更流。作者暂得的宁静被打破，袭上心头的"不宁静"会更不宁静；暂得的闲情没有了，袭上心头的烦闷会更甚。由此可见，作者写"闲情"不是为写闲情而写闲情，而是——

生：突出愁绪。

生：反衬烦闷。

师：对。作者的实际情况是："闲情"是"表"，衬"愁绪"是"里"，做到"闲静"不"闲"，"愁绪"更"愁"。作者的抒情艺术是何等高超！最后，作者无可奈何，只得怀着出门时的"不宁静"的烦恼和郁闷的心情，走进"什么声息也没有"的门里——（板书：又"不宁静"）

> 引导学生去感受作者情绪起伏变化的整个过程，使欣赏从感性上升到理性。

师：（指着黑板）大家看：作者因"不宁静"而夜出"找宁静"，在"暂得宁静"后终于又"失宁静"，最后仍然怀着"不宁静"的心绪返回屋中。散文要以情动人，作者写《荷塘月色》，始终扣住抒发内心的苦闷这根主线，写得脉络分明，委婉真切，不愧是散文大家，抒情高手。

师：刚才我说过，散文要"以情动人"。但是，不是什么"情"都能"动人"，我们所肯定、所感念的应当是富有积极意义的"情"。因此，当我们把握了作者的感情脉络之后，就应当深入探索，作者在《荷塘月色》中着力抒写的这番"情"有什么积极意义。

为了帮助大家思考这个问题，我要把朱自清先生的生平和他写作《荷塘月色》的时代背景，

> 了解作者生平和作品的时代背景，是深入欣赏所必需的。

向同学们作简要介绍。因为只有把作品放在当时当地的特定环境和条件下去阅读欣赏，只有了解作者的思想、品质和为人，才能"知其然"，又"知其所以然"，才能在读懂文章"写什么"的基础上，进而明了写这些是"为什么"。

（介绍时代背景、作者生平，略）

师：请大家课后联系时代背景和作者生平思考这样几个问题：

第一，作者产生"颇不宁静"的苦闷情绪的社会根源是什么？

第二，作者夜游荷塘寻找宁静与作者思想、品格之间有什么内在联系？

第三，现在学习《荷塘月色》，我们应该从中获得哪些启示？

各人在思考的基础上，写好第一、第二两个题目的发言提纲。讨论时，大家各抒己见。

下课。

第二课时

师：同学们，先讨论上节课布置的第一个问题。谁发言？

生：朱自清先生内心的苦闷、忧郁，是黑暗的社会现实造成的。本文写于1927年7月，正是国民党反动派发动"四一二"反革命大屠杀之后，国内一片白色恐怖。正直的朱自清先生对反动当局这样的暴政，极为不满。他渴望自由光明，但一时又看不清前进的方向，因此心情苦闷，"心里颇不宁静"。可见，朱自清先生不是为家庭琐事、个人琐事而烦闷，而是因当时

互相讨论，各抒己见，奇文共赏。

的黑暗现实而感到愤懑。

师：说得很清楚。再讨论第二个思考题。请同学们自由发言。

生：作者夜游荷塘，希望能够寻得安宁，说明他不满黑暗现实，要求自由光明。

生：说明他为人正直，品质高尚。

师：能不能作些具体分析？

生：老师在介绍时代背景和作者生平时说过，在白色恐怖笼罩全国的时候，在反动势力十分嚣张的时候，有的人卖身投靠反动政府，有的人颓废消沉，有的人寻欢作乐，有的人随波逐流，而朱自清先生却不是这样，他保持自己的纯正品质，不与丑恶的东西同流合污。夜游荷塘，是有这个意思的，因为荷花的品格高洁，"出污泥而不染"，朱自清先生欣赏荷花，寄情荷花，这是他人格高尚的表现。 ｜ 知人论文是欣赏的根本。舍此品不出真味。

师：××同学谈得比较中肯，他基本上能够做到"知人论文"（板书：知人论文），能够把作品放在特定时代背景之下来研究。可见，为了欣赏文学作品，了解作品的时代背景和作者的生平是很有必要的。

对于第三个问题，我们在课堂上就不讨论了。优秀的文学作品，它给人们的启示是多方面的。钻得愈深，所得愈丰。好文章要不厌百回读。《荷塘月色》值得大家反复读，反复体会。以上我们着重赏析了《荷塘月色》中蕴涵着的"情"，现在让我们再来欣赏欣赏它的"文"，看作者描写荷塘月色的出神入化的艺术技巧。 ｜ 披文入情，再因情析文，这是语文教学中提高欣赏能力的两个基本环节。介绍品评诗文的常识，引导学生自己去欣赏，去分析。

师：同学们，人们历来用"情景交融"和"诗中有 ｜ 抓住重点，深入"花心"。

画"作标准，来要求和评论写景抒情的诗文。现在，我们也用这个标准来分析《荷塘月色》。

（板书：情景交融，诗中有画）

师：今天，我们着重赏析课文中描写荷塘与月色的两小节。现在请大家齐读第四、五两节。

（同学们齐声朗读）

师：上节课，××同学在分析第二节最后一句话的时候，说过一句很有见解的话，大家还记得吧？

生：他说过"作者把感情融进去"。

师："把感情融进去"，就是以情观景，以情写景，这样，就能使情景交融。请大家细细地看文章，举出实例来。

生：今晚的荷塘，还是作者"日日走过"的荷塘，本来并不美。今晚的月光也还是淡淡的，并不皎洁。但因为"幽僻"的荷塘，迎合了此时此地作者寻求"宁静"排遣烦闷的心愿，因此，作者感到"今晚却很好"，荷塘月色都变得很美了。这是"以情观景""以情写景"。

（教师插话：景因情移）

生：作者说，夜游荷塘，好像"到了另一个世界里""像今晚上……便觉是个自由的人"。这说明在"白天的世界"里，作者是个不自由的人。作者写荷塘月色的美，正反衬了社会现实的丑，其中寄托着作者追求美和自由的感情。

师：同学们谈得很好。我补充一点：作者不满现实，但又无法摆脱现实；暂得轻松、闲静，但又无法根本排遣内心的苦闷，不知前途和希望在哪里。正因为作者感情深处是这样的，所以

能悟出"言外之意""弦外之音"，这才算品出真味。

先介绍品评作品的标准，再引导学生自己有目的地去思考，去衡量。

他写的荷塘月色就现出迷茫朦胧的淡色，此时此地，作者感情色彩和景物的自然色彩，的确已达到"水乳交融"的境地。

我们再来看看作者在描写景色的时候，怎样做到"诗中有画"的。一幅好的画，最基本的条件是要有特色，能传神，大家可以从这两点上去研究。

（学生看书、思考、书头做笔记）

生：作者写的荷塘，不是白天的荷塘，是夜里的荷塘；不是没有月色的荷塘，是有月色的荷塘；不是月色明媚的荷塘，是月色淡淡的荷塘。作者写月色，也不是写其他地方的月色，而是写荷塘上的月色。这景色是有特色的。

师：说得不错。但××同学说的还只是"取材"有特色。要把这富有特色的客观景物描写出来，让读者看了，如在眼前，这就要求有很高的艺术修养。朱自清先生写景状物的技巧确实是很高明的。请注意这一段描写（范读）："月光如流水一般……如梵婀玲上奏着的名曲。"作者在这里把朦胧的月光、多姿的月影，勾画得细致极了，形象极了，确实达到了"出神入化"的地步。另外，荷塘的荷叶、荷花、荷波，也描写得很有特色，不一般化。同学们课后可以再细细地看。

至于画面传神，也很突出。文中用到的许多比喻、拟人手法，都是传神之笔。特别是写微风吹动荷塘里的荷叶，"便宛然有了一道凝碧的波痕"，实在是逼真传神。

师：现在让我们再来欣赏一遍《荷塘月色》的朗读

再次用聆听朗读录音的方法来巩固和加深阅读过程中的收获和体会，效果是肯定的。

录音。把我们从花心里采得的蜜,再好好地咀嚼咀嚼,品味品味。

(略)

下课。

【总评】

人们往往把"阅读"和"欣赏"联系在一起提,这是有道理的。既要"阅读",又要不止于"阅读",而要进一步去"欣赏"。而"欣赏"又必须以认真"阅读"为前提,只有阅读得精细,才能欣赏到真味。本教例注意引导学生通过认真、细致的阅读,去"品赏花心深处的蜜",并进而让学生领会和接受欣赏文艺作品的基本知识和方法。这样的教法,符合"阅读"和"欣赏"之间固有的联系。本教例从学生的实际水平出发,精要地介绍一些有关文艺鉴赏的标准,这样做,也符合"用规律性知识充实学生头脑"的教学原则。如果没有起码的文学理论素养,没有赏读的基本知识和目标要求,欣赏能力是不能自然生成的。

(二) 引写案例选评[①]

1. 到生活中找"米"——开辟写作源泉

同步课文篇目

《一件珍贵的衬衫》(初中语文第一册)

《老山界》(初中语文第一册)

引写程

(1) 知识引写

古人写文章都很重视"聚材取事"。这里的"材"和"事",就是写文章的材料。人们都把取材作为写文章前第一位的准备工作。"巧媳妇难为无米之炊",炊,一要"米"(材料),二要"巧"(技术),有了这两样才能做出好吃的饭来。写文章,也是这样。一要有内容,二要讲技巧。解决了写什么和怎么写的问题,才能

---

① 《作文百课》,昆明,云南教育出版社,1988。

写出好文章来。

　　有的同学一写记叙文，就皱眉头，咬笔头。原因大都是苦于没啥材料可写，或者是找不到新鲜、动人的材料。有时即使掌握了一鳞半爪的材料，但写出来的文章淡如白水。老师的评价是："作文内容贫乏，言之无物"。这说明，不会收集材料是写不出好文章的。所以，要写好作文，第一步得学会找"米"。

　　"米"从哪里来呢？一是同学们自己的校内外生活；二是前人、他人提供的资料；三是以生活和资料为基础的想象。从根本上说，"米"是从生活中来，资料是间接的生活，想象则是以生活为基础的。生活应该是最大的"米仓"。

　　有的同学说：我们的生活可丰富啦，学习、活动、劳动、娱乐……但一到写作文就没话可说。怎么回事呢？因为有了丰富的生活，不一定就获得了写作文的生活材料，这就是人们所说的"身在宝山不识宝"。因而还要学会掌握发现和收集材料的方法。

　　怎样才能从生活中获得丰富生动的记叙材料？应做到"四多"。

　　多留心。鲁迅先生说过，处处留心皆学问。我们就是要做生活的有心人，留心周围的各种人和事：校内的，校外的；听到的，看到的；国家大事，生活小事……从中发现有意义的材料。《老山界》一课所以写得真切感人、具体逼真，主要是作者自己经历了二万五千里长征。作者不仅有亲身的体验，而且在行程中留心观察了红军官兵在翻越老山界时有关的人和事，包括红军翻越老山界过程中的许多细节，所以读了使人如临其境。

　　多观察。要用敏锐的目光，仔细观察学校、家庭和社会生活，观察人们的言行和事情的发展变化，用"自己的眼睛去看别人的东西，在别人司空见惯的东西上能够发现出美来"（罗丹语），并通过比较、体验，发现生活中的真、善、美，获得值得记叙的材料。《一件珍贵的衬衫》一文作者写自己亲身经历的一次交通事故，突出了三个场面。这三个场面所以写得具体感人，主要是作者在事件过程中，用敏锐的目光对周总理的神态、动作等进行了细致的观察、体验，从中发现了总理关心群众、热爱人民的许多感人的材料。

　　多思考。要对周围的人、事和社会现象作分析，多问几个"为什么"，弄清楚所获得的材料为什么值得记叙。"全国中学生作文"一等奖获得者刘汇力同学谈到一个例子：一天中午，她去上学，刚好在楼门口遇到了刘奶奶，她正要闪开路让老人家先走，可是刘奶奶却抬手说："你快过吧，可别耽误了你们学生的工夫。"当时刘汇力因为赶路，没有细想这件事。后来，她在汽车上读外语，叔叔、阿姨们争着给她让座，她的心第二次被触动。她想，刘奶奶那么大年纪，为什么给我这个十几岁的孩子让路？车上那么多人站着，叔叔、阿姨们为什么偏偏给我这个学生让座？她经过反复思考，认识到，这是因为人们都自觉或不自觉地想到青少年是祖国的未来。她感到有多少话要对期待自己健康成长的人们说啊，又有多少话要叮嘱自己啊！于是提笔写成了《火热的心》一文，把一件很平常的小事写成了一篇情真意切的作文。

多积累。茅盾在《创作的准备》一书中说："时时刻刻身边有一支铅笔和一本草稿簿，无论走到哪里，你要竖起耳朵，睁开眼睛，像哨兵似的警觉，把你所见所闻随时记下来……"在平时生活中，要像蜜蜂从万花丛中采蜜，工人从散沙里淘金一样，经常收集材料，并通过写观察日记和填写材料卡片等形式把收集的材料"保存"起来，建立起写作材料的"小仓库"。

只要真正做到了"四多"，同学们写作文就不愁做无米之炊了。

(2) 例文引写

卖柿子的姑娘

好不热闹！

洧水桥集市那长长的货架足有70米，宛如一条长龙卧在马路上。货架上，各式各样的蔬菜和肉类及五颜六色的菜牌和标价，简直叫人眼花缭乱。小贩们的吆喝声，自行车的铃声，买卖双方的讨价还价的声音，交织在一起，组成了一支缺少指挥的合唱。（寥寥数笔勾出集市繁闹小景，这是留心观察的结果）

这里也有平静的地方。（身在闹市而有静，处在静处又见闹。不仅作了细致观察，而且进行了认真思考）

在不大显眼的地方，蹲着一个十八九岁的姑娘，黑鞋、蓝裤，上身罩一件粉红色的衣裳，在阳光的映衬下，红扑扑的脸庞洋溢着青春的活力。她的前面放着一大篮柿子，红彤彤，水盈盈的。不管小贩子直着喉咙如何吆喝，她只是睁大眼睛，静静地守着，等着……（只要留心，平静之处可见不平静，不显眼处也能发现奇事情。善做有心人，定能多发现）

这时，一个衣着入时的少妇领着一个小女孩走来。"多少钱一斤？"那少妇问道，顺手挑了一只柿子在手上轻轻地掂了掂。

"两毛五!"卖柿子姑娘细声答道。

"我先尝尝,看甜不甜。"说着用带着香味的颜色好看的手帕反复地擦着那只柿子。(一"掂"一"擦",观察入微)

"妈,我也要吃。"小女孩对着大人嚷着。

"小孩子尝个什么名堂,给……"她把柿子递过去,又从篮子里拿了一只……

"甜吗?"卖柿子姑娘含笑问道。(笑得自然)

已经大半个柿子落了肚的少妇,硬皱起眉头说:"哎呀,还有点儿涩嘴呢!算了吧,到别处去看看。"拉着女儿就要走,小女孩不肯,拉着妈妈的手,另一只小手放在嘴里舔着柿子的汁液:"妈妈,柿子甜,怎么不要?"

"瞎说!"少妇看女儿不走,脸也红了,气也大了,照着孩子的屁股,"啪"的一巴掌,孩子哇哇地哭起来。卖柿子的姑娘见状显得既心疼又歉疚,赶忙拿了两只柿子给少妇。(如见其人,如观其形。可见作者善于观"言"察"色")

"不要!"少妇的声音,分明迸溅着火星儿。(一"静"一"迸",对比鲜明)

卖柿子姑娘轻轻地咬了一下嘴唇,细声细气地说:"不买没事儿,这柿子是自家树上长的,算不了什么!"她静静地望着少妇,眸子忽闪着,轻轻地理了理被风吹乱的刘海,"给孩子吃吧"。

少妇怎么也没想到卖柿子的姑娘会送柿子给她,她脸红了,显得局促不安,手里捧的仿佛不是两只柿子,而是两只铁球……

(马晓星)

【评语】

不进宝山不见宝,身入集市材料多。一个普通的中学生从人们司空见惯的集市中能发现并表现出具有时代风貌的人物,主要是由于注意用心观察,善于分析思考。文中用细腻的笔法生动、曲折地反映了两种人物思想感情的变化,准确揭示了人物的内心世界。正因为作者既注意观察,又注意分析,因而人物描写形神兼备,给读者留下了清晰、深刻的印象。

训练程

(1) 课堂说写(任择一题)

题目一:观察是获得第一手材料的主要方法。选择某一天,从早到晚,仔细观察班级、家庭里的师生、家庭成员的学习、活动、生活、思想等情况；也可以观察社会上的一些现象。通过分析和思考，挑选一些自己认为有价值、有意义的人和事，与同学口头交流。

写作提示：

第一，介绍人和事要抓住重点。

第二，叙述要有条理，并有详有略。

第三，语言表达要清楚、生动。

第四，听人介绍要集中注意力。

题目二：我们生活中有许多凡人小事，只要"多留心、多思考"，就可以发现其中许多闪光的东西。下面一段文字，记叙了某同学见到的一件事。读了以后，口头分析一下，这则材料是否有记叙的价值，为什么值得记叙，怎样才能写得生动具体。

一天早晨，几个同学上学，经过学校门口的传达室时，只听见老传达员像同人吵架似的打电话："供电所吗？为什么到现在还不关路灯？""什么？忘掉了？说得轻巧，长着脑袋管啥用呀？这是浪费！是不负责任！"说完就把电话搁了。

写作提示：

第一，要从积极方面去理解材料的价值，着重写"闪光的东西"（工作负责，爱护国家财产等）。

第二，从老传达员的语言分析他的个性特点，对老传达员急躁、简单的缺点，应从爱护的角度，作为个性来反映。

第三，要适当展开，写出一定的情节，并适当写出环境及前因后果。

题目三：只要做"有心人"，就可以从日常生活中发现一些新鲜生动的材料。认真回顾、比较一周内每天早晨上学到校，或者傍晚放学回家路上见到的人和事，细心寻找作文的"米"。写一篇题为"使我感动的一个镜头"的观察日记。

写作提示：

第一，重点写一个镜头，可以作适当的环境描写和前因后果的简略交代，但必须突出一个镜头。

第二，要写"感人的镜头"，必须在留心观察的基础上，对一天的见闻加以比较、分析，选出"使我感动的一个镜头"。不仅是目睹的，而且是有教育意义的、"使我感动的一个镜头"。

第三，写一个镜头，往往易于三言两语，淡淡地介绍过程，或交代前因后果一大片，"镜头"反而不清晰、不突出。必须从环境描写、人物的言行、神态、细节描写，把一个"镜头"写得充实、丰富、动人。

第四，集中写"一个"镜头，空间、时间都有限制，不能节外生枝带出几个头，几件事。

题目四：下面提供的某同学材料"仓库"里关于田老师点滴事迹的卡片资料，请确定一个中心，选用部分卡片的内容，经过合理想象和加工，写一篇记人的文章。参考题目是：他有这样的好教风。

田老师写备课笔记，总是一改再改。在他的课本、笔记本上留有圆珠笔、铅笔、蓝钢笔、红钢笔四种笔迹。

每次批改作业，田老师总要作"分户记录"。他经常"查户口"，有的放矢地给学生作课外辅导。

田老师星期天全泡在备课、批改作业里。同学们都议论："田老师的日历表里无假日。"

上周星期五的傍晚，田老师发完作业本回家，路上他像突然想起了什么事，改道往李俊同学家走。一见到李俊就连忙道歉似的说："你的路子是对的！你的路子是对的！"原来，今天批改数学作业时，田老师一时疏忽，把李俊同学想的一种新的运算方法错批了。

田老师上数学课常常留10分钟让学生提问题，公开宣布："谁问倒我就是我的老师！"他还风趣地说："我姓田，不能搞田（填）鸭式，而要学会种田，让苗苗自己长。"

写作提示：

第一，先对卡片作整理分析归类，根据题目"他有这样的好教风"，着重选用能表现"好教风"的卡片资料。首先抓住文章的写作重点。

第二，选择的卡片资料，内容比较单薄的，根据中心思想的表达需要，进行合理想象，把内容写得丰富些、具体些。

第三，经过思考分析，按照一定线索，安排好记叙的顺序。

（2）课外练笔

第一，中外古今许多名人学习语文，往往是"得益于课外"。为了加强课外作文练习，每个同学都要准备一本"课外练笔本"，经常记录自己的见闻、感想、体会

（包括观察日记），建议同学们为自己的课外练笔本设计一个封面。内容包括练笔本的名称（如"火花""心声"等），引用的格言（如"在需要的时候说恰当的话——叶圣陶"），以及图案，形式可以"百花齐放"。

第二，书刊上的材料，是间接的生活源泉。经常摘录书报杂志上的资料，也是获得写作材料的一个途径。试自己设计一种资料卡片，内容包括：卡片名称、卡号、摘文标题、作者、译者、出处（书刊名称、卷、期、页）及摘录日期、摘要内容等项。

同学们平时要养成记录资料卡片的习惯，并善于把卡片按序号编订起来。

附：怎样积累写作材料

（写作习惯一）

要使自己的文章写得内容充实，必须花工夫逐步积累写作材料。

积累材料，要选定一个方向，确定具体的目标。这样，才可以有重点，积累最有用的、最需要的材料。

积累材料，手勤很重要。因为一个人的脑袋记忆力再好，容量总是有限的，而且单凭记忆，往往不精确，不可靠。正如俗话说的那样，好记性不如烂笔头。因而我们除了眼观耳听，还必须手抄笔录，将平时留心观察所获得的材料及时"储存"起来，从而起到"勤笔免思"的作用。平时要专门准备一本"酿蜜簿"或"采花本"，也可以制作一些资料卡片，最好随时带着，及时地把生活素材和读书资料有重点地记录下来。

我国唐代诗人李贺，外出时随身携带一个锦囊，每得佳句，便写了放在里面。俄国作家果戈理外出时也经常带着一本大笔记本，封面上写着"万宝全书或日用百科全书，编著：果戈理"。我们要学习中外名人的榜样，留心收集写作材料。

制作材料卡片，可以多种多样，不必统一。但一般资料卡片都要有材料内容、来源、记录的时间三个项目。如果是摘录书报杂志的材料，还要注明作者、出处。一本资料卡片，实际上就是一个材料"仓库"。这样的"仓库"建设好了，我们写作文还用担心什么"无米之炊"呢。

评改程

(1) 评改要求表

选出三篇文章，印发供集体评议，各人填表评改。

顺　序	作者名称	篇名	选材是否具体典型	材料是否突出中心	分数
1					
2					
3					
对本人作文自我评价					

说明一，先评他人的最后评自己的；说明二，评讲紧紧围绕本专题"怎样从生活中找'米'"。

(2) 作文病历卡

篇次＿＿＿＿＿题目＿＿＿＿＿作文时间＿＿＿＿＿

项　目	病情（主要毛病）	自我诊断（分析原因）	治疗方法（修改例子）
材料是否真实可靠			
材料是否典型感人			
材料是否紧扣中心			
教师复诊（收阅签意见）			

(3) 评改方式建议

第一，先各人复习积累材料的基本要领；

第二，教师明确评改重点，从选材角度评价文章；

第三，同学间互相交流作文及资料卡片或摘录本，评选最佳作文和最佳资料卡。

【简评】

"巧妇难为无米之炊"，引导学生写作，首先要引导学生建立自己的"粮仓""米廪",开辟写作的源泉。本教例指导学生参加社会实践,广泛阅读书刊,多留心,多观察,多思考,多积累,正是在这一知识、素材、情感、语言的开源和建仓、储备和调运的过程中,开阔了视野,提高了认识,丰富了情感,发展了智力。这一寻"米"炊"米"的历程,不正成了使"妇"变得更"巧"的阶梯吗?

2. 两句三年得,一吟双泪流[①]——锤炼语言

复习内容

《词的不同色彩》(初中课本第四册)、《句式的变换》(初中课本第六册)、《怎样学习语言》《谈修改文章》(高中课本第四册)

写作要领

(1) 大量积累词汇

词汇,是语言的建筑材料。只有掌握了丰富的词汇,才能有选词的余地;离开词汇,就无从表情达意。词汇贫乏,文章必然干瘪、板滞,更谈不上准确、鲜明、生动。

(2) 仔细辨析词义

确切地了解词义,是正确选用词语的前提和基础。要能因文制宜地把词语运用到适当的语言环境中,不仔细辨析是不行的。与"知人"才能"善用"相通,"辨词"才能"精选"。选词,就是从不同词中挑选能够最恰当地表达思想感情的词语。

(3) 选词不忘立意

思想通过语言来表达。选词看起来是在斟酌文字,其实却是在确定思想和感情。词不达意,或用词不尽达意,不仅是语言水平问题,而且往往是因为思想认识还不够成熟。因此,"选词"既是技巧,又不全是技巧。"选词"和"立意"不可分割,要力求把义理与辞章尽可能完美地统一起来。

(4) 选用恰当句式

不同类型的句式具有不同的表达效果。同样的意思,由于使用的句式不一样,表达出来的情调、语气、色彩就有所不同。应该根据表情达意的需要,选用适当的句式。

(5) 灵活运用"修辞"

语法解决句子通不通的问题,修辞解决好不好的问题。灵活运用各种修辞手法,

[①] 《高中作文三阶十六步》,郑州,文心出版社,1986。

可以使语句显得具体、形象、生动、鲜明，提高表情达意的效果。所谓灵活运用，就是要从实际出发，从效果出发，必须考虑到文体特点、题材特点、读者特点和作者自身特点。

教材借鉴

（1）准确精当，切合对象

据有关研究资料说，鲁迅在《药》中写手的动作，一共用了38个动词（重复的不计），而在交换人血馒头这个场面中，表述人的动作，一共用了13个动词，都准确而有分寸，特别是"摊""撮""抢""扯""裹""塞""抓""捏""摸"，这几个动词的选用，其形象、准确、传神、贴切，几乎达到了无可更动的程度。这些精选的动词，把贪鄙凶暴的刽子手、胆小善良的华老栓，分别刻画得栩栩如生，跃然纸上。

（2）色彩和谐，感情丰富

《在马克思墓前的讲话》开头一段谈的是马克思的死。作者根据表情达意的需要，不用"死"，也不用"死"的同义词，而是用了"停止思想""安静地睡着""永远地睡着"这些相关的代替词语，这正是作为一篇悼词所需要的。这些词语饱含着作者对马克思的敬爱和悼念之情，感情色彩与全文崇敬、庄重、深沉、真挚的基调十分协调。

（3）形象生动，妙趣横生

《改造我们的学习》阐述了深刻的道理，又显得活泼生动，妙趣横生，这与作者灵活运用多种修辞方法有密切关系。"这种作风，拿了律己，则害了自己；拿了教人，则害了别人；拿了指导革命，则害了革命。"这是排比。"无实事求是之意，有哗众取宠之心。"这是对偶。"墙上芦苇，头重脚轻根底浅；山间竹笋，嘴尖皮厚腹中空。"这是引用，又是比喻、对偶。"闭塞眼睛捉麻雀""瞎子摸鱼"，这是俗谚。至于成语的活用，更是妙不可言。

（4）错落有致，变化合度

《风景谈》中有这样一段："当地平线上出现了第一个黑点，当更多的黑点成为线，成为队，而且当微风把铃铛的柔声，叮当，叮当，送到你的耳鼓，而最后，当那些昂然高步的骆驼，排成整齐的方阵，安详然而坚定地愈行愈近，当骆驼队中领队驼所掌的那一杆长方形猩红大旗耀入你的眼帘，而且大小叮当的谐和的合奏充满了你耳朵，——这时间，也许你不出声，但是你的心里会涌上了这样的感想的：多么庄严，多么妩媚呀！这里是大自然的最单调最平板的一面，然而加上了人的活动，

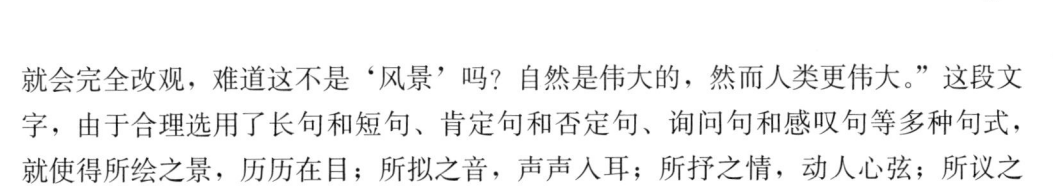

就会完全改观,难道这不是'风景'吗?自然是伟大的,然而人类更伟大。"这段文字,由于合理选用了长句和短句、肯定句和否定句、询问句和感叹句等多种句式,就使得所绘之景,历历在目;所拟之音,声声入耳;所抒之情,动人心弦;所议之理,发人深省,大大增强了表情达意的效果。

(5) 限制得当,行文周密

句子中的限制成分运用得当与否,句子前后上下连贯周密与否,关系到表达的准确性、严密性、科学性。《农作物抗病品种的培育》的作者,十分注意限制的确当和行文的连贯。"培育出来的抗病品种,在原地种植几代以后,也会出现抗病能力退化的现象,原因主要有两个方面:一方面是由于当地病菌类型,对这个抗病品种逐渐适应起来,使得这个品种成为不抗病的品种;另一方面是由于作物的天然杂交,接受了不抗病品种的花粉,使品种发生了混杂,在后代出现了不抗病的个体。此外……不抗病的个体逐渐增多或抗病品种抗病能力逐渐降低,就会……"如果把句中加点的词删去,那么,说明的准确性和科学性将大受影响。

例文引读

知识能塑造人的性格

求知可以改进人的天性,而实验又可以改进知识本身。人的天性犹如野生的花草,求知学习好比修剪移栽。实习尝试则可检验知识本身的真伪。	"天性""知识"与"实验",三者之间的关系何其复杂和深奥,现借助于新鲜贴切的比喻,就把深奥抽象的道理浅显化、形象化。
读书使人的头脑充实,讨论使人明辨是非,做笔记则能使知识精确。	
读书使人明智,读诗使人聪慧,演算使人精密,哲理使人深刻,伦理学使人有修养,逻辑修辞使人善辩。总之,"知识能塑造人的性格"。	排比说理,气势充畅,道理说得透彻有力。
不仅如此,精神上的各种缺陷,都可以通过求知来改善——正如身体上的缺陷,可以通过运动来改善一样。例如,打球有利于腰肾,射箭可扩胸利肺,散步则有利于消化,骑术使人反应敏捷,等等。同样,一个思维不集中的人,他可以研习数学,因	警句是思想的火花,文章的眼睛,语言的瑰宝。 类比具体,说理详细。

为数学稍不仔细就会出错。缺乏分析判断力的人，他可以研习经院哲学，因为这门学问最讲究烦琐辩证。不善于推理的人，可以研习法律学，如此等等。这种头脑上的缺陷，都可以通过求知来治疗。

（节选自《培根论人生》）

连述几例均用平实的语气，句式整齐而不板滞。"平"中有"奇""实"而不"死"。

思考题：

①这段文字使阐述的道理既"深"且"高"，可人们不嫌其"深"，不怕其"高"，而是广泛传诵，争相引用，想一想，这与作者选词炼句有什么关系？

②这段文字在阐述深刻哲理的时候，主要运用了哪几种修辞方法？把有关的句子画出来，试作些具体分析。

③把这段文字中的有关比喻、排比等句子删去，或改成平实的陈述，再与原文加以比较，看删改前后在文采、气势和效果等方面有什么明显的不同。

一个普通党员的签名
——记胡耀邦参观周恩来故居签名留念

……

定好格式后，耀邦同志手握毛笔，一笔一画地在留言簿上写下几行大字：

一九八四年十月二十九日瞻仰周恩来故居

全党楷模

胡耀邦

签完名字，他说，下面我写"同行者"三个字，就该转到你们来签名了。

有人建议："应该写'随行者'。"

耀邦同志说："不要摆官架子嘛！还是同行者好！"

正要落笔，又有人建议："同行者三个字应该离

"一笔一画"，词语极为平常，可用在此时此地，又极为准确，它形象地反映了人物的动作、神情和心情。

"同行者""随行者"，只一字之差。正是"选词和立意并行"的绝好例子！

远一点。"

耀邦同志笑笑说:"离远了,就隔了一堵墙了!"

同行的部长、书记、社长、主任一个接一个在上面签了名。……耀邦同志对身边的工作人员说:"你们也都来签个名!"工作人员中,有的说字写得不好,总书记听了说:"那不要紧,写不好,回去好好练字嘛!"

等到大家写完了,耀邦同志高兴地站到桌前,一边翻着留言簿,一边念着名字,数全了,说:"好!一共28个人,这个方式好,大家一样嘛!"

消息很快在宾馆传开了,许多人争先恐后围着这张有28个人签名的纸,大家看到,长长的宣纸上,总书记的名字,工作人员的名字,记者的名字,一溜排开28个,一样的高低,一般的大小。

（《光明日报》1984.12.20,有改动）

最难的是深入浅出,一句通俗而形象的口语,阐述了多么深刻的道理!

"嘛"并非等闲字,语调、神态尽在其中。

普通的词语,平常的句子,却有厚重的含意,具有强烈的表达效果。

思考题:

①你从"同行者"与"随行者"的"争执"中,受到了什么教益?你对"选词不忘立意"的道理有了什么新的体会?

②这段记述朴实无华,纯属白描,但读了却使人如闻其声,如见其人,有身临其境之感,想想看,这是什么原因?"淡妆浓抹总相宜","淡笔"也可使语言准确、简洁、生动,对此你有什么看法?

③作者记述见闻,不加雕饰,用词造句,不着色彩,这与"选词炼句"是否矛盾?作者为什么不选用"闪光"的辞藻,不着浓烈的色彩?试从"'文''意'统一"的角度以及标题中"普通"这个题眼去思考。

④如果把文中的感叹句全部改为陈述句,把三个"嘛"字全部删去不用,那么,表情达意、传神状态还能这样鲜明、生动吗?你对语气词的表达作用,有了哪些新的认识?

分解训练

训练一,下面一段话中,加"～～～"的语句有毛病,影响了表情达意的效果,试根据表情达意的需要，把这些运用不当的词句加以修改。

成熟的西红柿鲜嫩可口，营养丰富。人们爱吃它，细菌也爱吃它。正因为它营养丰富，水分又大①，细菌一旦②在它里面安家落户，传宗接代，它立刻就要腐烂。所以，储存的方法③，第一是灭菌，第二是使细菌无法再行侵入④，不能再繁殖⑤。为了灭菌⑥，家庭普通的蒸锅就够了。把西红柿切碎，装入瓶内，上锅一蒸，就可以将细菌杀死。但是，如果蒸的时间太长，西红柿就不能保持原形⑦，失去了外形的美观⑧，蒸的时间太短，又不能保证将细菌全部消灭，还有腐烂的可能。因此，以蒸15分钟到30分钟为宜⑨。

修改及理由：

① _____ 理由 _____
② _____ 理由 _____
③ _____ 理由 _____
④ _____ 理由 _____
⑤ _____ 理由 _____
⑥ _____ 理由 _____
⑦ _____ 理由 _____
⑧ _____ 理由 _____
⑨ _____ 理由 _____

训练二，下面一段话，在揭示概念、运用判断及修辞手法等方面，存在着不少毛病，先把它们找出来，然后加以改正。

他失败了，必然是骄傲。骄傲必败，不骄傲，怎么会失败呢？

何谓骄傲？骄傲不是虚心的花朵，而是狂妄的肿瘤。

王明骄傲自大，自封为百分之百的布尔什维克，结果堕落为反党分子。张国焘骄傲自大，自立中央，结果叛党叛国。骄傲自大的人，最终将获得个可耻的下场，被扫进历史的垃圾堆。这方面的例子难道不是像碧天里的星星？这历史的垃圾堆难道不是像泰山那般高大？

训练三，用文艺笔法描述一个小镜头，努力体现"三性"（准确性、鲜明性、生动性）。

参考题：①对新教师的第一眼印象。②街头一瞥。③对一组群像短小而生动的描述。

训练四，下面一段文字，语法上没有毛病，用词也没有不准确的地方，但是，由于缺乏必要的修饰和描写，因此，显得不形象、不生动。试从提供的有关描写色彩的词语中，挑选最恰当的词语，对这段文字进行润色加工、限制修饰，以增强它的表达效果。

特别是夏末秋初，你看吧：萝卜，茄子，辣椒，西红柿，真是颜色多样，耀人眼目。

（绛紫 鲜红 青色 金黄 浅蓝 五彩缤纷 红艳艳 紫色 牙黄 血红 又红又黄 焦黄 灰白 红色 五光十色 争妍斗丽 五彩斑斓 碧绿）

综合训练

训练一：有一个失足青年，经教育后有了转变，安排了工作。但是，在单位里他总感到抬不起头。请你用团支部的名义给这位青年写一封信，中心是从哲学高度分析说明后进者是可以转化为先进的。

在信的语言表达上，要力求达到：第一，下判断要准确、严密；表明态度和主张要鲜明、有力；分析说理要形象、生动；推理要科学，合乎逻辑。第二，恰当地选用成语、俗语、谚语，恰当地运用比喻、反语、反问等修辞手法。

训练二：把下面一段平实介绍超声波洗衣机的说明文改成科学小品，用文艺笔法介绍给读者。（提示：可以采用拟人化手法，用第一人称自述的口气写。文字力求生动、形象、活泼、风趣）

超声波洗衣机

谈到洗衣机，人们自然会想到放入洗衣粉、开启电机……而超声波洗衣机却既不需要洗涤剂，也没有耗电巨大的电动机。这种洗衣机最近已在日本研制成功。

超声波洗衣机的清洗槽中央装有一个超声波发生器，底部有一个气泡供给装置，还装有一些高度约几厘米排列方向各不相同的金属片。使用时，放入清水和待洗衣物的清洗槽内会同时产生超声波和大量的气泡，由于超声波遇到气泡后会朝各个方向杂乱地反射，所以被洗的衣服都能均匀地接受超声波的辐射，即使衣物较多，超声波也能进入其深部。超声波在水中有很强的传播能力并能使带水的衣物产生大量的小气泡，而这些气泡可以有效地分离出衣物上的污垢，洗净效果十分理想。

"洗涤剂公害"是河流污染的重要原因，超声波洗衣机普及之后有可能根除这一公害,所以它的问世引起了各界的极大关注。

【讲评提示】

提示一,选出一篇典型的中等水平作文印发给学生修改,让学生在修改中进一步巩固选词炼句的"要领"。评改要着重围绕两个方面的内容进行,一是改对,二是改好。对中下水平的学生要求改正确,对中等水平以上的学生则要求润色加工,力求达到准确、鲜明、生动。

提示二,挑选一位写作水平高的同学就自己的作文进行自我评析,并介绍选词炼句的具体经验、体会。

提示三,指导学生填写"语病病历卡"。

作文语病病历卡

篇 名	原词原句	主要语病	自我诊断 (分析病因)	治疗意见 (纠正方法)

提示四,油印古今中外炼字炼句的若干名例,由学生读读、议议、讲讲。

【简评】

积累词汇,辨析词义,选词选句,运用"修辞",粗粗看来是单纯的语言运用,细细体味更是在调整思想和情感。思想和情感在选择语言,使其有恰当的表达;语言在规范思想和情感,使其对客观实际有准确的反映与表达。如果只单纯从语言形式入手,往往事倍功半。本教例始终从思维与语言相互渗透与促进着手,因而事半功倍。

五、教学艺术镜头速写

(一)做一做"排"的动作

课文《孔乙己》中有这样一句:孔乙己"对柜里说,'温碗酒,要一碟茴香豆'。便排出九文大钱。"老师们讲到这句,常常要抓住句中精彩的"排"字,或作反复提问，或作详细讲析，做番"文章"。确实，这个字大有嚼头。

洪老师讲这个字，却有另一种处理：

"同学们，'排'是个极平常的字，但鲁迅先生用在这儿，很有深意。请大家好好琢磨一下：孔乙己当时究竟是怎样'排'出九文大钱的，我们不妨做做看，学一学这位'上大人孔乙己'的动作，用心体会鲁迅先生用字的妙处。需要提示大家：人物的外在动作，是他内心情感的直接反映。要做好动作，必须准确把握孔乙己当时的心理状态。我给几分钟时间，大家准备准备。"

同学们一下子都愣住了，谁也想不到老师会出这样一个"练习"。但短暂沉寂后，便都兴奋起来：有的细读课文，想从字里行间找到表演灵感；有的托腮沉思，想象孔乙己当时的神情姿态；有的相互讨论，研究如何动作；有的则掏出一把硬币……课堂里，个个跃跃欲试，百态纷呈。

几分钟后，开始"演"了。

甲生走上讲台，把9枚硬币在桌面上排成一线，然后双手把硬币向前一推，并说："就这样'排'。"

"不是这样！""不对，不对！"甲生刚做完动作，讲台下纷纷否定。

洪老师对他说："请你说说，你这样做动作的道理。"

甲生说："孔乙己好喝酒，数出9个钱，双手一推，急着要喝酒哩。"

课堂里爆发出一阵笑声。

洪老师也笑着说："你是第一个'吃螃蟹'的人，应该表扬。"

乙生走上讲台。他拿起9枚硬币，一线儿平列在右手掌心上，先得意地看了看，然后倾斜手掌，"哗"的一溜儿泻在台面上。

台下一时静默，同学们在体味这位同学的动作，未置可否。

洪老师对乙生说："也请你说说，这样'排'的道理。"

"孔乙己今天口袋里有钱，他洋洋自得，'今朝有酒今朝醉'，这个动作，就是要表现他得意的心理状态。"

洪老师说："有点味儿了。你已能深入人物的内心进行揣摩了。可我要说，孔乙己当时不仅仅是因为有钱喝酒而得意。需要再提醒大家：人物离不开环境，别忘了孔乙己是身处咸亨酒店之中；别忘了他的地位，人们对他的态度；别忘了孔乙己这个人物具有的个性特点。"

过了一会儿，一些同学似有所悟，纷纷举手，要求做动作。

丙生上台了。他上台前，还和同桌先耳语了几句。

当他走近讲台时，同桌突然喊道："孔乙己，你脸上又添伤疤了！"原来，他们是"合计"好了的，同桌当"短衣帮"这一配角。

只见他向传来声音的方向投去鄙夷的一眼，又慢条斯理、抑扬顿挫地说："温——两碗酒，要——一碟茴香豆。""两碗"还加重了语气，说得很有"滋味"儿。

然后，他平展右手，掌心里躺着几枚硬币；他又把掌一收，五指合拢，用拇指和食指一搓捻，再用拇指把一枚硬币按到台面上，硬币接触台面的声响，清晰可闻。9次动作，9个声响，9枚硬币整整齐齐赫然"排"在台面上……

课堂里响起了热烈的掌声。

洪老师说："掌声肯定了你的表演。你也向大家说说，这样'排'的道理。"

"孔乙己一进店，听到有人嘲弄他，但他是个自命清高的人，尤其在'短衣帮'面前，从不肯放下臭架子。所以，他是很有派头、郑重其事地排出了9个钱，他心中说：'我孔乙己今天不但付钱喝酒，酒还要两碗哩。我是个知书达理之人，满肚子学问，你们竟敢笑话我？真是岂有此理！'"

洪老师称赞说："做得好，说得也好！你把'排'字的含义挖掘出来了！"

"同学们，通过以上表演我们可以看出鲁迅先生只用一个极平常的字就揭示出人物丰富的内心世界，刻画出他性格特征的一个方面：自命清高，迂腐酸臭。这样高超的'一字传神'的语言艺术，我们应当好好体会，认真学习。"

课后，洪老师说："让学生在课堂做一做'排'的动作，亲身体会一下人物的思想感情，从而悟出作者用词的匠心，这会胜过教师千言万语的分析。提问，是激发学生思维的手段，但过多过烦的提问会引起学生心理上的厌倦。实践证明，在课外组织学生演出课本剧，收益颇多，受此启发，让学生在课堂内'动一动'，在活泼的氛围中学习，这不更好？"

（二）等他60秒

洪宗礼老师正在上《皇帝的新装》。安徒生笔下有趣的情节，洪老师幽默的讲解，使50个学生都走进了奇妙的童话世界。

课文分析已近尾声。

"谁能说说，童话的结尾为什么让一个孩子来戳穿骗局？"

这问题似乎不难回答，好多学生立即举起了手。

"小孩子天真，他讲真话。"

"说得对"，洪老师既满意又不满意，又追问一句，"大家再想想，有没有更深一层的意思？"

几秒钟后，一个男孩猛地竖起手臂，"我想，我想……"话刚出口，却又"卡"住。

"不要紧张，慢慢讲。"洪老师鼓励他把话讲出来。

"我想，我想……"仍然无下文。

教室里响起了笑声。那笑声仿佛说："太冒失了，该想好了再说嘛。"

那男孩似乎听出了嘲讽，变得不安起来，脸也涨红了。

"不要怕，说错了不要紧。"洪老师仍在鼓励，但小男孩却什么都不讲了。

从教室里回荡的笑声中，从眼前这张涨红的脸上，洪老师也察觉出什么，他语气温和地对男孩说：

"刚才，肯定有什么从你脑中闪过，可你并没有抓牢它，它溜了。你坐下，再细细想一想。"

小男孩坐下了。30秒过去了，教室里静悄悄，有个学生疑惑起来，不解地望着老师："值得等吗？"

洪老师也用目光示意他，像是说："你自己为什么不用心去想想呢，给他时间想，也给你时间想呐。"

50秒钟过去了，教室里静悄悄。有一个女孩举起了手，她要求回答。

洪老师向她微微摇头，那意思是：请再等一等。

那举手的女孩放下了手臂。

一分钟过去了，教室里仍是静悄悄。终于，那小男孩站起来，说："我想，结尾让小孩来戳穿骗局，合情理，因为天真的小孩不知道怕，所以敢讲真话。而且让一个小孩道出事实真相，更有讽刺意义：这个皇帝连小孩都不如，真是愚蠢之极、昏庸透顶，还配做什么一国之君！"

他刚说完，洪老师高兴地说："嘿，你真把那一闪而过的东西又抓回来了，而且想得更清楚、更完整了！"

那小男孩十分高兴地坐了下去。

课文分析，又继续往下进行……

一个学生在课堂上面对教师和几十个同学回答问题，这是需要一定勇气的。教师对发言者的积极性加以保护。回答正确的理应得到表扬；回答错误的不应受到指责；回答不完整、不深刻的，应促其再思，这既是对学生的尊重，也是符合认知规律的做法。创造出一种和谐宽松的教学气氛，就会使每个学生勤于思考、乐于发言。看来，课堂里出现的这无声的一分钟，绝非是 60 个空虚的"滴答"啊。

（三）给"笑"加个形容词

《卖油翁》读讲之后，同学们几乎都能"对译如流"了，不少同学"欣欣然"而有些自满。

洪宗礼老师转身，把课文最后一句话"康肃笑而遣之"写在黑板上，笑着说："请在'笑'字前面加上一个形容词，把康肃的'笑'具体化。"

同学们来劲了，"大""微""爽朗""冷冷""友好""挖苦""温和""客气""嘻嘻哈哈""真心诚意"……几分钟内，出现了几十种不同的"笑"，说"笑"的听"笑"的，都忍俊不禁，一时间，教室变成"笑室"了。

洪老师说："陈康肃不可能同时笑几十回呀，此时此地的陈康肃，他究竟是哪样'笑'呢？谁能准确地形容一下，要说出自己这样形容的理由。"

这么一问，充满笑声的课堂顿时鸦雀无声，你盯我，我瞧你，有的低眉翻书，有的垂首沉思……一鸟不啼山更幽，此时无声胜有声。问题看起来不难，听起来有趣，但这不是一个可以"信手拈来"的形容词，也不是一个可以"妙手偶得"的描写语，它需要学生认真钻研课文内容，深入分析人物性格才能正确地解决，这是一次有趣的，又是高层次的思维训练。

突然，一个、两个、三个……举起了右手，争相发言，课堂经过几分钟的沉寂，又水流潺潺，流动起来，活跃起来了。

"'笑'字前面可以加上'礼貌'或者'佩服'二字，因为陈康肃这个有身份、有地位的人，看到卖油翁往葫芦里注油，一滴都不漏出来，他会很佩服，很有礼貌地笑笑让卖油翁走。"

立即有同学表示不赞成："陈康肃一贯骄傲自大，自以为'当世无双'，怎么会佩服一个卖油的老头，还'礼貌'地笑笑呢？"

"'笑'字前面可以加上'抱歉'或者'惭愧'两个字，因为陈康肃看到卖油翁确实有一手，而自己原来不把卖油翁放在眼里，还气愤地指责他，卖油翁却不计较，这一对比，陈康肃心里就会惭愧起来，所以，他抱歉地笑笑让卖油翁走了。"

又立即有同学提出异议："陈康肃是个有权有势的人，他怎么会心里感到惭愧呢？"

"夸奖""勉强""僵硬""苦恼"……一个个"形容词"在思维的火花中喷发，又在热烈的争辩中接受严格的推敲。学生在思辨中"由表及里"地读书思考，"由形而神"地分析人物，"有理有据"地发言、讨论，"聚精会神"地听取争辩，教学也在不知不觉中进入了理想境界。

在同学们热烈讨论、争论不休的时候，洪老师笑着问大家："作者为什么写康肃'笑而遣之'，而不是让康肃说几句话再放卖油翁走呢？"这既是一个有趣有味的问题，又是一个巧妙的点拨，同学们猛地悟出来了，有同学竟成了"冒失鬼"，不举手就喊起来："他无话可说！""他愣住了！"

洪老师笑着说："陈康肃既然是无话可说，那么，他的'笑'应该是——"

"无可奈何！""尴尬！"

瓜熟而蒂落，水到而渠成。紧张而愉快的思索，结出的是甜果子。

洪老师趁势讲了如何深入读书，说："只有多想，读书才有可能读透；只有多想，说话才有可能说准；只有多想，听话才有可能听明白；只有多想，写文章才有可能写清楚。想，是一个总开关。"

同学们十分专注……

（四）"疑问"是这样产生的

洪宗礼老师正在初一（2）班讲《人民的勤务员》。课文浅显易懂，字是常用字，词是常用词，学生普遍认为"简单"，有的学生甚至说"一览无余""一目了然"。预习之后，全班没有一个人提出问题。但是，洪老师心里有谱：学生没提问题，不等于没有问题；学生提不出问题，本身就是一个不小的问题。他要引导学生于不疑处生疑，让学生平静的脑海里，激起思维的浪花。

洪老师把课文中"他寻找一切机会为人民服务"这句话板写在黑板上，似有不解地说："这里为什么用'寻找'，而不用'利用'，或者'看准''抓住'呢？"这一问，学生立即忽闪着眼睛，有的默念着"寻找""利用"……通过一番思考，大家悟出了"寻找"的深层含义及表现力，也品尝出"于不疑处生疑"的滋味来，同学们一个个都来了神。才品评完"寻找"，就有学生举手："我觉得，'寻找一切机会'中的'一切'这个词，也应该注意推敲。"

"'一切'这个词，也值得推敲！说说看！"洪老师有意地重复，目光中充满了鼓励。

"作者为什么用'一切'，而不用'许多'或者'很多'呢？我们只要联系下文一看，就不难找到答案……"显然，他是套用了洪老师"生疑"的思路和用语，听课的老师都微微地笑了起来。

洪老师高兴地说："这个'疑'一'生'，课文的结构就一目了然了。"他充分肯定了那位同学的发言，笑着问："你是怎么想到这个问题的？"

"受了老师的启发。"

"噢，什么启发呢？"

"老师用'利用、看准、抓住'与'寻找'相比较。"

"噢，你就用'很多''许多'与'一切'相比较。换词比较，可以生疑促思。是不是？"

"是的。"那位同学笑了，洪老师笑了，许多人笑了。

洪老师说："'他寻找一切机会为人民服务'，是课文的关键句。凡是文章的关键处，都要引起注意。一篇文章，从字词句章到主题思想、写作方法，可以提出许多问题。我们主要是根据文章的特点和学习的目的，抓住'疑难之处''关键之处''细微之处''含蓄之处''传神之处'，通过设问生疑，促进自己思考，以便消化、吸收文章的精华。"

同学们的思维火花被点燃了，他们一下子"生"出了几十个"疑"来，如"井喷"，又如"泉涌"：

课文为什么用"人民的勤务员"做标题？如果用"雷锋主动做好事"做标题呢？

课文开头和结尾为什么要引用雷锋的一句话？这两句引语在文章中起什么作用？

课文为什么要记雷锋的6个小故事？如果只记3个、4个呢？为什么不记10

个、8个，几十个呢？

　　课文为什么先略写雷锋在列车上为旅客服务，后详写雷锋在旅途中给大嫂补票？

　　为什么要强调"到沈阳换车的时候，雷锋出了检票口"，就"发现一个背着小孩的中年妇女丢了车票……就上前问道……"？

　　"他过地下道时，在熙熙攘攘的人流中，看见一位白发苍苍的老大娘……"如果去掉"熙熙攘攘"这个词，好不好？

　　……

　　洪老师听着这一个个"为什么"，一个个"如果"，仿佛听到了春蚕在沙沙地食桑叶，蜜蜂在嗡嗡地采蜜，心里不由得涌起了一阵阵欣喜。他为同学们积极学习"于不疑处生疑"而欣喜，为同学们化静为动、由表及里走向思维深层而高兴。

　　"于不疑处生疑方是进"，这是至理。教会学生于不疑处生疑，在平静中兴波，其意义和价值，绝不只是教会学生怎样自能读书。洪宗礼老师以"淡而藏味"的范文为例子，通过对语言文字、篇章结构的辨析、探究，在"无疑"处"设疑"，于"不疑"处"生疑"，激起学生思维的兴趣，最大限度地调动学生思维潜能，逐渐由课文形式的表层进入作者表情达意的深层，由兴味淡然的阅读心态进入兴味盎然的思辨佳境。这样，学生思维的准确性、深刻性、广阔性和批判性，就在语言形式的品评、鉴赏过程中，得到了一次极为有效的锻炼。教会学生于不疑处生疑，学生就可能在人们习以为常、司空见惯的现象中，在人们以为平淡无奇而熟视无睹、不假思索的事物中，见人之所未见，思人之所未思，进而有独到、新颖的创见如春笋破土而出，有深刻、卓越的见解如新竹拔地而起，这该是多么令人欣喜和鼓舞啊！

（五）找到了一根"辅助线"

　　灯下，洪宗礼老师在伏案备课。

　　摊在他面前的课文是李白的《行路难》。

　　这首诗，虽说只有20句，82字，但写得腾宕跳跃，百步九折。

　　读诗，贵在"贯通"；讲诗，难点也在于此。

　　怎样启发学生准确地把握诗人复杂多变的情感，完整地理解整首诗蕴涵的丰富内容？

　　先逐句串讲，然后再收拢小结？面对的是高三学生，他们可能不"领"这一套……

他在长时间地钻研教材，寻求教法。

洪老师说过一句话："如果说，一堂好的语文课是件艺术品，那么，备课就是雕塑这件艺术品。"

现在，他做的就是这"雕塑"工作：试图求得一个不落窠臼、富有实效的方法，解决这个教学难点。

蓦地，他双眼一亮：曲线！诗人波澜迭起的情感，是一条连贯的曲线！他赶紧把这条曲线画了出来：

"金樽清酒斗十千，玉盘珍馐值万钱。"好友设宴，美酒珍馐，李白大可"一饮三百杯"，这是感情线上的第1个点。

但诗人因仕途失意，被变相逐出京城，苦闷抑郁而"停杯投箸""拔剑四顾"，可见肴馔之丰盛，餐具之贵重，原是为了反衬诗人内心的苦闷之深。这是感情线上的第2点，应处"1"之下。

"欲渡黄河冰塞川，将登太行雪满山。"这是正面写"行路"的艰难，诗人用"冰塞川""雪满山"象征人生道路上的艰难险阻，此二句极言怀才不遇的痛苦，深沉而又愤激，这该是感情线上的最低点"3"。

"闲来垂钓碧溪上，忽复乘舟梦日边。"诗人在心境茫然之中，忽然想起古代两位在政治上开始并不顺利，而最后终于大有作为的人物，觉得光明在前，希望尚有，感情从低谷中复又上升至"4"。

一旦回到现实，诗人在离筵时瞻望前程，又发出"行路难，行路难，多歧路，今安在"的感叹，感情在尖锐复杂的矛盾中再一次回旋，故又下跌到"5"。

但诗人倔犟、自信、对光明充满执着的追求，他具有积极用世的强烈要求，这终于使他唱出了全诗的强音："长风破浪会有时，直挂云帆济沧海。"感情升腾至曲线的最高点"6"。

太好了！这条曲线的作用太大了：它串联起整首诗12个句子，使得句与句之间贯通畅达，全诗成为一个有机的整体；它形象地反映出诗人复杂多变的感情脉络，时而低沉凄婉，忽又豪气冲天，使人清楚地了解到这些情感是如何转换的。它鲜明地显示了这首诗写作上的主要特色：跳荡纵横、承转无迹。

有了这根曲线，很多需要详细讲析的东西，便豁然在目了。

夜阑人静。洪老师为找到新的教法而兴奋不已，在备课本上"刷刷"地书写教案……

待到上《行路难》这课时，洪老师在黑板上画出了那根诗人感情曲线，让学生在了解李白生平及写作此诗背景的情况下，依据这根曲线自己分析全诗。学生理解迅速，见解正确，分析深刻，且又兴趣盎然，收到事半功倍之效。

课后，有学生这样说：在我们求证一道几何题，久思不得之时，一经老师指出一条辅助线，思路便完全打开。想不到学习古诗，语文老师也作了一条"辅助线"，帮助我们迅速而又深刻地领会了诗的内容、诗人的情感、诗作的写作特色。

（六）终课前的涟漪

还有几分钟就要下课了，课堂如湖水一样又渐渐恢复了平静。

忽然，风乍起，吹皱一池湖水。洪宗礼老师不紧不慢地问大家："明朝末年，有个吊死在煤山上的皇帝，说说看，他是谁？"

"崇祯帝。"

"怎么写？"洪老师追问。

"'崇'是'崇高'的'崇'，'祯'是'礻'旁加个'忠贞'的'贞'。"

洪老师板书了"崇祯"二字后，又追问："你们都知道明朝末年有个崇祯皇帝？"

"早知道了。"嗓音里有明显的"问不倒"的骄傲。

平素惜时如金的洪老师，今天这是怎么啦？怎么忽然在课堂里不紧不慢地扯起历史小常识来了呢？

洪老师忽然幽默地说："不知大家注意到没有，我们学的《阿Q正传》里，却又冒出了一个'崇正'（板书：崇正）皇帝来了！同学们看一看课文的第三自然段。"

课文上赫然写着"……穿着崇正皇帝的素。"

奇了。怎么又冒出个"崇正"来了呢？

《阿Q正传》是不朽之作，语文课文节选了其中的第七、八两章。几节课里，同学们热情很高，从各个方面提了问题。这一节课，是《阿Q正传》（节选）的总结课，洪老师问大家还有什么问题，同学们是"虽欲言，无可进者"，有的已悄悄地合上了课本，套上了笔套，静待下课的钟声响了。现在，终课前几分钟，经洪老师这么一提一点，大家又立刻兴奋起来了，脑海中又激起了层层思考、探究的涟漪：

"会不会是笔误呢？鲁迅先生也是人，不是神，他也难免有笔误……"

"不可能有这样的笔误吧。鲁迅先生说过，写完后至少看两遍。就是第一次笔误了，那在看第二遍、第三遍的时候，总会发现、纠正的。"

"明朝末年的皇帝是'崇祯'，这是历史常识，几乎尽人皆知。鲁迅先生不可能把'崇祯'误写成'崇正'。"

这是一个涟漪。涟漪中闪动着思考、探究的光彩。

"会不会是印刷排版中的差误呢？"

"你的意见有两处站不住脚。仅凭猜测来解决问题，如同在沙滩上盖房子，这站不住脚，二是书下注释明确指出，'崇正'就是'崇祯'，可见，这不是什么排版的差错。"

又是一个涟漪。同学们的思维向着研究问题的科学性方向流动……

"艺术不等于历史。《阿Q正传》中的'崇正'，不等于历史上的'崇祯'。"

"艺术真实固然不等于历史真实，但是，艺术真实必须符合历史真实，而不能违背历史真实。鲁迅先生的《故事新编》等，都是二者完美结合的典范……"

这也是一个颇有生气的涟漪。同学们思维的批判性、论辩性得到了实际的锻炼。

此时，面带微笑的洪老师插了一句："能不能从后文用'柿油党'来代'自由党'中得到一点启发呢？"

一波才动万波随。立即有学生举手发言："我以为，鲁迅先生把'崇祯'写成'崇正'，很可能是有深刻的含义的，课文里用'柿油党'去代替'自由党'，讽刺艺术的效果很好。我想，用'崇正'来代替'崇祯'，至少是对封建帝王的一种讥讽和嘲弄……"

这差不多是一个漂亮的涟漪了。同学们思维的独立性、灵活性、深刻性很耀眼地荡漾在这闪光的涟漪中。

课堂像湖水一样，一层又一层地漾起了涟漪……

洪老师听着同学们热烈的议论，眉宇间绽露出由衷的欣喜。他抬腕看表后笑着说："鲁迅先生为什么要把'崇祯皇帝'写成'崇正皇帝'，这个问题，课外可以更深入地去读书研究。现在，我要说的是，像《阿Q正传》这样的名篇名著，它们都是一座座充满奥秘和魅力的艺术殿堂，我们对它们的认识，绝不是课堂里读几遍，问几个问题就能'一次完成'的，需要我们去反复研读，反复探索。"说着，他转过身，醒目地板书了叶圣陶先生的读书名言：一字不宜忽，语语悟其神。

语文课代表眉心的结展开了，她投向洪老师的目光中充满着惊喜和敬佩。

这终课前的一点一拨，真是山拔地，峰突起，既激起了同学们层层思索、探究的浪花，又把同学们引上了探索名篇名著的登攀之路，真是绝了……

古人论作文常有"豹尾""撞钟"之说。其实，一堂课的结尾也很有讲究。高明的教师总是很注意从教材实际和教学目的出发，从发展智力、培养能力出发，精心设计课堂教学的结束阶段这个环节。洪宗礼老师于细微处兴波助澜，仅问一字，而余韵无穷，在同学们心中燃起旺盛的探求的火焰，取得课虽终而意不尽的效果，这实在是一种教学的艺术。

（七）银杏树下的激思

此刻，是课外活动时间。初三文学社团的同学正站在校园南首的一棵银杏树下，把目光投向精神抖擞的洪老师。

洪老师动情地说："这棵古银杏树，它日复一日，年复一年地伫立着，满怀深情地迎送着同学们，满怀期待地盼望着同学们茁壮成长，早日成才。在这初中毕业的前夕，让我们一起来将这棵古银杏树好好地描绘一下，把它深深地刻在心中吧！"同学们被洪老师的情绪感染了，他们纷纷用富有感情的语言来形容银杏树："多么高大挺拔""多么巍峨壮观""耸天矗立""威风凛凛""树叶繁茂如巨伞""树干粗壮如巨人""质朴无华，饱经风霜，像慈祥宽厚的老人""不声不响、默默无闻，像我们敬爱的老师"……这些形容，恰如大珠小珠落玉盘。

第30个教师节，在人民大会堂领奖。

洪老师又说："银杏树，已经成了我们学校的美好的象征。展翅高飞的校友们，一旦从天涯海角回到母校，都要到它身边来看看，有的还要在它身边留影纪念。"说着说着，洪老师突然把手指向学校大门口，绘声绘色地说："巧了！你们看，一位校友正向银杏树走来——"同学们聚精会神地听着，目不转睛地望着，洪老师却戛然而止。同学们急切地问："谁来啦？"洪老师极富表情地扬起两道眉毛说:"请你们想象吧,他(她)可能是谁呢?"新奇而有趣的设问,使同学们产生了耳目一新的惊异感,激发起同学们创造性思维的情绪和兴趣。"他可能是满头银发的老华侨""他可能是肩负重任的领导干部""她可能是有突出贡献的专家""他可能是建立战功的解放军战士""他可能是救死扶伤的白衣战士""他可能是受人尊敬的劳动模范""他可能是为国争光的运动员"……思维驰骋,想象丰富。

洪老师指着一位学生:"假如你就是那位满头银发的老华侨校友,当你来到银杏树下,你可能会有怎样的动作,怎样的心理活动?现在,请你给大家做一做,说一说,好吗?"

那位学生沉思片刻之后,很快地"进入角色"。只见他快步走近银杏树,双手在树的躯干上上下下、反反复复地摩挲着,嘴里轻轻地、不断地说:"我回来了,我回来了!""银杏树啊,你还是那样年轻,你没有老,你没有老!"说着说着,他摸出一块手帕拭起眼睛来了……

同学们愣了几秒钟,"哗"地鼓起了掌……

洪老师充分肯定了他的"小品",称赞他"有激情,有个性",然后,笑着问:"谁来当有突出贡献的专家?""我!""我!"洪老师指着一位女同学,说:"好,你来当女专家。请注意,我现在是校长。我陪你来到银杏树下。"

那位女同学边走边说:"校长,母校发展很快啊!"走到银杏树下,她围着树转了两三圈,仰头看看树冠,低头看看树根,深沉地对"校长"说:"根深才能叶茂啊!只有把基础打扎实了,将来才能不断地开花结果啊!""校长"连连点头:"根深叶茂,本固枝荣。"

同学们忍俊不禁,满场粲然。

"你来当建立军功的解放军战士……"

"你来当劳动模范……"

"你来当个体户校友。你在校时是个淘气鬼,现在是班主任陪着你来到银杏树下……"

不是戏剧小品,酷似戏剧小品。学生在古银杏树下,凭借生活逻辑,展开想象,构思出异彩纷呈的"小品"来。

一阵风吹来,刮得树叶飒飒响。风刮来几片飘飘悠悠的黄叶,洪老师的双眼始终随着这几片叶子，看着它掉下来，翻卷着，落在地上。他走过去，一片片地拾起来，又把它们轻轻地放在树根的周围，满怀深情地吟出一句古诗来："化作春泥更护花"。

"同学们，现在让你们以'十年后，我站在古银杏树下'为题写一篇想象作文，有没有'情'可'抒'，有没有'志'可'言'呀？"

"有！""有！"

情动而词发嘛，感情的闸门打开了之后，他们不仅感到有许多的话可说，而且强烈地感到不吐不快，只有一吐才快。

文章本是有情物。没有充沛、丰富的感情涌动，是很难写出富有激情和个性的文章来的。洪老师在作文教学中，把着眼点放在思想感情的培养上，放在思维能力的培养上，他因校制宜，因人制宜，把学生引入特定情境之中，让学生依据不同对象、不同条件、不同特点，展开想象和联想，进而把思维引向全方位、多层次，使学生思维的灵活性、敏捷性、多向性和创造性诸多思维品质得到培养，这对如何进行课外活动，如何进行作文教学，乃至如何进行阅读教学，都会是有所启迪的。

（八）一颗枣核该有多重

洪老师手托几颗生枣核走进课堂，问："它重不重？"

学生众口一词："不重。"

洪老师说："它究竟是重，还是不重，答案在《枣核》这篇课文里。"

洪老师读课文第一段，要学生一一指出老师读错读漏的词、句。

生：漏读了"航空信"的"航空"，"再三托付"的"再三"，"东西倒不占分量"错读成"东西倒没有分量"。

师：作者为什么要强调"信"是"航空信"？为什么要在"托付"前面特别写上"再三"二字？请用简洁、明白的话参加讨论。

生（甲）：写信人在美国，急着要家乡的生枣核，所以寄航空信给就要"动身访美"的作者，"航空信"能表示写信人心情急切。

生（乙）：那位"旧时同窗"生怕作者忘记带枣核，所以，托付了一遍又一遍。"再三托付"可以反映写信人的殷切心情。

师：两位同学的发言简明扼要，有理有据，有说服力。下面继续讨论，"东西倒不占分量"为什么不能改成"东西倒没有分量"？

（学生阅读课文，准备发言）

生（甲）："不占分量"，是说枣核好带。这是作者从旅行的角度说的。读过课文可以知道，几颗生枣核，寄托了那位"旧时同窗"热爱家乡、热爱故土的感情，它的分量是很重的。如果说"没有分量"，那就不对了。

生（乙）：我同意刚才同学的发言。"不占分量"，是说枣核个儿小，好放好带。表面上看，它分量不重，但骨子里它的分量很重，它寄托了海外华人热爱家乡、热爱故土的感情。（众笑）

师：为什么笑呢？他的发言有什么不对吗？

生：他的发言，同别人的话重复。

师：噢。如果认为别人的观点是对的，可以表示同意，但不要重复别人的话。应该从不同的方面、不同的角度来加以说明。请联系课文，继续讨论我们提出的那个"为什么"。

生（甲）：那位旧时同窗，离开祖国快有"半个世纪"，已经是"风烛残年"的老人，还忘不掉家乡的枣树，这说明枣核在他心中，不是"没有分量"，而是很有分量。

生（乙）：那位旧时同窗，在机场得到了几颗枣核，就"托在掌心"，这个"托"字，也说明枣核很有分量。

生（丙）：我不同意。"托在掌心"，这个"托"，不是说明枣核很有分量，而是反映那位老人对枣核的爱惜、珍惜，课文上是这样写的，"托在掌心，像比珍珠玛瑙还贵重"，"贵重"是说"贵"，不是说"重"。所以，这个"托"字，是表现枣核在那位华人心中的分量很重，价值很高。

（众人频频点头）

师：这位同学否定别人的意见说理充分，同时注意态度，不讽刺挖苦别人。很好。

生（甲）：我补充一点。那位美籍华人"家庭和事业都如意，各种新式设备也都有了""可是心上总像是缺点什么"，他"想旧历年"，"想总布胡同里那棵枣树"，他托作者带几颗生枣核，是要"试种一下"，这就说明这几颗枣核的价值，超过了家庭和事业，超过了各种新式设备。

生（乙）：我也补充一点。刚才几位同学都是从那位华人的角度来谈枣核的，我想从作者的方面来谈枣核。课文开头，作者说生枣核"东西倒不占分量，可是用途却很蹊跷"。听旧时同窗说了思念家乡、想念总布胡同院里的枣树之后，作者在课文最后说，"改了国籍，不等于改了民族感情；而且没有一个民族像我们这么依恋故土的。"可以知道，枣核在作者的心中也是很有分量的。

洪老师带头为他的发言鼓掌，课堂一片活跃……

语文教师义不容辞地要培养学生探究思考的能力，而课堂则是提高学生探究能力的重要演练场地。如何根据教材设计讨论题目，授以参与讨论的 A、B、C，我们是可以有所作为的，而这个教学镜头对我们的启示是切实的、有益的。

语　丝
——语文教育随想

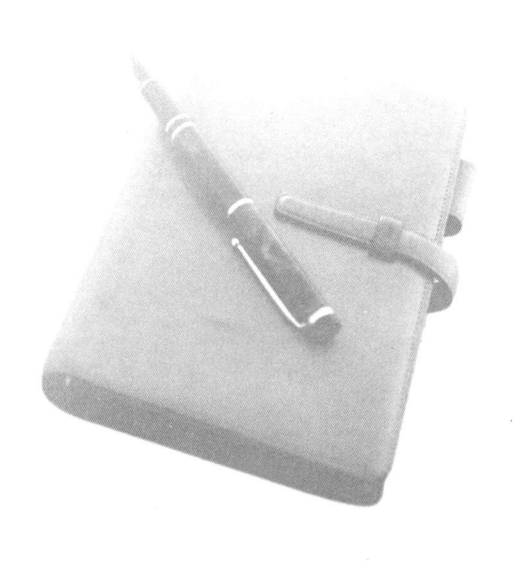

一、成功要旨

奋斗可以成功，探索可以成功，失败也可以转化为成功，只有饱食终日而无所事事的人不能成功。

不想播种的人，就别想收获；坐享其成，等落地桃将一无所获。

收获何必等明天，今天的奋斗就是明天的收获。

教改实验没有失败便没有成功，然而不能认为"失败"是天然合理的，还是要谨慎从事，尽量避免失败。

年逾六旬，我又回到零点。人生每个终点都是新起点，成果与成功都是不封顶的。

水滴石穿，我的教材改革成果就是一滴滴水经年累月滴成的。

教材是果，理论与实践是因。没有理论基础的教材站不稳，立不久，走不远，飞不高；没有实践，教材便缺了源头活水。

我坚信贫瘠的土地照样可以丰收，成事在天，谋事在人。由苏南到苏北我至今不悔。

成功靠机遇，机遇要靠人把握。机遇无时不有，无处不有。抓住机遇，终生受益；放过机遇，永远无法追回。在机遇面前有人敏锐，有人始终在沉睡。

二、学术智慧

有勇无智必无作为，有智无勇则平庸。

任何有价值的教材编写成果，无不凝聚主持者的杰出智慧。主编应该是大智大勇者。

编写教材需要渊博的知识和丰富的经验，更需要智慧，即会用点子，会思考分析。

教材创新首先靠智慧，没有智慧就难有创新。

最高智慧是群体智慧，高明的主编往往能吸收、融合群体智慧，而使自己更有智慧。

哲学伴我一生，我处处用辩证法研究、解决矛盾。

不怕奇思妙想，就怕不思不想。

我的第一信条是"思"，我从早到晚都在思考，在"梦"中也在思考，思考教材，思考课题，思考一切。

成功固然需要"帆"，我借助的是学术智慧。这是人工无法打造的最好的"帆"。

教学艺术是教师的最高成就和最大智慧。

教材只有一个任务：塑人。

教材要用心血和智慧去磨。磨就是严肃、严格、严谨的态度，就是精编、精研、精改的精神。

勤奋与积累有时是在"天赋"之上的。

三、气魄胸襟

"小花盆里栽大树"，不科学吗？人类已进入信息化、科学化、现代化的时代，我们完全可以用"科学"的原理和方法，在小花盆里栽出大树来。

小马拉大车未必合理，但小马的凌云之志不可夺。小马倘若是骏马，未尝不能拉大车。

我一生只想干一桩大事，但成大事者必须从一件件小事做起，因为大事就是无数小事之"链"。所以我这个主编始终是大事小事百事问，复印、校对、发信，无所不为。

编教材就是要有敢为天下先的宏大气魄，要有海纳百川的胸襟。

不超越自我，无以超越他人。

教材建设要有革故鼎新的胆略，敢为天下先的气魄。

对待旧的常规，要有规有"犯"。

即使八面来风，也坐得住，听得进，容得了。

反对意见听起来不顺耳，冷静思之，也许大有裨益。

洪宗礼与其百岁的初中班主任合影。

四、意志毅力

  改革的道路上不会总是铺满鲜花，往往荆棘丛生，改革者要有披荆斩棘的坚定意志和信心。
  我在改革中天天在经受痛苦，也天天在享受快乐。
  做事，有困难才有价值。要藐视一切困难，即使是一座座山巅，也要把它们踩在脚下。
  改革者不唯书，不唯上，常在实践中打磨。
  石缝中的小草更具生命力。
  下雪的时候，我会想到春天不远了。
  病魔可以摧残我的肉体，但绝不能磨灭我的意志。
  撼山易，撼我钟爱的语文教育大业难。
  名可丢，利可弃，志不可移，业不可毁。

我天天都在走路，有时甚至在跑步，因为只有不懈追求，不厌思考，不停探索，不断跋涉，不辍劳苦，才能在有生之年走到心投神往的语文教育改革目的地。

暂时的劣势，也许未来是优势。劣势也许是一种压力，有了压力，便有更大的动力。

有些成就是被"逼"出来的，或者是被"压"出来的。

五、教材建设

用优秀教材来制约教法，不失为切实可行的教改捷径。

教材关乎学子的面貌，关乎民族文化的传承，关乎国家民族的未来。

在教材竞争中抓质量是护身自卫的最有力武器。

教材编写一定要追求卓越，铸造精品，争创一流，所以我视质量为教材的生命，也视教材为自己的生命。

语文教育是科学，要用科学态度来研究这门科学，形而上学、主观片面都是不讲科学。

组建编写班子：人心要齐，水平要相当，治学态度要严谨，不以谋利为目的。

教材出错，是对下一代的犯罪。

教材，应当是知识、智慧、经验熔铸而成的。

教材的文化是教材的血肉，缺乏文化底蕴的教材是苍白的、肤浅的。

大厦要一层一层盖上去，教材要一单元一单元编出来，不可有丝毫浮躁。

在学术上急于求成，浮躁从事，成不了名，成不了家，成不了功，成不了业。

方尺之课本，体积不大，容量有限，编者要让它具有科学的结构，恰当的量，合理的度，能够发挥最大的教学效应。

沙发要有弹性，教材与教学像画画，都要留白，留有学生自己发展的空间。水满则盈，月满则亏，求多求全只会把学生成才之路堵死。

在课堂上，教师可以通过学生的眼睛这个窗户透视学生的心灵。

50平方米的教室，空间有限，45分钟一堂课，时间有限，教师要在有限的空间与时间里，运用自己高超的教学艺术，去激发学生无限的思考力和创造力。学生自学，教师引导，虽然教师不说话，此时却无声胜有声。

什么是好教材，教师学生喜欢的教材就是好教材，适合教学的教材就是好教材。

一套好教材可以胜过一部名著，一篇好课文能够优于一篇名家作品。

不要怕别人教材的"洋气"，要相信自己教材的"土气"。

科学的量和度，要放到人的全面发展的天平上去衡量。

"编写规范"就是法律，编者必须人人遵守。

鼓励人提反对意见是教材自我完善的良方。

编教材是最切实有效的进修，从某种意义上也可以说是读硕士、博士。

既要东张西望，又要脚踏实地。东张西望可以获得信息资源，脚踏实地才能创造精品。学习与实干必须双管齐下。

因瑕弃璧不足取，锄艾恐伤兰也不必。学术上就是要反对绝对化、片面性。搞教材改革应持这种公允的态度。

"舟已行矣"，还抱什么老皇历。

好的教材是心血熬出来的。

一线老师中藏龙卧虎，编者要在向教师的学习中不断修炼自己。

用系统思想研究母语教育和母语课程教材，就要把对它的一切微观研究置于整个教育的宏观系统的研究之中。

中外母语比较研究不仅要立足本土的现实，而且要用国际视野放眼全球，吸收一切对本土母语建设有益的"养分"。

母语教材改革有许多成功之举，也有不少令人遗憾之处，其分野就在于语文教材建设中能否把语文与人的发展和谐地统一起来。

教材编写，说到底，就是塑人的事业，是功德无量的千秋大业。每位教材编者都必须把促进人的发展作为自己的最高境界。

整合是一种艺术，需要精心研究语文和语文教育的规律，科学分析各种语文要素之间的关系，使"君臣佐使"各有位置。

语文教材"合成"好比烧菜，编者要把菜料、酱油、醋、味精、葱、姜先准备好，然后再加以"合成"。这种"合成"是有高下之分的，名厨师的"合成"和普通厨师的"合成"就很不一样。"合成"又如演奏交响乐，许多乐器一同鸣奏，都能和谐协调，听起来旋律优美。成熟的教材编者，就像是技艺高超的厨师和琴师。

语文是一个科学组合的综合体，它内部的各个要素之间是密切联系又相互独立的，又是有规律可循的，并不是雾里看花不可捉摸的。

　　对于语文教学这样一个纷繁复杂的多面体，必须运用系统思想，多角度、全方位地从宏观和微观的结合上进行深入细致、不同层面、不同维度的整体研究，用心寻找语文教学诸种结构元素之间的联系及其最佳结合点，不断探求其规律性，并构建其学科体系。

六、更新理念

　　理念支配着制约着教材编写，接受新理念，摒弃旧思想，当然是痛苦的，我甘愿"享受"这种痛苦。

　　不能把语文教材仅仅作为获取知识的例子，也不能把教材看成学生欣赏的知识花盆，或者把教材变成范文、注释、练习、插图的"展览厅"，而应把它视为引导学生自主探究学习的"路标"，成为自主发展、自我构建的"催化剂"，成为学生学会创造性学习之本。

　　不断地超越自我，这就是我的宿命论。

　　没有继承，哪来创新？不求创造，何以发展？

　　改革教材、教法就是要"死去活来！"

　　简单就是美。教材要"减负"，要轻装行进；要去烦琐为简约，力求眉清目秀，赏心悦目。

　　教材编写偏多偏重，有背课改初衷。

　　巧在合成，就是要使教材各要素之间组成和谐协调、优美动听的乐曲。

　　机械模仿实属大忌。然而，对"搬外国的东西"不可笼统地反对，不可绝对化，关键在于"为什么要搬""搬什么"和"怎么搬"。外国的东西未必都好，不可盲目照搬，毒品不可"搬"，洋垃圾不能"搬"。财富、知识、智慧，包括母语教育经验，未必都是"中华牌"的最好。

　　中外各有长短。我之长，当然要弘扬；我之短，可以用他人之长来补。这样，我们的知识会更扎实，经验会更丰富，智慧会更有灵性。

"搬",是要有眼光的。对国外母语教育和母语课程教材建设的经验,要有选择地"搬",要挑真正有价值的"搬"。千万不要把"毒品"和"洋垃圾"搬回来。总而言之,"搬"是前提,为我所用是目的;以我为主是原则,鉴而用之是途径。否定民族传统的虚无主义和"拉祖配"式的封闭主义皆不足取。

　　要理直气壮地"搬",如果真正对我有用,费尽九牛二虎之力,也要搬回来。要"搬",又不能"一切照搬",立足点还是自我发展、自主创新、自力更生、自强不息。

　　"搬回来"的东西未必立马可用,重要的是"化",要融化为自身的营养。这就是"搬"中有"创"。等我们也成了"造物主"之后,外国人也会把我们的"搬"过去,这就叫互动,或曰"搬来搬去"。

　　不妨都学学"搬运工",在中西合璧中逐步完成自塑、创造的过程。

　　母语教育是科学。既是"科学",对母语教育和母语课程教材的研究,就必须持科学、审慎的态度,切不可有任何的浮躁。其研究的着眼点应是实事求是地探索其规律,探求其历史发展轨迹,研究其建构的原理,把握其动态发展变化的趋势,表面化、狭隘性、主观主义等都是与母语教育研究不相容的;必须从大量中外母语教育方面的原生态资料的挖掘、梳理、分辨、研究中提取有益的经验,提升先进的理论。

　　在现实的母语教育研究中,某些伪科学的功利主义思潮、不切实际的虚幻想象、囿于一隅的偏激之见,都是与科学研究不相容的。

　　系统思想是启开母语研究大门的钥匙。

七、教书育人

　　教书与做人密不可分。只有教师自己学会做人,才有资格教书育人。

　　语文教育事业历来是塑人的事业,育人应当是第一位的。教一辈子书,就要育一辈子人。

　　始终要手中有书,目中有人。

　　以人为本就是要把学生的发展视为根本。一切为了学生,是语文教学的根本宗旨。要把育人原则渗透到语文教学的每一个环节，贯穿于语文教学的全过程。

25年前的油印本教材和第一轮实验成果《一树果》实验学生作文选，由刘国正先生题书名，江苏省普教局袁金华副局长撰序。

每堂语文课都要让学生受到美的熏陶，获得美的享受，具有美的追求。倘若此，语文课便会更富有诗意。

语文训练不仅是语言文字的训练，也是人格、人品、人性的训练。

语文课的思想道德教育注重渗透，润物无声，水滴石穿，水到即可渠成；硬行灌输，幻想立马见效，"马到"未必成功。

教师要永远站在学术前沿和道德高地上。

语文教学是科学，也是艺术。科学的语文教学必然是扎实而严谨的，艺术的语文教学则活泼而充满活力和生机。科学与艺术的结合可以使语文教学绽放出无比灿烂之花。

阅读与写作是语文教学的双翼，相依相存，缺一不可。

没有理论指导的教学是盲人骑瞎马，奔不远，飞不高。

生活是语文教学的源头活水，离开生活，语文教学的生命就停止了。

多读书是传统语文教学的宝贵经验，但只读书不思考，便不会有创造力，充其量是"活书橱"。

想，是一个总开关。必须积极地想，合理地想，全面地想，辩证地想。打开了"想"这个总开关，语文教学读、写、听、说四盏灯才能大放异彩。

语文课堂学习只是端点、拓展点，未来的终生的语文学习将从这个端点开始。

我从来不是教语文，而是引导学生学语文，让学生学会学语文。

语文课要把学生引入五彩斑斓的语文世界。这个世界是内涵丰富的世界，是情感充沛的世界，是语言灵动的世界。

语文教学必须废止灌输式，倡导诱导式。放羊式教学也不足取。应当把教师正确引导与学生主动求知相结合。然而，教师主导不是主宰，学生主动也不是盲动。

所谓"懒"，就是少讲一点，少灌输一点，少告诉一点，并非提倡马而虎之的放羊式教学。教师"懒"一点，学生便会"勤"一点，有失方有得，是语文教学的辩证法。

讲，也是一种教学艺术。这种讲是启迪，是必要的"告诉"。从某种意义上说，讲即是"启"，讲即"引"。

备课的工夫要化在运用"心力"上。要"钻进去"，"吃透"教材，又能"跳出来"，运用教育心理学原理，设计出适合学生认知规律和心理发展的教学方法。所以备课水平高低是不可以单纯用时间来衡量的。

历来只说有书呆子，其实也有"教呆子"，教呆子往往死教书，教死书，教书死，比书呆子更呆。

教师也是人，不是神，不能像瓜贩卖西瓜包熟，孩子学不好语文，校长、班主任、家长都有责任，把一切后果均归咎于教师有失公允。

八、发展思维

除了弱智和白痴，每个学生内心深处都蕴藏着充足的思维能。

只要是一个成熟的教师，就会运用自己的教学艺术，积极开发学生的思维能。

创造思维并非深不可测的大海，亦非高不可攀的峰巅。它是在已知的基础上求未知，在继承的基础上求创新，在变革的过程中求突破。

要使学生懂得不能只满足于"继承"性地读书，而要在阅读实践中发表自己独到的见解和有创意的看法，不满足于只有一个所谓的"标准答案"。

语文教学本身就是一种复杂的多维的综合体。语文教学发展学生的创造思维，具有广阔的空间和得天独厚的优势。语文教师必须也必然要在教室的有限空间里，启迪学生积极思考，从而打开他们创造思维的门扉，把他们引进积极思考的王国。

学生的创造思维、非凡的灵感，往往产生于极其细小的闪念、极为普通的一瞬间。教师要特别留意这"闪念"和"瞬间"，善于察言观色，透过学生的一言一行、一姿一容，把握学生的情绪和心理变化，相准"一瞬"之机，发现学生积极思维的嫩芽，排除堵塞思路的障碍。

教师要培养学生的创造思维，就必须使学生始终有新鲜感、新奇感和追求感，让他们把积极思维、突发奇想、标新立异、刻意创新作为一种需要、一种追求、一种乐趣、一种享受。

创造思维绝非贝多芬、莎士比亚、瓦特、爱迪生这些人的专利，任何人都具备创造思维的素质，处在创造思维萌发时期的青少年尤其如此。

九、挚爱母语

母语教育和母语课程教材改革就是一首最美妙动人的诗，它蕴涵着丰富而深邃的哲理。

自幼时读书塾始，母语便为我奠基，伴我成长，铸我理想，成就我的事业，与我结下不解之缘。

只要是炎黄子孙，不管他在天南海北，只要他的良知未泯，都会为祖国的母语和母语文化充满自豪，倍感骄傲。

母语天天都给我启迪，给我智慧，给我力量，给我美的享受。

在母语中觉醒，在母语中感动，在母语中陶醉，在母语中成长发展，正是中华儿女坚定的教育信仰，也是人们对母语教育的价值追求。

语文教育的发展，重在改革，重在建设。

建设母语，就要热爱母语，呵护母语，就要发展母语教育，提升母语的地位和扩大它的影响。我一生挚爱母语，亲近母语，探究母语，弘扬母语，钟情于母语教育。

保护语言的多样性就是保持多元文化的繁荣。从某种意义上讲，尊重、保护和容纳世界各民族语言的多样性，就是保护人类的多元文化。

语言是表达艺术、创造艺术魅力的基础或手段之一。

在语文教育中，语言和文化是密不可分的共同体，语文课程文化只有借助语言才能表达出来；学习者也只有在语言研习的过程中才能培育、感受、涵泳语言文化之美，获得文化熏陶。

母语教育、母语课程教材建设的根本目的，正是更好地弘扬祖国的文化、人类的文化。所有母语课程教材改革者都必须直面母语课程教材的文化价值，务必致力于加强民族优秀文化的理解、吸收、创造和发展。

母语课程教材改革，就是要站在历史发展的高度，从更广阔的视野塑造母语课程教材文化。

十、讲台练功

讲台，是神圣的。它是在文坛、艺坛之上的。文坛、艺坛的众多巨星是教坛"培育"出来的。

每个成熟的教师，都离不开讲台的修炼，都需要在讲台上"摔打"。一个教师如果离开讲台，就如安泰离开大地，终将一事无成。

讲台，是衡量教师功底的一把标尺。

讲台是对教师功底最好的检验，大学毕业了，未必能拿到讲台检验合格证。

讲台，是教师锤炼教学基本功最好的练功台。教学功底对教师固然是重要的，但是在讲台上，更为重要是教师的教学应变能力。

一个好的教师，不仅要具备专业知识素质，更需要具备教学的基本功，这种基本功是不能在书斋里提高的，必须在教学实践中特别是课堂教学实践中锤炼。

三尺讲台是教师提高能力的练功台，要理解讲台练功的价值。

不在讲台上修炼，难成一名优秀教师。

只有学者型教师才能从讲台上站到书架上。

讲台练功，是教师的知识、能力、智慧、经验多种要素的综合训练，是比任何大学都高明的"自我修炼的学校"。

三尺讲台就是试金石，三尺讲台就是大熔炉，三尺讲台就是登天梯。

十一、敬业谨业

有人说我是一本读不完的书，其实我至今未读完人生之书。

你可以拿走我的财产和权力，但搬不动我的事业。

讲台是神圣的，既然走上了讲台，就不会倒下。

在我的人生的日历表上，似乎未见过休息日。干什么都一气呵成，做任何事都像打仗，急与猛是我改不掉的作风。

不仅要站在讲台上，还要站在书架上，更要站在道德高地上，这就是我的立功、立言、言德。

我做教师是师傅，当校长是徒弟，我从教近 50 年一直好为人师。

你办不好事情虽然我会发火，但火辣辣的话语中也夹有三分温情。

"朝闻道，夕死可矣"，知错了，立马改正。勇于反躬自省是美德。

化解矛盾需要融入艺术。

十二、人格魅力

没有魅力者难成大事，有魅力就一定有活力。

处理矛盾必须有魄力，当断则断。关键时刻必须"兵临城下"，发"最后通牒"。

荣誉不是装饰品，它再闪光，也是"瞬间"的，只有事业是永存的。

喜怒哀乐溢于言表，不做"阴性"人，要搞阳谋不搞阴谋。

有人说我有最锐利的嘴，也有最慈善的心，是"口蜜腹剑"。言中了。

不敢碰硬，是软弱；软弱不是魅力，而是不作为。

对有些事，有些人，有些问题，"是可忍而孰不可忍"，也能忍，这是检验当事者有否容人之量的试金石，是学术带头人化解矛盾的高超艺术。

只要胸中有一把火，坚冰总可以融化。

学术领域中，有些事只能"软着陆"，不可"硬摘瓜"。讨论学术问题，总会有各种分歧，甚至有"对立面"。我视他们与我是相反相成，相克相生。和而不同是和也。

在学术研究中，常"吵架"的朋友也许是最好的朋友，在"吵架"中相互交流、沟通、补充，就和谐了。

贪天之功为己有，享受了不该享受的荣誉，就会愧对自己。追得来的荣誉"吹"得再响，迟早要泡沫化。

与人合作恪守君子协定，就是应坚守的诚信。

十三、思想修养

人生圆上的每一点，是起点也是终点，每个终点又都是我事业的新起点。

少一些浮夸，就多一分信誉；少一些空话，就多一分实力；少一些陈词，就多一分活力；少一些猜疑，就多一分团结。

用几百万元搞课题、捐资助学，有人说我"疯"了。我至今不悔。

用稿费发稿费，以教材养教材，是我的一大发明。它是民间教材编写、课题研究得以生存发展的物质基础，也是事业成功之要诀之一。

立诚为本，可以立于不败之地；"立诚"应当是为人的准则、做事的根本。

无我才有我，无为才有为。

立身之道：平平常常生活，轰轰烈烈干事，堂堂正正做人。

不以谋利为目的，是高风格，但按劳付酬是分配原则。该得之利受之无愧，不必做谦谦君子。

交学界的朋友，不妨有点江湖气，你中有我，我中有你，你就是我，我也是你。

为了你，可以牺牲我；为了我，不可牺牲你。这就是我的交友之道。

人总是要老的，但意志不老，知识不老，智慧不老，心态不老。

搞教材20多年，我虽九死而无悔。挑战医嘱，对我已成习惯。我常叫医生收回"判决书"。

我的人生历程：学（学习积累）、教（教书育人）、研（研究教材教法）、留（撰著，为后人留下精神财富）。

有人说我这个"拼命三郎"已"誉满天下"，既不需要谋权又不需要图利，为什么还在干？我以为，既然阎王爷给了我"一生"，我就要把它用足。当然，我还得学会养生，以免阎王爷随时把我召回去。

病房是休养治疗室，也是我的工作室。

十四、主编之道

主编是一面旗帜。一个指挥员，是一个设计师。一将无能将全军覆没。

作为主编，第一位的是坚守道德高地。

主编是帅才，更是干才，要身先士卒，要能"校长兼敲钟"。

主编善待编委就是善待自己。

我不仅仅是用手和笔在写教材，而且是用火热的心和沸腾的血在铸造一座座教材大厦。

"手中有笔，目中有人"是编者的核心理念。

用热情之火化坚冰乃主编之道。

小马拉大车靠什么？靠的是主编和每个编者的自尊、自重、自检、自立，靠的是共荣共存、立诚为本的治组理念，靠的是自我牺牲、无私奉献的精神，靠的是容纳各方、虚怀若谷的胸襟，靠的是克制忍让、宽容大度的风格，靠的是一腔火焰般的热忱……一句话，靠的是维系人的人格魅力。

遇到公说公有理、婆说婆有理的尴尬时，应该说：我主编最有理。否则就会让人莫衷一是，是非不辨，无所适从。

十五、团结协作

千钧鼎一个人举不起,一个合作群体也许可以举万钧鼎。

"交班"宣言:谁毁了教材,就是历史的罪人;谁延续了教材之生命,当"名垂青史"。

一单元教材三人合编,无疑是一着好棋。"三合一"就是"三个臭皮匠顶个诸葛亮",但主编要当这个诸葛亮不容易,需要所有人都有虚怀若谷的气度,有顾全大局的意识。

不要总是挂着"我认为",还要想着有"他认为,你认为,大家认为"。

跟"三个臭皮匠顶个诸葛亮"一样,两个和尚也可以抬水吃。两三人同编一篇教材,正是集思广益的妙着子。关键是每个"和尚"都顾大局,否则"老和尚"当不下去。

帮人也是帮自己,但帮人不是为了帮自己。

老少无欺才能左右逢源。

"洪氏教材"之所以姓"洪",因为它是无数细流汇集而成的。

保护弱者与尊重权威并重。

农村教师百里之外拎来的100只鸡蛋,就是100个孩子的心;3000封应征评论教材的信函,凝聚了3000人的智慧和情结。

一线师生是教材真正的"上帝";有困难,有问题,还是要去求拜"上帝"。

在共同目标下求生存,在研讨争论中求发展,在化解矛盾中求和谐。

是"和而不同"理念维系了教材建设的四层圈。上天不用打梯子,团结协作就是登天梯。

群体的力量是可以穿透头盖骨的豆芽。

"人和"重于"天时"、"地利"。人和是核心,是第一位的。"天时""地利"大多是客观的,对任何人都是公平的。"人和"要靠人的主观努力,需要合作群体共同来营造非常的集体、非常的凝聚力、非常的效率、非常的影响力。

稿费一定意义上体现了作者和作品的价值,优质论文出高价,是名家优酬。要体谅有些学者的合理要求。理解万岁。

一个领导干部可以一手遮天，扼杀萌芽状态新生事物的柔弱生命；他也可以用他的双手托起一个太阳。

十六、改革意识

成天睡在幸福的摇篮里的孩子未必天天都那么温馨。

成就最大的时候也可能是最危险的时候，务必低调、谨慎，甚至还要卧薪尝胆若干年。

最困难的时候也许正是最有希望的时候，一定要挺住，毫不犹豫，一往无前，义无反顾。

昨天担心今天会怎么样，今天又担心明天会怎么样，我时时处于"忧患"之中。

教材进首都北京，是"进京赶考"，我如履薄冰。尽管已历六载，但"红旗能打多久"，这还是未知数。

没有失败的准备，便没有成功的机遇。

十七、学品学风

闭着眼睛走进误区尚属情有可原，睁着眼睛闯入误区实属不可理喻。

自以为是易，自以为非难，要达到自以为是与自以为非的统一则更难。

是与非总有客观标准，自以为是未必"是"，因为智者千虑也难免有一失；自以为非也未必"非"，知错即改就转化为正确了。所以我以为，勇于自以为非是最大的"是"。

有缺点的人也不必自卑，"缺陷"从来也是一种美。十全十美，难啊。所谓金无足赤，就是这个道理。

人，只要能像鸟儿那样不断脱毛，在否定之否定中螺旋式递进，就可以羽翼丰满，飞得高远。

人不可有火气，也不要有怨气，但不可没有志气。

十八、学术平等

学术研究中，自视高明者未必高明。

挑战权威，首先要尊重权威、学习权威，否则便失去了挑战的资格；当然，"冒犯"权威，也是一种挑战和尊重权威的表现。

怀疑权威理论，也是一种研究心。创造思维往往是从怀疑开始的。

要有宽阔的学术胸怀，不可加霜盖雪，对不同学术见解要多几分温情。

有些学者真理在握，会有点傲气，可以理解，骏马的尾巴不都是翘的吗？当然，有学问未必要"傲"。有人并非掌握了真理，却常常言之凿凿，自视一贯正确，这是固执，可视同"蛮牛"。

过高地宣传自己，实则贬低了自己。喜欢"吹牛"的，当心迟早要吹破肚皮。当然，为了事业，客观而恰当地作些宣传，也是事业发展之必需。吹牛与宣传是两码事，吹牛与宣传的分水岭是一个字："诚"。

把别人的成果当做自己的发现，别人就会对你的心灵有"重大"发现。

语文要讲个性，没有语文味的"语文"就不是语文了；不能把语文这"美味佳肴"变为"大杂烩"。

"姓语、吃鸡"（"双基"谐音），是语文教学最基本最起码的要求。

借批名人出名，只会名落孙山。

学术争鸣欢迎批评，但也希冀有识之士爱护"缺陷美"。

反对意见中，往往有合理因素，应当用心品悟；赞扬声里，也许充斥溢美之词，听之不可飘然若飞。

我姓"改"也姓"研"，不改不研等于自戕。

"想"是一个总开关，搞学术就要有研究心。

如果只有一家之言，课题研究的生命就停止了，和而不同是真正的和。

学者不可有霸气，但不能没有锐气。

十九、生活情趣

每个家庭成员都是我近在身旁背靠的大山。

生活情趣，双手抱着一对外孙女。

我心中常常装有两样东西：教材，小孙女。

家和万事兴。我有两个家：生活的家庭和工作的教材组。两家都"兴"。

一手抱两千金（孙辈的双胞胎孩子），其快乐远超过得到了两吨黄金。

我教学、科研、行政一肩挑，家人便把家务一担挑，所以对家庭我未尽责。最对不起的是已故的妈妈和朝夕相伴的妻子，她们与我一起为语文教育事业付出代价和牺牲。

在我最心烦最疲劳的时候，看一眼小孙女就轻松了。

二十、生命观念

人生有限，事业无限。应当从"有限"去争取"无限"。

我常说，我追求的是事业上的"长寿"。然而，我也深知，没有生理上的长寿，事业上的长寿也难以保证。所以，我珍爱生命，学会养生之道，用生理上的长寿来支撑事业上的长寿。

人生有极限，事业则不封顶。

我愿做一盏壁灯永远发光，要用有生之年去探语文教学改革之路，求语文教学之"真"，解语文教学之"谜"，铸语文教学之"链"。

命中注定我必须当语文教育的"包身工"。订下了"卖身契"，一"包"便是50年。

聆听窗外声
——社会反响

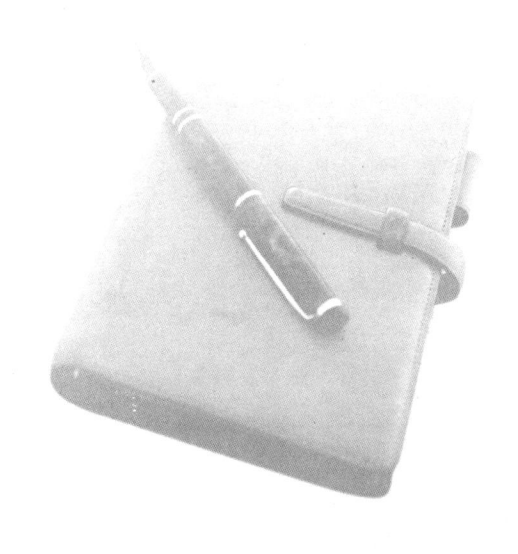

做学问就要甘坐冷板凳[①]

许嘉璐

(全国人大常委会原副委员长)

知道《母语教材研究》要出版,真是由心里感到高兴,所以今天来,一是向出版社、向作者,特别是以洪宗礼先生挂帅的三位主编,表示祝贺和敬意。为什么要表示祝贺和敬意呢?刚才各位专家和领导都说了,这套书不容易,没有甘坐冷板凳的精神,没有扶持学术研究、基础研究的精神,作者写不出,出版社不肯出。所以,江苏教育出版社在集团的支持下能够和作者这么紧密地团结、配合十几年,的确不容易。

这部书,我说它不容易,特别是在当前的社会风气下,出这套书、编这套书,是不容易的。第一点是不沉静下来,不进行这样广泛深入的研究,没有踏实的学风,出不了这样的成果。刚才各位专家说了很多,邬署长尤其是动了感情的,有点痛心疾首的感觉。邬署长说到我们中国人的话语权问题的时候,我插了一句话,在座的同志们是不是感觉我说的话有点夸张了,我再重复一遍:在全世界,研究中国的国学,中国人没有话语权;不是话语权少,是没有!危机啊!无论是研究《论语》《孟子》《荀子》,还是《老子》《庄子》,国际上公认的著名的教授的著作,你就翻翻看他的参考文献,参考一下他随文的脚注,几乎不见中国人的名字。如果有的话,就是某个出版社重印的某套书。现在在国内,我们国学大师如林啊!太多啦!就像邬署长说的,浮躁!外国的学者毫不客气,在和中国的学者对话或者交流问题的时候,我看过这样的材料。所以我觉得这套书确实如邬书林署长所说有示范的作用。做学问就要这样做,做人就要这样做。当然这些也不是个人决定的,也不是一个出版社、一个学校能够决定整个社会的风气。比如说,出版社要上税,然后退税。就我所知,英国百年来出版社一律免税(邬署长插话:275 年),让它自身发展。乃至于由哈佛大学牵头(我儿子参加了)搞一本苏州园林的有关古代文献的注释,哈佛拿出 500

[①] 本文是 2008 年 2 月在北京召开的《母语教材研究》发布会上的讲话节录(根据录音整理,题目为编者所加)。

万美元做科研经费,每年在欧洲或是在美国开一个学术研讨会。我相信这样的一个课题如果给我们一个高校,半年就搞好了。而这个课题组由哈佛大学已故的教授领衔,到今年为止已经8年了,每首诗、每篇游记,注完之后去学术研讨会上研讨。外国学者是不是不懂中文啊,不懂中国古代啊,我上次在凤凰集团(谭总你记得吗?),人家就敢说出这话,在唐宋所有的书里没这说法。这位教授前年去世的,死的时候74岁,四书五经还可以背下来,从头背到尾。中国有几个这样的学者?当年有啊,我们老一辈的学者。在老一辈的学者里,范文澜先生年纪算小的,梁漱溟啊等这样的大家都是这样。所以我说,这部书的第一个重大意义就是吹来一股清新的风,做出个样子,至于后面有没有人跟着走,不管它。

全国各大报刊报道洪宗礼的事迹和成果。新华社著名记者古平1992年报道了洪宗礼主编的语文教材获国家审查通过、国家教委推荐全国试用的消息,不久教材便在全国15省市推开,花开海陵,果满神州。

第二点就是要有全方位的实验。它不仅仅是材料的收集,其中还有研究。这个研究是大学、中学和研究所的结合。柳士镇主编是我的同门师弟，都曾拜在洪诚的门下，本来是从事训诂学研究的。还有一位主编倪文锦是华东师范大学教授，我不太了解，而他们能够和洪宗礼同志联合起来做这样一个基础研究，我觉得真是可敬可佩。这种结合本身，我想在当今的学术界、教育界也算一点突破。我们眼睛老朝外，学人家很多的皮毛，有很多内涵上值得学习的东西并没有学来，比如，在欧美国家，大学和中学的联系是极为紧密的。就我知道的，非常明显的：第一，大学的教授，包括诺贝尔奖获得者，到中学去做讲座，给小孩子讲，这才考验一个科学家。一大堆数据，一大堆算式，弄得人晕头转向，小孩子不听就走啦。你必须能通俗化，你深入才能浅出，没深入，皮毛就浅不出来，所以他们的中学生，特别是高中生，可以看到大学知名的教授，可以看到诺贝尔奖获得者，激发他那种创新、向上的动力。第二，大学课程下放，他的下放不是像我们这种下放，我们是幼儿园小学化，小学初中化，初中高中化，高中大学化。那不行，咱们都知道，外国基础教育的总体水平，特别是数理化，远不如我们，但是这是大多数。少数大学就把一二年级的课程下放到中学，像美国实行的就是AB这样的课程制，你这个学校有这个能力，学生有需求，你就开这类课程。这些课程原来是大学的，考试科目5个人以上就可以开课，由大学理事会来监管。你的课程学好了，得到学分，上大学的时候免修。第三，如果学生有一个科学的设想，经过他用已有知识的一点论证，中学就向大学通报，大学看中了其中的某个孩子，认为他这个课题很有意思，有可能实现，到暑期的时候就把这个孩子请进大学，由某一位教授做导师，在他的实验室里做实验，所有的费用大学承担。所以我说在科研上，大学、中学和研究所这三者要结合起来，这一点要提倡，洪宗礼先生等做的这个项目做了很好的试探和突破，这是我想说的第二点。

  第三点是这套著作立项、研究、出版十分必要。中国的现代母语的教学到现在为止已有102年。1905年，光绪皇帝废除旧学，建立学堂，1906年开始招生，到现在102年。但是最初还是文言文，以后有所变化，应该有个百年的总结和反思了。回顾这百年，我们是蹒跚前进，起起伏伏。但是，甭管怎么蹒跚，中轴线是本着欧洲中心论发展的，这一点很少有人把这个谜底彻底解开。任何文化的大厦，都是在原有的基础上建成的，把原有基础一扫光重新建，这个大厦是站不牢站不久的。现在到了反思的时候，到了总结的时候。比如，在中国的语文教育中，有一个古今如何接合的问题，要接合就有一个比例的问题。古今是时间的观念，纵向的，但是这个时间里其实是包含着空间的因素，我们所说的古今说穿了是一个中西的关系问题，说中就离不开古。我们现在的语文才多少年啊，从唐朝到现在，1300年，《全唐诗》几万首诗并没有全部流传，但流传下来的唐诗却这么多。百年来的新文化运动，将来能够流传到1300年以后的有几篇，要留下来的恐怕也是前辈写的，是中国古代文化底蕴深厚的人写的。所以，在中国的纵向问题、古今的时间概念里实际包含的是中西的关系问题，因为现在我们基本上是按照欧洲中心论来进行教学的。可怕的是，西方首先指出欧洲中心论已经走到了尽头，世界应该从东方的中华文化里汲取智慧。这不是他们心血来潮，这个调子到现在为止已经唱了接近60年，已经成为西方的思想界、哲学界、文学界、艺术界思想的主流。我们知道的太少，我们还闷着头往前走，而领路的已经拐弯了。所以在反思的时候，我建议我们应该从根本的道路上反思。

第四点，我想说，这套书的出版只是个开端，希望洪教授、倪教授和其他参与的所有同志，能够不懈地努力。这个课题还可以延伸，延伸出很多来。

我希望，借着邬署长的话说，江苏教育出版社在集团的支持和领导下做了这么好的事情，别把它当做是到了终点站。可以从这套书里，从学者的编写思想里还可以再延伸出什么，再支持他们，和他们合作，做扎扎实实的研究，因为中国需要，世界也需要。美国当今一个著名哲学家，他起的中文名字叫安乐者，前几年出了一本书，书名就是《期望中国》。他是代表西方哲学界，希望中国贡献出中华民族的文化与智慧。不然，世界要完蛋。我们准备好了没有？我们怎么奉献？这是学术界、出版界都应该深深思考的问题。

潜心打造精品的一个范例[①]

柳　斌

（国家教育委员会原副主任、党组副书记）

这样一套规模宏大的、内容厚重的研究著作是由江苏教育出版社投入巨资、策

[①] 本文是2008年2月在北京召开的《母语教材研究》发布会上的讲话节录（根据录音整理，题目为编者所加）。

划出版的，是由洪宗礼、柳士镇、倪文锦等几位专家牵头，然后团结了一大批专家学者历经十多年打造而成的。

第一，这部书的出版发行填补了教育科研领域的一个空白。对母语教材研究，我现在了解的情况有限，但我认为，他们对母语教材的这项研究，至少填补了国内的空白；在国际上的影响，应该由我们的钟启泉教授、顾明远教授他们去研究和评价。

第二，这套书是他们精心打造的一部精品，研究母语的一个精品。我粗粗地翻了一下，我看到里面收集了大量的素材、大量的资料。其中引用的或保存的中小学课本里的一些精品，都是在过去已经深深地留在许多人的记忆之中的。我是1957年高中毕业的，我们使用的正好是倡导文学和汉语分家时用的那套教材，他们对此做了很好的分析。此外，对于很多中小学教材当中历经多年传颂、代代相传的那些东西，这部书进行了很得当的评价、分析，包括对叶圣陶老先生的《小小的船》这样的儿童诗。就是这样的儿童诗，在教材里面应该是非常好的，但我们也有的老师现在从科学的角度提出问题，我就收到过这样的信。有一位教师，就是我们江苏的小学教师，我肯定他很有钻研精神，他写一封信给我，建议把这篇去掉，为什么？他说这个《小小的船》中，"我在小小的船里坐，只看见蓝蓝的天空，闪闪的星"，他说按照科学规律，在月亮上是看不到蓝蓝的天空的，更看不到闪闪的星，在月亮上看去天空是一片漆黑。所以，他说这样的诗歌不符合科学实际，不能用来教育学生。因为他很郑重其事而且态度非常认真，所以我还是给他回了一封很短的信。我说，这首诗是广为传颂的，已经深受小学教育及师生们的欢迎，我们是不是不一定用科学的、精确的观点去理解这篇课文，而从人文的角度去理解这篇课文呢？毕竟我们的世界既需要科学的精神，也需要人文的精神。你认真的态度和研究的精神是非常可贵的，建议你对这个问题再思考思考，于是我就回了这么一封信。这套教材也对此进行了很好的评价。所以，我觉得这套著作是精品。

第三，我觉得这部书的出版创造了一个非常好的范例。什么范例？潜心研究的精神。想想看，他们收集了多少资料？花了多长时间？如果有浮躁的心态是不可能有这样的精品出现的。但是，我们现在无论是在高等学校，还是在基础教育领域，浮躁的心态是普遍存在的。高等学校教师要写论文，论文每年要翻番，于是粗制滥造，甚至剽窃这种现象层出不穷。中小学校搞公开课，也是要在短时间内炮制出精品课，出多少人来听,然后推广,都不是一种很务实的心态。在这种浮躁心态下,可能出了很多书,但这些书对我们学术研究、教学实践,又能够有多少实际效果呢?所以,我一看这本书花十几年的工夫收集大量资料,反复研究论证,不但是内容充实,而且做了很多的点评、分析,然后归纳出若干条基本的母语教材建设的经验。这都是非常难能可贵的。因此,它是创造了潜心科研、打造精品的这样一个范例,非常好。

洪老师执教从业、辛勤耕耘近五十年的特殊意义[①]

王 湛

(国家教育部原副部长)

今天应邀参加洪宗礼语文教育思想研讨会,感到很高兴。今年年初,凤凰出版传媒集团在北京举办《母语教材研究》出版座谈会,也邀我出席,那次没有能去,错过了一个向洪宗礼老师表达祝贺,与洪老师、江苏教育出版社的同志们共庆丰收的机会。这次研讨会在洪老师执教从业、辛勤耕耘近五十年的泰州中学举行,具有特殊的意义,也给人以"故人具鸡黍,邀我至田家"的美好感觉。

金秋季节,硕果满园。金风徐来,嘉宾云集,开轩面园圃,在田头共话丰收,真是不亦乐乎。

洪宗礼老师从教近半个世纪,在教育教学、教材编写和教育科研三大领域都成就斐然,对教育事业、出版事业奉献甚丰。教育工作者和出版工作者都可以从洪老师的成果和实践中受到深刻的教益,从多方面得到借鉴和启发。我也曾经做过语文教师,因为脱离语文教学实践已二十余年,从语文自己比较熟悉的教育行政管理工作,谈一些想法,谈谈我从洪宗礼老师的实践与成果中获得的教益和启发。

第一点启发是关于教育家的成长和教育家办学。近年来,中央领导同志多次提出要"教育家办学"。温家宝总理在去年的人代会上作《政府工作报告》,也大声疾呼要提倡"教育家办学"。我领会这有三点重要意义。第一,进一步表达了办教育要

---

① 本文是教育部原副部长王湛 2008 年 10 月 20 日在洪宗礼语文教育思想研讨会上的讲话。题目是编者所加。

尊重人才的观念。第二，办好教育要尊重教育规律、教育工作者自身的规律。要由了解教育规律、遵循教育规律的人来办教育，不能简单地用行政命令、行政工作的一套来指挥办教育。第三，教育要坚持科学发展。当前，教育发展的着力点要放在加强内涵建设，提升办学水平，提高人才培养质量上。坚持科学发展，必须更加强调依靠教育家办学。总理的热情呼唤如黄钟大吕，遗憾的是，如何落实"教育家办学"，却缺少周密、有力的部署。教育行政部门和全社会对教育家的宣传很不够，依靠教育家办学，在教育工作中自觉发挥教育家作用，也显得很不够。事实上，在中国基础教育领域里有一大批教育家，江苏的基础教育领域里，同样也有一批教育家。他们主要在学校教学和管理一线，兢兢业业地从事着教书育人的工作，不仅为社会和国家培养了各类优秀人才，而且洞悉教育规律，精通教育业务，在长期实践中积累了丰富经验，并在此基础上升华为理论成果，用于指导工作实践，为丰富和深化教育理论作出了贡献。洪宗礼老师就是在基础教育一线成长起来的优秀教育家，是江苏基础教育领域内教育家的优秀代表。洪宗礼老师近五十年的教育工作道路，生动地说明了教育家主要成长于教育教学和教育管理的第一线；一位优秀的教育家，对教育事业作出的贡献是巨大的。泰州市、泰州中学为洪宗礼老师这位优秀教育家的成长创设了良好的条件，给予了热情的培养和关爱，而且在发挥洪老师这位优秀教育家的作用方面给予了高度的重视和支持。我们应该热情地宣传像洪宗礼老师这样的优秀教育家，应该更加自觉地依靠并且在教育工作各个领域中发挥像洪宗礼老师这样优秀教育家的作用，推动中国教育事业科学发展。

　　第二点启发是关于教材建设。课程在学校教学中处于核心地位，而教材是实施课程的最主要的载体和资源。从1999年开始准备，2001年开始实施的新一轮基础教育课程改革的总体目标是要更新教育理念，深入实施素质教育，改革人才培养模式，培养适应新世纪经济社会发展需求的一代新人。在改革的具体目标设计上，对课程功能、课程结构、课程实施、课程评价和课程管理都提出了改革的新要求。而这些改革的目标和要求都集中地反映和贯彻到教材上，在教材编写、建设和管理上，都要有充分的体现。课程改革以来，实验教材按照课程标准组织编写，较好地体现了课程改革的新理念；新教材在注重反映经济、社会、科技发展新要求的同时，注重联系学生的生活经验，重视实践能力和创新能力的培养，提倡学生为主的探究式学习，对学生情感、态度、价值观的培养得到加深。教材对学生的亲和力明显增强。

一大批新教材的试用，受到学生的喜爱、家长的普遍好评。课程改革中这一大批新教材大大提升了我国教材编写的水平，有效地保障和支持了课程改革的健康顺利进行。在这次课程改革中，根据我国区域、城市之间差异明显和多地域、多民族、文化多样化的特点，在课程管理上给地方和学校必要的自主权。在教材编写、建设和管理上，也给地方和广大教育出版工作者以更多发挥自主性、创造性的空间。教材编写在20世纪80年代提倡"一纲多本"的基础上，明确提出"国家鼓励和支持有条件的单位、团体和个人编写符合中小学教育改革需要的高质量、有特色的教材，特别是适合农村和少数民族地区使用的教材"。正是在这样的方针指引下，一批有志于教材编写和建设的教师、专家学者，有丰富实践经验的中小学教师和教育科研、新闻出版单位踊跃参与新课程教材编写出版工作；一大批适应课程改革要求，富有时代特征和地方特色的实验教材问世。据教育部基础教育司统计，2001年至今，已编写出版义务教育阶段新教材197种，平均每学科8种；高中新教材67种，平均每学科4.5种。基本适应了新课程的需求，初步满足了地方和学校对教材丰富多样的要求。应该说，课程改革实施以来，是我国教材建设最有生气、最有活力、建设成果最丰富的时期。

洪宗礼老师在他长期致力于中学语文教材编写，并积累了丰富经验的基础上，在江苏省教育厅和江苏教育出版社的大力支持下，组织了一支高水平的队伍，主持编写了一套新的初中语文教材。这套教材不仅在江苏，而且在全国26个省区使用，受到广泛的好评。洪宗礼老师主编的语文教材的成功实践和苏版教材的迅速崛起，生动反映了新世纪课程改革以来我国基础教育教材建设的生气蓬勃的局面，也有力地证明了国家在新时期坚持的鼓励和支持多方力量参与教材编写和建设的方针是正确的，中国基础教育课程和教材建设必须依靠全国的力量，依靠在基础教育一线积累丰富经验的优秀教育家，沿着这个方向前进，我国教材编写建设的水平将会不断提高。

第三点启发是关于教育科学研究。洪宗礼老师在教育科学研究领域里取得了显著的成就，特别是由他和柳士镇教授、倪文锦教授共同主编、江苏教育出版社出版的十卷本《母语教材研究》，是我国系统研究中外母语教材的奠基之作，也是近年来教育科学研究的一项高水平并具有深远影响的重大成果。这部著作视野宽广，内容厚重。它的出版对我国正在深入推进的基础教育课程改革将产生积极的推动作用。

这部著作是高等学校、教育研究机构和中学教育、编辑出版部门百余位专家学者共同合作的成果，也是江苏教育出版社以战略眼光和对教育事业满腔热情给予鼎力支持的结果，更是洪宗礼老师长期从事语文教学和语文教材编写的经验的结晶。关于这部著作的学术意义和影响，专家们已有评价，并还将继续给予评说。我只想说说翻阅这部著作时由此产生的有关教育科学研究的感触。中国的教育科研力量主要有三支队伍，一支是在高等院校，一支在专门的教育科学和教育政策研究机构，一支在遍布全国城乡的数十万所中小学校。长期以来，在成果出版刊物、媒体拥有话语权的主要是前两支队伍，而对教育教学实践支持最多、影响最大的则是第三支队伍，即在中小学教育教学一线坚持从事教育研究的老师们。一般说来，他们的研究课题偏重于微观层面，成果的理论系统性往往弱一些，他们的理论素养和科研条件与前两支队伍的研究人员相比，有明显差距，但是，中国基础教育一线的教师对从事教育科研有自觉，有动力，有传统。他们的研究紧密联系自己或身边的教书育人的实践，素材生动，思想鲜活，从正在做的事入手，针对教育工作急需破解的难题。实践是他们研究的出发点，也是他们研究的归宿。稍有所得，即以致用，既破解了工作中的难题，提高了教育质量和管理水平，从事研究的教师又在研究中锻炼了自己，提高了教师队伍的素质。这在我们新一轮基础教育课程改革中反映得很充分。立足于课程改革的教本研究与教学培训结合起来，与校本课程的资源开发结合起来。正因为有了良好的研究风气，才有了课程改革的顺利开展和水平的不断提高。这支队伍人数众多，孜孜不倦，如原上离离青草，如烂漫开放的山花。是它们覆盖了原野和山冈，使基础教育的田野洋溢着春色，充满希望，成为丰收的田野。遗憾的是，我们对这支教育科研力量重视不够，关心和支持不够。他们需要支持，需要得到接应和提携。全国教育科学规划领导小组在研究和审定"十五"教育科研规划时，也曾有一种意见认为，教育科研的经费有限，全国教育科研规划应该主要集中支持专门研究机构的科研课题，对中小学的科研课题减少立项。但是，领导小组认真分析了我国教育科研的实际状况，面对着中小学教师队伍申报课题的十分踊跃的热情和诸多富有强烈针对性和开拓性的课题，领导小组还是坚持充分关注并大力支持一线中小学教育科研课题立项，带动各级教育行政部门支持中小学教师开展教育科学研究，如果各级教育行政部门进一步关心和重视中小学教师教育科研工作，高等院校、专门研究机构的力量与中小学教师的教育科研力量能够自觉地、紧密地结合起来，参与中小学教育一线教师开展的科学研究，互相合作，取长补短，我国教育科研与实践的联系和为实践服务能力将得到明显增强。植根于基础教育实践的教育科学研究将会产生一批有重大价值和重要影响的成果。基础教育科学研究园地上也会成长出一批参天大树。洪宗礼老师在总结自己的语文教育经验时强调指出："万仞之松，本伤于下而末槁于上。"我想，在教育科研领域里，要"本固于下，必末荣于上"。洪宗礼老师和各方面专家合作的《母语教材研究》的成功问世，就是一个生动的例证。

以上三点感想，是我从洪宗礼老师卓越的教育工作成就中得到的教益和启发。借此机会，我还要向一贯尊师重教、培养关心支持洪宗礼老师的泰州市委、市政府和教育行政部门、泰州中学的同志们表示深深的敬意。向有远见、有热情、长期以来对洪宗礼老师和他领导的团队从事语文教材编写工作和母语研究工作给予大力支持的江苏凤凰出版传媒集团、江苏教育出版社的同志们表示深深的敬意。

洪宗礼的教改成果对语文教育折射出的深刻思考[①]

朱慕菊

（国家教育部基础教育课程发展中心原主任）

首先请让我感谢会议对我和我的同事们的邀请，同时也感谢江苏省教育厅、凤凰出版传媒集团以及泰州市政府、教育局组织了这场研讨会，为我们提供了学习和研究的机会。

在改革开放30年之际，我们在这里召开洪宗礼先生语文教育思想研讨会，格外意味深长。我们还清楚地记得，1996年以王丽、邹静之等同志在《北京文学》杂志上发表对当时语文教育的尖锐批评为标志，展开了长达13年之久的对中国语文教育的反思、研究，以及理论与实践的改革探索。当时，原国家教委柳斌副主任，亲自主持召开了多个语文教育改革的座谈会，揭开了语文教育改革的序幕。也正是在那

[①] 本文是教育部基础教育课程发展中心原主任朱慕菊2008年10月20日在洪宗礼语文教育思想研讨会上的讲话。

个时候，新一轮基础教育课程改革的前期论证、改革的顶层设计，以及组织工作开始启动，语文教育改革作为建立面向 21 世纪基础教育课程体系的重要组成部分，得到了高度的重视和有力的推进。

洪宗礼先生正是在那个时候，深刻而有远见地提出了"中外母语教材比较研究"的课题，并列为全国教育科学规划"九五"重点课题。这一研究动员了海内外 160 多位专家、学者，从理论和实践方面研究了中国近百年的语文教育以及世界 40 多个国家及地区的母语课程、教材，总结梳理了我国语文教育的历史财富、当代贡献，研究借鉴了外国母语教育的宝贵经验，展示了多元文化在语文教学领域里的价值与风采，而这一过程又与新课程语文教育的改革相伴相辅相随。多元文化在语文教学领域里的价值与风采，而这一过程又与新课程语文教育的改革相伴相辅相随。洪先生的研究吸引了大批有志于中国语文教育改革的专家、教师。洪先生的研究对语文课程标准文本的诞生，语文教科书的编写，以及教学实践的改革探索都产生了深刻的影响。洪先生的研究为我国语文教育的研究与发展提供了历史线索、国际视野与研究的平台。洪先生的研究为我国母语教育的定位与价值目标的确定，提供了清晰的论述。洪先生编的语文教科书更是字里行间折射出对语文教育的深刻思考，20 年来出版发行了九年义务教育初中语文教科书一亿多册，广泛而深刻地影响和促进了语文教育在理论和实践层面的变革。随着新课程 10 年的推进与改革的深化，在语文课程标准组及一大批专家、教师的共同努力下，我国当前中小学的语文教育逐步形成了新时期的理论体系与实践经验。

洪先生作为一位普通的中学教师，执教语文，研究语文，编写教材，历经五十春秋。他毫无喧哗，埋头耕耘，从一而终，矢志不渝。洪先生严谨、科学、锲而不舍的研究精神，以及广纳百川、虚怀若谷的学者风范应成为我们做人做事的楷模。

语文教学不仅仅是语言文字的教育，它更负有传承民族精神，传承优秀文化传统，塑造新一代高素质国民的历史使命，它不是一般的学科教育，而是铸就民族魂的教育。语文教育的成败非同小可，它的成功与否关乎中华五千年的文化可否一脉相承，关乎民族的前途与命运。因而今天我们为此付出再多的精力，克服再大的困难也是应该的，值得的。

回顾洪先生 12 年的研究历程，可以看到凤凰出版传媒集团，特别是江苏教育出版社多年来坚定不移地支持、鼓励洪先生的研究，体现了现代企业对社会责任的深刻认识，洪先生的研究成果以课程改革的成果中都蕴涵着出版人的耕耘与贡献。此外，江苏省教育厅、省教研室多年来一如既往地支持、鼓励洪先生的研究，体现了政府部门锐意进取，推动改革的卓识与作为。

在改革开放 30 年之际，回顾改革之路，面向明天的召唤，我们都会为曾经的奋斗历程感到欣慰，并对未来的责任义不容辞，让我们以此共勉。

改革语文教学体系的有益尝试[①]

叶至善

（全国政协原常委、中国少年儿童出版社原社长）

我没念过大学中文系，也没当过语文教师，只是在父亲（叶圣陶）身边，帮他编写过修改过中小学语文教材。这一回参加洪宗礼老师主编的《"单元合成，整体训练"初中语文实验课本》理论研讨会，我只能说说过去编写和修改语文教材的一些体会，大半还是从父亲那儿听来的。

洪老师主编的"实验课本"有个体系，归纳成形象的三句话，叫做"一本书，一串珠，一条线"。昨天拿到课本，晚上浏览了一遍，我才知道这三句话的含义。"一本书"，就是把"听、说、读、写"，有机地综合在一起，形成一个整体结构的教学体系。"一串珠"，表示教材是分单元编写的，每个单元都是一个具有"听说读写"教学效应的"集合块"。"一条线"，就是说各个单元相互连贯，使"听说读写"的训练贯串整套课本，成为"多股交织"的"集合体"。记得大约 10 年前，我父亲跟参加编写小学语文课本的老师和编辑讲过一次话，说到语文教学还没形成完整的体系，希望大家一同努力，在较短的时期内解决这个问题。所以我想父亲要是能看到洪老师主编的这套课本，一定会感到满意的，满意就满意在这套课本在解决语文教学体系这个问题上，又迈进了一大步，作了认真的有益的尝试。其实我父亲是来得及知道的，这套课本已经试用了 4 年了，我父亲故世了才两年嘛。

---

① 本文是叶至善 1990 年 4 月在洪宗礼语文教材第三次理论研讨会上的讲话，后收入《洪宗礼初中语文教材研究荟萃》，南京，江苏教育出版社，1997。

1990年4月，在泰州召开洪宗礼语文教材第三次理论研讨会期间，著名语文教育家、全国人大常委叶至善参观实验成果展览，并在会上说："我父亲叶圣陶如果还在世的话，看了这套教材也会很高兴的，因为这套教材符合他生前的教育思想。"

　　来泰州之前，我听到过一个不正确的消息，说洪老师主编这套课本，按的是《国文百八课》的路子。我想这不太好，因为《国文百八课》是单以写作训练为中心的。昨天看到了这套"试用课本"，我才放下了压在心上的这块石头。我岳父和我父亲合编《国文百八课》，在当时也只是尝试。先前的初中国文课本，只是从浅到深，从短到长，选取若干篇课文就算完事，都杂七杂八，没有明确的教学目的，看不出要让学生进行哪些方面的训练。他们认为必须从改革教材入手，把语文教学引上科学化系统化的道路。初中6个学期，一共上国文108个课时，他们把写作训练的各方各面组织成若干单元，由浅入深，分配在108个课时内，所以书名叫做《国文百八课》。第一、第二两册出版后就受到了教育界的重视，主要因为是一次突破，一次认真的尝试。出到第四册，抗日战争爆发了。第五、第六两册，后来好像也编成了，正好碰上湘桂大撤退，没有印出来，连稿子也不知弄到哪儿去了。

人教社近来重印了前四册《国文百八课》，作为参考资料发行。在发稿前，我又认真读了两遍，觉得有些说法是很新鲜的，譬如什么是"诗"，什么不是"诗"，什么叫"诗意"，什么叫"意境"，什么叫"语感"等，都讲得生动活泼，学生很容易接受。挑选课文着意避开太熟见的，也使人有新鲜感。一概不作注解应该说是个缺点，有些是一般的辞书上找不到的，不加注解怕老师也讲不清。总之，这部课本是以写作训练作系统的，阅读当然非讲不可，可是目的还在于训练写作。我父亲大概觉察到了，在抗战期间提出了阅读教学要真正做到跟写作教学并重的想法。于是同朱自清先生合写了一本《精读指导举隅》，相当于预习课文的指导；一本《略读指导举隅》，相当于课外阅读的指导。"听说读写"并重，是"文革"以后才受到语文教育界的普遍认可的。我想，要是让我父亲再编一部课本，可能也是洪老师所说的"一本书"的格局。

洪老师主编的这套课本已经试用了4年，今天有好几位试用单位的老师发了言，都说教学的效果不错，在农村尤其受欢迎。我听了很高兴。老师们又说，这套课本的好处是既照顾到了学生，又照顾到了教员。我同意这样的评价，只是觉得对教员的照顾是不是多了点儿，细了点儿，以至于把课本编得这样厚。对教员的照顾过多，很可能妨碍他们在教学过程中发挥自己的能动性。对学生来说也有这个问题，本来要让他们考虑的问题都讲得一清二楚了，等于剥夺了他们锻炼的机会。我知道，目前有一部分教员，尤其在农村的，教育程度是比较差一些，有必要多给他们一些帮助。是不是可以这样办，把没有必要跟学生讲的那些部分从课本中抽出来，专为需要辅导的教员们另编一套供教课用的参考书。这是个老办法，并非我灵机一动想出来的。

再说两点意思。一是学习前人重在学习前人勇于改革的精神。洪老师主编的这套试用课本虽然采用了前人的一些主张和办法，但是都有所开拓，有所创新，应该说是难能可贵的。二是参加编写这套课本的同志都没有脱离教学的第一线，有了新的想法，随时可以在教学中进行试验，试验有效就编进课本去；如果发现有尚须改进的地方，在编进课本之前就可以改进。这个"不脱离"是个非常有利的条件，要充分利用，并且坚持下去。

开拓母语教材建设的创新之路[①]

顾明远

(中国教育学会名誉会长、北师大研究生院名誉院长、教授、博导)

语文课程是基础教育中最基础、最重要的课程。语文是学习知识的基础,语文学不好,就难以学习其他学科的知识,也难以与其他人交流。因此,每个国家都十分重视语文课的教学。母语是本民族的语言,是一个人最早学会的语言。一个国家的语文教学往往就是指母语教学。多民族国家的语文教学除了本民族的母语教学外,一般也要学本国通用的语文,便于交往,具体情况要看各国的政策而定。

母语课程是传承人类文明,弘扬民族文化,培养道德情操,促进智慧发展,掌握交流技能的途径。母语教材是母语课程的内容载体。母语教材编好了,才能实现母语课程的目标。因此,在母语课程目标确定以后,编写母语教材就是十分重要的环节。过去国家实施统一的教学大纲和教材时,教材是由专门的编者编写的。20世纪80年代中期以后,实施一纲多本,教材编写的单位和个人就多了起来。虽然大纲是统一的,但编者的理念、观点不同、选材不同,编出来的教材就不同。现在国家改为颁布课程标准的制度,只提出课程的目标要求,不提出统一的大纲,编者的空间就更大了。如何把母语教材编好,历来是语文课程中的重要问题,而且有时意见分歧很大。例如,语文课的工具性还是文化性就争论了几十年,课文的选择,古今中外比例的确定,文体的配置也有不同意见。因此,对母语教材进行深入研究很有必要。

长期以来,语文教师只管按照编好的教材进行教学,很少去研究教材如何编写。其实,语文教师对编写语文教材最有发言权。他们天天与课本打交道,也最了解学生学习语文的情况。但是限于体制障碍和时间问题,教师往往站在编写教材之外。洪宗礼老师作为全国著名的语文特级教师,他在长期语文教学实践中深感语文教材的重要,也深知当前语文教材存在的问题。因此他在20多年以前就开始研究起教材

[①] 本文是江苏教育出版社2007年9月出版的《母语教材研究》的序文。

来，迄今已连续成功编写了 3 套初中语文教材，均顺利通过国家教材审定委员会的审查，列入国家教材书目，推荐各地选用。最新的一套新课程标准实验教材的实验面覆盖了 26 个省区。首都北京的海淀区也已连续使用了五六年，师生给予了好评。

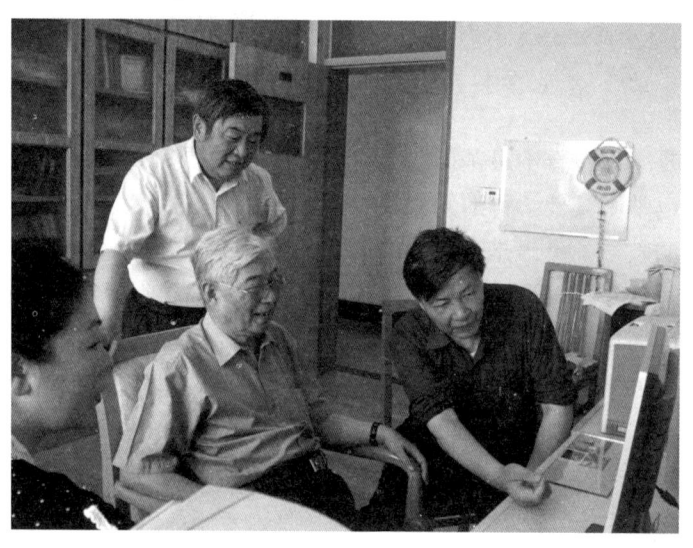

向顾明远先生请教。

国家教育科学"九五"规划时期，洪宗礼老师申报了"中外母语教材比较研究"的国家课题。我们评议小组的专家们都认为这个课题很新颖，很重要。洪宗礼老师对语文教学很有经验，有研究基础，因而一致同意批准了这个课题。课题组在洪老师的带领下，与南京大学、南京师范大学合作，开展广泛而深入的研究，召开了多次专家会议甚至国际会议，研究取得了重大突破，成果表现在 200 余万字的一套五卷本《中外母语教材比较研究》上。该成果获得了江苏省哲学社会科学优秀成果一等奖。教育科学"十五"规划期间，洪老师又继续承担了"中外母语教育比较与我国母语课程教材改革与创新研究"国家重点课题。这是对前一课题的继续与深化。经过 5 年的努力，又取得了丰硕的成果，2003 年已经出版了《当代外国语文教材评介》一部专著，十卷本《母语教材研究》即将出版。从各卷的书名就可以看出，课题组全面系统地研究了中国百年来（包括港澳台）语文课程标准、教材，对百年来的课文进行评析；研究了世界五大洲 40 多个国家和地区的语文课程、教材和他们的教学经验，内容十分丰富。二期课题研究填补我国语文教材研究中的空白，不仅丰富了教育科学研究宝库，对我国当前课程改革也起到借鉴、推动的作用。

我与洪宗礼老师是在审批课题时认识的。2000年他第一个课题结题时我参加了成果鉴定专家组，亲自聆听了洪老师的研究报告，拜读了他的研究成果。他作为教学第一线的语文老师，不仅亲自主持、具体指导了此项重大课题研究，而且担负了课题研究的经费，他把他编写教材的稿酬都投入到这项研究中。他的精神着实令我感动。"十五"课题的研究，难度更高，投入更多，共聚集了众多国内外的高等院校、科研机构的150多位专家学者，研究更加深入。我想，由一位中学教师来主持这样重大课题，在我国还是第一次。课题研究之所以取得如此大的成绩，是与洪老师的辛勤劳动分不开的；课题组能够组织这么强的力量，聚集起这么多海内外专家参加，是与洪老师的人格魅力和忘我精神分不开的。

我对语文教育是外行，忝为课题组的顾问，实际上既没有顾，也没有问。

确是很关心这个课题的研究。现在成果出来了，洪老师要我写几句，就写成了上面不着边际的话。

母语教材研究的奠基之作[①]

袁振国

（华东师范大学教育学部主任、教授、博导）

由洪宗礼老师主持研究、主持编写的《母语教材研究》就要出版了，我们感到由衷的高兴。

这项工作最早可以追溯到40多年前。远在1958年，根据国务院有关文件精神，经江苏省人民政府批准，江苏省泰州中学就与江苏师范学院附属中学合作，探索编写五四二制初中语文教材并进行实验教学。其后几十年，虽然内容、形式、方法多有变化，但语文教材的编写和教学实验工作一直没有停止过，特别是1983年以后，

---

① 本文是江苏教育出版社2007年9月出版的《母语教材研究》的序文。

由洪老师主持的教材编写和研究工作进入了有计划、有组织、专业化发展的新阶段。目前由他主编的初中语文教材，已成为新一轮课程改革中最受欢迎的语文教材之一，实验区遍及 26 个省市，覆盖 600 多个县市区，累计印行 7000 余万册。

11 年前，他们就开始了对母语教材系统的、规范的科学研究工作，研究中国百年和世界 40 多个国家和地区的母语教材、教学大纲（课程标准）。参与此项研究的专家、学者达 150 多位，其中有国内 30 多所高校和国外 16 所大学的教授 102 位，此外还有国家教育行政部门、中央教科所等科研机构的专家，教材编者和出版社编审，有中学著名教师、省市教研部门的教研人员和知名作家。参与此项研究并撰文的国外专家有 31 位，诸如日本国立国语研究所荣誉研究员飞田良文、俄国莫斯科师范大学教授 В. д. 杨琴科（В. Д. Янченко）、美国俄克拉荷马大学教授格雷森·罗兰（Grayson Noley）博士、美国洛杉矶加利福尼亚州立大学终身教授黄阮桂铭（Cay YuenWong）博士、英国巴斯大学教授、博士、伦敦考试委员会中文部主席李艳（Valerie Pellatt）、法国古典文学博士 Bernadette、德国基尔大学教授爱穆特·霍裴（Dr. Almut Hoppe）、挪威奥斯陆大学教授托瑞尔·斯坦因菲尔德（Torill Steinfeld）等。这样的规模、这样的层次、这样的气魄，不仅在母语教材研究中是仅见的，而且在整个哲学社会科学的研究中，也是罕见的。

正因为有这样的投入、实力和长期研究的经验积淀，所以即便是初步的阅读，我们也很容易感受到这项研究成果的学术价值和应用价值。在我看来，说这一研究是母语教材研究的奠基之作是完全担当得起的。

首先，这项研究具有里程碑意义。

所谓里程碑，并不是说以后就没有了，也不是说以后没有人能超越它了，而是说以后继续从事母语教材研究的话，这项研究你不可能不回顾，不可能不涉及，也不可能绕过去。如果你要超越它，你就不能不正视它，也就是说，你不能不重视它的存在，不能忽视它的资料、方法和结论。这项研究之所以能达到如此的高度，一是在于它有深厚的教材编写的实践基础。从编写油印教材开始，教两个班、四个班、八个班，然后开始在一个地区、一个更大的范围内扎实推进，是一步一步走出来的，没有借助任何行政的力量。正因为有这么厚实的实践基础，有这么长时间的探索，经过千锤百炼，所以经得起时间的考验。在这样的基础上进行教材理论的研究，是绝大多数单一的课程、教材和教育研究的项目无法比拟的。二是这项研究有很开阔的视野，资料非常丰富。我国从清末民初开始，所有关于语文教育的资料能收集的基本上都收集到了。更为难能可贵的是，国外的母语教材，能收集的也都收集到了。据我所知，目前不管是研究部门、出版部门还是管理部门，恐怕没有哪家比这一课题组所拥有的国外原版母语教材更齐备的了。为了翻译这些教材，课题组尽可能多地延请相关语种的专家参加工作，保证了这项研究的高水准。

第二，这项研究具有多方面的基础工程的意义。

母语教材研究虽然并不是一个新领域，但这项研究在深度、广度和高度上都上了一个新台阶。

一是它系统梳理了母语教材研究的文献，突现了母语教材研究的基本问题。母语教材研究是一个科学性和思想性都很强的研究领域。本课题研究突现了母语教材编写中民族性和国际性、继承性和创造性、历史性和时代性等基本问题，对于这些问题，都已经有很深入的思考，很具体的回答，大大推进了这项研究的思想深度和内容广度。

二是它形成了母语教材研究的基本框架，奠定了教材研究的理论基础。母语教材编写的本质是什么？母语教材编写的原则是什么？母语教材的编写应当涉及哪些基本理论问题？为了解决这些理论问题，课题组已经做了极大的努力。当然，不能说它已经很全面了，也不能说它是一项很完备的工程。但是这项研究对于它所涉及的关于母语教材的思想性和工具性的问题，关于知识、能力和价值的问题，关于教材内容和呈现方式的问题，关于课程、教材、教学的关系问题，等等，这些问题的研究都已经有了一个基本的理论框架，这就为我们进一步深入研究和解决上述问题提供了系统的理论观照。

三是这项研究坚持"拿来主义"，为我所用，奠定了母语教材研究的方法论基础。社会科学研究是以我为主还是照搬照抄，始终是研究方法、研究态度，甚至是研究立场的问题。本课题研究虽然收集了大量国外资料，邀请了多位国外学者，但都是根据自己的需要研究别人，研究历史，不是为研究别人而研究别人，为研究历史而研究历史。我们研究历史，研究外国都是为我们今天所用，为了我们自己的创造发明，重点放在总结、提炼、开发我们自己的教材模式上。没有前期的长期积累，没有前期这样充分的准备，要呈现目前这样的状态，是不能想象的；但是，光有前期的研究准备，而没有模式的提炼，那么它的理论价值和应用价值就要大打折扣。与此同时，课题组在研究的方式上，提炼的方式上，以及呈现的方式上，都形成了一套行之有效的办法和独特的风格。毫无疑问，这为以后的研究构建了一个平台，创设了一个新的起点。

第三，这项研究对建设具有中国特色、中国风格、中国气派的哲学社会科学具有积极推动意义。

建立以马克思主义理论为指导的，具有中国特色、中国风格、中国气派的哲学社会科学，是我国哲学社会科学发展的重要而迫切的任务。哲学社会科学和自然科学不一样，自然科学是没有民族之分，没有国界的，哲学社会科学是有民族之分的，有国界的，有意识形态。哲学社会科学的水平和能力，关系到一个国家的文化竞争力，关系到一个国家的综合竞争力。哲学社会科学越是民族的，越是本土的，就越是国际的，越是世界性的。哲学社会科学研究水平是文化竞争力的基础和核心。怎样才能创造出具有文化竞争力的产品，使之走向国际，关键是取得哲学社会科学的高水平成果并使之转化为技术，转化为产品。现在，这项研究在体现中国特色、中国风格、中国气派方面，做了很好的努力。首先，它的内容、它的问题域是中国的；其次，它的经验是中国的；第三，它的方法是中国的；第四，它的话语系统、它的分析框架、它的模式是中国的。从这个意义上来说，我觉得这项课题成果《母语教材研究》，可以成为走出去的一个重要作品。

所以我们有理由为这样的成果而高兴，并表示我们的衷心祝贺。

是范例也是突破[①]

钟启泉

（教育部人文社会科学重点研究基地华东师范大学课程
与教学研究所所长、教授、博导）

我有机会参与洪老师主持的母语教材研究，受益匪浅，我想借此机会谈两点感触。

第一，我感到"母语教材研究"是我国教育科研的一个范例。刚才顾老师也说

[①] 本文是2008年2月在北京召开的《母语教材研究》发布会上的讲话节录（根据录音整理，题目是编者所加）。

到了，多年来我们国家有很多研究，比如，有教育制度的研究，教学流派的研究，学校文化的研究等。但相对来说，最薄弱的还是教材研究、教科书的比较研究。谁都知道，什么叫教学？教学就是教师、教材、学生三角之间的关系的互动。无论从哪个角度来说，教材研究都是非常重要的。首先，教材不是单纯的素材。教材，现在的说法，是承担着三种功能。第一种功能是信息源功能，就是要给学生选择和传递有价值的真实的信息和知识。第二种是结构化功能，提供的知识是要体现一定的基本思路的、结构化的。第三种是指导性的功能。好的教材它本身一定是隐含了对学生学习方式、学习方法的指导作用和引领作用的，要帮助学生学会学习。怎么体现教材的三大功能，确实是重大的教学研究课题。其次，基础教育的教材，特别是义务教育的教材，它是政治学、社会学课题，甚至涉及国际关系问题。义务教育教材是体现国家意志，反映意识形态的一个载体。很多国家把基础教育阶段教科书看做是透视这个国家的公民素质的一面镜子。比如，日本的中小学教科书中的《国语》，《国语》中有汉文，汉文就是中国的古典文学。从这个层面来说，中日之间有文化合作的一面，但也有个外交斗争的一面，日本的历史教科书、地理教科书，到现在为止还在南京大屠杀、钓鱼岛这些问题上纠缠，时有文化摩擦。教科书关系到外交关系，所以说，基础教育教材是非常重要的。最后，母语教材研究也是人类学、文化学研究的课题。母语，人家说是民族文化的 DNA（基因），也是全球化时代多元文化的一个根基，所以联合国早几年就专门组织专家研究母语，要在全球化时代怎么使世界的 7000 多种语言存在下去，这是多元文化的一个根基。

对这么重大的课题，过去我们的研究基础薄弱（不能说没有），缺乏规模，缺乏档次，跟我们大国的地位不相称。所以，我们全国教育科学规划办比较教育组两次支持洪老师主持的研究，希望他填补这一研究领域的空白。

这个课题很大气，追求国际视野，追溯百年的发展，而且研究队伍是跨学科、跨单位、跨国界来组织的，这样就使得整个研究有了高度、广度、深度。这个课题研究设计的立意和胆识我觉得是教育研究的典范。

第二，我感到十卷本研究成果是一种突破。洪老师和各位主编、副主编有多年的经验积累，洪老师有 50 年从教和研究的经历。他们懂得教材不是单纯的知识点堆砌。所谓教材，它是三个要素构成的：一是构成学科的基本概念、知识体系；二是构成这些基本概念、知识体系背后的思考方式和活动方式；三是这种思考方式和活动方式背后的情感、态度、价值观。这些与新课程倡导的三维目标在逻辑上是一致的。现在有好多老师闹不懂，认为三维目标是轻视知识，这种认识是不对的，三维目标恰恰是强调和重视了知识。我认为，这样的课题组用12年时间拿出的这十卷成果，集中体现了新的教材观，积累了大量的实证材料和专家们论证的资料，这样的研究积累是个典型。这种积累不仅对语文教育，对母语教材研究是个支持，其实对其他方面也是支持。一是可以支持语文学科硕士点博士点建设。二是可以支持现在正在搞的新课标修订和教科书的修订。三是可以支持现在对外汉语教材的开发。我们委员长一直非常强调对外汉语教材的开发。四是对于我们多年来"教育科学规划办"怎么制定更有导向性的质量更高的课题指南有启示。我们不能老是搞宏观的什么战略研究，我们要更加关注教师教学的研究，关注课程教材的研究，关注儿童发展的研究，这才是本分。

我觉得，十卷本《母语教材研究》其实已经给我们提供了这方面的好多思想资料。

总的来说，这是一个范例，一个突破。我觉得我们中国是一个正在崛起的大国，应当有相称的研究。《母语教材研究》这个研究是与我们大国相称的，能体现中国特色中国气派，它可以展示我国教育的学术研究的能量和文化魅力。

近乎兼善者人才难得[①]

冯钟芸

（全国中小学教材审定委员会原委员、北京大学中文系教授）

因为参加国家教委中小学教材审定委员会组织的教材审查工作，便与国内几套义务教育中学语文教材的主编们有所接触，并建立了友谊。其中通过口头或书面交换意见最多的是苏教版的主编洪宗礼同志。宗礼同志对工作执着追求、锐意革新的精神，精益求精的工作态度，以及他对于语文教材建设的见解，常使参与审查的同志受到鼓舞和启发，正由于这样，我敬重宗礼同志，可以坦率交换意见。现在，徐中文、任范洪同志主持编辑的《洪宗礼初中语文教材研究荟萃》，即将由江苏教育出

---

① 本文是《洪宗礼初中语文教材研究荟萃》的序文（有删节），题目是编者加的。该书1997年11月由江苏教育出版社出版。

版社出版，我欣喜异常，因为这是洪宗礼同志前一段工作的总结，它无疑将极大地有助于今后语文教育工作的深入发展。此外，这部书的出版也意味着江苏教育出版界对宗礼同志的最大支持和肯定。

要编好一套教材，依我们粗浅的看法，必须具备这样一些条件：首先要有素质较高的主编。这主编，既要有丰富的教育教学经验，又要有较高的教育理论素养；既要有一定的驾驭全局的组织才能，又要有求实创新的科学态度和从善如流的民主作风。这样的同志，才能在整个编写组内有威信，有凝聚力。在实际生活中，某个方面表现突出者也许不难找，而众多方面兼善者恐怕不多。洪宗礼同志给我们的印象是接近于"兼善者"的，确乎人才难得。

举个具体例子：每当教材审查结束，宗礼同志一接到审查报告，便将审查意见复印出来，发给编写组每位成员。同时召开会议，逐条讨论，领会意见的精神实质，制订修改方案，并且举一反三，按照审查意见的精神扩大审视范围，务使教材在整体上能改观，能提高。正因为他能敏锐地发现审查意见与提高教材整体水平的关系，组织各方面同志深入研讨，在众多见解中作出正确判断，做到科学地、严肃认真地对待国家级的审查，所以他主编的这套教材才能在不断修改的过程中日臻完善。

其次要有一个高水平的编写班子。据我们了解，苏教版初中语文教材的编写队伍，组织上类似经济领域里的组建"集团"：有核心层，那就是以泰州中学和泰州市教研室的教师为主的教材编写组；第二层，是以扬州、泰州两市乃至整个江苏省内一些语文特级教师和优秀语文教师为主的编写群体，他们中间有些人负责单项把关，有些人负责综合把关，紧紧地围绕主编和编写组的意图，完成各自的任务；第三层是组织起来的外围层，它包括广大第一线执教老师和各市、县、区的语文教研员，主编通过各种途径广泛听取他们对教材的意见，经整理筛选，作为修改教材的重要参考。这样一支高水平的、有严密组织的编写队伍，为编出高质量的教材提供了坚实的组织保证。这个经验，对于搞好教材编写工作是十分有益的。

听说洪宗礼同志最近已向全国教育科学规划重点研究课题组申报了一个课题，名为"中外母语教材比较研究"，申报单位除了泰州中学，还联合了南京大学外国语学院、南京师范大学外语系和中文系、扬州大学师范学院教科所等高等学校的语言系科和教育科研机构。课题的研究内容分三个方面：一是对国内已经通过国家审查，并列入全国书目的有代表性的义务教育语文教材进行比较研究；二是对海内外华文教材进行比较研究；三是选取世界几个不同语种，主要是中、英、日、俄、法、德等国的母语教材进行剖析和综合比较。通过上述专题的研究，希望在下列方面找到较为科学的解决途径：母语教材如何在内容上处理好文学因素和语言因素、科技因素与语言因素的关系；如何在编辑设计上处理好分编（分科）和合编（综合）两种结构形成的关系，从而在两型教材的基础上建立合乎科学的更新一代母语教材体系；如何在内容和形式上更好地显示出民族化与科学化相统一的特色。

现在，洪宗礼同志和他的同行们在语文改革方面有宏大的战略眼光，他们决心站在世界母语教育当前水平和发展前景的高度，俯瞰全局、规划未来，希望在新的合理理论起点上迈出步伐，进行新的攀登。

我诚挚地祝贺洪宗礼同志取得的成果，并怀着深深的敬意祝愿他和他的同行即将进行的气势恢弘的理论研究顺利开展。

功著于语文教育界的佼佼者[①]

朱绍禹

（教育部中小学教材审定委员会原委员、东北师范大学文学院教授）

《洪宗礼语文教学论集》是一部论述语文教育整体的论集。它是作者 30 多年的教学经验和 15 年的教学研究的文字成果，是他全部论著中的精品佳作。它全面而又重点地展示了洪宗礼先生的语文教学实践、理论、事业和追求。通览全书，我们可以清楚地看出，本论集的作者是一位在实践上开辟了自己的道路，在理论上建构了自己的观念，在事业上创造了自己的成就的语文教育家。

迄今为止，全国著名语文教师个人的著述，已经出版了许多部，但我们读起摆在我们面前的这一部，仍无重复之感。这无非是因为本书体现的是作者个人的体会、个人的见解和个人独具的风格。本书是以独自的经验和认识立于语文教学论著之林的。

本书是一部内容丰富而论述独到的书。书中有事实、有观念，有描述、有解释。

[①] 本文是《洪宗礼语文教学论集》的序文。该书 1995 年 11 月由江苏教育出版社出版。

而作者着力的显然在于表述观念和作出解释。对过去，它谈继承，谈批判，谈借鉴，谈比较；对现在，它谈重构，谈创新，谈发展，谈超越。它总力图探求现象背后的轨迹，追寻其因果关系及形成因果的过程。

这是一部论集，其所论述，必定反映出多主题、多层次、多角度、多方面的特点。论主题，有教学思想的论述，有教学内容的分析，有教学方法的总结；论层次，有宏观的远望，有微观的近察；论角度，有纵向的把握，有横向的比较，有点的凝视，有面的展示；论方面，有语言的辨识，有文学的鉴赏，有思维的探索；等等。凡此种种，又都表明，语文教育是一种科学现象，又是一种艺术现象，作为科学和艺术统一体的语文教学，其复杂程度可能超过迄今我们已经认识到的。本书的作者面对这一复杂现象，是做了广阔的审视和深层开挖的。

优秀语文教师的经验和见解，从来都是我国语文教育界的共同财富。优秀语文教师在语文教育这一领域的开拓中，一直处于研究的前沿，一直在作着杰出的贡献，他们功著于语文教育界。洪宗礼先生就是这之中的一位佼佼者。

他的道路和成就表明，他是一位不避困难、不辞辛劳的实践中的跋涉者；是一位不厌思考、不断研究的理论上的探索者；是一位不知休止、不停脚步的事业上的追求者。这样一位语文教育专家，这样用心血凝成的著作，可亲可敬，其书是值得我们阅读的。

析其果、探其因、溯其源[①]

刘国正

（中国教育学会中学语文教学专业委员会原理事长、

人民教育出版社原副总编辑、著名教育家）

顾黄初

（全国中小学教材审查委员会中学语文学科原审查委员、扬州大学文学院教授）

洪宗礼同志近年来潜心于语文教材的改革，他所主编的九年义务教育三年制初

[①] 本文是《洪宗礼语文教学论集》的序文，该书1995年11月由江苏教育出版社出版。题目是编者加的。

中语文实验教材，以"单元合成，整体训练"为目标，在体例上有所创新，受到国内语文教育界的好评。他领导的教材编写组，获得市政府的通令嘉奖，他本人也荣获语文特级教师、江苏省有突出贡献中青年专家的称号。在他来说，确实是成果丰硕，令海内同仁瞩目，许多报刊对他的成就作了报道，一些语文教育理论工作者还对他的语文教育观和方法论进行了专题研究。作为一位具有自己鲜明特点的语文教育家，他已成了语文教育界众多同仁热心研究的对象。

　　研究需要资料。宗礼主编的那套教材，当然是重要资料。但宗礼主编的教材，是以他对语文教育各个领域的深入研究为基础的，是以他在中学语文教学的改革实践中长期累积起来的经验为根据的。教材是果，是流；他的理论研究和教改实践是因，是源。析其果，必须探其因；明其流，必须溯其源。宗礼已有多种论著和编著出版，散见于报刊的论文也有300多篇。现在程良方等4位同志把他多年来发表的论文，作了系统的整理，从中挑选出一部分代表作，按教学论、教材论等若干专题，编辑成了一部《洪宗礼语文教学论集》（以下简称《论集》），交江苏教育出版社出版。这就为人们探因溯源进行深入的研究，提供了丰富而翔实的第一手资料。

洪宗礼和知名语文教育史家顾黄初及全国著名特级教师于漪在一起。

　　所以，《洪宗礼语文教学论集》的出版，对宗礼本人，固然是重要的，值得庆贺的；对于有兴趣研究洪宗礼的理论工作者和有决心沿着洪宗礼的足迹去探索语文教学改革之路的第一线教师，也是一件令人欣喜的事。

我们与宗礼相交已久，对他在语文教育改革方面的指导思想、追求目标、革新精神和工作作风，多少有点了解。有论者说，宗礼的成就颇得益于天时、地利、人和。这话当然是不错的。说天时，宗礼在中学语文教学岗位上奋斗了50多年，近10多年正赶上了改革开放的好年头，时代呼吁改革，社会鼓励创造，国家提出了教材建设在统一要求前提下实现多样化的政策，给一切有志于改革的人以极好的社会条件；说地利，江苏省是经济大省，也是文化教育大省，各个层次的教育教学质量，都居国内前列，改革的气氛浓，改革的任何举措都受到各级政府的热情支持；说人和，江苏省和扬州市拥有一批语文教育的改革者，在省内外享有盛誉，他们中的多数人对宗礼的理论研究和教材改革实验都给予热心支持和无私援助，并形成了一个团结和谐的群体。这天时，是世上共有的；这地利和人和，恐怕是宗礼得天独厚的条件。然而，这些毕竟都是客观条件，是外因。宗礼之所以事业有成，归根结底，还是由于他在语文教育方面有自己深刻的见解，有不畏艰难把自己的见解努力付诸践履的胆略，有谦虚谨慎、从善如流、集众人的智慧于事业的胸怀。一部《论集》摆在面前，足以让我们窥见宗礼为学、为人的全貌。

洪宗礼语文教育观中最有价值的一点，就是坚信语文教学的任务就在于引导学生通过自己的语文历练逐步形成语文能力，养成良好的语文行为习惯，从而全面提高素养，以适应工作、生活、学习的需要。引导—历练—习惯—素养，是洪宗礼语文教育观的"主题词"及其教育"链"。他的工具说、导学说、学思同步说、渗透说、端点说，无非是对这些"主题词"和这根教育"链"的各有侧重的理论阐述；他的"双引"教学法，也无非是实践这些"主题词"和这根教育"链"的教学设计，而他所主编的教材，正是他那"五说""双引"的物质体现者，使用这套教材的人若不深刻领会他所提出的这些"主题词"和这根教育"链"，就不可能充分发挥这套教材应有的教育教学功能。

我们之所以确认宗礼语文教育观中的这一点"最有价值"，是因为语文教学的任务问题是一个带全局性的根本问题。对这个问题，语文教育界的前辈叶圣陶、吕叔湘诸先生都有过精辟的论述，可是真能深刻理解的并不多，不但理解而且能身体力行的更少。宗礼的可敬可佩之处，就在于他深刻领会了这些前辈议论的精髓，并以自己丰富的实践经验加以消化、熔铸和提炼，形成自己的见解乃至信念。而当这种见解和信念一旦形成，便在教改实践中自觉地进行检验，并不断予以充实和发展，最终构建起自己富有个性特点的语文教育观，以及在这一教育观支配下产生的富有个性特点的语文教材。于是他个人的研究成果和教改经验，终于成了社会的一笔财富。这是很少人能做到的，所以他获得了成功。

从这部《论集》中，我们还可以分明地看到这位改革者的胆略和胸怀。宗礼原是一名普普通通的中学语文教师。作为一名普通教师，他要去解语文教学之"谜"，要去求语文教学之"真"，要去探语文教学之"路"，这本身就需要相当的理论勇气。何况在这解谜、求真、探路的过程中，不但要改变自己多年来已经熟悉了的教法，而且要触动那长时期内由国家统一编制的教材。如果没有基于对事业的挚爱和痴迷而产生的革故鼎新的胆略，岂能办到？一时办到了，又岂能持久？当然，宗礼是幸运的，他的改革尽管步履维艰，毕竟得到了学校领导和省、市教育行政部门的支持，在他周围又有一批志同道合的合作者，他们矢志不渝地愿为宗礼的理论研究和改革实践尽心出力。而这一切，又与宗礼磊落、开诚、不存成见、善纳良言的胸怀直接有关。

俗话说：天下无难事，只怕有心人。这"有心"二字，说到底无非是有一种符合客观实际的见解和信念，有一种为实现这样的见解和信念执著追求近乎痴迷的精神。宗礼这部《论集》提供给人们的启示是多方面的，但对我们两个尽管从事语文教育工作几十年而至今仍感到语文教学实在很难的人来说，深受教益的似乎就在这"有心"二字了。

宗礼在回答"改革之路在哪里"这一问题时，曾掷地有声地说："路，就在你脚下！"这部《论集》，就是他脚下开路所留下的串串脚印。面对他的脚印，略陈感言，权且作序。

洪氏语文教育品格

成尚荣

（江苏省教育学研究所原所长、中国教育学会素质教育实验区指导专家）

洪氏语文是种现象。

洪氏语文现象说到底是洪宗礼现象。

大凡现象总是充溢着意义、价值及其讨论的空间，而"谈论意义的唯一合适的方式就是建构一种不表达任何意义的语言——客观化的距离"[①]。是的，尽管我们与洪宗礼近距离相处，不断地向他学习，但是，当我们适当地与他拉开距离的时候，必然发现，洪宗礼现象的意义是一种标本意义。此时，我们在以客观化态度进行阐释的同时，却是对这一深蕴着标本意义典型性与普遍性的表达。这一标本意义既指向现在，又昭示未来；既指向洪宗礼本人及其团队，又召唤着广大教师。洪宗礼现象是一种召唤结构。

　　无论是标本意义，还是召唤结构，都可以归结到洪宗礼的品格，尤其是他的教育品格与学术品格。讨论洪氏语文，凝望洪宗礼，不能不讨论洪宗礼的品格。德国哲学家叔本华在讨论"人格，或人是什么"的时候，引用亚里士多德的话来表明自己的见解："持久不变的并不是财富而是人的品格"，他还认定"美好的品格自身便是一种幸福"[②]。确实，洪宗礼持久不变的是他的品格。洪宗礼教育品格是洪氏语文品格的重要特征，也是洪氏语文成功的重要原因，洪宗礼品格铸就了洪氏语文品格，洪氏语文品格集中体现了并发展了洪宗礼品格。从某种角度说，洪氏语文品格正是洪宗礼品格。因此洪氏语文这一标本，首先是品格标本，充溢的是品格标本意义；洪氏语文的召唤首先是对我们的品格召唤。在听从中，我们也分享了这一品格本身所带来的幸福，而且，这样的幸福是持久不变的。

　　品格具有始终如一的特性，这种一以贯之的品格让人具有稳定的鲜明的个性和风格。但是不可否认，品格又具有多重角度，让人显现不同的侧面。这样，作为一个真正的人才是完整的、丰富的、立体化的。也许这正是分析洪宗礼教育品格的主要方法。

（一）一个大写的人

　　不同的身份彰显了品格不同的侧面和鲜明的独特性——洪宗礼是一个大写的人。

　　身份回答的是"我是谁"的提问。"我是谁"，在划分身份边界的同时，也划定了其所担当的任务与责任，而如何对待任务与责任，体现的正是品格。品格隐藏在

[①] ［法］格雷马斯著，冯学俊等译：《论意义》，天津，百花文艺出版社，2004。
[②] 叔本华著，李成铭等译：《叔本华人生哲学》，北京，九州出版社，2010。

身份中，身份彰显着人的品格。

洪宗礼有多重身份。不过，在诸多身份中，他基本的身份仍是教师，洪宗礼的品格主要是教育品格。

洪宗礼挚爱教师这一身份，当他面临几次提拔升任市里的局长、部长时，他说："我好为人师。"教师这一基本身份，让他有永久的责任感、使命感，在责任和使命中又生长起他优秀的品格。洪宗礼说自己是一个挚爱母语又愿终身为母语课程献身的虔诚的教育者。尽管他曾站在遭受挫折的立交桥上，迷茫、受伤，但他从来没有改变过当语文教师的初衷，十年"文革"给他的"暗伤"也从来没有动摇过他当一名优秀教师的荣耀和信心。他要求自己成为最优秀的教师，一直牢记初为人师写下的16字箴言："情操高、教风实、教艺精、知识博、基本功硬"。

洪宗礼教育品格可以用"爱"和"研"来概括。首先是爱。他说："奋斗一生，修炼了两个字：真爱。爱教育、爱母语、爱学生、爱自己。这是可以超越伟大母爱的至高的'师爱'。这爱里融化着真，真里渗透着爱。"[1] 其次是研。洪宗礼的爱是科学的、理性的，因为他为爱而"研"——研究、探索、改革。他将教师分为三种类型："大众化教师""艺术化教师""学者化教师"。"学者化教师，或曰研究型教师，他们能全方位地把握学科教学的基本规律，在教育教学理论上有所建树，并始终怀有一颗研究心，著书立说，走上书架。"[2] 最后，洪宗礼让爱和研结合，凝聚成崇高的目的，闪烁道德的光芒。他说，目的只有一个："塑人""要把育人原则渗透到语文教学的每一个环节，贯穿语文教学的全过程"[3]。他坚定地主张，语文教学不仅是语言文字的训练，也是人性、人格、人品的陶冶。洪宗礼永远站在教育伦理道德的高地上，用道德审察语文教育，用道德瞭望教育的未来。他是语文教师，但首先是道德教师。道德，成了洪宗礼品格的内核，道德品格成了洪宗礼品格的基石，从道德出发，他塑造了自己完美人格。正因为此，在语文教育改革之路上，他才走得高、走得远，走向了教育家。

重大课题主持人是洪宗礼的另一个身份。洪宗礼人生之路上有几次重要的身份

---

[1] 洪宗礼：《语文人生哲思录》，南京，江苏教育出版社，2011。
[2] 洪宗礼：《语文人生哲思录》，南京，江苏教育出版社，2011。
[3] 洪宗礼：《语文人生哲思录》，南京，江苏教育出版社，2011。

转型，第一次重要的转型，是从教师走向课题主持人，成为研究者。他研究母语，研究母语教育，进行中外母语课程、教材的比较研究，进行中华民族母语课程建构及母语教材编写的研究，而且成果卓著。洪宗礼是名副其实的研究者。从教师走向研究者，其实是他实践了并实现了当初他自己的诺言：当一个学者型教师、研究型教师。

洪宗礼在母语教育、母语教育研究中彰显的研究品格，可以作以下的概括：一是他鲜明的立场。鲜明的立场来自他坚定的信仰："在母语中觉醒，在母语中感动，在母语中陶醉，在母语中成长。""热爱母语就是热爱祖国"[1]。如梁衡先生所言，在母语教育中，他让学生仰望母亲微笑的脸庞，依偎在母亲温暖的胸怀，吮吸母亲甜美的乳汁。一如海德格尔所言，母语成了他和他学生存在的"家"。洪宗礼把对祖国、对民族的爱深深地埋在母语教育的研究中。二是他"为母语教育开窗"。所谓"开窗"，就是放开眼界，要"东张西望""从国际视野中观察五彩缤纷的母语教育现象，从中抽象出母语教育的普遍规律和汉语文教育的特殊规律"[2]。与此同时，他又把目光投向世界，洪宗礼是在顺应世界的研究潮流：国际视野、本土行动。三是用科学的态度研究。在洪宗礼看来，研究一定要科学，一定要建基于科学的态度之上，而科学的态度首先是实事求是的态度。他认为"切不可有任何的浮躁"，首先，要有求真务实的学术争鸣和讨论，不能"仅仅满足所谓的'我认为'式的争论"，是就是"是"，非就是"非"，当然二者可以统一。其次，是寻找理论支撑。哲学、社会学、教育学、心理学、文献学、课程论、教学论、方法论等，都为他所用。可贵的是他在学习、应用中还善于去伪存真、去粗取精，让理论真正为研究所用。更可贵的是，他不仅在寻找理论，而且在创造理论。洪宗礼的理论是扎根式的、本土化的，最具生命的活力。洪宗礼站在理论的前沿，研究有学术的深度和厚度。最后，他坚持改革创新。洪宗礼有两句最能体现他个性的话："'舟已行矣'，还抱什么老皇历？"另一句是："既然上了船，不管风浪多大，只能乘风破浪、扬帆前行。"向前，向上，不断向前，不断向上，从不止步，是洪宗礼的最美姿态。他一直在坚守中创新，用创新丰富、完善他的坚守。这样，他，抛却的是老皇历，而创造的是母语教育的新

---

[1] 洪宗礼：《语文人生哲思录》，南京，江苏教育出版社，2011。
[2] 洪宗礼：《语文人生哲思录》，南京，江苏教育出版社，2011。

世界。研究者，让洪宗礼具有了优良的研究品格。洪宗礼让道德和研究牵手，因而，人格如此丰满，充溢着张力和魅力。

不可或缺的，洪宗礼还有第三种身份：洪氏语文教材主编。因为是优秀教师、是名师，又因为是深度研究者，洪宗礼理所当然地站到了教材主编的位置上。说"理所当然"，是说他当主编有别人不可有的优势，几乎是别人所不能代替的。从教师到主编，是他又一次重大的身份转型。这一转型并非丢弃了当教师的优良品格，相反，他又通过努力，塑造了、发掘了、形成了洪宗礼的另一个品格——教材创编者的品格。这样品格聚集在他的判断力、策划力、组织力、统筹力、优化力等上。

洪宗礼懂得领导学。他的理念是：判断力，决策的前提，没有准确的判断就没有正确的决策；判断力比执行力更重要，判断错误，执行得越坚决失误就越大。后来，洪宗礼也曾有过苦恼，语文教学上功成名就后该怎么追索？该怎么深入？他苦苦求索的是：求什么真？解什么谜？往哪里走？又怎么走？当语文教育史家顾黄初先生似乎未经思考脱口而出"编教材"这句话时，洪宗礼眼前突然一亮：用教材来引领教法，用编教材的先进理念改变落后的教学理念！这是他当时的一种判断，是他长期日夜思虑后的觉醒，是深厚积淀的突然爆发。他立即行动起来。洪宗礼从来都是在抉择后立即行动，这正是他的性格，表现为他独具个性的品格。判断力还不能完全代表洪宗礼当主编的品格，最为重要的是他当主编的"三严"：严肃、严格、严谨。正是"三严"让教材成为全国公认的一流教材。

当然，不能忽略洪宗礼还有第四种身份：泰州中学副校长。他把校长工作做得十分认真、负责、用心，而且从不后悔，相反从心底里发出这样的声音：当校长其实不吃亏。究其原因是因为他领导、推进了学校教学改革，帮助全校教师专业成长，而且从学校教学改革和教师成长中分享了快乐。其实，洪宗礼担任校长时仍把自己当成一位普通教师——在洪宗礼身上，校长与教师身份是同一的，而且教师身份更重要。

在多种身份中，洪宗礼曾经用过一些比喻：壁灯、火柴头、过河的卒子、语文包身工、拼命三郎……这些比喻微小、普通、不起眼、不张扬，但却是他一个大写人的真正写照。这些比喻，已成为一个又一个隐喻，成为他教育品格的文化符号。不同身份的洪宗礼，闪烁着教育品格的不同美丽侧面和独特色彩。

（二）教师的楷模和典范

在不同时空里，彰显着教育品格的真实性和丰富性——洪宗礼是教师的楷模和典范。

美学家朱光潜曾有过这样的座右铭："此身、此时、此地"。此身，是说凡此身应该做而且能够做的事，决不推诿给别人；此时，是指凡此时应该做而且能够做的事，决不推延到将来；此地，是说凡此地应该做而且能够做的事，决不等待想象中更好的境地。此身、此地、此时，用在洪宗礼身上完全适合，而且另有一种意蕴，那就是在不同时空中，在不同的生活情境中，洪宗礼表现出丰富的品格色彩。他曾这么说过：位置并不重要，只要能发光。是的，位置不重要，不同的场所也不重要，重要的是他所表达的心理需求和发自内心的品格。在此身、此时、此地所编织的生活时空里，洪宗礼总是那么真实，那么丰富，让我们看到他——一个真正人的人性之美丽，一个教师典范与楷模的品格之高尚。

在课堂。常有人要为洪宗礼拍照，他对大家说，教师最佳的摄影角度在讲台，教师最美的姿态是讲台前的姿态。刚当教师三年，学校指派他上公开课，自己满以为精彩，评课时老教师说：你向梅兰芳学习，但你丢了书本、忘了学生。成名成家后，洪宗礼从不回避这一细节，他至今都在反思，都把老教师的批评铭记在心。反思成了他的习惯，追求成了他前行的动力。他说："50平方米的教室应是教师自我提高的练功房，三尺讲台应是教师最好的练功台，作为教学生命的学生是最能促进教师提高的练功师。"他有这样的"练"："练口"——锤炼准确生动的教学语言；"练手"——练就一手规范而美观的板书；"练情"——爱每一个学生的感情；"练心"——提高自己的思想素质和课堂应变能力；"练艺"——提高教学艺术；"练文"——提高对文章的理解、分析能力，并通过下水作文，提高行文表达能力（同上）。洪宗礼所言所行的这一切，让我们真切地感受到，作为教师的楷模和典范，作为一个教育家，是怎么在课堂里成长起来的。课堂、教学，练就了洪宗礼最为质朴、最为动人的教育品格：教书育人、智慧育人。他手中有书本，心中有学生，眼中有未来。他与梅兰芳有异曲同工之处：刻苦锤炼，脚踏实地，从不踏空一步，从不虚度一天，他说：今天的奋斗就是美好的明天。

在办公室。校友回忆，每天晚上，从走廊经过看到灯还在亮着，一定是洪老师的办公室。自然不必说,洪宗礼是最为刻苦用功的。如果将刻苦用功往深处说,洪宗礼在办公室里表现出最深刻的品格是"走上书架"。这是他的自喻与自勉。"走上书架",既是一个教者的品格,也是一个学者的品格。洪宗礼把办公室当作了书房,把办公桌当作书桌,把在办公室里的行动都与读书、教书、研究联结在一起。走上书架,就是走进经典,走进阅读,走进学问,走进学术,让自己成为读书人、做学问的人。当然,他更大的书房、更宽的书桌在他家里,在他广阔的生活中。这就不难理解,洪宗礼为什么有如此深刻的人生哲理?为什么有那么精彩的语丝?那些语丝绝不是思想的碎片,而是在阅读中潜滋暗长的思想绿芽,渐渐长成一棵好大的思想之树。"人只不过是一根芦苇,是自然界最脆弱的东西;但他是一根能思想的芦苇。""人因为思想而伟大",人的"全部尊严就在于思想"。洪宗礼在不大的办公室里,看到了整个世界,他似乎在演绎帕斯卡尔的另一个判断:"我们必须通过思想,而不是通过我们无法填充的时空来提升自己。"①

　　在医院里。洪宗礼辛勤劳作,持续刻苦,不懈奋斗,伤了身体,曾三次生病住院,且面临死亡的威胁。第一次 1989 年,小中风,16 小时昏迷不醒;第二次 1999 年,欧洲考察时,到处寻找该国母语教材,设法购买,劳累过度,心跳过速,回国后住院治疗;第三次 2005 年,在武汉参加教育部会议,因病住院,108 天躺在病床上,动手术,输血 9000 毫升,胃也被切除了一部分。如果你参观泰州中学的弘文馆,在专业发展的展馆里,你会发现洪宗礼披着病号服,躺在病床上,仍手不释卷的照片。此时,你会想起洪宗礼常常说的八个字:人生有限,事业无限。洪宗礼就是在有限与无限中领悟、把握人生的意义,执着前行,以有限的人生实现无限事业的理想,有限的人生在无限的事业中成为无限的"长寿者"。洪宗礼有无比强大的生命活力,而这一强大的生命活力推动事业走向辉煌。洪宗礼具有长寿者的品格,那就是健康、顽强、坚韧,那就是最为可贵的意志。德国哲学家叔本华曾论及过意志:"人类的意志是人类存在现象的真正内在本质""意志会给他一把打开那有关整个自然内在本质的知识钥匙""只有意志才是物的自体"② 不难理解,洪宗礼具有神圣的意志品格,意志成了他的"自体"——洪宗礼就是洪宗礼,洪宗礼就是教育家,是

---

①　[法]帕斯卡尔著,刘烨编译:《帕斯卡尔的思想》,呼伦贝尔,内蒙古文化出版社,2008。
②　[德]叔本华著,李成铭等译:《叔本华人生哲学》,北京,九州出版社,2010。

教师的楷模和典范。

在研讨会上。洪宗礼不是一个沉默者，即使开初沉默，也会在后来爆发。这是他的个性，他从不掩饰自己的个性——直言。直言，是一种责任心，为了事业，为了母语教育，为了学生的发展，为了学术的尊严，他怀着极大的责任心直言，一吐为快，不吐不快。在他反复重申、论述、阐释中，你能真真切切地触摸他一颗滚烫的红心。直言，这是一种学者的良心。洪宗礼是一个学者，他的学者良心，让他从不含糊，从不缄言，从不放下手中的笔。良知必定铸就铮铮之言，铸就铮铮品格。直言，是深厚沉淀使然。洪宗礼的直言不是乱言，而是言之有物，言之有理，言之深刻。当然，洪宗礼有时会极力控制自己，不发言，不争论，但丰厚的学识、洞察的见解，促使他不得不说，而且说得大家都认可、赞赏。直言的品格，让大家对洪宗礼充满敬意，也从直言中投射出洪宗礼让人称道的品格——心底的敞开与透亮。

（三）具有大智慧的教育家

在不同的价值维度上，彰显教育品格的崇高性与深刻性——洪宗礼是一个具有大智慧的教育家。

洪宗礼是教育家，他始终有着崇高的价值追求，彰显着他的崇高感。犹如罗曼·罗兰为《米开朗基罗传》写序时所言：伟大的人物有伟大的胸魄，伟大的胸魄犹如高山峻岭，不怕风雨的吹荡，不怕云雾的包围。当然，并不希求每一个普通的人都有伟大的胸魄，但至少每年有一次要登上高山峻岭。在高山之巅，脉管中的血液被换过，肺中的呼吸也会改变，再回到广阔的大地时，就会获得迫近永恒的力量。洪宗礼有博大的胸魄，而且总是登上高山之巅，远望前方，仰望星空，崇高之感油然而生。洪宗礼的教育品格具有崇高性。

孔子说："智者乐水，仁者乐山。知者动，仁者静。智者乐，仁者寿。"这是中国古代对完美人格评判的重要标准，即一为智，二为仁。其实，孔子还提出第三个标准：勇。智者不惑，仁者不忧，勇者不惧。洪宗礼的教育品格正是把智、仁、勇作为自己的价值追求，不断锤炼自己的人格，在不同的价值向度上展现自己教育品格的价值深意。其实，智，智慧，智者离不开"仁"，离不开道德。同样，勇也应是一种道德内涵和形态。因此，可以用智慧来涵盖仁与勇。洪宗礼是智慧的教育家。

洪宗礼是仁者，具有仁者的品格。

对作为教育家的洪宗礼而言，其"仁"，其道德价值的彰显还不能止于表象，而应再深入一些。回溯"仁"的字形及其结构，也许能说明洪宗礼内心对仁的呼唤，也能生动的映照他对仁的行为演绎。仁，二人为仁，可见，仁、仁爱、道德是在与人的交往与合作中逐步建构起来的，也正因为此，有道德的人是不会孤独的，他们的道德生活温暖、幸福。另外，郭店出土的竹简中有"息"字，据考证，这是仁的另一写法。上为身，下为心，非常形象、生动地说明道德发自内心，而且意在突出道德的主体性，同时意味着道德认知与道德行为的一致性。洪宗礼对这些已作了深入的研究，可以肯定他内心的感情和行动的表现，是真正实现了道德的本义，达到了道德的境界。洪宗礼具有独特的个性，但他善于与人交往、合作。他说："'人和'重于'天时''地利'，人和是核心，是第一位的。"他还用生动的比喻来说明合作的重要："一个团结和谐的群体可以有种子发芽撑破头盖骨的巨大力量。"他更简明地表达："学会合作是大学问、大智慧、大才能。"（同上）事实正是如此，800多万字的母语研究成果，研究、编写人员涉及大学教授、专家，中小学特级教师，出版界的权威，一个中学教师能把大家凝聚在一起，不正是他合作的精神和"人和"道德力量的结果吗？

洪宗礼善于把道德落实在行动中，道德之于洪宗礼是知行一致的、互相呼应和支撑的。当年班上那位热爱文学的学生，尽管基本功较差，在写出不像样的文学作品以后，洪宗礼批评了他，但洪老师以自己爱心和理性反思了自己教育的不当，后与学生亲切交心和鼓励，让文学青年之梦得以实现。诸如此类，还有很多很多。你说不清，哪是道德认知，哪些是道德行为，但完全可以说，在洪宗礼身上是自然融合的、一体的，是"身"与"心"相融合的。洪宗礼的道德品格真真切切、实实在在地写在他的教育实践中，写在母语课程研究中，写在教材编写中，写在洪氏语文中。洪宗礼是一个真正的仁者，他的人格洋溢着独特的魅力。尽管他谦逊地比喻为壁灯、火柴头，但发出的光亮是极其温暖的，充满着教育品格的张力。

洪宗礼是智者，具有智者的品格。

智慧有大小之分。庄子在《齐物篇》里说："大智闲闲，小智间间。大言炎炎，小言詹詹。"闲，空也，空也，无限大也。大智者具有大视野、大格局、大手笔，关注天空，关注人类，关注心灵，注重战略思维，进行整体建构。间，隔也，隔也，小也。小智者，抑或说没有智慧的人，只关注眼前，只关注脱离整体的细小的事情，斤斤计较，在琐碎的事物中盘旋。在表达风格上也是不同的。大智者说话的火在燃烧，具有穿透力和鼓动性，直撞人的心灵和思想。反之，小智者、无智者说话重复、啰嗦、喋喋不休，不得要领。洪宗礼是一个大智者。一个中学教师，承担了国家的大课题，通过研究，成果填补了母语研究的空白，引起极大反响，产生重大影响，这不是大智是什么？

洪宗礼是大智者，其中一个重要的方面，体现为他作为学者的智慧。钱理群这么评价洪宗礼：洪宗礼完成了学者化的过程。的确，洪宗礼培育了、发展了母语教育、母语研究的理论，体现了他智慧的学术品格。梁启超在1911年写过一篇文章《学与术》，其中说道："学也者，观察事物而发明其真理者也；术也者，取所发明之真理而致诸用者也。"洪宗礼把学与术统一起来，结合在一起，表现优秀的学术品格。一是学术的平等。他说："尊重权威和挑战权威并重。""要有宽阔的学术胸怀，对不同学术见解要多几分温情，不可加霜盖雪。"（同上）二是良好的学风。把自以为是和自以为非统一起来，他说："自以为是易，自以为非难，要达到自以为是和自以为非的统一则更难。"（同上）可洪宗礼说到也做到了。三是对规律的认识与把握。他把语文的特点概括为"模糊的科学"与"科学模糊"的辩证统一（同上）。四是弘扬正气，对学术浮躁的抵抗与拒绝。他说："浮躁是学术腐败的温床""识字可以'速成'，做学问，搞科研，要沉下去，潜心研究，坐下来，苦练板凳功"（同上）。五是在学术上的自我超越。洪宗礼说："不超越自我难以超越他人"，重要的是超越自我，"要少一点敝帚自珍，少一点孤芳自赏，少一点故步自封"（同上）。以上这些概括，可以让我们看到洪宗礼的学术智慧、学术品格，洪宗礼的确是一个学者、一个大智者。

洪宗礼是个勇者，具有勇者的品格。

洪宗礼的勇者品格，聚焦在知识分子的品格上。知识分子的品格在于对社会、对民族、对世界的关注，用自己的思想和批判的精神推动社会改革，推动教育教学改革。"知识分子为思想而生活，而不是靠思想而生活"；知识分子"关注真理、正义和时代趣味这些全球性问题"，"意志自由是知识分子主要渴望的东西"，因而他们

"常处于一种创造性的紧张状态之中"①。值得注意的是，当前，知识分子在贬值，在弱智化。洪宗礼可不是这样，他是真正的知识分子，表现了一个知识分子的品格——勇者的品格，以知识分子的良心和勇气对待教育，改造母语教育，推动语文教学改革，促进素质教育的深入实施。

　　洪宗礼勇于坚持真理，也勇于修正错误，表现了知识分子人格的独立和思想的自由。他对教育中的不正之风，尤其是应试教育毫不留情地抨击、批判，以知识分子的责任，维护教育的立场与尊严；对语文教育中违背母语教育性质和规律的，尖锐地揭露，深入、准确地分析，极为中肯地提出改进意见。对国家的课程制度、政策，包括教材政策，真诚地拥护，而且如此鲜明地、不带任何私人色彩地维护，不怕非议，不怕责难，因为他心中只有一个目的，只要能塑人，就坚持到底。洪宗礼的勇敢最为感人的是他正确地对待知识和已有的权威性结论。他把"自以为是"与"自以为非"统一起来，不断重申："无我才有我"，同样"无为才有为"。这些都生动映照了赫尔岑的话："抱着一颗正直的心，他一定会完成许多事业。"有人说洪宗礼有时显得霸气，那时因为他以强大的声音、不容置疑的语气在坚持与追求真理。其实，洪宗礼的风格是低调的，他很谦逊，非常诚恳地倾听别人的建议。当然，洪宗礼的勇气，集中体现在不断改革、创新上。在前行的道路上，他永远在"归零"，每一次抵达又是一次新的出发，每一出发又是一次新的创造。洪宗礼，教育家勇者品格，来自他内心的澄明与强大。他是一个真正的知识分子，他的勇敢品格是治愈知识分子贬值、弱智化的一剂良药，是知识分子的典范，是一位具有大智慧的教育家。

　　真正的大写的人、教师的楷模与典范、具有大智慧的教育家，是对洪宗礼身份与赞誉的另一种概括、描述与赞誉。每一种身份描述与赞誉，都透射出洪宗礼闪亮的教育品格。也正是这些闪亮的、可贵的品格，让洪氏语文、洪宗礼现象具有标本意义，形成一种充满思想张力、学术魅力的召唤性结构。我们，应当不断地去开发这一标本意义，在这一结构与意义的召唤下，铸造自己的教育品格，铸造教育品格。

---

　　① ［英］弗兰克·富里迪著，戴从容译：《知识分子都到哪里去了》，南京，江苏人民出版社，2005。

站在学术前沿和道德高地上[①]

韩雪屏

（中国高等教育学会语文教育专业委员会学术顾问、内蒙古包头师范学院教授）

洪宗礼从江苏泰州地区的一名普通中学语文教师起步，发展成为一个令世人瞩目的语文教育家，其间经历了将近半个世纪的时间。前20年，他致力于语文教学实践，以"五说"和"双引"为标志，形成了他的语文教学理念；后20年，他致力于语文教材编撰，又以三套经过国家审定、推行到全国26个省、市、自治区、发行7000万册的教科书，实现了他改革语文教材的理想；最近10年，他致力于中外母语课程教材的比较研究，终于又以皇皇16卷本，凡830万字的成果巨作，为我国语文课程与教学研究打开了一个千姿百态的窗口。于是，洪宗礼在他走过的道路上，为我们树立起三座高耸的丰碑！

洪宗礼现象的社会意义是多重而深刻的。它给予人们的启示之一就是：学人应站在学术前沿和道德高地上，追求学品与人品的兼而善之。

综观洪宗礼的为学道路，我们可以清楚地看到这条道路上显现出一条明显的"研究教学——研究课程与教材——研究历史与外域"的车辙印迹。

与一般人不同，洪宗礼始终带着一颗理智的"研究心"，从事和审视自己的语文教学实践，因此，他才能在扎扎实实进行教学的同时写出《我的语文教学之路》《写作与辩证思维》等一系列著述。但是，当他面对语文教学大面积呈现出少、慢、差、费的状况时，他开始意识到要提高语文课程教学质量，必须着眼于有关全局的语文教材编制和教材制度改革等重大问题。于是，他毫不犹豫地开始了在研制和改革语文教材道路上长期而艰难的跋涉。二十几年内连续编撰修订出三套通过了国家审定、行销全国的义务教育阶段语文教科书。从此，洪宗礼任主编的语文教科书，打破了新中国成立几十年来，由人民教育出版社编制的教材一统天

[①] 原载《全球教育展望》，2008（2），有改动。

下的历史,实现了"一纲多本"的教科书编制新格局,开创了民间组编教科书并通过国家审定、推广使用的新气象。从此,"洪氏教材"开始与人民教育出版社和语文出版社编制的教材形成了三足鼎立局面。这种新气象和新局面唤醒了基层教育部门、学校和广大教师自主选用教科书的权责意识,有力地促进了教科书制度的多元化。

洪宗礼是一个永不满足现状的人。为了不断提升我国语文教材的编制水平,他又把目光转向了我国语文课程教材的悠久历史,转向了国外母语课程与教材的广袤领域。他想叩问中国语文课程教材深邃的历史长空,为汉语文教育寻根;他想叩开世界母语课程教材的国际大门,为汉语文教育开窗。"寻根"为母语教育研究建立时间观念,引导人们以历史的方法研究母语课程教材,鉴于史而治于今;"开窗"为母语教育建立空间观念,引导人们从国际视野中观察纷繁的母语教育现象,从中抽象出母语课程教材的普遍规律与汉语文课程教材的特殊规律。这些从事科学研究的基本哲学思想和方法论,成为贯穿他长达50年治学生涯中的宝贵财富。他从1996年开始连续主持了全国教育科学"九五""十五"规划中关于中外母语课程教材比较研究的两大重点课题;站在母语教育国际化、全球化、现代化制高点上,力求使我国的母语课程教材建设在国际视野与本土情怀统一的新起点上有突破性的进展。于是,人们就看到了我国具有110多年历史的语文课程与教材饱经沧桑的面貌,走进了当代40多个国家和地区、8大语系26个语种的五彩斑斓的母语教育文化长廊。这项研究为我国教育科学事业,为课程、教材、教学研究领域,提供了绝无仅有的宝贵资料,成为这些领域中后继研究不可逾越的里程碑。

由此我们也清楚地看到了洪宗礼在将近50年的母语教育研究历史行程中的两次重大转向:一是从教学论迈向课程与教材论的纵向延伸;二是从本国当代语文教育现状跨入国际母语教育时空的横向拓展。洪宗礼之所以能够纵横捭阖而又游刃有余地完成这种转换,是与他一贯坚持的求知、求真的精神分不开的。正如他自己所说:"既要脚踏实地,又要东张西望。东张西望可以获得信息资源,脚踏实地才能创造产品。""东张西望"地求知、求真,使洪宗礼进入了"问学无禁区"的创造性境界。因此,洪宗礼在年逾六旬之后又回到了零点,开始向他并不熟悉的中外母语课程教材比较研究的领域挺进。

求知、求真，使洪宗礼能够不断地发现语文教育科学研究中的"富矿层"，及时探明需要研究的"当采层面""当采课题"。求知、求真，还使洪宗礼能够充分发挥在层次转移中原有层次的"换能效应"。所谓"换能效应"，指的是各种运动的形式之间能量的转换机制与机理。洪宗礼在教学实践中逐渐形成的教学理念，使他发现了"必须改革语文课程教材"这一关键枢纽。他研制和编撰语文课程教材的实践和理论，又使他具有高屋建瓴地鉴别国外母语课程教材的眼力，具有"搬而化之"的学术胆略。这就是洪宗礼为什么能够不断地把握机遇，适时地从教学论转向课程论，从本国语文教育研究转向国际母语教育研究的内在原因。

两次及时而成功的转换，不断地把洪宗礼推向了语文教育研究的学术前沿。随着这种转换，他逐渐把教师、编者、理论研究者三种不同的学术元素集于一身，锻造出难能可贵的合金型学术品质，奏响了他学术品位的高格调！

中外母语课程教材比较研究，是一个过去较少有人涉足的边缘领域，因为它需要多种专业学科研究人员的通力合作。为了完成这个研究课题，洪宗礼明确地意识到必须借重他力。于是，他思贤若渴，通过各种关系，经由拜访、恳谈、写信、打电话等多种方式，殚精竭虑地从国内外物色研究人选。课题组组建伊始，他就向人们主动敞开了他的自知之明、虚怀若谷的高尚胸襟。

洪宗礼经常把"中外母语课程教材比较研究"课题组叫做"非常集体"。这个集体之所以"非常"，一方面是因为它担任了不同寻常的研究任务；另一方面是因为这个组织不仅人数众多、地域分散，而且，研究人员的专业领域宽泛，研究类型不同，研究人员的学术背景和地位也存在着明显差异。当洪宗礼为这个课题研究编织起一个宽广而绵密的人脉网络之后，他就毫不犹豫地以非凡的胆识和气度，义无反顾地背负起这样一项非凡的任务和这样一个非常的集体。因此，他总是戏称自己是"小马拉大车"。他说"小马拉大车未必合理，但小马的凌云之志不可夺"！

洪宗礼在组织和指挥这个"非常集体"的有效运转上，更表现出他内在的人格魅力。用人就要信人、敬人。洪宗礼对于"非常集体"中的每一个成员都十分信任、敬重，注意发挥每个人的一技之长。在这个"非常集体"中，分歧与矛盾在所难免。每当遇到意见分歧或产生矛盾，他既敢于秉理直言，又善于立诚婉言。他不唯上，不唯权，敢于抑制傲气、拒斥霸气。他以诚为本，敬人为先，善于疏导怨气、鼓舞士气，表现出高超的"融人"艺术。他在回顾这一段工作的时候，理智而又动情地说道："人和是第一位的，它重于天时与地利。天时地利是客观存在，对任何人都是公平的。人和是需要自己努力，要靠合作群体共同来营造。"为了完成这一里程碑式的工程，洪宗礼敢于自加压力，能于借重他力，善于组织合力。洪宗礼以他敬人、信人、融人的胸襟，向我们展示出他高尚的人格魅力。

于是，人们最终看到了作为课题组主要负责人和研究成果主编的洪宗礼，是怎样坚守住了他始终珍视为第一位的"道德高地"！

洪宗礼现象是一面明镜，它在每个学人面前熠熠发光，引人反观自我，反躬深思。洪宗礼现象是一面旗帜，它在学品和人品两个方向上猎猎飘扬，召唤和指引着年青一代语文教学传人勇往直前！

行成于思

——"洪宗礼现象"的教育学阐释[①]

王荣生

（上海师范大学教育学院教授、博导）

理论研究与实践大致可以看成是"思"与"行"。从思到行，需要许多中间环节，需要从"理论观念"到"实践观念"的转换。语文教育理论与实践中更需要这样的研究者：有丰富的经验，又有足够的理论基础，而且能够从事理论到实践的技术转换。洪宗礼作为语文教师、语文教育研究者和语文教材编者，在教学和教研的实践中，不断总结和提升经验，深入思考和研究，勇于自我超越和开拓创新，打通了理论与实践之间的通道，取得了令人瞩目的实绩。

（一）"引读"与"想"——作为语文教师的洪宗礼

作为语文教师的洪宗礼，其"行"与"思"既表现在他的"脚踏实地"上，又

[①] 原载《全球教育展望》，2008（2），有改动。

表现在他的"东张西望"里：他敢于和能够"自己努力从事教学改革的实践，从中不断总结经验"；他"像海绵吸水那样"，从各方面尽可能多地获取信息，从中吸取营养，并力求做到研究语文教学传统而能"古为今用"，研究国外语文教学而能"外为中用"，还能研究他人的语文教学实践，总结出规律性的经验①。

洪老师对语文教育有比较系统的理解、解释和实践，他早期据以改革语文教学的理论基础与实践方向，集中体现在阅读教学中的"引读"和写作教学中的"想"这两个方面。

1. 阅读教学应从"教读"转化为"引读"。洪老师以为，教学的第一要旨是为了学生。而"阅读是学生自己的事"，只有靠学生"自己的力"，才能养成阅读的"真能力"。为此，就得从"教读"向"引读"转化："一是引导学生自己读；二是引导学生掌握语文规律广泛读。"② 在引读过程中，教师既要敢于放手让学生独立阅读，又要给以适当的扶持。据此，洪老师总结出了"引读十法"：扶读法、设境法、提示法、读议法、揭疑法、反刍法、小结法、反三法、比勘法、历练法③。这些方法可能在分类上未尽合宜，但其目的和指向则尽在引导学生"学会阅读"。

2. "想"是解决写作教学问题的枢纽。洪老师认为，"会想才能会写"，"只有想明白，才能写清楚；只有想充分，才能写具体；只有想周密，才能写严谨；只有想透彻，才能写深刻。"④ 调动学生"想"的积极性，让学生"乐于想""善于思"，洪老师以为，有两条基本原则：一是激发学生思维的兴趣，使学生从思维的消极状态转换到积极状态。在写作教学中，应当注重结合学生的生活经验，采用多样化的引导策略，引导学生"入境""生情"，甚至"质疑"，提供学生思考的条件，调动学生思考的积极性，开拓学生思维的源泉，并且给学生留下充分的思考余地。二是启发学生掌握正确的思维规律。思维的运作是以知识为基础和"中介"的。因此，要想把握"思维规律"，应在写作教学的各环节、各阶段上，把知识技能训练与思维训练

---

① 洪宗礼、程良方：《中学语文教学之路》，呼和浩特，内蒙古教育出版社，1986。
② 洪宗礼、程良方：《中学语文教学之路》，呼和浩特，内蒙古教育出版社，1986。
③ 洪宗礼、程良方：《中学语文教学之路》，呼和浩特，内蒙古教育出版社，1986。
④ 洪宗礼、程良方：《中学语文教学之路》，呼和浩特，内蒙古教育出版社，1986。

结合起来进行。

（二）经验和对经验的超越——作为语文教育研究者的洪宗礼

一个优秀教师不仅应是"思想者"和"行动者"，还要有不断思想、不断行动的持续的内源性动力，也就是要有不断"超越自我"的追求。洪宗礼老师既有这样的认识，也是这样做的。正如他所说的："不断地自我超越，不断地超越自我，这就是我的'宿命'。"①

洪宗礼老师的语文教育研究正是这样一种对自我经验的超越和提升。这主要体现在以下两个方面：

1."五说"语文教育观；"双引"语文教学论。著作有《中学语文教学之路》（1986）、《中学生思维训练》（1987）、《写作与辩证思维》（1993）、《洪宗礼语文教学论集》（1995）等。洪老师认为，语文教学是一个"纷繁复杂的多面体"，对此应当"多角度、全方位地从宏观和微观的结合上进行深入细致的不同层面、不同维度的整体研究，用心寻找语文教学诸种结构元素之间的联系及其最佳结合点，不断探求其规律性"，并且要"客观而辩证地分析各种矛盾关系，力求抓住它的主要矛盾"，使语文教学的各方面、各因素结合成"一个和谐协调的有机整体"②。在这样的思想基础之上，经过多年的实践探索，洪宗礼确立了"五说"的语文教育观，并逐步加以完善：（1）工具说，突出语文教学的个性特质，谋求语言与思想的统一；（2）导学说，教学过程就是"实现教师主导性和学生主动性统一的过程"；（3）学思同步说，语言和思维同步发展，密不可分；（4）渗透说，语文是一个"多因素的综合体"，语文与生活、与平行学科之间有着密切的关联；（5）端点说，语文课程是"基础中的基础"，是"学生未来发展和在校学习其他课程的基础和终生发展的起点"，语文教学应注重"长期效应"。在"五说"语文教育观的理论基础上，洪老师提炼出"双引"（引读、引写）的语文教学法，它是基于"五说"理论的"诱导式教学法"，具有更强的实践性。"五说"和"双引"的语文教育观，正如刘国正和顾黄初先生所

---

① 洪宗礼：《不断自我超越》，载《江苏教育》，2001（11-12）。
② 洪宗礼：《从整体上探求语文教学结构的科学化最优化》，见刘国正主编：《中国著名特级教师教学思想录》，南京，江苏教育出版社，1996。

说，它们实际上是对"引导——历练——能力——习惯——素养"的语文教育之"链"的理论阐述①。

2. 中外母语教材比较研究。1997年春，洪宗礼主持的"中外母语教材比较研究"国家级重点教育科研课题，出版了"中外母语教材比较研究丛书"。在此基础上，2003年，洪宗礼又主持了国家"十五"重点课题"中外母语教育比较与我国母语课程教材创新研究"，组织南京大学等40多所高校的教授，中央教科所等科研机构的研究人员，著名中学教师和美、法、英、德、俄、日等国家的教授学者，对中国百年语文教育和国外40多个国家的母语教材，从纵、横两方面展开了更为深入的研究，出版了《母语教材研究》的十卷本巨著——中国百年语文课程教材的演进，中国百年语文教材编制思想评析，中国百年语文教材评介，中国百年语文教科书课文选评，外国语文课程教材综合评介，外国语文课程标准译介，外国语文教材译介，外国学者评述本国语文教材，语文教材编制基本课题研究，中外比较视野中的语文教材模式研究②。这两套书，系统介绍了国外语文课程与教材的理论与建设情况，打开了语文课程与教材研究的理论视界，成了语文教育研究绕不过去的存在，已是语文教育研究者必备的参考资料。

（三）"教本"与"学本"——作为教材编者的洪宗礼

"教学什么"（教学内容）、"怎么教学"（教学方法）和"用什么来教学"（教材）之间，应该有着密切的关联。其中"用什么来教学"，即教材，因其物态化特征而具有相对确定的性质，因而它是相对重要的关节点。在多年的教学改革中，洪宗礼认识到，应当"用教法改革来促进教材改革，又以更新了的教材从根本上来制约教与学"。这样，"借助教材内容和体系的改革"就能"把十几年乃至几十年的教改成果巩固下来"③。"积极探索适应现代社会发展的中国语文教材编制的改

---

① 潘纪平主编：《洪宗礼：语文教育之"链"》，武汉，湖北教育出版社，2001。
② 任范洪、汪志虹：《"中外母语教育比较与我国课程教材改革创新研究"向纵深发展》，载《语文教学通讯》，2005（7）。
③ 洪宗礼：《我的教材改革实践》，载《语文教学与研究》，1999（4）。

革思路,构建面向 21 世纪中国语文教材的创新体系,成了我国语文教育的'重中之重'"①。

从 1983 年开始,洪宗礼便顺此思路展开了教材改革的探索。历时 10 年,主编了一套"单元合成,整体训练"的实验教材——《义务教育三年制初级中学语文教科书》。这套教材重在体系改革,构建了"一本书、一串珠、一条线"的"三·一"语文教材体系。"一本书"是"一张经纬分明、纵横有序的语文训练网络";"一串珠"是全套教材共有 36 个"珠式单元";"一条线"是以读写听说能力训练为主的语文能力训练线、知识结构线、思维发展线和学生学习语文心理发展线,几条线或平行,或交叉,或连续,或中断,但都在交织线的统摄之下。不仅如此,教材在"整合优化"上也表现出自己的努力和特色:教法和学法整合优化,知识和能力的整合优化,课内和课外的整合优化②。这套教材曾在全国 15 个省市 64 个县区的 2600 多个班、校试用,取得了比较理想的效果,获得了师生一致的好评。1993 年起,这套教材列入全国书目,在 60 多个县、市、区全面推广使用,至 1999 年,该教材已经印行达千万册,使用范围扩大到 75 个县市区,为实施九年义务教育和推行素质教育起了积极的推动作用③。

2001 年起,洪宗礼主编教育部立项、面向全国的语文课程标准实验教材。这套新教材体现了洪宗礼对语文教育新的认识与理解。洪老师指出,面向 21 世纪的语文新教材,"归根结底应当弄清楚'学生如何发展'这个根本问题",与其把语文教材看成"语文教学之本",不如称为"引导学生学会学习之本""促进学生创造性学习之本"。基于这样的理念,实验教科书对教材的目标系统、范文系统、导读系统、注释系统、操作系统等作了比较大的改革:一是以"读书方法"作为贯穿教材的主线,突破了以往单篇逐课编写的教材格局,"突出了语文实践性";二是将 3 种专题、11 种读书方法融为一体,3 个维度的课程目标巧妙结合,"转变了教材呈现方式";三是跨学科的领域设计,以及课内外学习的

---

① 洪宗礼:《20 年语文教改之我见》,载《中学语文教学参考》,1999(6)。
② 顾黄初:《一套重在体系改革的语文实验课本》,见潘纪平主编:《洪宗礼:语文教育之"链"》,武汉,湖北教育出版社,2001。
③ 洪宗礼:《我的教材改革实践》,载《语文教学与研究》,1999(4)。

融通，拓展了语文学习的空间，"形成一个时空开阔的跨学科语文综合实践系统"①。据悉，至2004年，洪宗礼主编的教材已经走遍全国26个省、市、自治区。2004年春教育部组织38种教材评选，38项评价指标中，洪宗礼主编的教材每一项都居领先地位。有记者问洪宗礼，"洪氏教材"何以能一路领先？洪宗礼回答，教材编者要有两种勇气：一是"力排众议"的勇气，二是"自以为非"的勇气。对于正确的东西要敢于坚持，对于陈旧和落后的东西包括自己的"经验"也要敢于否定②。相对而言，"自以为非"更为难能可贵，因为它不仅需要勇气，更需要理论省思和超越经验。从几套"洪氏教材"的历时性发展状况来看，洪宗礼确实践行了他的"力排众议"和"自以为非"。

这就是洪宗礼③

王栋生

（著名杂文家、江苏省特级教师、教授级中学高级教师）

70岁过了，洪宗礼这匹老马，还在拉着一辆大车。

曾有语文界的朋友问：泰州在什么地方？是啊，泰州是什么样的城市？常有老师也这样问。我懂这问话的含义。那意思当然比较含蓄，好像做成了那么大一件事的人，应当是生活在大都市，住在有大门的大院里。可70岁的洪宗礼仍然爱他的泰州。而同时我也想到，在大都市的厅堂内，那些朱轮华毂、拥旄万里的人物，好像也没有折腾出什么像样的事来。成功的却是自称"小马"的洪宗礼。

不久前，洪宗礼把他的"语丝"给我看，虽然和他认识多年，说起语文教育，说起语文教材的编写，也常听其咳珠唾玉，但这份记录他的思想痕迹并饱含智慧的文字，仍然震撼了我。

---

① 洪宗礼：《苏教版国标本九年级语文实验教科书创新设计》，载《中学语文教学参考》，2004（10）。
② 《江苏教育报》记者：《洪宗礼：笑在桃李春风中》。
③ 原载《师道》，2008（5）。

理想主义者的理想

教育本来就是理想的事业。有些人总把教育科研也当做工业生产线，以为电闸一推，成品就出来了。在一个浮躁的时代，教育界也不免急功近利，追名逐利之徒几乎把一切可利用的资源用尽了，透支了。洪宗礼懂得，教育像农业，像林业，不可能一夕成功。虽然洪氏教材以"民间"的身份出现，种子却播向祖国大地，几百万人使用，像常春藤一样，历20余年不衰。

洪宗礼很早就认识到，我们的教育教学最大的问题，在于没能培养学生的创造精神、发展思维能力。因而他说："不能把语文教材仅仅作为获取知识的例子，也不能把教材看成学生欣赏的知识花盆，……应把它视为引导学生自主探究学习的'路标'，成为自主发展、自我构建的'催化剂'，成为学生学会创造性学习之本。""学生的创造思维、非凡的灵感，往往产生于极其细小的闪念、极为普通的一瞬间。教师要特别留意这'闪念'和'瞬间'。善于察言观色，透过学生的一言一行、一姿一容，把握学生的情绪和心理变化，相准'一瞬'之机，发现学生积极思维的嫩芽，排除堵塞思路的障碍。"这些思想，早年便渗透在他的教学中，以后又渗透在教材编写过程中。在教材组，洪宗礼总是鼓励大家更多地为学生着想，努力创造有益于开发学生思维的天地，只要看有新的设想，他都兴奋异常。常言说"老马识途"，是指老马识旧途，可是洪宗礼这匹老马一直在探寻新路。

洪宗礼说："我在改革中天天在经受痛苦，也天天在享受快乐。"这是思想者的快乐，没有什么比一个人经历痛苦的思考之后探寻到真理，进入自由澄明之境更愉快的了。有时在电话中听到洪宗礼的爽朗的笑声，我就知道，他前些天遇到的难题迎刃而解了。

韧者的耕耘

说起洪宗礼这几十年遇到的困难，一言难尽。洪宗礼不愿多说，可是谁都知道，顺利之时毕竟太少。洪宗礼坚信："贫瘠的土地照样可以丰收，成事在天，谋事在人。"他又说："奋斗可以成功，探索可以成功，失败也可以转化为成功，只有饱食终日而无所事事的人不能成功。"这种朴素的观点是懦夫懒汉永远无法理解的。

仅仅有勇气，还不够，洪宗礼的韧性在业内可能是最有名的。只有了解他的人知道，他的这几十年遇上的困难有多少！他的坚韧，有时像一座山，让你无法改变他的意志；而有时则温和灵动如长长流水，在他的娓娓而谈中，常常是春雨雨人，夏风风人。合二而一，便是完整的洪宗礼。

在母语教材研究所，听洪宗礼讲述自己的教材和课题，常常不觉日暮。他像在土地上耕作的老农民，手拄着他的犁，和我谈庄稼。他只谈耕作的愉快，谈如何抗旱排涝，却很少谈及收成。用他的话说，就是"收获何必等明天，今天的奋斗就是明天的收获"。那样长久的劳作，很少有人能把它当做乐趣。在急功近利的时代，有谁会制订10年、20年的长远计划？洪宗礼信任他的土地，他相信用汗水浇灌土地，能让母语研究这株苗长成参天大树。在这个浮躁社会，论文课题满天飞舞，业绩成果五光十色。在许多人眼中，科研没有春种秋收，更非十年树木，而是像生产线，"早出成果，快出成果"成了口号，操作者恨不能一天等于20年……可是有谁明白：十年磨一剑，谓之侠；一天磨十剑，那是卖菜刀的啊。

瞿秋白在总结鲁迅的精神时，批评过当时知识界的风气："……一忽儿是'绝望的狂跳'，一忽儿又'委靡而颓丧'，一忽儿是'嚣张的狂热'，一忽儿又捶着胸脯忏悔""而牧人们看见小猪忽儿发一阵子野性，等忽儿可驯服了，他们是不忧愁的。"（《〈鲁迅杂感选集〉序言》）描绘得真切形象，这类活剧早已有之，并仍然存在于今天的教育界。而洪宗礼的始终如一的追求，像是个异数。他穷20多年之功所获得的经验，将成为公共财富，长久地影响语文界。

除了语文教材，除了语文教育，洪宗礼能不能说点别的什么呢？很少。他的精力和兴趣全在教材建设上。什么是一个人最热爱的事，这件事就可能是他的宗教。我私心经常忖度，这个世界上，别人是如何过完一天的，但我一直知道，洪宗礼的每天会是怎样度过。他没有任何娱乐活动，基本上没有休息。很多人到哪里都会称忙喊累，唯独到了洪宗礼的研究所，到了洪宗礼面前，就不好意思喊累了。2003年随他去俄罗斯，他在飞机上谈教材，声音盖过引擎轰鸣；面对蓝色的波罗的海，他说，那边就是北欧，芬兰的语文课标我看过了，如何如何。我当时想过，一个人的宗教情结，至多不过如此，而语文和教材，就是洪宗礼的宗教。常有人背后说洪宗礼活得太苦，可是在洪宗礼眼中，人生价值在于奋斗，没有奋斗能力，比什么都苦。洪宗礼说："无我才有我，无为才有为。"他丢下的"我"，是世俗的肉身，获得的"我"，是他的语文世界。他有所不为，才显现出他作为一名教师的有所作为。

一个人的宗教

洪宗礼邀请我参加他的教材编写工作,我得以经常近距离和他接触。《语丝》中的许多话,都是他和编委的谈话。比如,"沙发要有弹性,教材与教学像画画,都要留白,留有学生自己发展的空间。水满则盈,月满则亏,求多求全只会把学生成才之路堵死",就是他常说的话。"因瑕弃璧不足取,锄艾恐伤兰也不必。学术上就是要反对绝对化、片面性。搞教材改革应持这种公允的态度。"

任何人的知识都是有限的,特别在当今高速发展的社会,怎样才能让一套教材长久地发挥作用,并使之逐步具有科学性和经典性,对这个问题,洪宗礼深思熟虑。他认为教材的编写者应当是有胸襟的学习者。在编写过程中,他说得最多的一句话可能是,在编写中要"敢于自以为是",拿出自己的主张来,放手大胆地干,成型时则要"勇于自以为非",虚心听取不同意见,因为"鼓励人提反对意见是教材自我完善的良方"。编教材如同筑舍道旁,各种意见都会听到,洪宗礼能以一种客观态度对待各种反映。"反对意见中,往往有合理因素,应当用心品悟;赞扬声里,也许充斥溢美之词,听之不可飘然若飞。"苏教版高中教材编写前的动员会上,主编丁帆、杨九俊要求大家学习洪宗礼的胸襟,在编写过程中,畅所欲言,增进了解,最大限度地听取不同意见,把编写过程当做发展自身业务修养的契机。

我参加洪宗礼教材编写组比较晚。记得第一次交稿后,接连两天,洪宗礼电话找我,我开会回来,电话又来了。问他有什么急事,他说我写的一段文字很好,但他反复考虑,想动几个字,要和我沟通一下。我有些意外,觉得洪宗礼太过分了,休说作为主编,即使作为"老洪",在我的文字上改几个词又怎么的?但洪宗礼就是洪宗礼,他既要保证教材的质量,也尊重每个人的思考和劳动。教材编写组的许多老朋友都说,和洪老师在一起工作,心里总是很愉快,不仅仅因为他尊重别人,也因为他总把困难的事留给自己。

无论是编教材还是做课题研究,他总是思贤如渴,有握发吐哺之风。在我和他的交往中,每次他向我介绍一位新朋友,总是先赞扬人家的成就,介绍他们的长处。以他的资格和成就,仍然能团结各路朋友,这一点很多人做得不如他。

如果你看了洪宗礼的教材,以为那就是洪宗礼,如果你看了《母语教育研究论集》,以为那就是洪宗礼,如果你看了这《语丝》,以为这就是洪宗礼,可能难尽其义。洪宗礼活着就是为语文的，一个人的生命和事业融在一起，已经分不清你我，这是什么境界？法国哲学家巴什拉在其《火的精神分析》一书中有句名言："一棵树远不止是一棵树。"了解洪宗礼的生命历程，当知此言之隽永。

好啊，洪宗礼，你这匹老马！

"洪宗礼现象"的社会意义[①]

宋子江
（人民教育出版社特约编审，人教版、苏教版语文教材编者）

前几天有机会到泰州，顺便拜访了洪宗礼。洪宗礼的江苏母语课程教材研究所迁至新世纪花园小区了。上下两个单元，楼梯相通，便是跃层式。洪宗礼指指书桌边墙上一幅效果图说，这是在建的研究所，1000平方米。我们是合作多年的老朋友，交谈了一下午。相隔5年，洪宗礼是层楼更上了，令人感触良多。

2003年洪宗礼接受中央电视台著名节目主持人周涛采访。

[①] 原载《全球教育展望》，2008（1），有删节。

洪宗礼是个奇迹，是个大大的奇迹，是中国教育史上的一个奇迹。1960年，他分配到苏北原扬州市所辖仅十几万人口的县级市泰州的一所中学，从此一辈子扎根于此。20世纪80年代初，他就评为特级教师，升任副校长，可谓出类拔萃，但他没有止步。20余年来，先后撰写数百万字论著，主编三套国家审查通过推荐全国使用的教材，主持中外200余专家教授参与的40多国母语教材研究。他一生登上三座高山的巅峰。论成就，全国中学教师恐怕很少有人可以相比。这个奇迹给人的启示是丰富的，深刻的。我想，洪宗礼现象的启示，对于中华民族的伟大复兴有其大作用在，对于中华民族伟大复兴之后千秋万代持续发展有其大作用在。本文向世人昭示洪宗礼现象的社会意义，昭示洪宗礼现象给中小学教师的宝贵启示。

洪宗礼现象最主要的启示是，中小学教师的发展空间是不可限量的。

传统的中小学教师职业观念，是"教书匠"，是"教小书的"，是"小孩王"。社会这么看教师，教师自己也这么看自己。好像只有大学教授、科学院研究员才是高层知识分子，中小学教师只能是中层的、下层的知识分子，大学与中小学一天一地。此种观念，一方面使中小学教师这种职业吸引不了优秀人才，吸引不了民族精英；另一方面使中小学教师进取心萎缩，即使教师队伍中之佼佼者，充其量也只是公开教学足以观摩，博得称赏，可以撰写几篇教学经验总结。时下教辅读物、考辅读物大行于世，编写此类读物成为名师价值的一种延伸。中小学师资生态的萎缩，实在是教育欠发达的最大因素。国家出台部属重点师范大学免费政策，为的就是吸引优秀人才，但是，要吸引优秀人才，要充分发挥教师潜能，更重要的还在于更新中小学教师的职业观念。

历史上不乏这样的先例，杰出人才起初也当过中小学教师，后来"跳槽"了，才成为杰出人才，成为大师的也有，成为世纪伟人的也有。至于终身从事教育事业，而且是终身在中小学，而成为有大作为、大成就的杰出人才，那就绝无仅有了。在人们的观念中，那也是不可能的，课务那么繁重，压力那么巨大，杂事那么烦心，一个中小学教师怎么可能有什么大作为，大成就呢？

终身在一所中学从事教育，而能有大作为，大成就，不能不算是奇迹，洪宗礼创造了这个奇迹！

洪宗礼是特级教师，但是特级教师的概念远远涵盖不了洪宗礼的业绩和成就。

当然，特级教师，是一个崇高的称号，洪宗礼早于20世纪80年代初期就成为新时期江苏省首批中学语文特级教师。但是，20年来，洪宗礼在特级教师行列中又耸然崛起了，横空出世了，洪宗礼可谓大师，可谓教育大师。我这样评价，没有一丝一毫溢美的成分。洪宗礼出色的教学成绩，丰富的教学经验，升华而为系统的语文教育思想，论著宏富。洪宗礼主编的初中语文教材，先后通过教育部审查的已有三套。进入21世纪，洪宗礼教材已经遍布全国。单是这一成就，就可谓杰出中之杰出者。不宁唯是，1996年起，洪宗礼成为中外母语教材比较研究的领军人物。这一课题，工程何其浩繁！组织中外200多位专家学者参与，谈何容易！收集中国百年语文教材，收集40多个国家的母语教材，又谈何容易！进行多语种翻译，又谈何容易！精细地比较研究，提升为理论，更谈何容易！单凭特级教师的能量干得了吗？这是一位大师才能扛得起来的大型教育科研工程！这个大课题，打开了中学语文界的眼界，从此中国语文教育界可以放开眼界看世界。16卷830万字的成果，没有大师的胆识与功力，是无论如何干不成的。最有条件从事此项工程的当属国家级研究机构，或者名牌大学研究所，而事实反倒是身在中学的洪宗礼成就了这等功业！洪宗礼实在是一位大才，他是干才、通才、帅才。他有一种博大的气象，他有气吞山河的气概，他有海纳百川的雅量。然而他并不溢于言表，相反，从字斟句酌到待人接物，他是一个非常注意细节的人，你要从他的恢弘的业绩中才能体察他的大气魄。一个大才，最怕抱怨大材小用，洪宗礼却能在中学教师这个"小职位"上，做出大文章来，终于成就为大师，实在令人钦佩之至！

洪宗礼现象证明中小学教师的发展空间也是不可限量的。小学、初中、高中、大学，固然传授的知识有深浅，但是就教育而言，各级各类学校教育同等重要，从智力开发的角度来说，早期教育尤为重要。就教育科学而言，有同等的深度。洪宗礼突破了中小学教师职业观念，他把中学教师的职业提升到大学教授高度，提升到研究员高度，像教授、研究员一样从事中学语文教育。如果所有的中小学教师都像洪宗礼一样，边教学边研究，请想象想象，中国将有一支怎样的教师队伍！中小学教师职业的弹性太大了，他们的潜能可以大大开发，也亟待大大开发。

"大师"者，在学问或艺术上有很深的造诣，为大家所尊崇的人。我不赞成降格滥用，致使贬值。我也不赞成把中小学教师压根儿排除在使用范围之外，认为中小学教师与大师怎么也不搭界。教育科学的学问小吗？基础教育的艺术浅吗？为什么别的科学、别的艺术有大师，教育就不能有大师？再则，学问或艺术有众多领域，为什么工艺美术都有大师，象棋都有大师，连烹饪都有大师，中小学教师中破天荒出了大师也不能称大师？要给中小学教师开辟更加广阔的发展空间，教中学也可以成大师，教小学也可以成大师，教幼儿园也可以成大师。把自己的教育教学工作当做科学研究对象，不断钻研，不断创新，精益求精，好上加好，成不了大师，也能成绩斐然，出类拔萃。这样，中国教育才能大有希望，民族素质才能大大提高。中华民族的伟大复兴，需要教育水平的大大提高，需要群星灿烂的大师。中国是个大国，中学教育至少需要几十位大师，小学教育至少需要几十位大师，幼儿教育至少需要几十位大师，而且多多益善。如果中国基础教育果真出现那么多大师，再加上更多的教育家，再加上高水平教师，再加上整体的优良素质，那么，我们的学校，我们的学生，就有全新的气象，久而久之，全民族就有全新的气象，我中华民族必将成为高度文明的民族，卓然屹立于世界民族之林。

追随那前行的身影

林达信

（原总政歌剧团团长、著名影视表演艺术家）

今年春天，洪先生带着他倾注了全部心血的国家"九五""十五"教育科研重点项目成果《母语教材研究》来京，经有关部门组织专家论证，给予了极高的评价。余暇，师生相聚，欣喜之情溢于言表。

洪宗礼先生是江苏省泰州中学的特级教师，全国著名的教育专家，我得以相识先生是在20世纪60年代。那年由于父亲工作调动，我随家迁往泰州，转入江苏省泰州中学求学。至今，几十年过去了，许多事情在记忆中都模糊了，但有一段经历我是永远不会忘怀的，也许就是它改变了我的人生之路。

20世纪60年代的中学生活令人留恋，明媚的校园里充满了青春的活力，充满了对未来的憧憬，"到农村去，到边疆去，到祖国最需要的地方去"的口号和誓言令同学们踌躇满志，热血沸腾。那时候有一部电影非常有名，片名叫《年轻的一代》，讲述的是勘探队员的故事,主人公萧继业、林育生代表了新中国成立后成长起来的年轻一代,他们的追求、他们的精神深深地激励着我们,《勘探队员之歌》的旋律时时在校园中回荡。有一天,听说学校组织同学们到市工人文化宫观摩话剧《年轻的一代》,我们真是欣喜之极。在改革开放之前,泰州仅是一个文化较为悠久的县级市,小城中的剧团时而演演扬剧时而演演淮剧什么的,话剧为何物仅仅是听说而已,还有更让人惊奇的是这台话剧是由我们学校的青年教师策划演出的,兴奋之情可想而知。

与 30 年前的学子、今日之将军合影。

大幕徐徐地拉开了,在炫目的灯光布景中,萧继业、林育生、夏倩如、林岚等人物形象栩栩如生地展现在了我们的面前。我们瞪大了眼睛,屏住了呼吸,跟随着故事情节的发展,全神贯注地注视着舞台上发生的一切,心儿伴着剧中人物的情感跌宕起伏,时而焦虑,时而激愤,时而欢乐,台上台下心绪相通情景交融。剧中人物的饰演者大都是学校语文教研室的青年教师,语言铿锵,感情充实,形象鲜明,尽显语文老师的文化底蕴。至高潮处,只见萧继业目光如炬,激情似火,滚烫的话语灼热了所有在场的同学们的心,热泪不禁潸然而下,主人公萧继业的饰演者就是江苏省泰州中学的优秀青年教师洪宗礼。

好多年以后,直到我已经担任中国人民解放军总政话剧团团长了,从事艺术工作三十多年了，接触过的戏剧经典作品也不算少了，回想起来，这台由青年教师们演出的话剧依然令我冲动，依然生动鲜活。当然，这当中有时代和环境的因素，江苏省泰州中学虽是享有盛誉的省立重点中学，然而校风淳朴，环境纯正，学生们风华正茂、心潮涌动，易受感染和引导，但我想，最重要的还是充溢于舞台上并贯穿始终的那种人物心中的激情。几位青年教师带着年轻的朝气刚刚迈出大学校门，有扎实的文学和语言功底，有对事业强烈的追求，这些不都是剧中人物最需要的气质和素质吗？俗话说"戏如其人"，从洪宗礼先生塑造的"萧继业"身上我看到的不仅是自信、潇洒和刚强，更深深打动我们的是人物内心深处的那种执着和坚韧，不屈不挠，无怨无悔。

说来也是幸运得很，洪宗礼先生后来教授我们班语文课了，课堂上只见他引经据典，深入浅出，旁征博引，挥洒自如，展示了一位优秀语文教师的全面素质，最难能可贵的是他那种生动的启发式的教学法，让同学们感到特别平等亲切，受益匪浅。洪宗礼先生讲课和他演戏一样充满了魅力，也许就是这种吸引力的潜移默化作用，高中毕业以后，我考入了艺术学院戏剧系，更具有戏剧性的是大学毕业之前我们也排演了话剧《年轻的一代》，我在剧中饰演主角——萧继业。

离开母校后，虽说见到先生不容易了，但每次相见都记忆犹新。20世纪80年代后期参加江苏省人代会见到了洪先生，他已经担任江苏省泰州中学领导职务了，作为泰州教育界的杰出代表出席会议，力促教改，神采飞扬，侃侃而谈，英姿不减当年。学校百年庆典时，我由京返回泰州，新校园已经落成，布局合理，学科齐全，青砖红瓦，气势非凡，但我和洪先生还是专程去了旧校址，在那棵具有典型意义的千年银杏树下留影纪念，因为那里有着我们太多的回忆。再后来我随中央电视台"心连心"艺术团去泰州演出，数万人观看，气氛非常热烈，洪宗礼先生被主持人特意请上舞台，介绍他的教育成果，讲述他的优秀事迹，现场的数万观众无不为之动容，我为有这样的老师深深地感到自豪。

洪宗礼先生从一名普通的中学教师，到走上重点中学的领导岗位，从没有放弃一线教学工作，成为全国中学语文教学研究的专家，丰富的学识和高贵的品质在先生身上完美结合，洪先生的师德和人品，尤其是他对事业的执著和追求，时时在激励着我，作为他的学生，我愿永远跟着先生，追随他前行的身影。

洪老师让我体悟了志性的真谛

蒋念祖

（享受国务院特殊津贴专家、中学语文教授级高级教师、
江苏省扬州中学教科室主任）

洪宗礼老师和他的夫人赵明珍老师，都教过我初中语文。赵老师教初二、初三，洪老师则在其间代过一个多月的课。代课上的第一篇课文是文言文，是《孟子》中的《弈秋》。洪老师、赵老师当时在泰州中学教师中，算是年轻的一代。我当时在班上大概属于糊里糊涂的淘气角色，并不知道他们已经结为伉俪。洪老师上第一课就提问我，具体内容记不清了，只记得他最后表扬我："你的那篇《泰山远眺》，写得不错……"我听了又喜又惊：洪老师怎么会晓得我前几个月的那篇作文的呢？同学们大概见我糊涂得可以，不禁哄堂大笑。现在，我也当了语文教师，有了把学生的好作文当成"热门话题"的经历。回味那笑声，不仅是笑我糊涂，也反映了对老师的敬意和师生关系的亲密无间。回想起来，洪老师、赵老师上课风格不一。洪老师上课潇洒倜傥、神采飞扬、声如晨钟、气势夺人，有如词学中的豪放派；赵老师上课娓娓而谈、亲切平易、细致入微、深情周到，有如词学上的婉约派，但是他们都喜欢有表情地朗读课文。讲《弈秋》时，"今夫弈之为数，小数也；不专心致志，则不得也……"洪老师那抑扬顿挫的声调，乃至用手指向上梳拢头发这一习惯动作，至今仍留在我的记忆之中。

我当了教师后，洪老师在新的意义上成为我的老师。1986 年，我第一次代高中语文。我觉得高中语文教学中，议论文写作教学是重点、难点。当时，我们学校的校长郑万钟老师正在大力提倡"思维训练"，于是我产生了将议论文写作教学和思维训练结合起来的想法。暑假中，我第一次到洪老师家，向他请教。洪老师在生活上不讲究是出了名的。他家住得不宽敞，装饰极其简单：地上涂的是地板漆，客厅里放一张老式八仙桌，会客、吃饭都在这里——直到现在，还是如此。他穿了件圆领汗衫，上面还有一连串的小洞。他听了我的想法，转身到书房里拿出他的《写作与辩证思维》，题了字，送给我。随即滔滔不绝地谈开了：语言和思维是同步发展的。

学生的听说读写能力的发展，都离不开思维能力的发展。叶圣陶先生说过，想是总开关，想得好，才能写得好。他指指送给我的书："这书是几年前写的，主要是谈辩证思维，谈哲学。哲学是培养智慧的学问。做老师，光教课不行。要有思想，首先要读点哲学的书。《矛盾论》《实践论》，我读了受益匪浅……"他喝口白开水，滋润一下干燥的嘴唇，话锋一转："北京的刘朏朏、高原，他们搞了一个'观察、分析、表达'三级训练，你可以和他们联系联系，博采众长嘛……"这次长谈，洪老师未必有什么印象了，但却使我坚定了自己的信念和志向，同时也掌握了从事教学科研的基本方法。

这次长谈，也使我领略了洪老师的谈话风格：滔滔不绝，气势夺人；句句话不离中心，几乎没有什么客套、寒暄。当然，熟悉他的人都会知道，心无旁骛、高效求实，也正是他的工作作风。1991年4月，他在扬州召开实验教材教学工作会议，组织了10多节观摩、评比课。准备报告、组织开课、评课，安排会务，接待来自各地的专家、名教师……晚上12点多，他房间里还坐满了人。已是早春季节，洪老师仍然披着一件棉夹克，穿着厚厚的高领绒线衣，实在是"不合时宜"了。他端着水杯，一边不停地和人谈话，一边不停地喝水。朋友一旁议论，担心他这样会累垮。扬州教科所徐所长笑道："'十年磨一剑'，最艰难的时候，他已经挺过来了。"是的，我以前也曾听徐所长谈过，刚开始搞实验，既缺经费，又缺人手。为了争取各方面的帮助，风尘仆仆奔走在外，住的是最便宜的旅店，吃的是最便宜的饭菜。一次在北京，错过了饭市，几个人只好就着白开水啃干粮。没有那百折不挠的精神，确实是难以"挺过来"的。我初中一年级的语文老师李人伟也不无敬意地对我说起过：洪老师有一次操劳过度，突发轻度脑缺血。但是病情稍有好转，他立刻就夜以继日投入紧张的笔耕之中。这数百万字的教材，凝聚了他多少心血和汗水！大伙称他"拼命三郎"，实在名副其实。"曾经沧海难为水"，组织这类教研活动，在洪老师来说，真是"小菜一碟"了。那天晚上，12点半钟，我告辞了。他抽身送我到走廊里，郑重地说："小蒋，据说你要申报'市中青年专家'，这是好事啊！不过你还年轻，不要把这些看得太重。关键是要实实在在干出成绩来。"当初，我支吾着答应了。不久，他打电话给我，又特意再次提醒我。时至今日，我才体会洪老师这番话的苦心。心无旁骛，专心致志，才能成人成事。他自己把事业看得高于一切，自然也希望他的学生如此。过分看重名利，都可能影响事业的发展。体会到老师的这番苦心，我心中不免有些负疚：他当时忙成那样，还关心着我，而我可能还流露出一点不快。可是洪老师却似乎早已将此事忘得一干二净。在他心目中，让我们年轻人很好地发展，也正是他事业的一部分，得到他忠告的，又何止我一个啊！

2002年2月在南京参加江苏教育出版社召开的写作教学研讨会，我们几个40来岁的所谓"年轻的特级"，正谈得热闹，外面有人喊："洪老师到了。"于是大伙不约而同地拥到他房间里。洪老师还穿着那件棉夹克，里面是那件高领的绒线衣。大伙围着洪老师坐定，继续谈开了。他对我们的情况都熟悉，谈话也还是那种风格：没有什么寒暄客套，三句话不离"老本行"。洪老师正忙于"中外母语教材比较研究"。这是国家教委"九五"重点课题。洪老师说，他已经收集、购买到了许多国家的原版教材，约请南京大学、南京师范大学等许多高校的教授参与其事，准备出一套系列丛书，其中有各国语文教材选粹，各国语文教材、教法的综合介绍、评价，各国语文教材的比较研究，等等。看看洪老师，他不时习惯地用手向上梳拢一下头发，头发已经花白了，他的脸依旧那么黑瘦。尽管他不轻易流露什么感情，但是我分明感觉到，他周身依旧沸腾着青春的热血，让他周围的人不由自主地受到他的感染。

扬州与泰州两市行政区划调整以后，经常通过电话问候洪先生，过年自然少不了去拜年。平时直接接触则少多了，但是洪先生的形象在我心目中却愈加清晰起来。可以肯定地说，打起电话来他肯定会谈他的教材和母语教材研究，过年拜年时他也肯定会谈他的教材和母语教材研究，真到了"率性天真"的地步。前年夏天，洪先生大病一场，医院里的医生、去看望他的亲朋好友都说，能够挺过来，真的不容易。按照我的想法，洪先生功成名就，功德圆满，早就该休息休息了，这次痊愈以后，应该想到珍惜自己了。谁知道洪先生依然故我：谈起话来还是工作还是教材。经常在他打电话时，话筒里传来喧嚣的说话声、小孩的吵闹声。洪先生却安之若素，依然一板一眼谈他的工作他的教材：谁谁为教材作了什么贡献，谁谁提了什么建议，谁谁的选文注释历经争议而立于不败之地……滔滔不绝，口若悬河！前几天，他让我找些谈审美与和谐关系的文章，一次一次打电话明确要求：内容要好，表达要切合初中生口味，要出自名家，要"大家"写的"小块文章"……我后来陆续寄发了百十万字的材料，最后他居然全部亲自过目了，而且几次电话嘱咐：如果采用的话，还需要做哪些修改、哪些后续工作。

  当年洪先生给我们上的第一节课《弈秋》，强调的就是为人为学必须"专心致志"。回味洪先生的言传身教，我将要退休之际，才领悟到"志性"的真谛：洪先生在母语教育方面所作的贡献，一般人是难以企及的，老朋友们甚至称为"洪宗礼现象"。我一直思考：这当中的缘由、本质是什么呢？是他的学识、智慧？是他对事业、对学生的挚爱之情？是他的高度的凝聚力，是扬州、泰州两地的历史渊源、文化底蕴？……可以说这些都是相关的重要因素。但是，我觉得最根本的是洪先生超越常人的意志品质。明乎此，我甚感欣慰：以我辈当初浅见，洪先生确实辛苦。但是洪先生"求仁得仁"，"乐莫大焉"——他一生充满着自信的光辉。

专家、学者谈洪宗礼

任范洪　整理

（江苏省突出贡献专家、江苏省泰州中学原副校长、江苏省特级教师）

●南京师范大学文学院原院长何永康教授：

  这里所说的"名师"，不是一般意义上咱们"评"出来的"名师"。它是不需包装、不胫而行、个性鲜明、魅力无穷、内行外行齐声赞叹、匆匆一瞥经久难忘的大师级人物。南京的斯霞、泰州的洪宗礼、上海的钱梦龙，称得上这样的人物，稍早一些的陶行知、陈鹤琴，更是光照基础教育和幼儿教育的"诗坛"。他们是教育界的"诗人"，他们谱写的"教育诗篇"已经升华到浑然天成、出神入化的境地！

——摘自何永康《南京，走向"教育名城"》

●江苏省教育学会原会长、江苏省教委原副主任周德藩：

  一个普通教师，只要坚持边教学边研究边著述，终可成为教育家。

——摘自《洪宗礼语文教学论集·题词》

●教育部中小学教材审定委员会原委员、语文教育家朱绍禹教授：

洪宗礼是一位在实践上开辟了自己的道路，在理论上建构了自己的理念，在事业上创造了自己的成就的语文教育家。

……

优秀语文教师的经验和见解，从来都是我国语文教育界的共同财富。优秀语文教师在语文教育这一领域的开拓中，一直处于研究的前沿，一直在作着杰出的贡献，他们功著于语文教育界。洪宗礼先生就是这之中的一位佼佼者。

他的道路和成就表明，他是一位不避困难、不辞辛劳的实践中的跋涉者，是一位不厌思考、不断研究的理论上的探索者，是一位不知休止、不停脚步的事业上的追求者。

——摘自朱绍禹《洪宗礼语文教学论集·序》

●国家中小学教材审查委员会原委员、扬州大学顾黄初教授：

有论者说，宗礼的成就颇得益于天时、地利、人和。这话当然是不错的。……然而，这些毕竟都是客观条件，是外因。宗礼之所以事业有成，归根到底，还是由于他在语文教育方面有自己深刻的见解，有不畏艰难把自己的见解努力付诸践履的胆略，有谦虚谨慎、从善如流、集众人的智慧于事业的胸怀。

——摘自顾黄初《洪宗礼语文教学论集·序》

●中央教育科学研究所原所长、教育部社会科学司原副司长袁振国：

江苏教育出版社特别是我们的洪宗礼先生，在几十年的努力中，把推出好教材作为出版社、作为洪先生个人的崇高使命，我觉得这种对于下一代负责的精神，对于教育事业的奉献精神，是值得学习和表彰的。

——摘自袁振国《在苏教版初中语文实验区课程与教材教法研讨会上的讲话》

●中国教育学会名誉会长、北京师范大学顾明远教授：

由一位中学教师来主持这样重大课题，在我国还是第一次。课题研究所以取得如此大的成绩，是与洪老师的辛勤劳动分不开的；课题组能够组织这么强的力量，聚集起这么多海内外专家参加，是与洪老师的人格魅力和忘我精神分不开的。

——摘自顾明远《开拓母语教材建设的创新之路》

●扬州大学新闻与传媒学院原院长邓杰教授等：

　　主编是一面旗帜，是一个指挥，更是一位设计师。一将无能全军受累。任何有价值的成就无不凝聚主持者的杰出智慧。改革需要勇、更需要智；无智有勇则盲动、则平庸，无以创新。洪宗礼正是这样的帅才、大智大勇者。

　　　　　　——摘自邓诚根《收获在金色的秋季》

●全国中小学教材审定委员会原委员、北京大学冯钟芸教授：

　　要编好一套教材，依我们粗浅的看法，必须具备这样一些条件：首先要有素质较高的主编，既要有丰富的教育教学经验，又要有较高的教育理论素养；既要有一定的驾驭全局的组织才能，又要有求实创新的科学态度和从善如流的民主作风。这样的同志，才能在整个编写组内有威信，有凝聚力。在实际生活中，某个方面表现突出者也许不难找，而众多方面兼善者恐怕不多。洪宗礼同志给我们的印象是接近于"兼善者"的，确乎人才难得。

　　　　　　——摘自冯钟芸《洪宗礼初中语文教材研究荟萃·序》

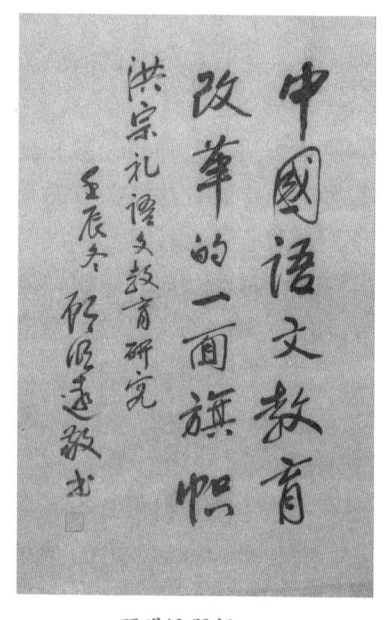

顾明远题词。

●教育部语文课程标准研制专家组成员陆志平：

　　洪先生从一个中学语文老师开始，一直到走上中学的领导岗位，担任一个重点中学的校长，成为中学语文教学研究的专家，又同时在第一线从事语文教学。在工作这样繁多的情况下，主持编写了这样一套教材。在编写这套教材的过程中，他提出了"三严""三精"的精神，即要严肃、严谨、严格，一定要精编、精研、精改。有了洪先生这样的精神，才有这样的事业，才有这一套教材。

　　　　　　——摘自陆志平《在苏教版初中语文教材工作研讨会上的讲话》

●全国政协原常委、中国少年儿童出版社原社长叶至善：

我想父亲要是能看到洪老师主编的这套课本，一定会感到满意的，满意就满意在这套课本在解决语文教学体系这个问题上，又迈进了一大步，作了认真的有益的尝试。

——摘自叶至善《解决语文教学体系的有益尝试》

●中国教育学会中学语文教学专业委员会原理事长、人民教育出版社原副总编刘国正：

"合成"二字，在洪宗礼主编的教材中有了妙用。好比烧一个菜，洪老师把酱油、醋、味精、葱姜先准备好，然后再加以"合成"。这种"合成"是有高下之分的，名厨师的"合成"和普通厨师的"合成"就很不一样。洪宗礼教材的合成，看来是比较高明的。

合成得比较好，就是使教材中的许多线互相相处得比较和谐，就好像演奏交响乐，许多乐器一同鸣奏，都能和谐起来，成为一个乐曲。这套教材使人感到比较和谐。

——摘自刘国正《巧在"合成"》

●广西教育学院原党委书记、院长王世堪：

您的著作（指《写作与辩证思维训练》——编者注）我以为是教学中极有价值的创造。在读写中培养学生的辩证思维，又以辩证思考作为学生读写实践的指导，这是高层次的能力训练，从根本上抓住了语文教学的思想性，这就远非所谓文道统一所能概括得了的。其他许多老师不是没有接触过这一课题，但大体是零散的，偶然触发，发挥一下，研究者们也曾一般说过应当如此，如此完整，如此系统，特别是通过大量例文循序渐进地、步步落实地安排出训练过程者，您的稿子为我所仅见。

——摘自王世堪1993年5月13日给洪宗礼的信

●全国中小学教材审查委员会中学语文学科原审查委员、扬州大学顾黄初教授和华中师范大学陈菊先教授：

我们认为，对世纪之交中国语文教育近期改革目标和未来发展趋势影响更为深远的，恐怕要数江苏省泰州中学语文特级教师洪宗礼在南京大学语言学教授、博士生导师柳士镇支持下共同合作主编的《中外母语教材比较研究》五卷本。……这一套规模宏大，成果辉煌的理论巨著，可以认为是新中国成立以来50年语文教育研究在更高层次上的一次攀升，是把视角深入到国际国内母语课程教材建设广泛领域的一个创举。

——摘自顾黄初、陈菊先《理论跋涉和科学实验：
推进我国现代语文教材建设的两大动力》

●全国人大常委会原副委员长许嘉璐：

　　洪老师从教近半个世纪，始终坚持中学语文教学改革，进行教学实验，创立语文教育理论体系和语文教学法，探索语文科落实素质教育的新途径，主编义务教育初中语文教科，主持教育科研课题，在教育教学、教材编写、教育科研三大领域取得了卓著成果，从一名普通语文教师卓然成为全国教育系统劳动模范，他的的确确是一位名副其实、应该受到万人景仰的"人民教师"！……造就成千上万名师教育家，是科教兴国人才战略的重要先导。洪宗礼先生的教育教学实践证明，每位立志并投身于国家教育事业的教师经过自身努力都有可能成为名师、名家。若问名师在哪里、名师队伍怎样建设？洪先生的成师之路，给了我们许多有益的启示，为名师队伍的建设提供了可资参照的经验。

——摘自许嘉璐《贺函》

●全国人大常委会原委员，国家教委原副主任柳斌：

　　这部书（指洪宗礼主编的《母语教材研究》——编者注）的出版创造了一个非常好的范例。什么范例？……它是创造了潜心科研、打造精品的这样一个范例，非常好。

——摘自柳斌《在〈母语教材研究〉出版座谈会上的讲话》

●教育部原副部长王湛：

　　洪宗礼老师就是在基础教育一线成长起来的优秀教育家，是江苏基础教育领域内教育家的优秀代表。洪宗礼老师近五十年的教育工作道路，生动地说明了教育家主要成长于教育教学和教育管理的第一线；一位优秀的教育家，对教育事业作出的贡献是巨大的。我们应该热情地宣传像洪宗礼老师这样的优秀教育家，应该更加自觉地依靠并且在教育工作各个领域中发挥像洪宗礼老师这样优秀教育家的作用，推动中国教育事业科学发展。

——摘自王湛《在洪宗礼语文教育思想研讨会上的讲话》

● 教育部基础教育课程教材发展中心原主任朱慕菊：

　　洪先生的研究对语文课程标准文本的诞生，语文教科书的编写及教学实践的改革探索都产生了深刻的影响。洪先生的研究为我国语文教育的研究与发展提供了历史线索、国际视野与研究的平台。洪先生的研究对我国母语教育的定位与价值目标的确定，提供了清晰的论述。洪先生编的语文教科书更是字里行间折射出对语文教育的深刻思考，20年来出版发行了一亿多册，广泛而深刻地影响和促进了语文教育在理论和实践层面的变革。……洪先生作为一位普通的中学教师，执教语文，研究语文，编写教材，历经五十春秋。他毫无喧哗，埋头耕耘，从一始终，矢志不渝。洪先生严谨、科学、锲而不舍的研究精神，以及广纳百川、虚怀若谷的学者风范应成为我们做人做事的楷模。

——摘自朱慕菊《在洪宗礼语文教育思想研讨会上的讲话》

● 全国人大常委会原委员，苏州大学朱永新教授：

　　洪先生，我由衷地以为，您是当代知识分子的优秀楷模。您身上有知识分子最可贵的人格特征——批判精神和社会责任。您的教学改革、教材编写和母语教材研究，都是由此作为贯穿动作的。而且难能可贵的是，您既常常仰望星空，又时时脚踏实地。一个人，坚持几十年做一件自己认为是有益于社会的事，这需要何等的眼光，何等的毅力，何等的社会牺牲精神啊！几十年来，您耐得住寂寞，坐得住冷板凳，您的成功是知识分子人格精神的成功。我相信，这种精神将和您的事业成果一起，成为当代中国教育的一笔宝贵财富。作为后辈学人，我为您骄傲，我为当代知识分子中有您这样的典范而庆幸和自豪。

——摘自朱永新《贺信》

● 北京大学钱理群教授：

　　在我看来，洪宗礼先生正是这样的有理论研究的兴趣和能力的中学语文教师，而且他在这几十年的研究中，已经完成了"学者化"的过程，集教师与学者于一身：这正是他在中国语文教育界的特殊地位所在。而他所主持完成的两大教育工程：《母语教材研究》和苏教版《初中语文》教材，前者致力于"母语课程教材文化"的理论建设，是"母语教材研究的奠基之作"，后者则是语文教材编写的成功实践：这里所实现的，正是语文教育的理论与实践的结合，这也是洪先生的工作的意义和价值所在。……洪宗礼先生，作为一个普通的语文教师，不仅在具体的教学实践中，和许多特级教师一样，取得很大成绩，积累了丰富的经验，形成了自己独特的语文教育思想，而且还在语文教育理论和教材编写上取得了学术界公认的成就，这是并不多见的。

——摘自钱理群《语文教育改革呼唤教育理论和实践的结合》

● 江苏省教育学会会长、特级教师杨九俊：

　　洪宗礼先生在《语文教育随想》中主张："教师要永远站在学术前沿和道德高地上。"他身体力行，已经站在这样的"高地"上，这里的道德高地，主要体现在他对母语教育及其研究表现出一种高度的主体道德自觉。这可以从三个方面加以认识，第一，深刻的教育理解。……第二，积极的实践文化。……第三，执着的态度。执着是信仰的标志，内在是信仰，外在是执着，看准的事情；坚定不移做到底，所谓"不抛弃、不放弃"，是一个改革者重要的品质，洪宗礼一路风雨走下来，有数不清的理由打退堂鼓，包括适可而止，急流勇退；等等。贵在坚持，他坚持下来了，所以可贵，所以宝贵，所以高贵。

——摘自杨九俊《教育科学研究的范例之作》

● 中央教育科学研究所原所长朱小蔓：

　　《母语教材研究》之所以取得这样的成就，其重要原因之一，就是因为课题的主持者、本书主编洪宗礼先生和课题组的成员认识到母语教育研究必须具有国际视野和历史眼光，必须从从母语教学的本质属性出发，从而具有高屋建瓴的气势。

——摘自朱小蔓《高屋建瓴　继往开来》

● 北京大学中文系温儒敏教授：

　　这（指《母语教材研究》，编者注）是专门研究母语教材的系列书，共十卷，500万言，洋洋大观，探讨了我国一个多世纪以来语文教育及课程教材的历史经验，以及世界40多个国家和地区母语课程教材的情况，称得上皇皇巨著。该书主要编者洪宗礼老师，一个在一线任教的中学教师，联手上百位有建树的语文专家，历经10

多年漫长而艰难的跋涉,完成了这样一部在规模和质量上都有重大突破的著作,实在令人敬佩,可贺可喜。

——摘自温儒敏《语文课程与教材研究的理论观照》

● 全国著名特级教师、全国中学语文教学研究会原副理事长于漪:

洪宗礼、柳士镇、倪文锦主编的《母语教材研究》给我们解开困惑以极好的钥匙。这套十卷本的著作是对母语教材进行系统的、规范的科学研究十数年之久的科研成果,非一般的编撰作品可以比拟。

——摘自于漪《深入底里 开阔视野》

于漪题词

● 教育部人文社会科学重点研究基地华东师范大学课程与教学研究所所长钟启泉:

该研究(指洪宗礼主持的全国教育科学规划"九五""十五"重点课题研究)组织了海内外众多大学、科研单位、出版社 160 多位权威专家学者和资深教师展开合作研究。这样看来,该课题研究既有广阔的国际教育的视野,又有本土改革实践的情怀,堪称 21 世纪初我国语文教育课程创新的奠基工程。……(它)不仅为我国语文教育的开拓创新输送了养分,而且为海内外母语教育的合作研究提供了平台。可喜可贺!

——摘自钟启泉《母语教材研究:意义与价值》

●江苏教育出版社副总编辑、编审徐宗文：

洋洋十卷本的《母语教材研究》问世了！它的出版为中国当今新课程改革的腾飞"安"上了理论的翅膀。这部书中提出和研究的一系列问题，一定会为中国新课改的科学、有序发展提供重要的理论参考，也必将在母语教材研究的理论史上留下浓墨重彩的一笔。

——摘自徐宗文《紧盯实践的理论研究》

●《语文教学通讯（初中版）》主编刘远：

他（指洪宗礼——编者注）是一位诗人，他用辛勤的求索写下了教育改革的诗行；他是一位建筑师，他用创造性劳动铸就了母语课程文化的大厦；他是一位哲学家，他以思辨的方式不断前行，反复地吸纳和扬弃，成就了一代语文教师的梦想；他是一位教育家，他用"沸腾的血，炽热的心"在母语教育和母语课程教材改革历程中升华出诗意和哲理。他所做的，是为汉语文教育开窗的事业，是塑人的事业。因为他的劳动，我们看到了语文教改最美的风景。

——摘自《〈求索〉编者按》

●全国著名教育文学作家、《洪宗礼评传》作者傅东缨：

洪宗礼作为当代中国基层教坛的一颗巨星，其成长历程充满了当代中国教坛的时代特色；其个人取得的几大功绩暗合了中国当代教育的几个节点；其理念的不断升华，代表了中国基层教育发展的一种方向；其奋斗历史堪为当代中国教师的一代楷模。

——《从教师到教育家——洪宗礼评传》

●香港中文教育学会会长、香港大学欧阳汝颖教授：

先生的著述，已为我们的母语课程设置提供了宝贵的指引，先生对香港所作的贡献，表面是间接的，可是影响是深远的。先生的贡献，以"功德无量"四字来形容，当之无愧。

——《语文教育界的瑰宝》

●台湾师范大学刘德美教授：

　　洪老师的大作，他的体大思精，可以说是著作等身，正如曹丕写的《论文》中讲的：文章者，经国之大业，不朽之盛世也。洪老师的著作和他的研究，对我们来说都是一个典范。他就是革命先行者孙中山先生讲的"立志做大事，而不做大官"是非常典型的代表。

　　洪老师这样的精神，还有他的现象，是值得我们做楷模的，不仅是语文老师，甚至所有的教育工作者，也不仅是中学，甚至从大学到小学，所有教师的楷模。对洪老师这样的典范，我们非常景仰。他这样的典型，现在在我们那里还找不到，我相信今后也会有。大家讨论中提到"洪宗礼们"，我希望我们那里也能出现。

——《在洪宗礼语文教育思想研讨会上的讲话》

洪宗礼语文教育思想研讨会。

整理的话：

　　作为洪宗礼多年的同事、朋友和主要助手，我亲见他几十年来不懈奋斗走过的艰辛历程，最熟悉他的为人、为学，他在语文教学、教材编写和课题研究方面取得的令人瞩目的成就。在辑录这些专家、学者、领导评述洪宗礼的文字时，仍不免心潮难平。他们提及的人和事、他们所作的客观评价，都引发我难忘的回忆和共鸣。洪宗礼对事业的执著追求、严谨的治学态度、雷厉风行的工作作风、近乎痴迷的工作热情、忘我的奋斗精神、杰出的组织才能和协调能力，以及坦诚对人、对事、发自内心地关心朋友和他人，提携后学，这些都深深感染了我，就像是一双无形的力量巨大的手推着本有惰性的我追随着他不断向前。

演绎教师专业发展的黄金法则

钟启泉

洪宗礼先生的新作《洪宗礼与母语教育》，记录了洪宗礼先生五十个春秋在语文教学与研究道路上留下的深深足迹，生动地再现了一位名师的专业发展历程。剖析奋斗者的这串深深的脚印，不仅可以使我们分享作为一个教育者的成功的喜悦，而且对新手教师的专业发展有着重要的启示意义。

（一）立足课堂，扎根一线教学实践

课堂是教师专业发展的舞台。教师的专业发展在课堂教学实践中落实，在教师日复一日的专业生活中，在一份份教案、一堂堂课上体现。实际上，教师专业发展过程就是教师不断提高教学质量的过程。洪宗礼老师50年扎根中学语文教学实践，担任校长20年，当教材主编25年，主持国家重点课题12年，从未离开教学实践。他自己说："50平方米的课堂应是教师自我提高的练功房，三尺讲台是教师最好的练功台，教育对象——学生则是最能促进教师提高的好助手。一个要求提高自己的教师，应该自觉地在教学实践第一线上磨炼，坚持不懈，乐此不疲。"他的探索首先是从课堂教学开始的，他在实践中逐渐形成了自己的语文教学思想。他倡导语文教育"链"的概念，阐述了"五说"语文教育观、"双引"教学论，锤炼了引导的教学艺术。正是由于根基深植于他的教学实践中，他的语文教育思想是鲜活的、富有生命力和启发意义的。教学实践，促使他开展教学实验；教学实验，让他认识到优化教材的重要性；编写教材，让他萌发了系统地研究母语教育的宏愿……他的视野越来越宽广，他的步子越迈越大，他从一名中学教师成长为一位语文教育家。

（二）不断探究，迈向语文教育学术前沿

教师的专业发展依托于日常教育实践，但如果只实践而不研究，零散的经验缺乏总结和提升，教师有可能只是日复一日地重复自己的实践，所谓的专业发展当然不可能实现。从这个意义上说，对于教师的专业发展，研究心是最可贵的。而且，

这种研究要紧紧围绕自己的实践，研究的目的是改进实践，在研究与实践的螺旋上升中实现自身的专业发展。

洪宗礼是语文教师、语文教材编制者，更是语文教育研究者。与一般人不同，洪宗礼始终带着一颗理智的研究心，不断地审视、反思和评判自己的教学实践。他深入思考和研究，不断总结和提升经验，勇于自我超越和开拓创新。他的研究指向他的实践，指向他所使用的教材、他所从事的语文教育。他在扎扎实实地教学实践的同时不断著书立说，从教学研究到编写教材，从教材实验到主持课题，从局部改革到整体改革，从零散的总结到系统的理论提升，从教学论到课程论，从研究教法到编制教材，他在研究和改革母语教育的艰难道路上跋涉。20 世纪 80 年代中后期以来，他敏锐地抓住我国改革开放和课程改革的大好时机，不断提高语文教材的编制水平。"洪氏教材"不仅具有民族的和国际的视野，而且为我国的语文课程、教材、教学研究，树起了一座新的丰碑。20 世纪 90 年代中期至今，他集十余年之功，跨学科、跨单位、跨国界组织研究队伍，追求国际视野，追溯百年的发展，攻下了十卷本《母语教材研究》，为我国的语文教育研究作出重大贡献。他是不辞辛劳的实践者，更是不断求索的探究者。他在语文教育思想、教学方法、教材建设等每一个领域，都有自己的发现，并最终达到了语文教育研究的学术前沿。

（三）大爱无疆，把对母语、对学生、对教育事业的热爱统一起来

关注过洪宗礼老师课堂的人都知道，洪老师的课堂是富于智慧、充满生机活力的课堂。他的课堂涌动着一种称为实践智慧的东西，拥有丰富的实践智慧正是教师专业发展的至高境界。教师专业发展就是实践智慧不断形成和累积的过程。这里的实践智慧并非课堂上教师面对"突发事件"时的灵光乍现，而是在实践反思的基础上形成并由特定的教育情境所激发、通过教师的教学行动表现出来的。超越了"母爱"的师爱——教师的"教育爱"，是教师实践智慧得以生成的源泉。热爱学生、相信学生、尊重学生，正是洪老师语文教育事业蒸蒸日上、专业发展臻于完善的关键。正是源于对学生的"教育爱"，在课堂上惜时如金的他对暂时答不上问题的学生"慷慨地""等他 60 秒"（见第三篇：课堂教学实录）；正是基于对学生的"教育爱"和信任，他在作文教学课上巧妙地化干戈为玉帛，将学生冲突机智地转化为教育良机（见第三篇：课堂教学实录）……事实上，也正是为了让学生乐学爱学，他萌发了编

教材、研究教材的念头，最终主编完成了皇皇巨著，树起了中国语文教材研究的丰碑。对学生、对母语、对教育的热爱成就了洪老师的事业，成为他专业发展的不竭动力。

洪老师的心中始终装着学生，装着钟爱的母语教育事业。他致力于要给学生真善美的语文课堂，他把学生的发展视为根本。在教学方面，他说："我从来不是教语文，而是引导学生学语文，让学生学会学语文。""语文课要把学生引入五彩斑斓的语文世界。这个世界是内涵丰富的世界，是情感充沛的世界，是语言灵动的世界。"在教材编制和研究方面，他说："几十年来我不只是用手和笔在编写教材，而是怀着对莘莘学子的爱，用炽热的心和沸腾的血在铸造一座座母语教育大厦。"也正是有了这样的大爱，他才达到了人所不及的高度。

洪老师数十年如一日，真正做到了"教学即研究，研究即教学"。教学研究成为自己的生活方式。从洪老师的案例，我们可以抽取教师专业发展的核心特质，就是追求教师的实践知识与理论知识的协调发展。每一个教师的专业发展，归根结底，无非是满怀着"教育爱"，不懈地追求实践知识与理论知识的统一发展。否则，就难以形成"反思性教育的实践"，难以成就"教育学术的高度"。我想，这就是教师专业发展的黄金法则。

附 录

一、专著

1. 《中学语文教学之路》，呼和浩特，内蒙古教育出版社，1986年。
2. 《初中作文三阶十六步》，南京，江苏少年儿童出版社，1986年。
3. 《高中作文三阶十六步》，郑州，文心出版社，1986年。
4. 《中学生思维训练》，昆明，云南教育出版社，1987年。
5. 《作文百课（初中版）》，昆明，云南教育出版社，1988年。
6. 《作文百课（高中版）》，南京，南京出版社，1990年。
7. 《读材料、想哲理、写文章》，北京，开明出版社，1993年。
8. 《教师培训五十讲》，南京，江苏教育出版社，1993年。
9. 《写作与辩证思维训练》，南京，江苏教育出版社，1993年。
10. 《洪宗礼语文教学论集》，南京，江苏教育出版社，1995年。
11. 《初中语文精讲（全三册）》，南京，江苏教育出版社，1995年。
12. 《初中诗词读本》，南京，江苏古籍出版社，1996年。
13. 《高中语文综合讲座》，北京，北京工业出版社，1996年。
14. 《名师作文课（全三册）》，南京，江苏教育出版社，1999年。
15. 《中外母语教材比较研究（五卷本）》，南京，江苏教育出版社，2000年。
16. 《洪宗礼：语文教育之"链"》，武汉，湖北教育出版社，2001年。
17. 《初中语文培训手册》，南京，江苏教育出版社，2003年。
18. 《评注绘图语文读本（全六册）》，南京，江苏教育出版社，2004年。
19. 《当代外国语文课程教材评介》，南京，江苏教育出版社，2004年。
20. 《母语教材研究（十卷本）》，南京，江苏教育出版社，2007年。
21. 《洪宗礼文集（6卷本）》，南京，江苏教育出版社，2008年。
22. 《洪宗礼与母语教育》，北京，北京师范大学出版社，2011年。
23. 《语文人生哲思录》，南京，江苏教育出版社，2011年。
24. 《洪氏语文》（合集），北京，高等教育出版社，2013年。

二、论　文

1. 《新编教材如何少而精》，载《人民日报》，1969-08-19。
2. 《引导学生观察生活》，载《语文函授》，1978（4）。
3. 《让学生常做写生练习》，载《语文函授》，1978（5）。
4. 《试论语文的工具性》，载《语文函授》，1978（12）。
5. 《坚持文道统一的辩证法》，载《语文函授》，1978（12）。
6. 《必须重视口头复述》，载《上海教育》，1979（3）。
7. 《教学"敬告"的几点体会》，载《江苏教育》，1979（3、4）。
8. 《多做片断练习》，载《内蒙古教育》，1979（3）。
9. 《关于作文教学的几个问题》，载《教与学》，1979（4）。
10. 《作文教学注意科学性，加强计划性》，载《教与学》，1979（4）。
11. 《语文课如何精讲多练》，载《教学与研究》，1979（4）。
12. 《谈精讲多练的教学原则》，载《扬州师院学报》，1980（1）。
13. 《重在引读》，载《语文教学论坛》，1983年"叶圣陶语文教育思想研讨会"专刊（全国第一次叶圣陶研究会论文）。
14. 《语文知识教学必须紧扣课文，重在应用》，载《语文教学改革》，1980（2）。
15. 《论语文教学的知行统一观》，载《南京师院学报》1980（2），后收入《洪宗礼语文教学论集》，南京，江苏教育出版社，1995年。
16. 《读写结合，相辅相成》，载《扬州师范学院学报》，1980（2）。
17. 《练字、练话、练文》，载《教与学》，1980（2）。
18. 《认真评改，注重效果》，载《教学与研究》，1980（2）。
19. 《略论语文课外学习》，载《语文函授》，1980（3）。
20. 《说明文教学浅议》，载《教与学》，1980（4），后收入《洪宗礼语文教学论集》，南京，江苏教育出版社，1995年。
21. 《字词教学刍议》，载《南京师院学报》，1980（4），后收入《中学语文教学之路》，呼和浩特，内蒙古教育出版社，1986年。

22.《备好课的一条重要经验》，载《教学与进修》，1980（6），修改稿发表于《中小学语文教学》，1981（11）。

23.《拓开园地，组织博览》，载《语文函授》，1980（3）。

24.《要认真培养阅读能力》，载《教学与研究》，1980（6）。

25.《炉火纯青，游刃有余》，载《教学与进修》，1980（6）。

26.《面向教学，开展语文教研活动》，载《语文函授》，1980（6）。

27.《要大胆地让学生写自己》，载《语文教学通讯》，1981（2）。

28.《有指导地让学生自学》，载《内蒙古教育》，1981（3）。

29.《引而不发，跃如也》，载《扬州师院学报》，1981（3）。

30.《说明文教学略说》，载《教与学》，1980（4）。

31.《善分析，大有益——谈语文教学中的思维训练》，载《语文学习》，1981（5）。

32.《作文评改应注重实效》，载《语文教学》，1981（5）。

33.《思维训练不可忽视》，载《江苏教育》，1981（5），后收入《洪宗礼语文教学论集》，南京，江苏教育出版社，1995年。

34.《说默读》，载《人民教育》，1981（7）。

35.《要加强作文片断练习》，载《内蒙古教育》，1981（9）。

36.《谈默读》，载《语文学习》，1981（6），后收入《阅读教学论集》，天津，新蕾出版社，1983年。

37.《钻进去，跳出来》，载《中学语文教学》，1981（11）。

38.《人物特写》，见《中学作文设计》（扬州师范学院中文系编印），1981年。

39.《谈知识短文教学》，载《教学与研究》，1982（1）。

40.《再谈语文教学的精讲多练》，载《南京师院学报》，1982（2）。

41.《探索有效的作文批改方法》，载《语文教学》，1982（2）。

42.《抓住纲，理清目——议论文教学一得》，载《语文教学通讯》，1982（3）。

43.《试论写作教学中的思维训练》（1981年11月26日江苏省中语会首届年会论文），载《中学语文教学》，1982（3）。

44.《文言文字词教学要重点落实、双边落实》，载《语文教学园地》，1982（5）。

45.《思想内容分析题与语文能力训练》，载《语文学习》，1982（8）。

46.《精心组织一堂课》，载《教学与进修》，1983（1）。

47.《议论文写作与思维训练（上）》，载《语文战线》，1983（4）。

48.《议论文写作与思维训练（下）》，载《语文战线》，1983（5）。

49.《初中议论文写作与思维训练》，见《初中作文优秀教案》（山西师范学院学报编辑部），1983年。

50.《语言思维同步训练十题》，见《初中作文优秀教案选》，太原，山西教育出版社，1983年。

51.《论读书》，见《阅读教学论集》，天津，新蕾出版社，1983年。

52.《板书是读写结合的桥梁》，载《语文教学通讯》，1983（11）。

53.《贵在有效》，载《语文教学通讯》，1983（12）。

54.《作文评点五法》，载《语文教学通讯》，1983（12）。

55.《文言文教学略说》，载《语文教学》，1983（12）。

56.《"一幅画"课堂教学实录》（1983年省电化教学评比一等奖），后收入《洪宗礼语文教学论集》，南京，江苏教育出版社，1995年。

57.《怎样写好议论文的开头、结尾》，载《中学作文教学设计》，1983（语文教学通讯社专刊）。

58.《作文批改方法再探》，载《教学与进修》，1984（2）。

59.《引读十法》，载《扬州师院学报》，1984（2），后收入《全国中学语文特级教师教学经验汇编》，合肥，安徽教育出版社，1988年。

60.《议论文引证、例证练习设计（上）》，载《语文战线》，1986（4）。

61.《议论文引证、例证练习设计（下）》，载《语文战线》，1986（5）。

62.《初中语文第五册第二单元教学设计》，载《江苏教育》，1984（8）。

63.《怎样写出人物的个性和特点》，载《语文教学通讯》，1984（10）。

64.《怎样生动、深刻地记叙一件事》，载《语文教学通讯》，1984（10）。

65.《在写作教学中发展学生思维能力》，见《优秀教师教学经验汇编》，江苏省教育厅，1984年。

66.《怎样把事物说得"明"》，载《语文教学通讯》，1984（11）。

67.《怎样写比较复杂的记叙文》，载《语文教学通讯》，1984（12）。

68.《怎样正确立论、有理有据地阐明正确主张》，载《语文教学通讯》，1985（1）。

69.《出活题，考能力》，《高中语文综合试题》（连云港市语文教学研究会编印），

1985年。

70.《怎样抓住实质批驳对方的论点》，载《语文教学通讯》，1985（1）。
71.《怎样写短而好的评论文章》，载《语文教学通讯》，1985（1）。
72.《怎样写情真意切的读后感》，载《语文教学通讯》，1985（2）。
73.《怎样写通俗明白的实用文》，载《语文教学通讯》，1985（2）。
74.《怎样熟练地掌握缩写、改写、扩写、续写的基本方法》，载《语文教学通讯》，1985（2）。
75.《怎样提炼主题，突出地表现中心思想》，载《语文教学通讯》，1985（3）。
76.《怎样使文章内容丰富多彩》，载《语文教学通讯》，1985（3）。
77.《怎样使文章富有新意》，载《语文教学通讯》，1985（4）。
78.《怎样设计文章的标题、开头和结尾》，载《语文教学通讯》，1985（4）。
79.《作者思有路，遵路识斯真》，载《镇江师专学报》，1985（4）。
80.《怎样选词炼句，准确、鲜明、生动地表情达意》，载《语文教学通讯》，1985（5）。
81.《怎样准确地掌握命题题意、熟练地写好各类文章》，载《语文教学通讯》，1985（5）。
82.《段落教学略说》，载《教学与进修》，1985（4）。
83.《教学探新路，求是苦亦甘》，载《江苏教育》，1985（7、8）。
84.《语言与思维训练八题》，载《语文学习》，1985（10）。
85.《文盲之害，甚于天花》、《要虚心纳谏》（作文评讲二篇），见《高中议论文日记选评》，太原，山西人民出版社，1985年。
86.《记叙人物怎样突出精神境界》，载《江苏教育》，1985（10）。
87.《怎样曲折生动地记叙一件事》，载《江苏教育》，1985（11）。
88.《怎样选准感点，写出深切感受》，载《江苏教育》，1985（12）。
89.《想，是一个总开关》，载《语文教学论坛》，1985（6）。
90.《语法教学要指导运用》，载《语文教学改革》，1986（1）。
91.《怎样有理有据地阐明一个观点》，载《江苏教育》，1986（1）。
92.《怎样抓住特征说明事物》，载《江苏教育》，1986（4）。
93.《怎样深入开掘主题，精心筛选材料》，载《江苏教育》，1986（5）。
94.《怎样审度题目，准确把握题意》，载《江苏教育》，1986（6）。

95. 《怎样写平实、规范的实用文》，载《江苏教育》，1986（9）。
96. 《高中作文题型设计》，载《语文学习》，1986（1）。
97. 《在写作教学中发展学生辩证思维能力》，见《中学语文特级教师经验专辑》（江苏省教育厅编），1986年。
98. 《评〈闪光的平凡〉》，载《全国中学生作文选》，1986（3）。
99. 《语文读写与能力训练》，载《语文教学通讯》，1986（4）。
100. 《写"豆腐干"作文》，载《中学文科》，1986（4）。
101. 《人物特写》，见《初中作文教学设计》，北京，北京师范大学出版社，1986（6）。
102. 《提倡写"豆腐干"文章》，载《河南教育》，1986（7、8）。
103. 《培养学生观察生活的能力》，载《语文教学通讯》，1986（7）。
104. 《一次训练，多种收获》，载《中学语文教学》，1986（6）。
105. 《〈模拟法庭辩论〉教学实录》，载《中学语文教学》，1986（8）。
106. 《顺应大潮的生死观——评一篇台湾学生作文》，见《台、港、澳中学生作文选评》，成都，四川少年儿童出版社，1986年。
107. 《怎样发现和表现闪光点》，载《全国中学生作文选》，1986（8）。
108. 《议论文教学略说》，见《语文教学之路》，呼和浩特，内蒙古教育出版社，1986年。
109. 《让学生掌握语言学习的材料》，见《中学语文教学之路》，呼和浩特，内蒙古教育出版社，1986年。
110. 《紧扣课文 重在应用》，见《中学语文教学之路》，呼和浩特，内蒙古教育出版社，1986年。
111. 《吟哦讽咏而后得之》，见《中学语文教学之路》，呼和浩特，内蒙古教育出版社，1986年。
112. 《预则立，不预则废》，见《中学语文教学之路》，呼和浩特，内蒙古教育出版社，1986年。
113. 《视听结合，助读促写》，见《中学语文教学之路》，呼和浩特，内蒙古教育出版社，1986年。
114. 《要素·线索·脉络·中心》，见《中学语文教学之路》，呼和浩特，内蒙古教育出版社，1986年。

115. 《谈复述》，见《中学语文教学之路》，呼和浩特，内蒙古教育出版社，1986年。

116. 《既练目力，又练笔力——谈写生练习》，见《中学语文教学之路》，呼和浩特，内蒙古教育出版社，1986年。

117. 《我也是生活的主人》，见《中学语文教学之路》，呼和浩特，内蒙古教育出版社，1986年。

118. 《"密度＝效度"，"容量＝质量"吗？》，载《语文学习》，1986（12）。

119. 《答〈试教通讯〉编者问——理想语文课再思考》，载《试教通讯》，1987（1）。

120. 《分步台阶作文摘要四篇》，见《名家行家作文训练设计》，银川，宁夏人民出版社，1987年。

121. 《揣摩题目多得益》，载《中学生时代报》，1987-05-12。

122. 《不妨学学牛吃草》，载《中学生时代报》，1987-05-19。

123. 《抓住精髓读深透》，载《中学生时代报》，1987-05-26。

124. 《提要钩玄理概要》，载《中学生时代报》，1987-06-02。

125. 《一次有趣的人物速写训练》，载《语文报》，1987-06-08。

126. 《建立单元合成型中学语文教材体系》（全国中学语文教学研究会第四届年会发言），载《江苏教育研究》，1987（11）。后收入《语文教学改革新成果选粹》，广州，广东教育出版社，1988年。

127. 《现场人物速写》，载《语文报》，1988-01-13。

128. 《学会塑罗汉》，载《语文报》，1988-02-22。

129. 《求同参读法》，载《中学生阅读》，1988（1）。

130. 《辨异参读法》，载《中学生阅读》，1988（2）。

131. 《资料参读法》，载《中学生阅读》，1988（3）。

132. 《羊城归来话改革》，载《江苏教育》，1988（3）。

133. 《纳须弥于芥子——引读两篇好文章》，载《语文学习》，1988（8）。

134. 《置单篇教学于单元教学的整体之中》，载《语文学习》，1989（3）。

135. 《有格、有素、有恒》，载《课程辅导》，1989（7）。

136. 《作文评改一篇》，载《中学生阅读》，1990（3）。

137. 《语言与思维同步发展刍议》，载《中学语文教学参考》，1990（4、5），后收入

《洪宗礼语文教学论集》，南京，江苏教育出版社，1995年。

138. 《我的成师之路》，载《人民教育》，1990（7、8），后收入《洪宗礼：语文教育之"链"》，武汉，湖北教育出版社，2001年。

139. 《探索合乎科学要求的更新一代的中学语文教材编写体系》，见《中学语文教改十年》，南京，江苏教育出版社，1990年。

140. 《探索科学、合理、有效的语文教材体系》，载《语文学习》，1990（11）。

141. 《语文课重在引读》（第一次叶圣陶教育思想研究会交流论文），载《现代语文论坛》，1993年增刊，后收入《叶圣陶语文教育思想研究》，南京，江苏教育出版社，1990年。

142. 《劝学二则》，见《园丁寄语》，太原，希望出版社，1991年。

143. 《把学生引进"积极思考的王国"》，载《语文学习》，1991（11）。

144. 《论汉语文教材的优选组合和延展》（首届国际汉语文教育研讨会交流论文），载《教育评论》，1991（3）。

145. 《语文教学必须有鲜明的个性》，载《江苏教育》，1992（10）。

146. 《略论高师毕业生的基本素质》，载《高师教育研究》，1992（2）。

147. 《〈论求知〉阅读》，载《中学生阅读》，1992（3）。

148. 《如何写新闻》，载《中学生阅读》，1992（4）。

149. 《高中作文教学指要（一）》，载《语文教学通讯》，1992（2）。

150. 《高中作文教学指要（二）》，载《语文教学通讯》，1992（4）。

151. 《高中作文教学指要（三）》，载《语文教学通讯》，1992（4）。

152. 《高中作文教学指要（四）》，载《语文教学通讯》，1992（10）。

153. 《高中作文教学指要（五）》，载《语文教学通讯》，1992（10）。

154. 《高中作文教学指要（六）》，载《语文教学通讯》，1992（10）。

155. 《百年书院深如许，三尺讲台精教艺》，载《扬州师院校友风采录》，1992年学报增刊。

156. 《我的"双引"教学论和"三一"语文教材观》，见《全国中学语文教学研究优秀论文集》，北京，海洋出版社，1992年。

157. 《文成于思》，见《全国100位优秀教师推荐优秀作文》，北京，北京少年儿童出版社，1993年。

158. 《试用课本配套用书简介》，载《语文之友》，1993（3）。
159. 《教读课文教学略说》，载《语文之友》，1993（3）。
160. 《扶读课文教学略说》，载《语文之友》，1993（3）。
161. 《自读课文教学略说》，载《语文之友》，1993（3）。
162. 《〈九年义务教育三年制初级中学语文试用课本〉体系特点简介》，载《语文之友》1993（4）。
163. 《论合成教材的新设计》，见《教师培训手册》，南京，江苏教育出版社，1993年。
164. 《双引教学艺术镜头六则》，见《活的语文教育》，上海，上海教育出版社，1993年，（收入《洪宗礼语文教学论集》时增为十则）。
165. 《作文评点五篇》，见《优秀作文点评》，北京，语文出版社，1994年。
166. 《介绍一套体系改革的试用课本》，见《中学语文教学论》，北京，语文出版社，1994年。
167. 《论"合成"教材读中提示的理解和应用》，载《语文之友》，1994（4）。
168. 《汉字文化是中韩人民友谊的纽带》，载《江苏教育报》，1994-12-14。
169. 《"五说"语文教育观概论》，载《教育理论与实践》，1994（4）。
170. 《〈九年义务教育初中语文试用课本〉简介》，见《中学语文教学论》，北京，语文出版社，1994年。
171. 《我的五说语文教育观》，载《中学语文教学》，1995（1）。
172. 《韩国的汉字文化》，载《泰州市报·周末》，1994-04-15。
173. 《讲坛，是神圣的》，载《语文学习》，1995（7）。
174. 《教研组要组织教师既教又研》，见《洪宗礼语文教学论集》，南京，江苏教育出版社，1995年。
175. 《阅读方法纵横谈》，见《洪宗礼语文教学论集》，南京，江苏教育出版社，1995年。
176. 《多读善读，以利厚积》，载《语文之友》，1995（21）。
177. 《高中语文能力训练》，载《中学语文》，1995（12）增刊。
178. 《终课前的涟漪》，见《中学语文教学优秀个案选》，苏州，苏州大学出版社，1995年。

179.《特级教师评作文（一）》，载《全国中学生优秀作文选》，1996（3）。
180.《特级教师评作文（二）》，载《全国中学生优秀作文选》，1996（8）。
181.《从整体上探求语文教学结构的科学化》，见《中国著名特级教师教学思想录》，南京，江苏教育出版社，1996年。
182.《教材质量是教材建设的根本》，见《洪宗礼初中语文教材研究荟萃》，南京，江苏教育出版社，1997年。
183.《中外母语教材比较研究开题报告》，载《中学语文教学通讯》，1997-08-33。
184.《苏教版初中语文教材的新进展——在苏教版初中语文教材研讨会上的讲话》，载《语文教苑》，1998（1）。
185.《"因瑕弃璧"不足取，"锄艾恐伤兰"也不必》，载《江苏教育研究》，1998（4）。
186.《功崇惟志，业广惟勤》，载《教学与进修》，1998（4）。
187.《语文教育中应试教育的危害》，载《中学语文》，1998（7）。
188.《提高教材质量是教材建设的根本》（全国语文教材改革经验交流会发言），后收入《语文教材建设与思考》，北京，语文出版社，1998年。
189.《教精研勤，钩深致远》，载《通州教育》，1998（9）。
190.《我的教材改革实践》，载《语文教学与研究》，1999（4）。
191.《20年语文教改之我见》，载《中学语文教学参考》，1999（6）。
192.《以系统思想为指导，从整体上改革语文教学》，见《中学著名语文特级教师教育思想精粹》，北京，语文出版社，1999年。
193.《在教育部小学初中语文新大纲研讨会上的讲话》，载《语文教苑》，2000（1、2）。
194.《一本书·一串珠·一条线——写在初中语文新教材使用之前》，载《成才导报》，2000-07。
195.《稚师——回忆初为人师的几次挫折》，载《成才导报》，2000-07。
196.《洪宗礼语萃》，载《成才导报》，2000-07。
197.《关于实验教材课文选作高考作文试题素材的访谈录》，载《中外教育》，2000-08-02。
198.《用心点燃学生创造思维的火花》，载《中学语文教学》，2000（8）。
199.《苏教版初中语文教材的理念》，载《人民日报·东方新闻周刊》，2001-08-17。

200. 《海外的语文教材啥模样？（上）》（"中外母语教材比较研究"课题组负责人洪宗礼专访），载《成才导报》，2001-01-10。
201. 《海外的语文教材啥模样？（下）》（"中外母语教材比较研究"课题组负责人洪宗礼专访），载《成才导报》，2001-01-17。
202. 《江苏版"单元合成，整体训练"初中语文教材探讨》，见《新中国中学语文教育大典》，北京，语文出版社，2001年。
203. 《写作短论五篇》，见《洪宗礼：语文教育之"链"》，武汉，湖北教育出版社，2001年。
204. 《漫话语文教学改革》，见《洪宗礼：语文教育之"链"》，武汉，湖北教育出版社，2001年。
205. 《不断超越自我》，载《江苏教育》，2001（11、12）。
206. 《"九五"国家重点课题研究报告》，见《中外母语教材比较研究论集》，南京，江苏教育出版社，2001年。
207. 《构建面向21世纪中国语文教材创新体系的尝试》，载《中学语文教学参考》，2001（12）。
208. 《构建面向21世纪中国语文教材创新体系的尝试（续）》，载《中学语文教学参考》，2002（1、2）。
209. 《苏教版初中语文教材主编洪宗礼答中央电视台"东方时空"记者问》，载《语文教苑》，2002（1、2），后收入《初中语文培训手册》，南京，江苏教育出版社，2004年。
210. 《叶圣陶语文创新教育思想初探》（2002年全国叶圣陶研究会上的发言），载《叶圣陶研究会通讯》（13）。
211. 《我的为师之路》，载《师道》，2002（4）。
212. 《答〈中华活页文选〉记者问》，载《中华活页文选》，2003（2），后收入《初中语文培训手册》，南京，江苏教育出版社，2004年。
213. 《共同参与，多方合作，促进苏教版初中语文教材的完善与创新》，载《语文教苑》，2003（1、2）。
214. 《苏教版课标〈语文〉（七至九年级）的特点》，见《基础教育新课程师资培训指导》，长春，东北师范大学出版社，2003年。

215.《答实验教师问》,《初中语文培训手册》,南京,江苏教育出版社,2004 年。

216.《构建中学语文教材新体系》,载《书情周刊》,2003-10-29。

217.《改革之路在延伸(访谈录)》,载《语文教学通讯(高中版)》,2003(10)。

218.《让作文教学"活"起来》,载《语文学习》,2004(1)。

219.《坚持引导,注重渗透——语文教科书渗透思想道德教育刍议》,载《基础教育课程》,2004(8)。

220.《苏教版国标本九年级语文实验教科书创新设计》,载《中学语文教学参考》2004(10)。

221.《笑在桃李春风中》,载《成才导报》,2004(32、33)。

222.《构建面向 21 世纪中国语文教材创新体系的尝试》,见《近 20 年语文教改理论与新课程标准(上册)》,武汉,湖北教育出版社,2004 年。

223.《引你走进绿色的伊甸园》,见《绿色阅读》,南京,江苏少年儿童出版社,2005 年。

224.《中小学教科书不宜城乡分编》,载《基础教育课程》,2005(10)。

225.《观察报告》,见《我与少儿频道的故事》,北京,当代中国出版社,2006 年。

226.《〈一双手〉教学实录》,见《语文教育研究大系·中学教学卷》,上海,上海教育出版社,2007 年。

227.《洪宗礼:做一个虔诚的教育者》,载《泰州日报》,2007-08-31。

228.《语文教育随想录》,载《教育家》,2007(4)。

229.《母语教材研究总论》,载《全球教育展望》,2007(7)。

230.《我与苏教社》,见《凤凰情缘》,南京,江苏文艺出版社,2007 年。

231.《母语教材研究·跋》,载《母语教材研究》,南京,江苏教育出版社,2007 年。

232.《语文教育随想录》,载《人民教育》,2007(21)。

233.《语文教育思想录》,载《中学语文教学参考》,2007(12)。

234.《语文教学思想录(续)》,载《中学语文教学参考》,2008(1、2)。

235.《斯人已逝,音容宛在》,载《扬州日报》,2007-12-13。

236.《我的语文教育观》,载《全球教育展望》,2008(1)。

237.《语文教学思想录(续)》,载《中学语文教学参考》,2008(1、2)。

238. 《始终是从零开始》，载《中学语文教学》，2008（3）。
239. 《关于语文的思考》，载《语文学习》，2008（4）。
240. 《语丝》，载《师道》，2008（5）。
241. 《从传统走向现代》——读《中国百年语文课程教材的演进》，载《新语文学习》，2008（2）。
242. 《开掘我国语文教科书百年文化积淀——读〈中国百年语文教科书课文选评〉》，载《新语文学习》，2008（3）。
243. 贺《中国语文教学创新引用》（题词）
244. 《为我国母语教育开窗——读〈外国语文课程教材综合评介〉》，载《语文教苑》，2008（母语教材研究专刊）。
245. 《弥足珍贵的参考文献——读〈外国语文课程标准译介〉》，载《语文教苑》，2008（母语教材研究专刊）。
246. 《从课程论高度研究外国母语教材——读〈外国语文教材译介〉》，载《新语文学习》，2008（4）。
247. 《别具一格另辟蹊径——读〈外国学者评述本国语文教材〉》，载《语文教苑》，2008（母语教材研究专刊）。
248. 《总结、反思与展望——读〈语文教材编制基本课题研究〉》，载《语文教苑》，2008（母语教材研究专刊）。
249. 《教材多样化的模式参照——读〈中外比较视野中的语文教材模式〉》，载《语文教苑》，2008（母语教材研究专刊）。
250. 《"用课本教"的艺术》，载《中学语文教学参考》，2008（10）。
251. 《共同参与多方合作，促进苏教版初中语文教材的完善与创新》，载《语文教苑》，2008（1、2）合刊。
252. 《中华民族的优良文化传统，是维系海峡两岸人心的纽带——访台一得》，见《洪宗礼文集（第1卷）》，南京，江苏教育出版社，2009年。
253. 《我的探索：构建语文教育"链"》，载《语文教苑》，2009（1、2）。
254. 《30年，峥嵘岁月稠》，载《人民教育》，2009（12）。
255. 《〈你看他（她）像谁〉作文教学实录（片段）》，载《初中语文教与学》，2010（1）。
256. 《语文人生哲思录》，载《语文教苑》，2010（1、2）。

257.《只有一个目的，塑人》，载《教育研究与评论（中学教育教学）》，2010（9）。

258.《论语文是基础工具》，载《教育研究与评论（中学教育教学）》，2010（9）。

259.《我的语文教育观》，载《初中语文教与学》，2011（5）。

260.《只有一个目的：塑人——语文教育随想》，见《著名特级教师教学思想录》，南京，江苏教育出版社，2012年。

261.《获奖感言》，见《语文教苑》，南京，江苏教育出版社，2012年。

262.《关于〈义务教育语文课程标准（修订稿）〉中课程内容与学生负担的分析》，载《语文教苑》，2012（1、2）。

263.《主编洪宗礼给学生曹真的信》，载《语文教苑》，2012（1、2）。

264.《我对语文教学的价值追求》，载《教育研究与评论（中学教育教学）》，2012（5）。

265.《理想语文课堂的十种境界》，载《人民教育》，2012（13、14）。

266.《我的语文教育观》，载《泰州教育》，2013（5）。

267.《永远走在起点上》，载《基础教育课程》，2015（4）。

268.《语文教学整体改革发展历程》，载《基础教育课程》，2015（4）。

269.《用心点燃学生创造思维之火》，见《七彩语文·中学语文论坛》，南京，江苏凤凰少年儿童出版社，2015年7月。

270.《关于教师专业发展向创造期转型的思考》，见《七彩语文·中学语文论坛》，南京，江苏凤凰少年儿童出版社，2015年。

271.《让母语教育事业千秋万代传承下去》，载《语文教苑》，2015（1~2）合刊。

272.《中学语文教学整体改革的实践与研究》，载《语文教苑》，2015（1~2）合刊。

273.《阅读是一盏灯》，载《语文园地》，2015（12）。

三、教材及配套用书

1.《义务教育三年制初级中学语文教科书（第一册）》，南京，江苏教育出版社，1988年。

2.《义务教育三年制初级中学语文教科书（第二册）》，南京，江苏教育出版社，1988年。

3. 《义务教育三年制初级中学语文教科书（第三册）》，南京，江苏教育出版社，1989年。
4. 《义务教育三年制初级中学语文教科书（第四册）》，南京，江苏教育出版社，1989年。
5. 《义务教育三年制初级中学语文教科书（第五册）》，南京，江苏教育出版社，1990年。
6. 《义务教育三年制初级中学语文教科书（第六册）》，南京，江苏教育出版社，1990年。
7. 《知识表解与能力测试（江苏省初中语文实验课本复习指导书）》，南京，江苏教育出版社，1990年。
8. 《义务教育三年制初级中学语文练习（第一册）》，南京，江苏教育出版社，1991年。
9. 《教学参考书（第一册）》，南京，江苏教育出版社，1991年。
10. 《义务教育三年制初级中学语文练习（第二册）》，南京，江苏教育出版社，1991年。
11. 《教学参考书（第二册）》，南京，江苏教育出版社，1992年。
12. 《义务教育三年制初级中学语文教科书（试用本）补充教材》，南京，江苏教育出版社，1992年。
13. 《义务教育三年制初级中学语文练习（第三册）》，南京，江苏教育出版社，1992年。
14. 《教学参考书（第三册）》，南京，江苏教育出版社，1992年。
15. 《义务教育三年制初级中学语文练习（第四册）》，南京，江苏教育出版社，1992年。
16. 《教学参考书（第四册）》，南京，江苏教育出版社，1992年。
17. 《义务教育三年制初级中学语文练习（第五册）》，南京，江苏教育出版社，1993年。
18. 《教学参考书（第五册）》，南京，江苏教育出版社，1993年。
19. 《义务教育三年制初级中学语文练习（第六册）》，南京，江苏教育出版社，1994年。
20. 《教学参考书（第六册）》，南京，江苏教育出版社，1994年。
21. 《自读课本（第一册）》，南京，江苏教育出版社，1993年。
22. 《教师备课手册（第一册）》，南京，江苏教育出版社，1993年。

23.《自读课本(第二册)》,南京,江苏教育出版社,1994年。
24.《教师备课手册(第二册)》,南京,江苏教育出版社,1994年。
25.《自读课本(第三册)》,南京,江苏教育出版社,1994年。
26.《教师备课手册(第三册)》,南京,江苏教育出版社,1994年。
27.《自读课本(第四册)》,南京,江苏教育出版社,1994年。
28.《教师备课手册(第四册)》,南京,江苏教育出版社,1994年。
29.《自读课本(第五册)》,南京,江苏教育出版社,1995年。
30.《教师备课手册(第五册)》,南京,江苏教育出版社,1995年。
31.《自读课本(第六册)》,南京,江苏教育出版社,1995年。
32.《教师备课手册(第六册)》,南京,江苏教育出版社,1995年。
33.《词语手册(一年级用)》,南京,江苏教育出版社,1995年。
34.《词语手册(二年级用)》,南京,江苏教育出版社,1995年。
35.《词语手册(三年级用)》,南京,江苏教育出版社,1995年。
36.《义务教育三年制初级中学语文教科书(第一册)》,南京,江苏教育出版社,2001年。
37.《义务教育三年制初级中学语文练习(第一册)》,南京,江苏教育出版社,2001年。
38.《自读课本(第一册)》,南京,江苏教育出版社,2001年。
39.《教师备课手册(第一册)》,南京,江苏教育出版社,2001年。
40.《义务教育课程标准实验教科书·语文(七年级上册)》,南京,江苏教育出版社,2001年。
41.《语文读本(七年级上册)》,南京,江苏教育出版社,2001年。
42.《学习与评价·语文(七年级上册)》,南京,江苏教育出版社,2001年。
43.《语文教学参考书(七年级上册)》,南京,江苏教育出版社,2001年。
44.《义务教育三年制初级中学语文教科书(第二册)》,南京,江苏教育出版社,2001年。
45.《义务教育三年制初级中学语文练习(第二册)》,南京,江苏教育出版社,2001年。
46.《自读课本(第二册)》,南京,江苏教育出版社,2001年。

47.《教师备课手册（第二册）》，南京，江苏教育出版社，2001年。
48.《义务教育课程标准实验教科书·语文（七年级下册）》，南京，江苏教育出版社，2001年。
49.《语文读本（七年级下册）》，南京，江苏教育出版社，2001年。
50.《学习与评价·语文（七年级下册）》，南京，江苏教育出版社，2001年。
51.《语文教学参考书（七年级下册）》，南京，江苏教育出版社，2001年。
52.《义务教育三年制初级中学语文教科书（第三册）》，南京，江苏教育出版社，2002年。
53.《义务教育三年制初级中学语文练习（第三册）》，南京，江苏教育出版社，2002年。
54.《自读课本（第三册）》，南京，江苏教育出版社，2002年。
55.《教师备课手册（第三册）》，南京，江苏教育出版社，2002年。
56.《义务教育课程标准实验教科书·语文（八年级上册）》，南京，江苏教育出版社，2002年。
57.《语文读本（八年级上册）》，南京，江苏教育出版社，2002年。
58.《学习与评价·语文（八年级上册）》，南京，江苏教育出版社，2002年。
59.《语文教学参考书（八年级上册）》，南京，江苏教育出版社，2002年。
60.《新精讲·初一语文（上）（配苏教版）》，南京，江苏教育出版社，2002年。
61.《义务教育三年制初级中学语文教科书（第四册）》，南京，江苏教育出版社，2002年。
62.《义务教育三年制初级中学语文练习（第四册）》，南京，江苏教育出版社，2002年。
63.《自读课本（第四册）》，南京，江苏教育出版社，2002年。
64.《教师备课手册（第四册）》，南京，江苏教育出版社，2002年。
65.《义务教育课程标准实验教科书·语文（八年级下册）》，南京，江苏教育出版社，2002年。
66.《语文读本（八年级下册）》，南京，江苏教育出版社，2002年。
67.《学习与评价·语文（八年级下册）》，南京，江苏教育出版社，2002年。
68.《语文教学参考书（八年级下册）》，南京，江苏教育出版社，2002年。

69.《义务教育三年制初级中学语文教科书（第五册）》，南京，江苏教育出版社，2003年。

70.《义务教育三年制初级中学语文练习（第五册）》，南京，江苏教育出版社，2003年。

71.《自读课本（第五册）》，南京，江苏教育出版社，2003年。

72.《教师备课手册（第五册）》，南京，江苏教育出版社，2003年。

73.《语文·新学案（七年级上学期）》，南京，江苏教育出版社，2003年。

74.《语文·新学案（七年级下学期）》，南京，江苏教育出版社，2003年。

75.《语文学习指导用书·创新课时训练（七年级上册）》，南京，江苏教育出版社，2003年。

76.《语文学习指导用书·创新课时训练（八年级上册）》，南京，江苏教育出版社，2003年。

77.《义务教育课程标准实验教科书·语文（九年级上册）》，南京，江苏教育出版社，2003年。

78.《语文读本（九年级上册）》，南京，江苏教育出版社，2003年。

79.《学习与评价·语文（九年级上册）》，南京，江苏教育出版社，2003年。

80.《语文教学参考书（九年级上册）》，南京，江苏教育出版社，2003年。

81.《义务教育三年制初级中学语文教科书（第六册）》，南京，江苏教育出版社，2003年。

82.《义务教育三年制初级中学语文练习（第六册）》，南京，江苏教育出版社，2003年。

83.《自读课本（第六册）》，南京，江苏教育出版社，2003年。

84.《教师备课手册（第六册）》，南京，江苏教育出版社，2003年。

85.《语文学习指导用书·创新课时训练（七年级下册）》，南京，江苏教育出版社，2003年。

86.《语文学习指导用书·创新课时训练（八年级下册）》，南京，江苏教育出版社，2003年。

87.《义务教育课程标准实验教科书·语文（九年级下册）》，南京，江苏教育出版社，2003年。

88. 《语文读本（九年级下册）》，南京，江苏教育出版社，2003年。
89. 《学习与评价·语文（九年级下册）》，南京，江苏教育出版社，2003年。
90. 《语文教学参考书（九年级下册）》，南京，江苏教育出版社，2003年。
91. 《语文学习指导用书 创新课时训练（九年级上册）》，南京，江苏教育出版社，2004年。
92. 《词语手册（七年级用）》，南京，江苏教育出版社，2004年。
93. 《语文学习指导用书 创新课时训练（九年级下册）》，南京，江苏教育出版社，2004年。